조선의 주자학과 실학

조선의 주자학과 실학

필자 (가나다순)

김정신	연세대학교 국학연구원 연구원, 국사학
도현철	연세대학교 부교수, 국사학
안대회	성균관대학교 교수, 한문학
안은수	충북대학교 우암연구소 전임연구원, 유학
원재린	연세대학교 국학연구원 연구원, 국사학
이광호	연세대학교 교수, 유가철학
장동우	연세대학교 국학연구원 연구교수, 한국예학
정호훈	서울대학교 규장각한국학연구원 HK연구교수, 국사학
조성을	아주대학교 인문학부 교수, 국사학
한정길	연세대학교 국학연구원 연구교수, 동양철학
황금중	연세대학교 교수, 교육철학
황병기	연세대학교 국학연구원 연구교수, 동양철학

조선의 주자학과 실학

朱子思想硏究會 編

2009년 2월 20일 초판 1쇄 발행

펴낸이 · 오일주
펴낸곳 · 도서출판 혜안
등록번호 · 제22-471호
등록일자 · 1993년 7월 30일

⊕ 121-836 서울시 마포구 서교동 326-26번지 102호
전화 · 3141-3711~2 / 팩시밀리 · 3141-3710
E-Mail hyeanpub@hanmail.net

ISBN 978 - 89 - 8494 - 358 - 2 93150

값 28,000 원

조선의 주자학과 실학

朱子思想硏究會 編

혜안

Zhu Xi's Neo-Confucianism and Silhak in the Joseon Dynasty

머리말

이 책은 우리 朱子思想硏究會의 두 번째 논문집이다. 우리 연구회는 첫 번째 논문집으로『朱子思想과 朝鮮의 儒者』(혜안, 2003)를 간행하였고 이에 앞서『주서백선』(혜안, 2000)을 번역해 내었다. 따라서 이 책은 전체적으로는 우리 연구회의 세 번째 책이 된다. 주자의 封事文을 모아 번역한『주자봉사』는 이미 수년 전에 원고가 이루어졌으나 여러 가지 사정으로 간행이 지연되었다. 이 책의 간행에 뒤이어 곧『주자봉사』도 간행될 예정이다.

이 책이 만들어지게 된 계기는 瀚宵 朴洋子 교수님의 停年이었다. 박양자 교수님은 올해 2월 그간 봉직하던 강릉대학교를 떠나시게 된다. 연구회는 교수님의 정년을 축하하며 그간 회원들의 연구 성과를 책으로 묶기로 했다. 박양자 교수님은 우리 연구회의 결성을 주도하신 분들 가운데 하나였고 회장을 맡으시어 여러 면으로 많은 도움을 주시었다. 더불어 위의 책들이 이루어지는 데에 지속적인 관심을 기울이시고 지도해 주셨다.

정년을 "축하"하는 것에 대하여 다소 의아하게 생각하는 분들도 있다. 그러나 대학에 다년간 봉직하고 무사히 정년을 마치는 것은 축하해야할 일이다. 이것은 일반적으로는 오랜 기간 많은 학생들을 열심히 지도하여 사회에 내보냈다는 점, 그리고 이렇게 할 수 있도록 건강이 잘 유지되었다는 점에서 그러하다. 이에 더하여 박교수님의 경우 새로이 연구 의욕을 불태우고 있다는 점에서도 정년은 축하해야할 일이다.

6

대학에 봉직하는 일은 학생 교육과 지도, 기타 잡무 등으로 시간을 많이 빼앗아 간다. 지난해 11월 박교수님을 강릉으로 찾아뵐 기회가 있었다. 박교수님은 자당을 잃은 슬픔을 겪은 지 얼마 되지 않으셨으면서도 정년 후의 연구 계획에 열정적으로 말씀하셨다.

내가 박교수님을 처음 뵌 것은 아마도 연세대학교 국학연구원의 발표회에서였던 것으로 기억된다. 박교수님은 1986년 10월 일본에서의 주자학 연구의 본산인 히로시마대학에서 학위를 취득하고 귀국하여 연세대학교 국학연구원에서 관련 논문을 발표하셨다. 이때 나는 아직 대학원생으로서 박교수님의 발표를 들었다. 이후 1987년 나는 한양대학교 문화인류학과에 출강하고 있었는데 이 문화인류학과의 조흥윤 교수님으로부터 내게 전화가 왔고 조흥윤 교수님은 전화를 바꾸어 박교수님과 통화할 수 있게 하여 주셨다. 이리하여 한양대학교 안산캠퍼스에서 박교수님을 뵐 수 있는 기회가 여러 차례 있게 되었다.

이 과정에서 박교수님께 함께 주자강독회를 하자는 말씀을 몇 차례 드려 마침내 1991년 7월, 박양자(강릉대 교수), 김준석(당시 한남대 교수, 뒤에 연세대 교수), 조성을(당시 연세대 강사, 현재 아주대 교수), 도현철(당시 연세대 강사, 현재 연세대 교수), 문중앙(당시 서울대 강사, 현재 서울대 교수) 등이 모여 주자강독회에 대한 구체적 논의를 하였다. 여기에서 1달에 한 번씩 서울 명륜동 소재 퇴계학연구원에 모여 강독회를 진행하기로 결정하고 매달 마지막 토요일 오후 2시에 모여 『주자문집』을 읽었고 이어서 『주서백선』을 읽게 되었다. 처음에는 모임의 이름을 "주자강독회"라고 하였지만 중간에 이름을 "주자사상연구회"로 하기로 하였다. 이 과정에서 기존 참가자 외에 신진의 학자들이 연구회에 많이 참여하게 됨으로써 연구회는 그 지향하는 바를 지속적으로 키워나갈 수 있게 되었다. 현재는 연세대학교 위당관 무악서당에 모여 한 달에 두 번씩 강독 모임을 갖고 있으며 최근에는 주자의 예학 관련 문헌의 강독에 힘을 기울이고 있다.

이 책은 지난 몇 년간 우리 주자사상연구회 회원들이 연구하여 발표한 글들은 모은 것이다. 이 논문집을 만드는 과정에서 기존의 논고들이 수정·보완되었다. 주자 관련 문헌을 강독하는 과정에서 깨우치고 확장된 문제 의식들이 이들 글에 무르녹아 있다고 할 수 있다. 주제는 다양하지만 대체로 주자학 및 이와 연관된 朝鮮 儒者들의 사상, 그리고 實學을 다루고 있다.

수록된 글들은 모두 12편으로 내용에 맞추어 2부로 나누어 편목을 구성했다. 1부에서는 조선에서의 주자학의 수용과 전개를 살폈다. 鄭道傳의 經學觀과 정치론, 16세기 前半 勳舊·士林의 관료제 운영론, 17世紀 朝鮮의 經學과 經世學, 송시열의 심성론, 金萬重의 復古主義 문학론 등이 다루어진 주제이다. 2부에서는 조선에서의 주자학의 심화 양상, 그리고 새로운 사유로서의 實學의 전개에 관해 다루었다. 17세기 이후 李珥의 『小學集註』 간행과 보급, 조선후기 家禮 談論의 등장 배경과 지역적 특색, 李瀷의 心說과 東西 學問의 統合, 조선후기 星湖學派의 朱子인식과 學問활동, 茶山의 『周易』이해, 朝鮮後期 實學者들의 陽明學觀 등을 담고 있다.

우리 연구회의 특징 가운데 하나는 철학 이외에 역사학, 교육학, 한문학 등 비교적 다양한 분야의 연구자들이 모여 상호 소통을 하고 있다는 점이다. 이 논문집을 통해 이것을 살필 수 있을 것이다. 이 책이 만들어지는 과정에서 많은 분들의 도움을 받았다. 도현철, 장동우, 정호훈 선생은 책의 기획과 원고수집, 교정을 맡아 책의 간행이 무리 없이 진행될 수 있도록 하였고, 도서출판 혜안에서는 기품 있게 책을 만들어 주셨다. 두루 감사드린다.

2009. 1. 19

아주대학교 다산관 연구실에서

조성을

차 례

2부 주자학 이해의 심화와 실학적 사유의 전개

Zhu Xi's Neo-Confucianism and
Silhak in the Joseon Dynasty

I. The Acceptance of *Zhu Xi*'s Neo-Confucianism and it's practical Use in the Joseon Dynasty

Do, Hyeon-chul
Jeong Do Jeon(鄭道傳)'s view of Confucian text studies(經學觀), and his pursuit of Neo-Confucian order

Kim, Jung-shin
Comparative study of the Hungu and Sarim factions' Bureaucratic Management theory in the early-half period of the Joseon Dynasty

Hwang, Keum-joong
The Meaning of 'Learning' in *Zhu Xi*'s Neo-Confucianism : Focusing on *Simgyeongbuju*(心經附註)

Cho, Sung-eul
The Confucianist Philosophy and Statecraft in the early 17th Joseon Dynasty

Ahn, Eun-soo
The Characteristic and Significance in the Theory of *Wooam*'s Human Heart-Mind : the focus in theory of Mibal(未發)

Ahn, Dae-hoe
Reactionism of *Kim Man-jung* from the Critical Perpective in the 17th Century

II. The Deepening of Comprehension for *Zhu Xi*'s Neo-Confucianism and Development of Silhak Thought in the late Joseon Dynasty

1부
주자학의 수용과 그 활용

정도전의 경학관과 성리학적 질서의 지향

도 현 철

1. 머리말

정도전(1337~1397)은 성리학을 수용하여 개혁 정치를 추구하고 조선 왕조를 건국한 정치가이자 사상가이다. 그는 유교 경전인 사서오경을 현실정치에 활용하여 독특한 경학체계를 수립했다. 또한 경학체계를 근거로 조선 왕조의 건국과 체제 정비에 필요한 정치사상과 법제개혁, 예컨대 국가체제와 정치운영, 정치제도 등을 구상했다. 그러므로, 정도전의 경학체계와 그에 기초한 정치사상을 이해하게 되면, 조선 건국의 이론가인 정도전 개인 사상뿐만 아니라, 여말선초의 사상 나아가 한국중세 사상의 특징을 이해하는 근거가 될 것이다.[1]

정도전의 사상에 대해서는 많은 연구가 진행되었고, 사상적 특징이 어느 정도 밝혀졌다고 할 수 있다.[2] 정도전 사상에 대한 구조적인 검토[3]를 행한 이래 배불론,[4] 문학론,[5] 요동정벌론,[6] 이색과의 사상 비교

---

* 이 논문은 『泰東古典硏究』 24(2008. 12)에 실었던 것을 재수록한 것이다.

1) 본고에서 이용한 자료는 『韓國文集叢刊』 卷5의 『三峰集』(민족문화추진회, 1990)과 『국역삼봉집』 I · II(金都鍊, 辛鎬烈, 趙駿河, 洪贊裕 역, 민족문화추진회, 1977)이다.

2) 정재훈, 「정도전 연구의 회고와 사상사적 모색」, 『韓國思想史學』 28, 2007.

3) 韓永愚, 『鄭道傳思想의 硏究』, 서울대출판부, 1973/ 1983.

4) 尹絲淳, 「三峯 性理學의 特性과 그 評價問題」, 『震檀學報』 50, 1980 ; 김해

연구7)가 행해지고, 최근에는『삼봉집』의 자료 검토8)와 역사관,9) 한양 도성 편액,10) 사상의 성격11) 등 미세한 부분까지 연구가 진행되고 있다. 하지만, 여말선초 사상계의 동향이나 한국사상사의 맥락에서 정도전 사상의 구조적 이해나 그 사상의 경학적 근거와 그 지향에 대해서는 보다 정밀한 연구가 요청된다고 하겠다.

2. 通儒적 성격의 眞儒 지향과 사서오경 이해

1) 통유적 성격의 진유 지향

정도전은 성리학적 세계관과 인간관을 기초로 성리학적 질서를 지향하였다. 그는 이기, 태극, 천리인욕 등 성리학의 핵심 개념을 기초로 우주와 자연 그리고 인간 사회를 설명하였다. 우주만물의 근원인 태극이 동정하여 음양이 생기고 음양이 변합하여 五行이 생기며 음양 오행

영, 「鄭道傳의 排佛思想」,『淸溪史學』1, 1984 ; 柳仁熙, 「退·栗 이전의 朝鮮 性理學의 問題發展」,『東方學志』42, 1984 ; 琴章泰, 「三峯 鄭道傳의 佛敎批判論과 社會思想」,『朝鮮前期의 儒學思想』, 서울대학교 출판부, 1997 ; 李廷柱, 「思想家로서 鄭道傳의 새로운 모습」,『韓國史學報』2, 1997.

5) 金宗鎭, 「鄭道傳 文學의 硏究」, 고려대 박사학위논문, 1990.

6) 朴元熇,『明初朝鮮關係史研究』, 일조각, 2002.

7) 都賢喆,『高麗末 士大夫의 政治思想研究』, 일조각, 1999.

8) 末松保和, 「三峯集編刊考」,『朝鮮學報』11, 1951/『靑丘史草』2, 1965 ; 韓永愚, 「解題」,『국역삼봉집』, 민족문화추진회, 1977 ; 都賢喆, 「『經濟文鑑』의 典據로 본 鄭道傳의 政治思想」,『歷史學報』165, 2000 ; 이익주, 「삼봉집 시문을 통해 본 고려말 정도전의 교유관계」,『정치가 정도전의 재조명』, 경세원, 2004 ; 吳龍爕, 「『佛氏雜辯』 초간본의 서지적 연구」,『書誌學研究』33, 2006.

9) 김인호, 「정도전의 역사인식과 군주론의 기반」,『韓國史研究』131, 2005.

10) 장지연, 「태조대 景福宮 殿閣名에 담긴 의미와 사상적 지향」,『韓國文化』39, 2007.

11) 정호훈, 「鄭道傳의 학문과 功業 지향의 정치론」,『韓國史研究』135, 2006.

과 태극이 묘합·응취하여 우주만물이 생겨난다는 것이다. 그리고 태극과 음양·오행의 기가 동정하는 과정에 차이가 생기고 이로써 人과 物의 차이가 생겨나며,12) 기의 차이에 따라 인간이 되고 물이 되며, 금수가 되고 초목이 된다고 하였다. 이때 인간은 기본적으로 通正한 기를 타고나지만 통정한 기 가운데 청탁·고저·장단·후박 등의 차이가 있어 이것이 인간 내부의 차별을 가져오게 된다고 하였다.13) 또한 心은 허령하고 심 가운데 만물의 리가 갖추어져 있으며, 盡心을 통하여 원래의 마음 상태를 유지하고 사물에 나아가 이치를 궁구해야 한다고 하였다.14) 마음 속에 갖추어져 있는 이치를 외계 사물을 통하여 밝히고, 이를 기초로 사물의 완성을 이루도록 한다는 존심, 궁리의 주자학의 방법론을 확인하고 있는 것이다.15)

성리학을 정치이념으로 삼은 정도전은 通儒16)를 제시하면서 眞儒를 지향했다. 우왕 원년 유배지에서 촌로와의 대화를 통하여 유학의 학문 내용과 유자의 역할을 말하였다. 유학은 음양오행과 일월성신·산악·하해와 같은 천지만물의 변화와 귀신의 情과 幽明의 이치, 윤리도덕, 세도와 풍속, 군주와 신하의 잘잘못, 예악형정의 연혁 등을 파악하여 천명에 근본하며, 사단과 오전, 만사 만물의 이치를 궁구한다. 이를 통해 佛老의 사특한 해를 분변하고 시속의 공리설을 비판하여 도의의 올바름을 찾아야 하는 이른바 '숭도학척이단'의 이념을 실현해야 한다고 보았다.17) 그리고 이러한 유학의 내용을 파악하고 실천하는 儒者를

---

12) 『三峯集』 卷9, 佛氏雜辨 佛氏輪廻之辨.
13) 『三峯集』 卷9, 佛氏雜辨 佛氏作用是性之辨.
14) 『三峯集』 卷9, 佛氏雜辨 儒釋同異之辨.
15) 이 글 주 4)와 같음.
16) 『三峯集』 卷3, 賀河公生子詩序(우왕 2, 1376), "公讀書爲通儒 赴擧業 巍然魁 多士 自筮仕以至于爲將相 出入中外 夷險一節 不失令門."
17) 『三峯集』 卷4, 錦南野人, "其學之際 天地也 觀陰陽之變 五行之布 日月星辰

'독서를 통하여 박학한 통유에 도의를 중시하고, 천지 변화의 이치를 파악하며 성인의 도를 실천하여 치자로서 역할을 다하는 인물'로 보았다. 더욱 유학에 충실한 진정한 유자를 진유라고 하고, 송대의 도학자가 진유로서, 이들에 의하여 宋은 경학과 도덕이 삼대를 따라갈 만하게 되었다고 하였다.[18] 과거를 시행하고 선비를 뽑는 것은 만사의 이치와 인간의 도리를 파악하고, 세상에 드러내는 유학의 본령에 충실하는 진유를 얻어서 理想政治를 행하는 것이며,[19] 통유적 유학자야말로 진정한 진유가 될 수 있다고 하였다. 성리학적 의리에 기반한 경학과 경세학에 밝은 인물을 진유라고 말하는 통상적인 이해의 또 다른 표현이라고 할 수 있다. 그가 백과사전식 類書에 관심을 보이고 중국의 문물제도를 정리한 사공학 관련 서적을 섭렵한 것도 이러한 맥락에서 이해할 수 있다.

유학에 대한 정도전의 관점은 그가 새 왕조 조선의 관료를 선발할 때 제시한 원칙에서 드러난다. 국가체제 정비에 필요한 인재를 구할 때, "경학에 밝고 행실이 닦여지며, 도덕을 겸비하여 스승으로서의 모범이 될 만한 사람, 시무에 능통하고 재능이 경국제세에 알맞아서 가

之照臨 察山嶽河海之流峙 草木之榮悴 以達鬼神之情 幽明之故 其明倫理也 知君臣之有義 父子之有恩 夫婦之有別 長幼朋有序有信 以敬之親之 經之序 之信之 其達於古今也 自始有文字之初 以至今日世道之升降 俗尙之美惡 明 君汚辟 邪臣忠輔 言語行事之否藏 禮樂刑政之沿革得失 賢人君子之出處去 就 無不貫 其趣向之正也 知性之本乎天命 四端五典 萬事萬物之理 無不統 其中而非空之謂也 知道之具於人生日用之常 包乎天地有形之大 而非無之 謂也 於是 辨佛老邪道之害 以開百世聾瞽之惑 折時俗功利之說 以歸夫道誼 之正 其君用之 則上安而下庇 其子弟從之 則德崇而業進 其窮而不遇於時 則修辭以傳諸後 其自信之篤也 寧見非世俗 而不負聖人垂敎之意 寧窮餓其 身 顧躓困厄 而不犯不義 以爲是心之羞愧 此儒者之業."

18) 『三峯集』 卷3, 若齋遺藁序 丙子後, "宋興眞儒輩出 其經學道德追復三代."
19) 『三峯集』 卷3, 送趙生赴擧序, "恭惟國家設科取士 冀得眞儒 以臻至理……."

히 사공을 베풀 만한 사람, 문장에 익숙하고, 필찰을 잘하여 문한의 직을 감당할 수 있는 사람, 형률과 산수에 정통하고 吏治에 통달하여 능히 민을 다루는 일을 감당할 사람, 도략이 깊고 용기가 삼군에 으뜸이어서 가히 장수가 될 만한 사람, 활쏘기·말타기를 익히고 돌멩이를 잘 던져 군무를 담당할 만한 사람, 천문·지리·복서·의약 혹은 한 가지 기술이 있는 사람"을 말했다.[20] 경학, 도덕, 사공, 문장, 형률, 산수 등 현실과 관련된 각 분야에 능통하면서 도덕을 겸비한 인물을 관리로 선발해야 한다는 것이다. 윤리도덕에 철저한 도학자이면서 현실세계를 설명하는 박학한 인물을 유교국가 조선의 관리의 자격 요건으로 보고 있는 것이다.[21]

그리하여 정도전은 도의뿐만 아니라 현실의 변화를 지식으로 설명할 수 있는 다양한 문화의 수입과 서적의 유통에 적극적이었다. 그는 백과전서식 유서학에 큰 관심을 보이고 중국 문물제도의 종합적인 정비를 통해서 시대적 과제를 해결하려는 사공학을 적극 활용하였다. 『경제문감』의 완성에는 『주례정의』·『산당고색』·『서산독서기』·『문헌통고』 등이 참고되었고, 이 가운데 『주례정의』와 『산당고색』은 남송의 체제위기를 총체적인 제도 정비를 통하여 해결하기 위하여 중국 역대왕조의 문물제도에 대한 종합적인 정리 작업을 행한 사공학 계열이다.[22] 『경제문감』의 재상조에는 사공학의 일원인 陳亮(同父)의 글이

---

20) 『三峯集』 卷7, 朝鮮經國典 上 禮典 擧遺逸, "殿下卽位之初 申命有司曰 其有經明行修 道德兼備 可爲師範者 識通時務 才合經濟 可施事功者 習於文辭 工於筆札 可當文翰之任者 精於律算 達於吏治 可當臨民之事者 謀深韜略 勇冠三軍 可爲將帥者 習於射御 工於捧石 可當軍務者 天文地理卜筮醫藥或攻一藝者 備細訪問 敦遣于朝."

21) 都賢喆, 「정도전의 사상학 수용과 정치사상」, 『韓國思想史學』 19, 2002, 198~215쪽.

22) 都賢喆, 앞의 논문, 2000, 78~85쪽.

인용되어 있다.[23]

정도전은 무학을 포함한 10학을 담당하는 十學都提調가 되어 詳明, 太一 등 여러 산법을 가르치고 현실과 관련된 다양한 학문 분야를 관장하며 진흥시키고자 하였으며,[24] 서적포에 관한 시에서 서적포를 설치하여 經史子書諸家, 詩文과 醫學, 兵學, 律의 서적까지 인쇄하여 많은 서적이 널리 보급되어 학술 방면이 부흥되기를 바랬다.[25] 이밖에 의학서인 「진맥도결」, 병학서인 「팔진삼십육변도보」와 「태을칠십이국도」, 「오행진출기도」와 「강무도」, 「사시수렵도」 등[26]을 찬술한 것은 이를 반영한 것이었다.

말하자면, 정도전은 성리학적 이념을 기본으로 하면서 우주와 인간 사회를 포괄하는 지식을 섭렵하며 실제적이고 실용적인 학문을 지향했던 것이다.

2) 四書五經 이해

(1) 『사서집주』 이해

---

23) 『三峯集』 卷6, 經濟文鑑 下 臺諫 諫身過不若諫心過, "諫君過 臣子之下策也 夫自古聖主明王 曷嘗不倚諫臣以拂其過……然後紛紛紜紜 爭以頰舌白簡之彈 至于數十章 皂囊之上 至于數千言 吁亦晚."
　　『山堂考索』 別集 卷36, 人臣門 臺諫(938-945-6)(『山堂考索』의 저본은 影印文淵閣 四庫全書(子部 類書類)의 936권의 945~946쪽, 이하의 표시도 같다), "諫君過 臣子之下策也 夫自古聖主明王 曷嘗不倚諫臣以拂其過……然後紛紛紜紜 爭以頰舌白簡之彈 至于數十章 皂囊之上 至于數千言 吁亦晚矣 陳同父."

24) 『太祖實錄』 卷14, 태조 7년 8월 기사, "上當國召拜大司成 屢獻計陞密直提學 知貢擧 爲十學都提調 教詳明太一諸算法 移藝文提學作胗脉圖訣."

25) 『三峯集』 卷1, 七言古詩 置書籍鋪詩 ; 강명관.『책벌레들 조선을 만들다』, 푸른역사, 2007.

26) 河且大, 「朝鮮初期 軍事政策과 兵法書의 發展」, 『군사』 19, 1989 ; 김광수, 「鄭道傳의 『陣法』에 대한 고찰」, 『陸士論文集』 50, 1996.

① 정도전의 『사서집주』 이해

정도전은 공민왕 11년(1362) 과거 급제자로서 사서오경을 익혔다. 당시 과거 과목은 충목왕 원년 이래 사서의육경의였는데,[27] 사서는 『주자사서집주』,[28] 오경의 경우, 『시경』은 주자의 주, 『상서』는 채침, 『주역』은 주자와 정이천의 주, 『춘추』는 삼전 및 호씨전 겸용, 『예기』는 고주소가 활용되었던 것으로 보인다. 사서오경이 주자주를 채택한 원과거를 참고한 결과라고 할 수 있다.

○『대학』: 정도전은 『대학』을 통하여 유교의 도를 익히고, 修己治人이라는 유교 본래의 문제의식에 충실했다. 16~17세 무렵에 성률과 대우를 공부하고 있었는데, 민자복이 정몽주가 사장은 末藝이고 信心의 학문은 『대학』과 『중용』 두 책에 있다고 한 말을 듣고, 두 책을 구해서 읽었다고 한다.[29]

그는 격물·치지·성의·정심·수신을 기초로 제가·치국·평천하를 실천하는 『대학』의 8조목을 통한 유학의 이상형을 제시하였는데, 군주학으로서의 성학론을 견지하고 이상군주상을 제시하였다. 우왕 초년 성균사예, 예문관응교, 지제교를 맡으면서 서연에서 『대학』을 강의

---

27) 『高麗史』 卷73, 志 卷27 選擧1 科目1(충목왕 즉위년 8월), "改定初場試六經義四書疑 中場試古賦 終場試策問."

28) 『대학』·『논어』·『맹자』·『중용』과 관련된 先儒의 주를 모은 『사서집주』는 성리학의 理氣心性·道統·爲學之法을 제시한다. 주자는 『대학』을 통해서 수기치인의 학으로서 유교의 골격(규모)을 정하고, 『논어』를 통하여 공자와 그의 제자들이 『대학』의 도를 어떻게 실천했는지 이해하며, 『맹자』를 통해서 공자의 가르침의 발전과정을 알고, 『중용』을 통해서 인간의 도를 하늘의 도와 연결시켜 인간의 도덕적 실천의 근거를 체득하도록 하였다(조성을 옮김, 『中國思想史』, 이론과 실천, 1988 ; 조경란 옮김, 『中國思想史』, 동녘, 1992).

29) 『三峯集』 卷3, 上圃隱奉使稿序 丙寅, "道傳十六七 習聲律爲對偶語 一日驪江閔子復 謂道傳曰 吾見鄭先生達可 曰詞章末藝耳 有所謂身心之學 其說具大學中庸二書 今與李順卿携二書 往于三角山僧舍講究之 子知之乎 予旣聞之 求二書以讀 雖未有得 頗自喜."

하여 '문왕이 임금이 되어서는 인, 신하가 되어서는 경, 아들이 되어서
는 효, 아비가 되어서는 자, 남과 사귈 때는 신해야' 하는 것을 강의하
였다.30) 조선 성립 후 태조 이성계가 "『대학』이란 인군이 만세의 법을
세우기 위한 것이다. 眞西山이 대학의 뜻을 넓혀서『대학연의』를 만들
었다. 제왕이 정치를 하는 순서와 학문을 하는 근본은『대학연의』보다
나은 것이 없다"31)고 한 말을 인용하여 『대학』의 중요성을 재차 강조
했다.

이때 수신과 제가는 격물치지에서 출발해야 하고 이를 기초로 나라
와 천하에까지 미쳐야 한다고 하였다. 태조 4년(1395)에 정도전이 정한
서울 도성의 궁궐에 대한 뜻풀이는 안에서 밖을 향하고 있는데, 강녕
전(군주의 정심, 성의)……사정전(격물, 치지)……근정전(정사)……정문
의 순서로 기술되었다. 이러한 순서는 대학의 단계적, 계기적 수양방법
을 제시한 것이라고 한다.32) 사물에 대한 이치탐구를 통하여 그렇게
된 이치(所以然)와 마땅히 해야 할 도리(所當然)를 파악하고, 이를 기
초로 제가·치국·평천하로까지 확산되어야 한다는 유학의 수양론을
군주정치에 반영시킨 것이라 할 수 있다.

한편, 치국 평천하와 관련해서『조선경국전』에서 『대학』을 인용하고
있다. "토지와 백성이 있어야 賦를 거둘 수 있는데, 덕이 있어야 賦를
보존할 수 있다. 『대학』의 傳에 '덕이 있어야 백성이 있고, 백성이 있

---

30) 『三峯集』卷3, 到南陽謝上箋 乙丑(우왕 11), "殿下初卽位 庶政俱新 除臣成
　　均司藝 藝文應教 知製教 蒙恩召入書筵 講大學書 至穆穆文王 於緝熙敬止
　　其於爲人君止於仁 爲人臣止於敬 爲人父止於慈 爲人子止於孝 與國人交止
　　於信 懇懇辨論 以致丁寧 殿下納之."
31) 『三峯集』卷7, 朝鮮經國典 上 禮典 經筵, "殿下卽位 首置經筵官 以備顧問
　　常曰大學 爲人君立萬世之程 眞西山推廣其意作大學衍義 帝王爲治之序 爲
　　學之本 蔑以加矣 每於聽政之暇 或親自觀覽 或使人講論 雖高宗之時敏 成
　　王之日就 無足多讓 倚歟盛哉."
32) 장지연, 앞의 논문, 85∼86쪽.

어야 토지가 있게 되며, 토지가 있어야 재물이 생기고, 재물이 있어야 쓸 수 있게 된다'33)고 하였으므로 덕이 부전의 근본이라고 할 수 있다"34)고 한 것이 이를 말해준다.

○『논어』와 『맹자』: 정도전은 『논어』와 『맹자』를 통하여 성리학적 인론과 경세론을 제시했다. 『논어』와 『맹자』에서 주자가 해석한 그대로 인을 천지가 만물을 낳는 마음(天地生物之心)35)으로 인식하여 만물의 생성과 그 가치를 인정하였고, 『맹자』의 간난아이가 우물로 기어가는 것을 본다면 측은한 마음이 생긴다고 하고,36) 『논어』의 군자는 자신을 바쳐 인을 이룬다고 하였다.37)

정도전은 인정과 함께 예치주의, 덕치주의를 내세웠다.38) 군주는 천지가 만물을 생육하는 仁의 마음을 갖고 차마 하지 못하는 정치를 행하면 천하 사람들도 모두가 기뻐서 인군을 부모처럼 우러러 보게 되고 군주는 오래도록 안녕과 부귀, 영광을 누릴 수 있다고 하였다.39) 또한

---

33) 『大學章句』 10장, "是故君子先愼乎德 有德此有人 有人此有土 有土此有財 有財此有用."

34) 『三峯集』 卷7, 朝鮮經國典 上 賦典 總序, "然有土有人然後可以得其賦 有德然後可以保其賦 大學之傳曰 有德此有人 有人此有土 有土此有財 有財此有用 臣故以德爲賦典之本焉."

35) 『論語』 泰伯, "曾子曰 士不可以不弘毅 任重而道遠 仁以爲己任 不亦重乎 死而後已 不亦遠乎" ; 『孟子』 公孫丑章句上, "孟子曰 矢人豈不仁於函人哉 矢人唯恐不傷人 函人唯恐傷人 巫匠亦然 故術不可不愼也 孔子曰 里仁爲美 擇不處仁 焉得智 夫仁 天之尊爵也 人之安宅也 莫之禦而不仁 是不智也."

36) 『三峯集』 卷10, 心氣理篇, "孟子曰 今人乍見孺子將入於井 皆有怵惕惻隱之心 又曰 惻隱之心 仁之端也 此言惻隱之情 本於吾心之固有."

37) 『三峯集』 卷10, 心氣理篇, "論語曰 志士仁人 無求生以害仁 有殺身以成仁 此言重義輕生之事 以明老氏養氣貪生之失 蓋君子見得實理 則當其可死也 其身不忍一日安於生 是死生爲重乎 義理爲重乎 故儒者當救君親之難 有隕軀隕命以赴之者 非如老氏徒事修鍊以偸生也 聖遠千載 學誣言厖 氣以爲道 心以爲宗."

38) 都賢喆, 앞의 책, 173~180쪽.

『맹자장구』의 "반드시 관저와 인지의 뜻이 있은 연후에 주관의 법도를 시행할 수 있다"[40]에 근거하여 덕치와 예치가 정치의 근본이 된다고 하였는데,[41] 이는 왕자의 덕을 닦되 먼저 집안을 잘 다스려 처자에게 미치면 이를 바탕으로 예를 행할 수 있다는 것이다.

그리고 덕·예와 정·형의 관계를 본과 말, 중과 경의 관계로 설명했다. 제도나 형벌로써 백성을 인도하면 백성은 형벌을 피하려고만 하고 부끄러움을 모른다. 덕과 예로써 백성을 인도하면 백성은 부끄러운 일을 알고, 자발적으로 선에 이르게 된다.[42] 제도와 형벌은 예치와 덕치를 보완하는 수단 혹은 말이고 輕이지만 현실을 바로잡는 수단으로서의 의미가 있다고 보는 것이다. 성인이 刑을 만든 것은 刑에만 의지하여 정치를 하려는 것이 아니라 오직 형으로써 덕치를 보완할 뿐이다. 즉 형벌을 씀으로써 형벌을 쓰지 않게 하고 형벌로 다스려도 형벌이 없어지기를 기하는 것이다. 만약 정치가 이미 이루어지게 된다면 형은 쓰이지 않게 된다고 하였다.[43] 백성은 욕심이 끝이 없고 이익을 추구하는 마음은 쉽게 나타난다. 만약 형벌을 밝혀서 이를 억제하지 않는다면 역시 금하기 어렵다.[44] 이 방법은 비록 덕이나 예로써 다스

---

39) 『三峯集』 卷7, 朝鮮經國典 上 正寶位, "人君以天地生物之心爲心 行不忍人之政 使天下四境之人 皆悅而仰之若父母 則長享安富尊榮之樂 而無危亡覆墜之患矣."

40) 『孟子』 離婁章句 上(故曰 徒善 不足以爲政 徒法 不能以自行), "(注)……程子嘗言爲政 須要有綱記文章 謹權審量讀法平價 皆不可闕 而又曰 必有關雎麟趾之意 然後可以行周官之法度."

41) 『三峯集』 卷5, 經濟文鑑 上 宰相, "程子謂有關雎麟趾之美意 然後可以行周官之法度."

42) 『三峯集』 卷8, 朝鮮經國典 下 憲典後序, "孔子曰 道之以政 齊之以刑 民免而無恥 道之以德 齊之以禮 有恥且格 觀此可以知本末輕重之倫矣."

43) 『三峯集』 卷8, 朝鮮經國典 下 憲典摠序, "聖人之制刑也 非欲恃此以爲治 惟以輔治而已 辟以止辟 刑期無刑 苟吾治之已成 則刑可措而不用矣."

44) 『三峯集』 卷8, 朝鮮經國典 下 憲典 盜賊, "然民欲無厭 利心易熾 苟不明刑

리는 효과보다 못하나 역시 부득이한 일이 되는 것이다.[45]

　이와 함께 경제론을 통하여 민생을 안정시키고 나라를 부강하게 만들고자 하였는데, 이를 토지개혁론으로 제시하였다. 정도전은 『맹자』의 井田論과 恒心·恒産을 검토하고 당시 현실문제와 관련시켰다. 人性은 누구나 선하고 수오지심은 누구나 다 갖고 있지만, 백성은 경제생활이 불안정하면 윤리도덕이 발현되지 않는다. 즉 항산이 없는 사람은 항심이 생기지 않는 까닭에 추위와 배고픔이 몸에 절박하면 예의와 염치를 돌아보지 않는다.[46] 그리하여 정도전은 항산 실현을 위한 생산기반의 안정책을 생각하고 토지개혁을 구상하였던 것이다. 소유지 겸병의 폐단과 수조지의 탈점을 시정하기 위하여 사전을 혁파하고, 모든 전지를 公家에 귀속시켜 고대의 토지제도를 구현하려고 하였던 것이다.[47]

　○『중용』: 정도전은 『중용』을 통하여 유교의 도 곧 도통론을 제시하고 정통, 정학으로서의 유학을 인식했다. 인간과 세계에 대한 철학적 근거를 파악하고 이를 기초로 인간사회의 운영 원리를 궁구하였던 것

　　以制之 亦難禁也 故書曰 殺越人于貨 凡民罔不憝 本性善 懲姦寇 作盜賊篇."

45)『三峯集』卷8, 朝鮮經國典 下 憲典 戶役, "巧者生姦 愚者冒法 强衆爲暴 飢寒爲盜 誣上行私 罔有紀極 斁王度而致禍亂 長民者其可不慮而預爲之防乎 故必嚴令以威之 明刑以懲之 然後民有所畏而禍亂息矣 此雖不及德禮之效 亦聖人不得已而爲防者也."

46)『三峯集』卷8, 朝鮮經國典 下 憲典 盜賊, "人性皆善 羞惡之心 人皆有之 盜賊豈人之情哉 無恒産者因無恒心 飢寒切身 不暇顧禮義 多迫於不得已而爲之耳 故長民者 能施仁政 民安其業 使之不奪其時取之不傷其力 男有餘粟 女有餘布 上足以事父母 下足以育妻子 則民知禮義 俗尙廉恥 盜不待弭而自息矣."

47)『三峯集』卷7, 朝鮮經國典 上 賦典 經理, "殿下在潛邸 親見其弊慨然以革私田 蓋欲盡取境內之田 屬之公家 計民授田 以復古者田制之正 而當時舊家世族 以其不便於己 交口謗怨 多方沮毁 而使斯民不得蒙至治之澤 可勝歎哉."

이다. 『중용』의 천이 명하는 것이 性이고, 성에 따르는 것을 도라고 하며, 도를 닦는 것을 敎[48]라는 사실을 기초로 내 마음에 있는 소이연, 소당연의 이치인 이와 성(성즉리)이라는 성리학적 이론을 견지하였다. 사람 마음 속의 이는 곧 上帝가 명한 바이니, 의리의 공이 혹 물욕에게 져 선악이 전도되는 바가 있지만, 천리는 늘 일정하며 福善禍惡은 지켜진다는 것이다.[49]

『조선경국전』에서 제사는 종사를 받들고 신명과 교감하기 위한 것이다. 안으로는 성과 경함을 바탕으로 밖으로는 형식을 갖춘 다음에야 신명에게 감응하여 나아갈 수 있다.[50] 한 가지 일이라도 소홀하다면 '진실됨이 없어 만물이 없는 격'[51]이 되어, 근본에 보답하고 조상에게 보은하는 방법이 거의 사라지게 될 것이다. 그러므로 형식을 삼가 행하여 공경·엄숙함을 다하며, 금기를 굳게 지켜 어긋남을 살피는 것이 不恭을 방지하는 것이다. 이것이 제사의 예가 예전에 수록되었지만 구체적인 율령을 헌전에 다시 수록하는 이유라고 하였다.[52]

정치에서 인군이 현자에게 天祿을 받게 하는 것은 부모를 봉양하고 처자를 부양하여, 오직 공직에 전념하도록 하는 것이며, 『중용』에서 충

---

48) 『中庸』 1장, "天命之謂性 率性之謂道 脩道之謂敎."

49) 『三峯集』 卷10, 心問, "人心之理 卽上帝之所命 而義理之公 或爲物欲所勝 而其善惡之報 亦有顚倒 善或得禍 而惡乃得福 福善禍淫之理 有所不明 故世之人 不知從善而去惡 唯務趨於功利而已 此人之所以不能無惑於天者也."

50) 『中庸』 33章, "詩曰 奏假無言 時靡有爭 是故君子不賞而民勸 不怒而民威於鈇鉞" ; (주자주)"詩商頌烈祖之篇 奏 進也 承上文而遂及其效 言進而感格於神明之際 極其誠敬 無有言說而人自化之也."

51) 『中庸』 25章, "誠者物之終始 不誠無物 是故君子誠之爲貴."

52) 『三峯集』 卷7, 朝鮮經國典 上 憲典 祭祀, "國之大事 惟祀爲重 所以奉宗社 而交神明也 必內存誠敬 外備儀文 然後可以感格於神明 苟一事之或慢 則不誠無物 而報本追遠之道 幾乎息矣 故謹其節文以致其恭肅 嚴其防禁以察其非違 所以懲不恪也 是則祭之與刑 雖非其類 而不得不相須以有成 此祭祀之禮旣載於禮典 而其律令又載於憲典者也."

신으로 대접하고 祿을 충분히 지급하는 것이 士를 권면하는 방법53)이
라고 말하는 것이라고 하였다.54)

⑵ 오경 이해

　○『주역』: 정도전은 의리와 천명 그리고 윤리 도덕을 근본으로 하
는 정자와 주자의 『주역』 이해를 받아들였다. 그는 『주역』의 천지대덕
이 生이고 성인의 대보가 인이며 인으로서 위를 지킨다는 말55)과 이를
주석한 주자의 말을 기초56)로 인론을 이해하고 있다.57) 여기에서 정도
전은 인을 천지의 가장 큰 덕이며, 천지가 만물을 낳게 하는 마음으로
보고, 사람을 사랑하고 차마 하지 못하는 정치(不忍人之政)를 행하라
고 하였다.

---

53)『中庸』20장, “忠信重祿 所以勸士也.”
54)『三峯集』卷7, 朝鮮經國典 上 賦典 祿俸, “人君之與賢者所共者 天職也 所
　　治者 天民也 故厚之以天祿 使之免仰事俯育之累 而專力乎供職也 傳曰 忠
　　信重祿所以勸士也.”
55)『周易』卷23, 繫辭傳 下 제1장, “天地之大德曰生 聖人之大寶曰位 何以守位
　　曰仁.”
56)『朱子大全』卷67, 仁說, “天地以生物爲心者也 而人物之生 又各得夫天地之
　　心 以爲心者也……仁者心之德 程子所謂尋如穀種 仁則其生之性 是也.”
57)『三峯集』卷7, 朝鮮經國典 上 正寶位, “易曰 聖人之大寶曰位 天地之大德曰
　　生 何以守位 曰仁 天子享天下之奉 諸侯享境內之奉 皆富貴之至也 賢能效
　　其智 豪傑效其力 民庶奔走 各服其役 惟人君之命是從焉 以其得乎位也 非
　　大寶而何 天地之於萬物 一於生育而已 蓋其一原之氣 周流無間 而萬物之生
　　皆受是氣以生 洪纖高下 各形其形 各性其性 故曰天地以生物爲心 所謂生物
　　之心 卽天地之大德也 人君之位 尊則尊矣 貴則貴矣 然天下至廣也 萬民至
　　衆也 一有不得其心 則蓋有大可慮者存焉 下民至弱也 不可以力劫之也 至愚
　　也 不可以智欺之也 得其心則服之 不得其心則去之 去就之間 不容毫髮焉
　　然所謂得其心者 非以私意苟且而爲之也 非以違道干譽而致之也 亦曰仁而
　　已矣 人君以天地生物之心爲心 行不忍人之政 使天下四境之人 皆悅而仰之
　　若父母 則長享安富尊榮之樂 而無危亡覆墜之患矣 守位以仁 不亦宜乎.”

『경제문감별집』의론에서는 정자의 역전을 이용하여 군주관이 제시된다. 『경제문감별집』은 군도로서 중국과 우리나라의 역대 군주의 치적과 행적을 제시하고 정자역전의 제5효인 군위에 해당하는 부분 가운데 지향해야 할 격언을 뽑아 정리했다.[58] 예를 들면, 의론 군도편 제일 상위에 정자역전[59]을 기초로 천이 만물의 祖라면 군주는 만방의 宗이 되므로, 군주는 천도를 본받게 의론되면 만국이 모두 편안하다고 하였다.[60]

『경제문감』재상조는 『서산독서기』[61]에 있는 정자의 역전에서 이끌어 왔다.[62] 그는 "……용렬한 군주(庸君)나 범상한 군주(常主)를 섬기

---

58) 『三峯集』卷12, 經濟文鑑別集 下, 君德首出庶物(乾) : 人君至誠以成其功(蒙六五) : 王者顯其比道天下自然來比(比九五) : 聖人未嘗不盡天下之議(履九五) : 休息天下之否(否九五) : 人君孚信以接下 又有威嚴使之有畏(大有六五) : 威德並著(謙六五) : 不自任其知(臨六五) : 止惡之道 在知其本得其要而已(大畜六五) : 賴人養已以濟天下(頤六五) : 通天下之志 勿復自任其明(晉六五) : 有家之道旣至 則不憂勞而天下治矣(家人九五) : 濟天下之蹇 未有不由聖賢之臣爲之佐(蹇九五) : 人君能虛中自損以順從在下之賢(損六五) : 至誠益於天下 天下受其大福(益九五) : 人君至誠益於天下 天下之人 無不至誠降屈 以中正之道 求天下 而賢未有不遇者也(姤九五) : 萃天下之道 當正其位修其德(萃九五).

59) 『伊川易傳』, "乾象曰 首出庶物 萬國咸寧 天爲萬物之祖 王爲萬邦之宗 乾道首出庶物而萬彙亨 君道尊臨天位而四海從 王者體天之道 則萬國咸寧也."

60) 『三峯集』卷12, 經濟文鑑別集 下 君道 議論 君德首出庶物, "乾象曰 首出庶物 萬國咸寧 天爲萬物之祖 王爲萬邦之宗 乾道首出庶物而萬彙亨 君道尊臨天位而四海從 王者體天之道 則萬國咸寧也."

61) 『西山讀書記』(권1, 天命之性~권40, 鬼神)는 眞德秀가 주자학을 이해하는 데 긴요한 사항을 성현들의 격언이나 경전의 글 가운데에서 모은 것이다. 眞德秀는 정치사상에서 주자의 견해를 지지했는데, 군주에 관한 부분은 程子 易傳에서 이끌어왔다.

62) 『三峯集』卷5, 經濟文鑑 上 宰相 含晦其美, "程子曰 爲臣之道 當含晦其章美 有善則歸之於君 乃可常而得正 上無忌惡之心 下得恭順之道";『伊川易傳』坤六三, "爲臣之道 當含晦其章美 有善則歸之於君 乃可常而得正 上無忌惡之心 下得恭順之道";『三峯集』卷5, 經濟文鑑 上 宰相, 周公乃盡其職

는데 그 도리를 行하여 자기의 정성스런 뜻이 위에 통달하면 군주가 그 믿음의 돈독함을 보게 된다",63) "굳세고 강한 신하가 유약한 군주를 섬김에는 마땅히 마음 속에 지극한 정성을 간직하고 밖으로는 거짓을 꾸미지 않아야 한다",64) "대신의 임무는 오직 위로 군주의 邪心을 그치게 하고 아래로 천하의 악을 제거하는 일이다"65) 등을 언급하였다.

정자의 역은 의리역으로서 세계와 인간을 일원론으로 설명하고, 인간 내부에 존재하는 소당연과 소이연의 이를 확증하려는 데 중점이 두어졌다. 또한 상하·존비의 군신관계를 절대적인 불변의 이로 파악하는 가운데 군주와 신하의 행동규범과 존재원리를 설명하고, 성리학적 주역괘의 상황변화에 따라 군주의 위상과 역할을 제시하였다.『역전』의 제5효인 군위와 제4효인 대신의 위를 기초로 군주와 대신의 상호관계를 설정하였는데,66) 진덕수는 이 가운데 '庸君常主' '柔弱之君'에

(『伊川易傳』師九二) : 顯比(比九五) : 居否濟否(否九四) : 明哲處之(隨九四) : 止惡於初(大畜六四) : 憂勤謹畏(頤上九) : 內存至誠(升九二) : 誠意能動(豊六二) : 至誠見信於君(坎六四) : 遇非枉道逢迎(睽九二).

63)『三峯集』卷5, 經濟文鑑 上 宰相 誠意能動, "……古人之事庸君常主 而克行其道 已之誠意上達 而君見信之篤耳 管仲之相桓公 孔盟之輔後主是也";『伊川易傳』萃六二/『西山讀書記』卷12, 君臣 萃六二, "……古人之事庸君常主 而克行其道 已之誠意上達 而君見信之篤耳 管仲之相桓公 孔盟之輔後主是也."

64)『三峯集』卷5, 經濟文鑑 上 宰相 內存至誠 ;『西山讀書記』卷12, 君臣 頤上九/『伊川易傳』頤上九, "以剛强之臣 事柔弱之君 當內存至誠 不假文飾於外 上下交不以誠 其能久乎."

65)『三峯集』卷5, 經濟文鑑 上 宰相 止惡於初 ;『西山讀書記』卷12, 君臣 隨九四/『伊川易傳』隨九四, "大臣之任 上畜止人君之邪心 下畜止天下之惡 夫人之惡 止於初則易 既盛而後禁則扞格而雖勝 故上之惡既甚 則雖聖人救之 不能免違拂 下之惡既盛則雖聖人治之 不能免刑戮 莫若止之於初 如童牛之加牿則元吉也."

66) 土田健次郎,「伊川易傳の思想」,『宋代の社會と文化』(송대사연구회연구보고 1집), 1983 ; 趙東元,「程頤의 制民産論과 易傳」,『釜大史學』10, 1986.

대한 '大臣之任' '剛强之臣'을 내세워 군주에 대한 신하의 역할을 강조하였다. 정도전은 군권에 대한 신권의 역할을 강조한 진덕수의 견해를 받아들였던 것이다.67)

○『시경』: 정도전은 『시경』을 주자의 주를 통해 이해하였다. 원과 고려의 과거에서 주자의 『시경』주가 기본과목이었는데, 정도전은 주자의 『시경』주석을 존중하였다.

정도전은 『시경』68)을 통하여 유교의 이상군주를 제시하여, 문왕과 무왕의 덕을 논하고, 후직과 공유의 공을 말하였다.69) 서울 조성계획에 참여하면서 경복궁을 비롯한, 그가 지은 궁궐과 전각 이름은 군주수양론이나 군주정치론의 지향성을 담고 있다. 경복궁은 『시경』의 군자가 영원히 큰 복을 받을 것이라는 뜻70)을 받아 조선 왕조가 태평을 누리고 큰 복을 바라는 뜻에서 제시된 것이고,71) 강녕전은 위무공의 시72)

---

67) 都賢喆, 앞의 논문, 2000, 85~88쪽.

68) 『詩經』大雅·小雅;『詩經』國風 周南 麟之趾.

69) 『三峯集』卷7, 朝鮮經國典 上 世系, "臣嘗讀周雅 論文武之德者 必追述后稷 公劉積功 累仁之事 以見其所由來者遠 論文武之福者 必歌詠子孫振振之仁 侁侁之盛 以著其所由及者廣."

70) 『詩經』大雅 生民之什 既醉, "既醉 大平也 醉酒飽德 人有士君子之行焉 既醉以酒 既飽以德 君子萬年 介爾景福."

71) 『三峯集』卷4, 景福宮, "臣受命 謹拜手稽首 誦周雅既醉以酒 既飽以德 君子萬年 介爾景福 請名新宮曰景福 庶見殿下及與子孫享萬年太平之業 而四方臣民亦永有所觀感焉 然春秋 重民力謹土功 豈可使爲人君者 徒勤民以自奉哉 燕居廣廈 則思所以庇寒士 涼生 涼生舊本作生涼 殿閣."

72) 『詩經』大雅 湯之什 抑, "視爾友君子, 輯柔爾顔 不遐有愆 相在爾室 尙不愧 于屋漏 無曰不顯 莫予云覯 神之格思 不可度思 矧可射思";(주자주)"言 視 爾友於君子之時, 和柔爾之顔色 其戒懼之言 常若自省曰 豈不至於有過乎 蓋常人之情 其修於顯者無不如此 然視爾獨居於室之時 亦當庶幾不愧于屋 漏 然後可爾 無曰 此非明顯之處 而莫予見也 當知鬼神之妙 無物不體 其至 於是 有不可得而測者 不顯亦臨 猶懼有失 況可厭射而不敬乎 此言不但修之 於外 又當戒謹恐懼乎其所不睹不聞也 子思子曰 君子不動而敬 不言而言 又

의 주자의 주를 인용하여, 군주의 정심성의 공부법을 제시한 것이다.[73) 이는 주자가 주남과 소남을 풀이하면서『대학』의 8조목과 연관시킨 것과 동일한 맥락이라고 할 수 있다.

또한『조선경국전』에는 육전의 편명을 오경의 성리학적 논리로 설명한 부분이 많다. 마정을 설명하는데,『시경』의 "우리 말은 이미 동일하다"[74)는 말을 취하여 그 힘의 가지런함을, "조련된 것이 모두 법칙에 맞도다"[75)라고 하여 가르치는 데 그 원리가 있음을 의미하며, "혹은 언덕에서 내려오며 혹은 못에서 물을 마시네"[76)라고 하여 말을 기르는데 그 성품을 따라서 하는 것을 의미하며, "마음가짐이 깊고 성실하며, 암말이 3천 필이네"[77)라고 한 것은 말의 번식은 마음가짐의 성실함과 깊음을 근본으로 한다고 하면서『역경』의 상과『시경』소아의 격언을 취하여 마정편을 짓는다고 하였다.[78) 주자가 직접 주석한『시경』을 활용

曰 夫微之顯 誠之不可揜如此 此正心誠意之極功 而武公及之 則亦聖賢之徒矣."

73) 장지연, 앞의 논문, 74~75쪽.

74)『詩經』「小雅」南有嘉魚之什 車攻, "我車旣攻 我馬旣同 四牡龐龐 駕言徂東" ; (주자주)"賦也 攻堅 同齊也."

75)『詩經』「小雅」南有嘉魚之什 六月, "比物四驪 閑之維則 維此六月 旣成我服 我服旣成 于三十里 王于出征 以佐天子" ; (주자주)"旣比其物 而曰四驪 則其色又齊 可以見馬之有餘矣 閑習之而皆中法 則又可以見敎之有素矣."

76)『詩經』「小雅」鴻雁之什 無羊, "或降于阿 或飮于池 或寢或訛 爾牧來思 何蓑何笠 或負其餱 三十維物 爾牲則具" ; (주자주)"言 牛羊無警畏 而牧人持雨具 齎飮食 從其所適 以順其性 是以 生養蕃食 至於其色無所不備 而於用無所不有也."

77)『詩經』「國風」鄘風 定之方中, "靈雨旣零 命彼倌人 星言夙駕 說于桑田 匪直也人 秉心塞淵 騋牝三千" ; (주자주)"言 方春 時雨旣降 而農桑之務作 文公於是 命主駕者 晨起駕車 亟往而勞勤之 然非獨此人所以操其心者 誠實而淵深也 蓋其所畜之馬 七尺而牝者 亦已至於三千之衆矣 蓋人操心誠實而淵深 則無所爲而不成 其致此富盛 宜矣."

78)『三峯集』卷8, 朝鮮經國典 下 政典 馬政.

하여 조선 왕조의 정치이념을 담았다고 할 수 있다.79)

○『서경』:『서경』역시 주자학의 『서경』 해석, 예컨대 채침의 『서경』주를 받아들였다.

정도전은 유교를 정통·정학으로 인식하는 가운데 도학·도통의식을 견지했다.『서경』에 있는 '精一執中'80)이 성학의 연원이라고 하고 요—순—우—문—무로 이어지는 도통론을 제시하였다.81) 주자가 제시한 16자 심법을 통하여 도통론82)을 제시한 것이다.

정도전은 군주성학론을 통하여 군주공부론을 제시하였는데, 이는 『대학』의 8조목을 고대중국의 이상군주의 모습에서 이끌어와 설명했다. 예를 들면, 수도 서울의 도성건설 과정에서 궁궐과 전각의 이름을 붙이는데, 군주정치론을 활용하였다. 정도전은 경복궁의 전각 중 하나인 강녕전을『서경』홍범의 오복 중 강녕에서 따왔다. 그는 인군이 바

---

79) 이밖에 정도전의 시에는 국풍(『三峯集』卷2, 次尹大司成詩韻效其體), 狡童
    (『詩經』鄭風/『三峯集』卷2, 樂章 靖東方曲), 周雅(『詩經』大雅, 小雅/『三
    峯集』卷3, 撰進御諱表德說 壬申) 등 『詩經』의 편목이 눈에 띈다. 승려인 湖
    長老를 평하면서『詩經』의, '조밀한 위의가 그 德의 태도로다'(『三峯集』卷3
    送湖長老詩時序)라고 하였고, 하진의 아들 하을지의 탄생을 축하하면서『詩
    經』의, '효자는 끊어지지 않는다' 하거나, '길이 복과 자손을 주리로다'(『詩經』
    大雅 旣醉) 하였으니, 이는 모두가 잘 되도록 염원하는 것이다[『三峯集』卷3,
    賀河公生子詩序 丙辰(우왕2, 1376)]. 이숭인이 시문은 『詩經』의 興比와『書
    經』의 典謨를 근본으로 했다(『三峯集』卷3, 陶隱文集序)고 하였다.

80) 『書經』大禹謨, "人心惟危 道心惟微 惟精惟一 允執厥中."

81) 『三峯集』卷13, 朝鮮經國典 上 敎書, "自典謨訓誥著於書 而精一執中之說
    爲萬世聖學之淵源 信乎其大矣."

82) 道統論은 儒家의 학문의 요지인 "人心惟危 道心惟微 惟精惟一 允執厥中"의
    16자가 전수해 간 내력으로서, 요·순·우·탕·문·무의 帝王과 周公으로
    이어진 후 공자가 이것을 계승하였고, 이것이 다시 顔子·曾子를 거쳐 子思
    ·孟子에게 전해졌다는 것이다(金駿錫, 「17세기 畿湖朱子學의 動向—宋時
    烈의 道統繼承運動—」, 『孫寶基博士停年紀念韓國史學論叢』, 지식산업사,
    1988, 352~354쪽).

르고 덕을 닦아 황극을 세우면 오복을 누릴 수 있는데, 강녕은 오복을 포함할 수 있다고 하였다.[83] 나아가 정도전은 "우가 순에게서 전수받은 것은 집중이라는 말이고, 하늘에서 얻은 것은 홍범구주인데, 황극이 중앙에 있어 하나로서 여덟을 거느리고 안에 있으면서 밖을 제어하니, 역시 중일뿐이다. 성학이 밝아지고 떳떳한 윤리가 퍼져 세상의 교화에 공이 있음이 이와 같다"[84]고 하였는데, 이는 주자가 황을 인군으로, 극이 지극함으로 새기고 황극을 군주의 표준 혹은 천하의 표준으로 이해하고, 군주의 위상을 도덕적 표상에 기준한 것[85]과 동일한 맥락이다.[86]

정도전은 금문학과 고문학의 논쟁에 대해서는 견해를 표명하지 않았다. 주자의 입장을 따른 채침의 견해를 수용하였던 것으로 보인다.

○『춘추』:『춘추』는 난신적자를 제거하기 위해 대의명분을 천명한 유교의 역사관이 담긴 경전이다. 주자는『춘추』에 대한 주해를 남기지 않았지만, 천리인성에 근거한 바른 도의가 역사관의 기본 토대라는 의리학을 주장하고 춘추삼전의 경전상의 의의를 인정하였다.

정도전은 춘추삼전을 익혔고, 그 가운데『좌씨춘추』와『호안국춘추』에 경도되었다.[87] 정도전의 춘추 이해를 보여주는 것은 그가 위화도 회군 이후 반대파 유학자를 명분론과 춘추대의로 비판하면서부터이다. 그는 본격적인 개혁정치를 추진하면서 개혁에 미온적이거나 개혁의 명분에 어긋나는 반대파 유학자를 비판하였는데 그 근거는 우왕비왕

---

83)『三峯集』卷4, 康寧殿, "臣按洪範九五福 三曰康寧 蓋人君正心修德 以建皇極則能享五福 康寧乃五福之一 擧其中以該其餘也."

84)『三峯集』卷11, 經濟文鑑別集 禹, "蓋嘗論禹之傳於舜者 執中一語 得於天者 洪範九疇 蓋皇極居中 以一御八 居中制外 亦中而已矣 聖學明而彝倫敍 尤有功於世敎也如此 吁盛矣哉."

85)『朱子大全』卷72, 雜著 皇極辨 ;『書經』卷6, 周書 洪範.

86) 장지연, 앞의 논문, 73쪽.

87) 김창현,「고려말 유자세력의 유교사상」,『한국중세사연구』18, 2005, 204~206쪽.

설[88]이었다. 우왕비왕설은 우왕은 공민왕의 아들이 아니고 신돈과 그 비첩 반야의 소생 혹은 다른 사람의 소생으로, 우왕의 즉위는 고려 왕씨의 왕위계승을 끊어버리는 일이라는 것이다. 그러므로 우왕이나 그 아들인 창왕을 옹립한 유학자들은 춘추대의를 어그러뜨린 난신적자라고 하여 이색과 우현보를 죽여야 한다고 하였다. 그는 "형벌 중에서 찬역보다 더 큰 것이 없는데, 이색과 우현보가 창왕을 옹립하고 우왕을 맞이하여 왕씨를 끊어버리는 것은 난적 가운데 괴수라고 하고, 군부로서 춘추의 대의를 모르면 반드시 악의 수괴의 이름을 뒤집어쓰게 되고, 신하로서 춘추의 대의를 모르면 찬시의 죄에 빠지게 된다"[89]고 하였다.

그리고 정도전은 호안국의 말을 인용하여 "춘추시대 제 문강[90]이 노 환공을 시해하고, 애강[91]이 두 임금을 시해하는 데 관여하였으므로, 성인이 예에 따라 '손'이라 기록하여 가고 돌아오지 않은 것처럼 하여 깊이 끊어 버렸으니, 이것은 은정은 가볍고 의리가 무겁다는 것을 뚜렷

---

88) 禑王은 공민왕이 신돈의 侍婢인 般若 사이의 아들이라고 함으로써 알려지게 되었다. 그후 禑라는 이름으로 개명하고 江寧府院大君에 봉하였다. 공민왕은 禑를 죽은 궁인 韓氏의 소생으로 삼은 다음 한씨의 3대와 그의 외조에게 벼슬을 추증하였다. 공민왕이 죽자 이인임과 왕안덕의 추대로 10세로 즉위하였다(『高麗史節要』 卷29, 恭愍王 20년 7월, 22년 7월, 23년 9월).

89) 『高麗史』 卷119, 列傳 卷32, 鄭道傳(공양왕 3년 5월)(하책, 613쪽), "道傳又上書都堂請誅稽玄寶曰……故曰 爲人君父 而不通於春秋之義 必蒙首惡之名 爲人臣子 而不通於春秋之義 必陷於簒弑之罪 此之謂也."

90) 春秋時代 齊 僖公의 딸인 文姜은 魯 桓公의 부인이 되었다. 文姜은 魯 桓公과 齊에 갔는데, 오빠인 襄公과 姦淫하였다. 襄公이 이를 알아차린 魯 桓公을 죽였다.

91) 哀姜은 魯 莊公의 부인이며, 齊 桓公의 딸로 남편의 형제인 慶父와 간음하였다. 魯 莊公이 죽고 子般이 즉위하자, 哀姜은 子般을 죽이고 閔公을 세웠다. 그후 哀姜은 慶父와 모의하여 閔公을 죽였다. 齊 桓公은 哀姜을 죽이고 僖公을 세웠다.

이 나타내기 위함이다"라고 하였다.92) 정도전은 호안국93)이 문강과 애강을 비판한 논거로서 이색과 우현보를 춘추대의를 어그러뜨린 자로 죽여야 한다고 하였던 것이다.94)

---

92) 『胡氏春秋傳』(151-59) 卷7, 莊公上 원년 3월 夫人孫于齊, "…… 孔秀彦曰 文姜與弑魯桓 春秋去其姜氏 傳謂絶不爲親 卽凡人耳 方諸古義 宜以非司寇而擅殺當之 不得以逆論也 人以爲允 故通於春秋 然後能權於天下之事矣 孫者順讓之詞 使若不爲人子所逐 以全恩也 哀姜去而弗返 文姜卽歸于魯 例以孫書 何也 與聞殺桓之罪已極 有如去而弗返 深絶之 然則恩輕而義重矣 河廣之詩 其詞何取 而聖人錄於國風者 明宋襄公之重本 亦此義也 其垂訓遠矣." ; 『高麗史』卷119, 列傳 卷32 鄭道傳(공양왕 3년 5월)(하책, 613~614쪽), "道傳又上書都堂請誅穡玄寶曰…… 胡氏曰 昔文姜與弑魯桓 哀姜與弑二君 聖人例以遜書 若其去而不返 以深絶之所以著恩輕而義重也 夫弑桓者襄公也 弑二君者慶父也 文姜哀姜疑若無罪焉 聖人以二夫人與聞乎 故深絶而痛誅之如此 夫嗣君夫人所出也 不以子母之私恩 廢君臣之大義."

93) 호안국(1074~1138)은 남송대의 대외적 위기의식을 주전론으로 대처하고 춘추의 대의명분을 통하여 이념적으로 뒷받침하려고 하였다. 『호씨춘추전』은 宋儒의 윤리 관념과 도덕표준으로 춘추시대의 인물과 역사를 평론하면서 송대 이학의 특색을 드러냈다(候外廬 저, 박완식 옮김, 「胡安國 『春秋傳』의 이학 특색」, 『宋明理學史』, 이론과 실천, 1995).

94) 정도전은 齊나라의 陳恒이 군왕을 시해하니, 공자는 진항이 군왕을 시해하였으니 討罪하자고 하였고, 삼자(孟孫, 叔孫, 季孫)에게 똑같이 토죄하라고 하였으니, 시역한 역적이라면 사람마다 討罪해야 하니 천하의 악한 것은 같다고 하였다. 또 『춘추』에 衛人이 州吁를 죽였다고 하였는데, 호안국은 衛人의 人字는 衆으로, 州吁를 죽인 것은 石碏이 도모해 우재추에게 죽이게 한 것인데, 人으로 고친 것은 사람마다 시역자를 토죄할 마음을 갖고 사람들이 토죄할 것이기 때문에 衆이라고 쓴 것이다. 혹 진항과 주우는 시역을 했고, 이색과 우현보가 시역한 적이 없는데 그들과 비교하는 것은 지나치지 않은가에 대하여, 정도전은 호안국의 말을 인용해서 군왕을 시해하고 다른 군왕을 맞이하는 것은 오히려 종묘는 멸망하지 않는데, 종묘를 옮기고 국성을 고치는 것은 나라가 멸망하는 것이니, 시해하는 것보다 심하다고 하였다. 즉 그는 호안국의 춘추설에 입각해서 이색과 우현보가 우왕과 창왕을 옹립한 일이 왕씨의 종사를 끊어버린 것이므로 그 죄가 죄역보다 크다고 주장한 것이다.
『高麗史』卷119, 列傳 卷32 鄭道傳(공양왕 3년 5월)(하책, 613~614쪽), "道傳又上書都堂請誅穡玄寶曰…… 胡氏曰 人衆辭 其殺州吁石碏謀之使右宰醜莅

  말하자면, 정도전은 『호안국춘추』를 이용하여 우왕의 왕위계승을 『춘추』의 대의명분을 저버린 행위로 보고 이를 용납한 이색 계열의 사대부를 비판하였다.

  ○예경 : 예경은 『예기』, 『의례』, 『주례』의 삼례를 말한다. 주자는 『의례』를 경 곧 삼례의 중심으로 파악했고, 경으로의『의례』에 전으로서의『예기』, 그 외의 예 관계 고전을 부기하는 형태로 보았다.[95] 주자는 『의례』를 경으로 파악하고 『주례』를 전으로 본 것은 사실이지만, 『주례』가 갖는 경학상의 의의를 인정하였다. 주자는『주례』를 위작으로 보지 않고 주공에 의한 주나라의 이상이 담긴 저술로 보았다.『주례』는 한 시대의 정령이라고 하여 존중하였다.[96]

  漢나라 때 유교가 국교화되고 유교의 정치이념이 정치제도, 정치운영의 이론적 근거로 인정되면서 국가의 정치체제, 국가경영에 필요한 이념 근거로 예의 의미 확장, 법 개념의 유교적 해석이 등장한다. 국가를 이끌어가는 이념으로서 유교는 인정과 덕치론으로는 한계가 있으

也 變文稱人 是人皆有討賊之心 亦人人之所得誅也 故曰 衆辭也 且亂臣賊子 人人之所得誅也 而宰相不行 誅討之擧可乎 況石碏以州吁之 故幷殺其子厚 君子曰 石錯純臣也 人義滅親 以此言之 亂賊之人 不論親疎 貴賤皆在誅絶也"

『胡氏春秋傳』(151-29) 卷2, 隱公中 4년 9월 衛人殺州吁于濮, "殺州吁稱人 衆詞也 知然者 伐鄭之役 公孫文仲爲主 將而變文稱人 則是指國人聽州吁號令 從文仲而南行者也 故曰 責詞 其殺州吁 則石碏謀之 而使右宰醜莅也 變文稱人 則是人皆有討賊之心 亦夫人之所得討也 故曰衆詞也."

95) 『朱子大全』卷14, 乞修三禮箚子, "周官一書 固爲禮之綱領 至其儀法度數 則儀禮乃本經 而禮記郊特牲冠義等篇 乃其義說耳……以儀禮爲經 而取禮記及諸經史雜書所載 有及於禮者 皆以附於本經之下" ; 上山春平, 「朱子の家禮と儀禮經傳通解」, 『東方學報』54, 1983.

96) 『朱子大全』卷14, 乞修三禮箚子 ; 『朱子語類』卷86, 禮3 周禮 總論 ; 范壽康 著, 洪瑀欽 譯, 「朱子와 다섯가지 經書」, 『朱子와 그 哲學』, 영남대출판부, 1988, 239~242쪽.

며 따라서 예를 보완할 수 있는 법과 제도의 보완이 요구되었다. 『주례』는 그러한 유교를 국가이념으로 정한 漢나라의 필요에 의해 유교적 이상국가인 周나라의 제도를 유교경전으로 확정한 것이다.[97]

정도전은 삼례 가운데 『주례』를 강조하고 의례에 대한 관심은 보이지 않는다. 그는 『조선경국전』과 『경제문감』에서 『주례』를 중시하였다. 정도전의 『주례』 인식에는 주자의 『주례』관이 반영되어 있다. 정도전은 주자가 언급하고 있는 『주례』의 천관 혹은 총재에 관한 설명[98]을 인용하여 천관(총재)을 논하였다.[99] 『조선경국전』은 『주례』의 육전체제를 기초로 통치이념과 통치조직에 관련된 구상을 종합적으로 제시한 것이고, 『경제문감』은 『조선경국전』 치전을 보완하여 재상과 대관·간관·위병·감사·주목·군태수·현령의 역할과 임무를 구체화한 것이다.

정도전은 주자의 사서오경 해석을 받아들였고, 현실 개혁에 필요한 사상적 근거를 마련하고자 하였다. 현실 개혁과 관련된 경학과 천도와 인도, 그에 기초한 경세론을 전개했다고 할 수 있다.

---

97) 『周禮』의 경학사적 의의에 대한 최근의 연구로 다음이 참고된다. 張東宇, 「『周禮』의 경학사적 위상과 개혁론 - 王權과 禮治에 대한 문제의식을 중심으로」, 『東方學志』 133, 2006.

98) 『朱子語類』 卷86, 禮3 周禮 天官, "天官之職 是總五官者 若其心不大 如何包得許多事 且冢宰 內自王之飮食衣服 外至五官庶事 自大至小 自本至末 千頭萬緖 若不是大其心者區處應副 事到面前 便且區處不下 況於先事措置 思患豫防 是費多少精神 所以記事此 復忘彼."

99) 『三峯集』 卷5, 經濟文鑑 上 宰相 天官之職非大其心者不能爲, "天官之職 是總五官者 若其心不大 如何包得許多事 且冢宰內自王之飮食衣服 外至五官庶事 自大至小 自本至末 千頭萬緖 若不是大其心者區處應副 事到面前 便且區處不下 況於先事措置 思患豫防 是費多少精神 所以記事此 復忘彼."

3. 성리학적 질서의 지향과 계승 문제

1) 성리학적 질서의 지향과 재상정치론

정도전은 유학의 夏殷周 삼대를 이상사회로 설정하고 고려의 정치
체제를 개혁하여 새로운 정치체제를 확립하려고 하였다. 그것은 기왕
의 연구된 바와 같이, 중앙집권적 정치체제, 강력한 재상권, 법과 사공
의 강조를 통한 성리학적 질서의 확립이라고 요약할 수 있다.[100]

그는 『주례』에 입각한 중앙집권적 정치체제를 지향했다. 『주례』의
천관 총재를 바탕으로 총재=재상, 6전 그리고 속관으로 이어지는 관
료체제를 완성하려고 하였는데, 이는 6전이 있고 그 하부에 360의 속
관이 있어서 6경에 통솔되고 6경은 총재가 통솔하도록 하는 것이었다.
즉 중앙집권과 지방행정을 일원화하여 국가의 공권력과 집권력을 강
화, 사적 권력, 사적인 지배관계를 약화시키는 국가경영론·정치체제
론이었다.

정도전은 주자의 견해[101]에 근거해서 재상이 지방의 최소 단위인 향
까지 직접 파악하는 제민적 지배체제를 지향하였다. 그는 향-현-주
-제로-대성-재상에 이르는 상하 통솔체계를 밝혔다.[102] 호족이나
私門에 의한 횡포를 막고 국가의 집권력을 강화하여 부·주·군·현
으로 이어지는 지방 행정체계를 체계적으로 정돈, 마치 몸이 팔을 부
리고 팔은 손가락을 부리는 것 같이, 왕의 교화가 역마보다 빨리 전달

---

100) 都賢喆, 앞의 책, 206~222쪽.
101) 『朱子大全』 卷11, 庚子應詔封事, "一家則有一家之綱紀 一國則有一國之綱
　　紀 若乃鄕總於縣 縣總於州 州總於諸路諸路總於臺省 臺省總於宰相 宰相兼
　　統衆職 以與天子 相可否而出政令 此則天下之綱紀也."
102) 『三峯集』 卷5, 經濟文鑑 上 宰相 宰相天下之紀綱, " 一家則有一家之紀綱
　　一國則有一國之紀綱 若乃鄕總於縣 縣總於州 州總於諸路 諸路總於臺省 臺
　　省總於宰相 宰相兼總衆職 以與天子相可否而出政令 此則天下之紀綱也."

되어야 한다고 하였다.[103) 여기에는 상하 통솔관계가 정해져 대가 소
를 통제하고 소를 대에 예속시켜 상하 명령계통이 확립되도록 하였
다.[104) 이를 통해서 중앙의 지방에 대한 통제력을 강화하고 호족이나
사문에 의한 사적 지배에 의한 폐단을 막으려는 것이다.

또한 정도전은 주자의 정치사상에 근거해서 왕권에 대한 신권론[105)
을 말하는 재상정치론을 전개했다.[106) 군주는 상징적인 의미만 갖고
실질적 통치를 재상에게 위임해야 한다는 것이다. 그에 의하면 군주는
天命의 대행자이고 중앙집권체제를 이끌어가는 왕정의 최고 책임자로
서 전국의 민과 토지를 지배한다. 그런데 군주의 권한은 재상을 선
택·임명하고 재상과 정사를 협의·결정할 뿐이다. 군주는 정사를 협
의하는 데 큰 문제는 재상과 협의하지만 작은 문제는 재상이 독자적으
로 처리해야 할 것으로 보았다. 세습에 의하여 계승되는 군주는 혼명
강약의 차이가 있고 전제적이고 자의적일 소지가 있다고 보기 때문이
다.[107)

정도전은 재상이 정책의 결정과 집행에 최고의 실권을 가지고 백관
을 통솔하며 만민을 다스리는 실질적인 정치운영의 주체자여야 한다
고 보았다. 군주는 단지 재상을 논하는 데 있고, 재상은 獻可替否라고

---

103) 『三峯集』 卷6, 經濟文鑑 下 縣令, "又以諸牧之最久且大者 陞爲大都護稱知
     府 新牧及小都護稱知州 凡知官稱知郡縣 令縣令監務稱知縣 如是則府州郡
     縣 截然有序 互相聯屬 如身使臂 如臂使指 王化之行 速於置郵而傳命也."
104) 『三峯集』 卷6, 經濟文鑑 下 縣令, "曰府州郡縣 星羅碁布 以大統小 以小屬
     大 首重尾輕 乃能治也."
105) 왕권에 대한 신권의 유학적 문제의식에 대하여 다음이 참고된다. 이봉규, 「王
     權에 대한 禮治의 문제의식 - 宗法과 君子 개념을 중심으로 - 」, 『哲學』 72,
     2002 가을.
106) 都賢喆, 「鄭道傳 『經濟文鑑』의 朱子 글 援用과 그 意圖」, 『실학사상연구』
     10·11, 1999.
107) 韓永愚, 앞의 글, 132~147쪽.

하여 군주의 옳은 일을 적극 봉행하고 옳지 않은 일을 끝까지 막음으로써 왕을 옳은 길로 인도해야 한다고 하였다.108) 재상은 천하의 기강으로서,109) 재상에게 정치권력을 집중해야 한다는 것이다.110)

이때 재상은 사대부의 대변자로서 政制 상의 최고의 주재자가 되어야 하고, 사대부의 정치경제적 이해를 보증하는 공적 기구가 되어 사대부의 이해를 정치에 반영하는 수단으로 제시된다. 천리를 궁구하고, 명분질서를 유지하는 주체인 사대부가 여론(公論)을 집약하고 정치에 실현하는 방법을 재상정치론을 통하여 제시한 결과이다.

그리고 정도전은 개혁에 필요한 법제와 사공을 관심을 기울이고 현실에 활용했다. 왕조교체에 활용된 정치이론서인 『경제문감』에는 『주례정의』·『산당고색』 등이 참고되었는데, 이 중 『주례정의』와 『산당고색』은 중국 역대왕조의 문물제도가 정리된 사공학 계열의 유서였다.111) 왕조교체기에 필요한 문물제도를 중국의 사례에서 도움을 받으면서 조선의 정치체제의 기본 틀을 마련하고자 하였던 것이다.

즉, 정도전은 주자의 사서오경 이해에 충실한 것과 같이, 주자의 정치사상을 기반으로 중앙집권적 정치체제와 국가의 공권력 강화, 재상

---

108) 『三峯集』 卷5, 經濟文鑑 上 宰相 人主之職在論相 ; 『朱子大全』 卷12, 己酉擬上封事, "人主以論相爲職 宰相以正君爲職 二者各得其職 然後體統正朝廷尊 天下之政 必出於一 而無多門之弊 苟當論相 求其適己 而不求其正己 取其可愛 而不取其可畏 則人主失其職矣 當正君者 不以獻可替否爲事 而以趨和承意爲能 不以經世宰物爲心 而以容身固寵爲術 則宰相失其職矣 二者交失其職 是以體統不正 綱紀不立 而左右近習 皆得以竊弄威權 賣官鬻獄 使政體日亂 國勢日卑 雖有非常之禍 伏於冥冥之中 上恬下嬉 亦莫知以爲慮者也."

109) 『三峯集』 卷5, 經濟文鑑 上 宰相 宰相天下之紀綱 ; 『朱子大全』 卷11, 庚子應詔封事.

110) 『三峯集』 卷5, 經濟文鑑 上 宰相 政權不可不在宰相.

111) 都賢喆, 앞의 논문, 2000, 78~85쪽.

중심의 정치론을 지향하였다. 이는 주자가 구현하려 했던 사대부 중심
의 사회질서를 조선 건국을 통하여 실현하려는 것으로 볼 수 있다.

2) 경세론 중시의 성리학과 계승

정도전은 성리학을 활용하여 사회변동을 타개하고 조선 왕조의 정
치체제를 확립하려고 하였다. 그런데 성리학은 중국 宋 사회의 산물로
서 14세기 고려사회에 그대로 적용할 수 없었으므로, 당시 현실에 맞
는 개혁사상의 조절이 필요하였다. 여기에 여말선초 성리학의 특징이
드러난다고 할 수 있다.

권근은 "性理之學 經濟之功 闢異端以明吾道之正"[112]이라고 하여
정도전이 경제의 방책을 제시하고 이단을 배척하는 등 성리학의 진흥
에 세운 공을 인정하였다. 정도전은『불씨잡변』과『심기리편』을 통해
주자의 불교비판을 기초로 불교를 비판하고,『주자어류』나『주자대전』
을 포함한『산당고색』과 같은 유서,『대학연의』,『대학혹문』등을 통하
여 주자학의 경세론을 받아들이고 조선성리학의 발전에 크게 기여하
였다.

또한 정도전은 성리학의 명분론과 의리론, 천리인욕설을 통하여 인
위적(비혈연적) 유대감을 중시하고, 이에 파생되는 公的 관계를 내세워
정치 사회를 운영하고자 하였고,『조선경국전』과『경제문감』을 통하여
『주례』를 기초로 중앙집권적 정치체제를 확립하고 재상정치론을 제시
하여 조선 건국의 체제 정비에 기여하였다.[113]

그런데 정도전은 정치적으로 간신, 반역자로 인식되었기에 그의 정

---

112)『陽村集』卷23, 贊三峯先生眞贊.

113) 정호훈,「조선전기 법전의 정비와 경국대전체제의 성립」,『조선건국과 경국대
　　　전체제의 형성』, 혜안, 2004 ; 윤훈표·임용한·김인호,『경제육전과 육전체
　　　제의 성립』, 혜안, 2007.

치사상은 공식적으로는 이후에 계승되지 못하였다. 태조 7년 8월 '무인의 난'으로 이방번, 이방석과 정도전, 남은(1354~1398), 홍안군 이제(1365~1398) 등은 이방원 세력에게 죽임을 당하게 된다. 무인의 난은 '정도전 등이 인욕에 사로잡혀 사악한 마음으로 부귀를 차지하고 권력을 강화하려고, 명 황제의 뜻을 어기고 적장자 왕위계승을 어기며 모반을 꾀하였다'는 것으로 기술되었다.[114] 결국 태종 이방원이 정치군사적으로 승리하고 이방원 측의 논리가 사실로서 공인받게 되며, 정도전의 반역은 공식적인 사실로 되어 버렸다.[115]

이후 정도전은 이방석과 함께 난을 일으킨 역적으로 규정되고 태종의 후손들이 왕위를 계승하면서 그 평가는 계속 유지된다. 물론『삼봉집』이 그 사이에 간행되기는 했지만 주자학 수용상의 의의는 인정받지 못하였다. 천하의 통사는 오직 문묘뿐이라고 한 정도전이지만,[116] 문묘 종사에 배향되지 못한 것은 말할 것도 없고, 이후 수많은 서원이 세워졌지만 그의 학문적 가치는 인정받지 못했다.

정통 성리학에 충실한 사림파가 등장하고 선조 이후 주자학의 시대가 도래했을 때도 그러했다. 更張을 주장하는 이율곡이나 주자학 연구에 몰두한 이황 역시 정도전을 주목하지 않았다. 사림파인 김종지(1431~1492)은 "누가 종지가 기와 설과 같다고 하는가. 공연히 평지에서 위태로운 구렁텅이를 파고 있었네. 쓸데없이 동문에서 부로에게 일러

---

114)『太祖實錄』卷14, 7년 8월 기사(26일).

115) 정도전이 무인의 난을 일으켰다는 것에 대하여 최근의 연구는 부정하고 있다. 국왕인 이성계의 비호아래 권력을 잡고 있는 정도전이 서얼왕자인 방석, 방번을 안고 다른 왕자와 종친들을 모조리 죽이려 했다는 것은 납득이 안 가며, 당시 정도전 주변 상황에서도 난을 일으킬 준비를 한 것으로 보이지 않는다고 한다(李相佰,「鄭道傳論 – 戊寅難 雪冤을 中心으로」,『韓國文化史硏究論考』, 乙酉文化史, 1947 ; 한영우,『왕조의 설계자 정도전』, 지식산업사, 1999, 90~94쪽).

116)『三峯集』卷13, 朝鮮經國典 上 禮典, "天下之通祀 惟文廟爲是."

주는 것보다, 아무 말 말고 회진에 가만히 있는 것이 어떠하리"[117]라고 하였다. 정도전을 요 임금 때의 현신인 고기와 비유하기 어렵고, 조정에서 위태로운 일만을 지질렀으니, 오히려 우왕 원년 북원 사신의 영접에 반대하여 나주 회진현으로 유배갔을 때 거기에서 가만히 눌러앉아 있는 것이 좋았을 것이라는 것이다.

조선초기 사림파의 등장 속에서 정도전에 대한 적극적인 인식이 보이지 않은 것은, 정도전이 제도와 법제 개혁에만 충실하고 주자학의 末學에 치우친 인물로 인정된 결과라고 할 수 있다.[118] 조광조(1482~1519)로 대표되는 사림파는 성리학적 세계관을 바탕으로 의리와 명분, 실천을 중시하고 인륜질서를 확립하려고 하였다. 곧 지치주의를 내세워 성인의 도를 현실에 실현하려 하여, 『소학』, 『근사록』 등을 보급하였고, 위훈삭제 등 유학의 명분과 이념에 맞는 실천을 주장하였다.[119] 이러한 입장은 현실 개혁을 주장하며 제도, 법제를 강조한 정도전의 사상과 일치되기 어려웠던 것이다.[120]

---

117) 『佔畢齋集』 卷22, 錦城曲 ; 『三峯集』 卷14, 題羅州東樓諭父老書後, "誰謂宗之夔契倫 崎嶇平地竟阽身 謾煩父老東門諭 爭似三緘隱會津."

118) 김정신, 「조선전기 훈구 사림의 정치사상비교」, 연세대 박사학위논문, 2007.

119) 고영진, 『조선시대 사상사를 어떻게 볼 것인가』, 풀빛, 1999, 77~90쪽.

120) 정도전에 대한 소극적인 이해는 허균(1569~1618)이나 신흠(1566~1628)에게도 보인다. 허균은 다음과 같이 말했다. "정도전과 권근은 고려와 조선에서 벼슬을 얻었는데, 권근은 명대로 살았고 정도전은 죽임을 당하였다. 태조는 군왕이 되려는 마음이 없었는데, 정도전이 추대하려는 생각을 먼저 하였다. 정도전은 자기 몸을 이롭게 하려고 하였고, 마침내 죽임을 당하게 되었다. 권근은 이색 때문에 유배되었는데, 태조에 의해 등용되었다. 권근은 물러났어야 했지만, 목숨을 아껴 몸을 굽혔다. 이것은 신하가 되는 자들이 경계삼을 만하다. 고려가 멸망할 때 정도전이 충에 죽고, 권근이 물러나기를 청하여 벼슬하지 않았다면, 사람들이 정몽주와 이숭인처럼 숭배하였을 것이다. 정도전이 무인의 난에 죽는 것을 미리 알았다면, 자신의 명성을 손상시키지 않았을 것이다. 부귀만을 생각하여 지혜가 어두워지고, 공로만을 추구하여 군왕에게 어린 아들을 세자로 세울 것을 권하여 세력을 굳게 하려고 하였다. 이 두 사람 가

정도전에 대한 부정적 인식은 학통을 중심으로 연원을 정하는 과정에서도 나타난다. 성리학을 국시로 하는 조선사회에서는 성리학의 학통을 학문 수수의 사실 여부나 학문 업적보다는 의리 정신의 실천에 그 기준을 삼은 것이다. 기대승(1527~1572)은 "우리나라 이학의 비조가 정몽주이고, 길재가 정몽주에게 배웠고, 김숙자가 길재에게 배웠으며, 김종직이 김숙자에게 배웠으며, 김굉필이 김종직에게 배웠고, 조광조가 김굉필에게 배워 그 연원의 정통을 계승하였다"121)고 하였다.122) 문묘종사 논의에서 절의와 도의가 강조되고, 정몽주－김숙자－김종직－김굉필－조광조로 이어지는 동방오현이 문묘에 배향되었다.123) 그리고 실천적 절의 정신을 강조한 성리학의 계통이 정리됨으로써 정도전, 윤소종 등 조선 개국의 공신들은 조선성리학에서 배제되었다.

조선시기에 정치적 이유로 정도전을 부정적으로 인식한다 하더라도

운데 정도전의 죄가 더 크다고 하겠다."(『惺所覆瓿藁』 제11권, 文部八－鄭道傳權近論). 신흠은 다음과 같이 말했다. "정도전이 이숭인과 더불어 이색에게 배웠고, 재주와 인망이 비슷했으나 출처가 달랐다. 정도전은 항상 불평을 품다가 태조가 즉위하자 권력을 잡고 황거정을 보내 이숭인을 죽이게 했으니, 소인의 마음씀이 심하다고 하겠다. 얼마후 정도전은 이방석의 난에 참여해서 죽임을 당하고, 황거정은 정도전의 문객이라 해서 태종의 미움을 사 훈적이 삭제되었다. 정도전이 받은 화는 이숭인보다 컸고, 이숭인의 이름은 후세에 남았으니 천도가 어긋남이 없다. 뒷세상의 소인들에게 경계시킬 만하다."(『象村集』 卷45, 外集5) 하였다.

121) 『高峯集』 論思錄 下篇 宣祖二年潤六月七日, "我國學問 箕子時事 則無書籍難考 三國時 天性雖有粹美 而未有學問之功 高麗時 雖爲學問 只主詞章 至麗末禹倬鄭夢周後 始知性理之學 及至我世宗朝 禮樂文物 煥然一新 以東方學問相傳之次言之 則以夢周爲東方理學之祖 吉再學於夢周 金淑滋學於吉再 金宗直學於淑滋 金宏弼學於宗直 趙光祖學於宏弼 自有源流也."

122) 이종태, 「도학적 실천 정신의 착근」, 『조선 유학의 학파들』, 예문서원, 1996.

123) 李義權, 「鄭夢周 文廟從祀에 관한 一考察」, 『人文論叢』 10, 1982 ; 池斗煥, 「朝鮮初期 文廟從祀論議 － 鄭夢周・權近을 중심으로」, 『釜大史學』 9, 1985/ 『朝鮮前期 儀禮研究』, 서울대출판부, 1995.

사상사적으로는 어떠했을까? 정도전과 동시대 유학자인 권근이 평가하고 500여 년이 지난 현재의 정도전 사상 연구에서 평가하듯, 정도전이 불교를 배척하고 성리학을 진흥한 공을 인정할 수 있다고 본다.

그런데 조선시기 유학에서 정도전을 부정적으로 평가한 이유를 정치적인 이유 이외에 사상적인 이유에서 찾을 수 있지 않을까 한다. 다시 한번 조선시기 정통 주자학의 입장에서 정도전의 사상을 바라본다면, 정통 성리학에서 중요시하지 않거나 논란이 되는 이론을 받아들여 조선사회에 적용하려고 한 점이 인정된다.

사서오경 가운데 정도전은 『의례』는 거의 언급하지 않았고 『주례』를 강조하였다. 주자는 『의례』를 경으로 보고 『의례경전통해』를 저술하였지만, 정도전은 주자학적 정치이념을 지향하면서 『주례』를 중시하는 가운데 새로운 국가의 정치체제의 기본골격을 제시하였다.[124]

또한 재상정치론은 주자의 견해[125]를 가져왔지만, 한의 재상처럼 강력한 재상권을 주장했고, 주자의 군주성학론을 포함하는 범용적 군주론을 제시하였다. 정도전은 군주는 중간 정도의 자질만 있으면 되고[126] 현인재상을 통하여 이상정치가 실현될 수 있다고 보았다. 그는 군주는 혈연 세습에 의한 왕위 계승에서 혼명 강약의 차이가 있으므로[127] 왕자 가운데 장자가 아니더라도 현자 중인에게 세습되어도 무방하다고 하였다.[128] 주자의 國王心術成敗論이나 군주수신론에서 더 나

---

124) 김인호, 「여말선초 육전체제의 성립과 전개」, 『東方學志』 118, 2002.

125) 張立文, 「第11章 心術 王覇 道統의 唯心史觀」, 「朱熹思想硏究」, 1980 ; 金駿錫, 「17세기 正統朱子學派의 政治社會論」, 『東方學志』 67, 1990.

126) 『三峯集』 卷7, 朝鮮經國典 上 治典 宰相年表, "若夫中材之主 相得其人則治 不得其人則亂."

127) 『三峯集』 卷7, 朝鮮經國典 上 治典 摠序, "且人主之材 有昏明强弱之不同."

128) 『三峯集』 卷7, 朝鮮經國典 上 定國本, "儲副天下國家之本也 古之先王 立必以長者 所以絶其爭也 立必以賢者 所以尙其德也."

아가 범용적 군주관을 제시한 것이다. 이때, 재상은 『주례』의 총재처럼 모든 권한을 장악하고 정국을 실질적으로 책임지는 존재였다. 군주는 단지 재상을 논하는 데 있고, 재상이 천하의 인재를 진퇴시키며 천하 공의의 소재를 살펴 천하의 일을 도모해야 한다. 재상이 모든 것을 직접 처단하여 위로 음양을 조화하고 아래로 백성을 편안히 하며 사이를 진무하고 상벌과 政化 敎令 일체의 권한을 갖는다.[129] 이는 재상에게 모든 권위를 집중하는 가운데 새로운 국가를 경영하려는 것이라고 할 수 있다.[130] 주자의 재상론 범위 안의 말이지만, 주자의 재상보다 강력한 재상론을 말하고 있다.

태조 연간에 정도전이 재상이 되어 정치, 군사 등 모든 면에서 실권을 장악하고 정국을 이끌어 간 것이나 세조대 훈구파 대신이 원상이 되어 행사한 권력은 이러한 재상론의 반영이 아닌가 한다.

또한 정도전은 법과 사공을 존중하였다. 정도전은 성리학적 이념을 지향했고, 예적 질서를 확립하고자 하였으며, 인정과 예치주의, 덕치주의를 내걸었다. 하지만, 유교가 국교화 되고 국가경영에 필요한 이념 근거로 예의 의미 확장, 법 개념의 유교적 해석이 등장하면서, 예를 보완할 수 있는 법과 제도가 요구되었다. 그는 덕치와 예치가 정치의 근본이 된다고 하면서 덕·례와 정·형을 본·말, 중·경으로 위치를 부

---

129) 『高麗史』 卷119, 列傳 卷32 鄭道傳, "道傳又上書都堂請誅稽玄寶曰 宰相之 職 百責所萃也 故石介甫曰 上則調和陰陽 下則撫安黎庶 爵賞刑罰之所由關 政化敎令之所自出";『三峯集』卷5, 經濟文鑑 上 宰相 宰相之職, "上則調和 陰陽 下則撫安黎庶 內以平章百姓 外 以鎭撫四夷 國家之爵 賞刑罰所由關 也 天下之政化敎令 所由出也 殿下之下 論道德而佐一人 廟堂之上 執陶甄 而宰萬物 其任豈經哉 國家之治亂天下之安危 常必由之";『三峯集』卷5, 經 濟文鑑 上 宰相, "燮理陰陽只是正心而已 宰相燮理陰陽 只是正一箇心而已 心者氣之最精的 其感於物最速 故心正則氣順 氣順則陰陽和 所謂燮者 亦和 之意也 非是拘拘於事爲之末 亦非是徒事於無爲而聽其自理也."

130) 정호훈, 앞의 논문, 2006, 200쪽.

여하였다. 제도와 형벌은 예치와 덕치를 보완하는 수단 혹은 말이고 경이지만 현실을 바로잡는 수단으로 파악한 것이다.[131]

『경제문감』의 전거인『주례정의』와『산당고색』은 남송의 체제위기를 총체적인 제도 정비를 통하여 해결하기 위하여 중국 역대왕조의 문물제도에 대한 종합적인 정리 작업을 행한 사공학 계열이다. 여기에는 주자가 비판한 진량, 왕안석 등의 견해가 인용되어 있다. 주자는 사공학을 비판하고 경계하고자 하였는데, 사공 계열은 주자와 결합하고자 하였다. 정도전은 주자학을 기본을 하면서 조선 건국기 체제 정비에 필요한 실용적이고 경세적인 사공학을 받아들였던 것이다.

정도전이 조선건국기에 성리학을 수용하여 불교를 배척한 공이 있어도, 정치적으로는 왕자의 난으로 인해 대역 죄인이 되고, 사상적으로는 개혁을 모색하는 과정에서 정통 주자학에서 중요하게 여기지 않은 개혁이념을 추구하여 조선시기에 부정적으로 인식되었던 것이 아닌가 한다.

4. 맺음말

본고의 목표는 정도전 사상의 경학적 토대와 그에 기초한 정치사상의 특징을 살펴보는 것이었다.

정도전은 세계와 인간, 사회를 성리학의 이기, 태극, 성정으로 설명하였다. 또한 주자의 사서오경 주를 파악하였다.『대학』과『중용』을 통하여 하늘이 부여한 도와 수기치인의 학으로서 유학을 재확인하고『논어』와『맹자』를 통하여 유학의 경세론을 이해하였으며, 오경을 통하여

---

131) 정도전 사상의 계승과 관련되어 다음의 글이 참고된다. 김정신, 「조선전기 훈구 사림의 정치사상비교」, 연세대 박사학위논문, 2007.

치인의 전제로서 수기를 말하고 리의 세계를 설명하되, 요순으로부터 파생되는 도통을 통하여 정통, 정학으로서의 성격을 드러냈다.

정도전은 성리학의 이상사회를 당시 현실에 실현하려 하였고 주례에 의한 중앙집권체제와 재상정치론을 제시하였다. 유학을 정통, 정학으로 확립하고자, 당시 주류적인 종교 사상인 불교를 이단사설로 비판하였고, 주자가례의 시행을 통하여 유교의 예적 질서를 확립하고자 하였다. 그리고 성리학의 명분론과 춘추대의를 통하여 정치사회를 운영하고자 하였다. 성리학의 천리인욕설을 기초로 의와 공에 의한 인위적(비혈연적) 유대감을 중시하고, 이에 파생되는 公的 관계를 내세웠다.

그런데 정도전은 정치적이나 사상적으로 평가받지 못했다. 정치적으로는 난을 일으켰다는 이유로 이방원에 의해 반역, 간신으로 죽임을 당하고, 이방원이 국왕으로 즉위하면서 정도전의 부정적 평가는 조선시기 내내 변함이 없었다. 『삼봉집』이 그 사이에 간행되지만 주자학 수용상의 의의는 인정받지 못했다. 천하의 통사는 오직 문묘뿐이라고 한 정도전이지만, 문묘종사에 배향되지 못한 것은 말할 것도 없고, 수많은 서원이 세워졌지만 그의 학문적 가치는 인정받지 못했다. 정통 성리학에 충실한 김종직과 같은 사림파나 신흠, 허균 등의 조선 유학자 역시 정도전에 부정적이었다.

이는 정도전이 모반을 꾀하였다는 점이 국가의 공식적인 사실로 인정받은 점이 작용한 것이고, 성리학을 국시로 하는 조선사회에서는 성리학의 학통을 학문 收受의 사실 여부나 학문 업적보다는 의리 정신의 실천을 그 기준으로 삼은 결과이다.

조선시기에 정치적으로 부정적으로 인식되어도, 사상적으로는 달리 볼 수 있는 여지가 있다. 정도전과 동시대 유학자인 권근이 평가를 했고 500여 년이 지난 현재의 정도전 사상 연구에서 인정하듯, 정도전이 불교를 배척하며 성리학을 진흥한 데 세운 공을 받아들일 수 있기 때문이다.

그런데 조선시기 유학에서 정도전을 볼 때, 그의 사상에는 정통 성리학에서 중요시하지 않거나 논란이 되는 이론을 받아들여 조선사회에 적용하려고 한 점이 인정된다. 『주례』를 중시하고 법과 사공을 강조하였으며, 주자의 재상보다 강한 한나라 재상을 말하고, 군주성학론보다 범용적 군주론을 제시하였던 것이다.

정도전은 여말선초 성리학 발전에 기여하였지만, 정치적으로는 왕자의 난을 일으킨 모반자이고, 사상적으로는 정통 주자학에서 벗어난 개혁이념을 추구하여 조선시기에 부정적으로 인식된 것이 아닌가 한다.

16세기 前半 勳舊·士林의
관료제 운영론 비교[*]

김 정 신

1. 머리말

조선전기 사회는 收租權 제도의 약화·소멸 과정에 따른 중세 봉건
국가의 집권체제가 강화되었던 한편으로 私的 토지소유의 강화에 따
른 지주제의 확대와 농민층 분해가 꾸준히 진전되고 있었다. 그 과정
에서 16세기 조선사회는 각종 제도·법령의 폐단과 지배층의 과도한
농민수탈로 야기된 내부 모순으로 집권체제의 위기상황을 맞이하고
있었다. 이는 곧 조선 왕조의 성립을 계기로 재편된 집권적 봉건질서
의 동요였다. 증폭되는 사회변동과 구조적 모순에 따라 위기의식은 점
차 심화되었다. 이에 체제의 동요를 무마하고 봉건질서를 안정시키기
위한 방안을 둘러싸고 양반지배층 간의 갈등과 대립이 초래되었고, 이
는 정치세력 간의 격돌로 표면화되었다. 이른바 훈구파와 사림파의 대
립이 그것이다.

원래 '勳舊'의 어원은 元勳舊臣, 즉 '중요한 공로를 세운 나이 많은
신하'라는 뜻으로서 원래는 어떠한 가치판단이 개재된 용어는 아니다.

---

[*] 이 논문은 『朝鮮時代史學報』 47(2008. 12)에 실었던 것을 재수록한 것이다.

'士林' 또한 '文士의 집단', 혹은 治者로서의 교양과 능력을 중시하는 在野의 讀書人群, 布衣의 無官者를 가리키는 일반 용어라 할 수 있다.[1] 그러나 세조의 집권을 기점으로 하여 16세기 前半 명종대에 이르기까지 훈구·사림의 용어는 각각 훈구파와 사림파라는 정치세력을 가리키는 용어로서 그 의미가 전환되어 사용되고 있었다.[2] 잘 알려져 있듯이 이 시기는 집권체제 집권질서의 재정비를 둘러싼 지배층 내부의 갈등과 대립이 표면화한 시기였다. 이른바 훈구파와 사림파의 대립이 그것이며, '士禍'란 그것이 극단적인 양상으로 표면화된 것이었다.

훈구파와 사림파 모두 16세기 집권체제의 동요를 고민하는 가운데 실제 현실 인식이나 정치운영의 주도권, 정책 수행의 목표나 방법을 둘러싸고 차이가 노정되었고, 이 과정에서 상호 갈등과 대립을 노정하고 있었다. 정치세력으로서 훈구는 世祖代 靖難功臣의 책봉 이래 지속적인 功臣의 배출을 통하여 가문의 세습적 지위를 유지하는 한편 왕실과의 혼인관계를 통하여 정치권력의 핵심에 자리하고 있었다.[3] 반면 사림은 재지사족의 꾸준한 성장에 상응하여 배태되었고 훈구파와의

---

1) 훈구·사림의 일반적 의미에 대해서는 김범, 「朝鮮王朝實錄에 나타난 '勳舊'의 用例와 그 분석」, 『東方學志』 134, 2006 ; 이희환, 「조선전기 사대부·사류·사림의 용례」, 『전남사학』 24, 2005 ; 劉澤華, 『先秦士人與社會』, 天津人民出版社, 2004, 1장. 戰國時期 士的類分與知識層 및 『漢語大詞典』, V.2. 士林 항목 참조.

2) 본 논문은 16세기 前半의 정치세력과 정치적 갈등을 주요 대상으로 다루었다. 따라서 이 글에서 지칭하는 훈구와 사림은 곧 정치세력으로서 훈구파와 사림파를 가리키는 용어로서 사용하였음을 밝혀둔다.

3) 李泰鎭, 「15世紀 後半期의 「鉅族」과 名族意識 -『東國輿地勝覽』 人物條의 分析을 통하여 - 」, 『韓國史論』 3, 1976 ; 정두희, 『朝鮮初期 政治勢力研究』, 1983 ; 禹仁秀, 「朝鮮 明宗朝 衛社功臣의 性分과 動向」, 『大丘史學』 33, 1987 ; 李宰熙, 「朝鮮 明宗代 '戚臣政治'의 전개와 그 성격」, 『韓國史論』 29, 1993 ; 韓春順, 「明宗代 勳戚政治 研究」, 경희대 박사학위논문, 2000 ; 金宇基, 『朝鮮中期 戚臣政治 研究』, 集文堂, 2001 참조.

정치적 대립 속에서 정치세력화 하였다.[4] 재지사족의 영향력이 증대되어 갔던 것에 상응하여 사림은 사림파로서 자기성장과 정치적 결집을 가속화해 나갔고, 훈구를 비도덕적인 소인배 무리로 지목하였다. 훈구세력 또한 사림파와의 정치적 갈등 속에서 자파의 정치적 색깔을 분명히 하고 있었다.

그러나 지금까지의 연구는 사림파에 대한 문제에는 많은 성과를 쌓아온 반면 훈구파의 특징과 성격, 그들이 지향하고 추진했던 정치적・경제적・사회적・사상적 정책과 특징들을 설명하는 데에는 거의 언급이 미치지 못함으로써 이 시기의 역사상을 온전하게 포괄하지 못하는 문제점을 드러내었다. 이에 따라 사림파의 훈구파 비판, 혹은 훈구파의 사림파 비판만이 부각되거나, 각각의 정책이나 주장들에 대한 분절적인 언급에 그치고 있는 형편이다. 따라서 지금의 연구에서는 무엇보다도 훈구파・사림파 두 세력의 정치사상, 정치운영의 내용과 성격을 각각 일관된 하나의 체계 아래 파악하는 것이 시급히 요구된다고 하겠다.[5]

---

4) 李秉烋, 『朝鮮前期畿湖士林派硏究』, 一潮閣, 1984 ; 李泰鎭 編, 『朝鮮時代政治史의 再照明』, 汎潮社, 1985 ; 李泰鎭, 『韓國社會史硏究 - 農業技術 발달과 社會變動 - 』, 지식산업사, 1986 ; 李泰鎭, 『朝鮮儒敎社會史論』, 지식산업사, 1989 ; 李樹健, 『嶺南學派의 形成과 展開』, 一潮閣, 1995.

5) '勳舊派와 士林派의 대립'이라는 조선전기 정치사의 통설적 이해에 대해서는 일찍부터 문제가 제기되었다. 훈구・사림의 대립적 측면보다는 지배층의 동질성을 강조하는 견해가 그것이다. 李泰鎭・李樹健・李秉烋 등이 훈구파와 사림파를 서로 다른 정치세력으로 간주하고 연구를 진행해 온 것에 대하여 와그너・鄭杜熙・김범 등은 지배층으로서의 동질성을 보다 강조하거나 그들의 이질성만을 지나치게 부각시키는 연구경향에 대하여 유보적 입장을 취하였다. 와그너 등의 비판의 핵심은 사림파와 훈구파는 서로 다른 사회계층으로 볼 수 없으며, 따라서 서로 다른 정치세력이라 할 수 없다는 것에 있다. 이러한 비판은 '사림' 개념의 부정확성에 대한 지적으로부터 훈구파와 사림파는 봉건사상인 성리학의 심화 정도에 차이가 있을 뿐 기본적으로는 동일한 사회

이에 본 논문에서는 훈구·사림이 구현하고자 하였던 정치적 지향을 이들의 관료제 운영론을 통해 살펴봄으로써 두 정파 사이에 상이하게 전개되었던 정치운영의 일단을 파악해보고자 한다. 관료제는 사회 전체에 정치체제를 실현시켜 나가는 통치기구로서의 성격을 가지고 있다. 따라서 관료제 운영을 둘러싼 양 세력 간의 갈등은 단순히 권력을 둘러싼 지배층 내부의 배타적인 충돌에만 그치는 것이 아니라 정치권력의 배분과 정치세력의 편성, 이를 뒷받침하는 정치운영의 성격 등

계층이며, 특히 중종대 이후의 사림파 가운데는 훈구파의 후예가 많고 경제적 기반도 대지주 출신이 포함되어 있다는 실증적 연구를 논거로 하여 제기되었다. 또한 훈구파와 사림파의 갈등과 대립이 지배세력 내 전면적인 교체나 이식을 가져온 것은 아니었다는 점에서 두 세력은 봉건적인 지배층으로서 동일한 범주를 공유하고 있다는 점도 지적되었다. 따라서 지금의 연구에서는 '대지주에 대한 중소지주의 승리'에 의해 '지배세력'이 '교체'되었다는 통설은 제고되어야 한다는 주장이 상당한 설득력을 얻고 있는 상황이다. 이러한 주장은 이 시기 연구자들에게 엄정한 실증성을 촉구하고 있다는 점에서 중요한 의미를 지니고 있다고 할 수 있다. 그러나 수 차례의 '士禍'가 보여주듯이, 이들이 현실 지배질서에 대한 이해를 달리하고, 정치운영의 지향을 달리하여 갈등하고 대립하였다는 것은 분명한 '역사적' 사실이다. 따라서 양 세력 간의 정치적 차이를 전제하지 않으면 이 시기 정치사가 온전하게 규명될 수 없다. 봉건적 지배세력으로서 훈구파·사림파의 동질적 속성을 주목하고, 두 세력을 대지주와 중소지주로서 준별하고 훈구파의 부정성과 사림파의 도덕성을 대별하는 종래의 이분법적인 인식은 분명히 지양되어야 하겠지만, 그렇다고 해서 실제로 존재하였던 양자 간의 정치적 갈등까지 간과하여 무의미한 것으로 치부해서는 안 된다는 것이 이 글이 갖는 문제의식의 출발점이다. 일찍이 이병휴는 두 세력의 가계나 경제적 규모 등은 서로 연결되거나 비슷한 측면이 많음을 인정하면서, 그 구별의 핵심적 논거로 현실대응의식의 변화와 학문적 전환에 주목하여야 함을 강조하였다. 즉 정치사상적 차이와 지향이 '훈구·사림세력'을 구별하는 가장 본질적인 항목이라는 것이다(李秉烋, 『朝鮮前期 畿湖士林派 研究』, 一潮閣, 1984 ;『朝鮮前期 士林派의 現實認識과 對應』, 一潮閣, 1999). 본 논문은 이와 같은 논지에 기본적으로 동의하며 훈구파와 사림파, 두 세력의 정치사상, 정치운영의 서로 다른 지향을 살펴보는 一端으로서 관료제 운영론을 살펴보았다.

전체 정치구조의 성격을 이해할 수 있는 시발점이 된다.

본 논문에서 분석의 대상으로 삼은 주요 논자들은 종래 훈구파와 사림파로 알려진 논자들의 범주를 그대로 따랐다. 즉 훈구파는 세조대 정난공신부터 명종대 위사공신에 이르기까지, 공신의 봉작을 받거나 그와 직·간접적인 연관 하에 정치적·사상적 지향을 같이 하는 이들을 분석의 대상으로 삼았다. 한편 사림파는 훈구파와 대립하는 가운데 '被禍'된 인물이거나, 직접 '피화'되지는 않았다 하더라도 정치적·사상적 지향을 같이 하여 흔히 '사림파'로 지칭되는 인물들을 주된 대상으로 하였다.

2. 勳舊의 관료제 운영론

1) 等威 중심의 수직적 관료제 운영

官制란 상하의 위계질서가 관료제도 내부에서 구체화된 것이라 할 수 있다. 정치적·사회적 紀綱의 확립을 표방하는 가운데 체제를 위협하는 '凌上'의 풍조와 '變亂'의 조짐에 대처해 나갔던 훈구파는 상하 수직의 명분 질서를 관료제 내부에도 철저히 적용, 관료제 내부 等威의 질서를 관철시키고자 하였다.[6] 이들이 이상으로 표방했던 관료제란 각자의 職分을 충실히 지키는 가운데(守職) 관료 내부의 等威를 견고히 유지함으로써 자연스럽게 기강이 유지되는 상태였다.

그러나 훈구파에게 현실의 관료제란 '下不敬上 上不檢下'하여 百司가 해이해짐으로써 총체적으로 기강이 무너진 상황으로 인식되고 있었다.[7] 이러한 불만의 표명은 실상 下官·後進·年少者에 해당하는

---

6) 金貞信,「朝鮮前期 勳舊·士林의 政治思想 比較」, 연세대 박사학위논문, 2008 참조.

사림세력이 결집하여 훈구·공신들에 대한 정치적 공세를 강화하는 것에 대한 대응이기도 하였다. 훈구세력이 볼 때, 사림파는 朋友 사이의 私情은 대단하게 여기는 반면 君臣 사이의 大義는 망각하며 君父를 압박하는 무리였으며,[8] 또한 國是를 세워 조정을 진정시키면 곧장 시비를 어지럽혀 조정에 분란을 일으키는 무리였다.[9] 이기가 사림파에 대해 상하의 禮도 없고 논란 일으키기만 좋아한다고 비판하였던 것은[10] 훈구파의 이러한 입장을 총체적으로 대변하는 것이었다고 하겠다. 이른바 紀綱의 不立, 명분의 倒置, 上下의 不明이라 하여 훈구세력이 문제 삼은 것은 첫째, 위를 능멸하는 凌上의 풍조가 만연하여 하관이 상관을 무시하고 신진이 노신을 공경하지 않는 모습, 둘째, 微官 또는 儒生·草野의 선비 등 관직에 오르지 않은 자가 '公論'을 칭하며 함부로 국정의 시비를 논하는 모습이었다.

첫 번째 문제와 관련하여, 成雲·鄭順朋은 六卿이 三公의 일을 하고 大夫가 육경의 일을 논하는 등 관료로서의 '守職'을 지키지 않는 것, 臣子가 君父를 논박하고, 微官이 堂上을 모욕하는 등 '下不敬上'하는 것을 구체적인 모습으로 거론하였다.[11] 李芑는 사림파에 대해 '下官輕侮上官', '下慢其上'이라 비판하며, 名位에 따른 等級을 무시하는 행태는 곧 기강을 무너뜨리고 명분을 어지럽혀 나라를 위태롭게

---

7) 『中宗實錄』卷40, 中宗 6年 10月 11日 戊子, 成希顔 ; 『中宗實錄』卷20, 中宗 9年 9月 25日 甲申, 成夢井 ; 『中宗實錄』卷49, 中宗 18年 9月 25日 壬辰, 金安老 ; 『中宗實錄』卷80, 中宗 30年 10月 15日 癸卯, 金安老 ; 『中宗實錄』卷99, 中宗 37年 10月 28日 甲辰, 李芑 ; 『明宗實錄』卷6, 明宗 2年 9月 18日 丙寅, 慈殿 下交 ; 『明宗實錄』卷6, 明宗 2年 12月 3日 庚戌, 李芑.

8) 『明宗實錄』卷9, 明宗 4年 3月 24日 甲午.

9) 『中宗實錄』卷80, 中宗 30年 10月 15日 癸卯, 左議政金安老.

10) 『明宗實錄』卷10, 明宗 5年 6月 5日 戊戌, 李芑.

11) 『中宗實錄』卷45, 中宗 17年 8月 22日 乙未, 成雲 ; 『明宗實錄』卷1, 明宗 卽位年 8月 28日 戊午, 鄭順朋.

하는 것이라 비판하였다.[12] 金詮은 後進이 先輩를 무시하고 小臣이 大臣을 업신여기며, 小儒가 卿相의 시비를 논하는 것은 곧 '貴賤易位', '政柄下移'와 같다고 보았다.[13] 훈구세력은 이러한 모습들이 모두 下官, 後進인 사림파가 직급의 분수를 뛰어 넘어 上官, 先進을 침해하고 능멸하는 풍조라 여겼다.

두 번째, 微官이나 관직에 있지 않은 자가 '公論'을 칭하며 국정의 是非를 논하는 것 또한 훈구파에게는 기강이 불명한 대표적 사례로 간주되었다. 金詮은 사림파의 언론 장악을, 微官末職이 직분을 넘어 人事와 政事에 대해 논란을 만드는 행위라고 비판하였다.[14] 金希壽, 李沆 또한 新進들이 자신들과 好惡를 달리하는 舊臣들을 駁逐하여 沮毁하는 풍조로 인해 權綱이 아래로 옮겨지게 되었다고 하였다.[15] 사대부들이 앞장서서 기강을 무너뜨린 결과 布衣도 國政의 득실을 논하고 庶人·奴僕도 士大夫·官長의 시비를 논하며 '公論'이라 일컫는 등 彝倫이 무너지게 되었다는 것이다.[16] 훈구파에게 사림파의 정치적 공세는 이처럼 廉恥와 禮俗,[17] 기강과 명분의 문제이자[18] 조정을 넘어 사회 전체의 人倫 문제로까지[19] 간주되고 있었다. 이는 모두 '守職'을 강조하는 훈구파의 일관된 논리에 의한 것이었으므로 그 해결책이 '立紀綱'·'明紀綱'으로 모아졌던 것은 자연스러운 일이었다.

---

12) 『中宗實錄』 卷101, 中宗 38年 7月 20日 癸亥.

13) 『中宗實錄』 卷45, 中宗 17년 7月 20日 甲子, 領議政 金詮 상소 중 嚴等威 조항.

14) 위와 같음.

15) 『中宗實錄』 卷38, 中宗 15年 1月 3日 壬辰, 參贊官 金希壽 ; 『中宗實錄』 卷38, 中宗 15年 1月 4日 癸巳.

16) 『中宗實錄』 卷38, 中宗 15年 1月 15日 甲辰, 弘文館 李荇, 李蘋 등 上疏.

17) 『中宗實錄』 卷45, 中宗 17年 8月 22日 乙未, 大司憲 成雲 等 上疏.

18) 『明宗實錄』 卷6, 明宗 2年 12月 3日 庚戌, 李芑.

19) 위와 같음.

훈구파가 주장하는 '立紀綱'·'明紀綱'은 尊卑貴賤, 上下大小를 分辨하고 그 名位의 분수를 지켜 질서를 유지함을 그 내용으로 한다.[20] 이들은 아랫사람이 상하의 분수를 알지 못하고 윗사람을 공경하는 마음이 없는 데서 기강의 不明이 초래된 것이라 보고, 尊卑之序와 上下之分을 확고히 할 수만 있다면 인심의 안정, 국가의 화평을 이룰 수 있다고 주장하였다.[21] 김안로는 나라의 근본이 되는 조정에서부터 먼저 상하의 等威를 밝히고 상벌을 엄격하게 시행한다면 사회 전체의 기강이 바로 설 수 있다고 주장하였다.[22] 이는 곧 관료집단 내부, 양반지배층 내에서부터 上下尊卑의 질서를 嚴明하고, 이를 근간으로 하여 사회 전체에 기강이 확산되기를 기대하는 구상이었다.

> 李芑가 아뢰었다. 임금으로서 나라를 다스리는 일은 기강을 세우는 일보다 큰 일이 없습니다. 기강을 세우는 요체는 형벌이나 위엄에 있는 것이 아니라 질서정연하게 상하의 분수를 세우는 데 있습니다. 그리하면 삼공·육경으로부터 대부·사에 이르기까지 그 지위를 뛰어넘지 않고 각자 자기의 직분을 다하게 될 것입니다. 지금은 상하의 분수가 거꾸로 되어 육경이 삼공의 일을 하고, 사대부가 육경의 일을 하는 등 차례를 넘어 위를 침해하니, 어찌 각각의 직분을 다한다 할 수 있겠습니까?[23]

> 尙震이 아뢰었다.……지금은 公·卿·大夫·士가 等級을 생각하지 않고 아랫사람은 윗사람을 능멸하며 천한 자는 귀한 자를 방해하고,

---

20) 『中宗實錄』 卷76, 中宗 28年 10月 12日 辛巳, 大司諫 丁玉亨 等 箚剌 ; 『中宗實錄』 卷80, 中宗 30年 10月 15日 癸卯, 金安老 ; 『中宗實錄』 卷101, 中宗 38年 7月 20日 癸亥, 李芑.

21) 『中宗實錄』 卷45, 中宗 17年 7月 20日 甲子, 領議政 金詮 상소 ; 『中宗實錄』 卷59, 中宗 22年 8月 12日 丁巳, 知事 李沆.

22) 『中宗實錄』 卷51, 中宗 18年 9月 25日 壬辰, 金安老.

23) 『明宗實錄』 卷6, 明宗 2年 12月 3日 庚戌.

인물을 공박함으로써 一身의 명예를 높이려 합니다.……반드시 공경대부를 尊待한 연후에야 等級이 엄히 준수되고 조정이 존중될 것입니다.[24]

위의 예문에서 李芑는 紀綱의 요체를 三公·六卿·大夫·士의 上下之分을 명확히 하여 '不越其位 各盡其職'하는 것이라 보고 있다. 尙震 또한 엄격한 等級의 준수, 즉 '等威'에 따라 지배층 내부의 上下, 尊卑의 위계를 굳건히 할 것을 주장하고 있다. 요컨대 그것은 爵名의 등급과 儀章의 차이를 엄격히 밝힘으로써 아랫사람들로 하여금 윗사람을 공경하고 두려워하도록 만드는 일이었다.[25] 이를 위해서는 상관이 하관을 엄격히 검속 통솔하고 在下의 新進들은 노성한 대신의 명을 공경히 받드는 등 각자 상하의 차서를 분명히 인지하는 것이 필요했다.[26]

이처럼 훈구파는 기강 확립의 조건으로서 '等威'를 내세우는 가운데 在下者에 대한 在上者의 검속과 在上者에 대한 在下者의 복종 등 지배층 내부에서의 상하질서 엄수를 강조하였다. 훈구세력은 아랫사람이 윗사람의 권위에 복종하는 것을 가장 중요한 도덕적 의무로 보았고, 이를 곧 정령이 올바르게 행해지는 모습이자 나라 전체에 彝倫을 扶植하는 방법으로 간주하였다. 이들이 免新禮에 대해 긍정적인 의견을 피력하였던 것은 이러한 견지에서였다. 당시 면신례는 갓 관직에 배치된 이들을 '新來'·'新鬼'라 하여 침학하고 욕보이는 풍조 때문에 그 폐단이 자주 지적되는 상황이었다. 특히 四館의 경우, 이곳을 거치지 않고

---

24) 『明宗實錄』 卷10, 明宗 5年 5月 15日 戊寅.

25) 『中宗實錄』 卷45, 中宗 17年 7月 20日 甲子, 金詮.

26) 『中宗實錄』 卷99, 中宗 37年 10月 28日 甲辰, 李芑 ; 『明宗實錄』 卷10, 明宗 5年 6月 5日 戊戌, 李芑 ; 『中宗實錄』 卷38, 中宗 15年 1月 11日 庚子, 同知事 李荇.

서는 名公鉅卿이 된 예가 없다고 할 만큼 관료로서는 필수적으로 거쳐야 할 곳이었고 그 위계질서의 엄격함 또한 손꼽혔던 터라 면신례의 폐해가 가장 극심한 곳으로 지목되고 있었다.[27] 四館 면신례 과정에서의 뇌물, 과다한 宴會, 폭행 등으로 인해 수만 兩의 빚을 지고 파산하거나 병을 얻어 평생 廢人이 되거나 심지어는 목숨을 잃는 이들까지 생기는 형편이었다.[28] 그러나 훈구세력은 새로 分館된 관원들에게 면신례를 행하는 것은 그 폐해에도 불구하고 新進의 銳氣를 꺾고 容忍의 덕을 길러 주는 효과가 있다고 하여 긍정적으로 평가하였다.[29] 이들은 면신례를, 新進이 恭敬의 자세로 직무를 수행할 수 있도록 위계와 기강을 바로잡는 데 필요한 통과의례로 간주하고 있었던 것이다.

이렇듯 훈구세력에게 기강은 官職과 官位를 기준으로 각자의 직분을 충실히 지킬 때 확립될 수 있는 것이었다. 관문을 지키거나 딱따기를 치며 야경을 도는 하찮은 일일지라도 각자 맡은 바 직무가 정해진 이상 서로의 권한을 침범할 수 없다는 양성지의 주장이나,[30] 언론의 책임이 있는 자는 언론의 책임을, 論思의 직위에 있으면 논사의 직임을, 재상의 지위에 있으면 재상의 道를 다할 뿐이라는 상진의 주장은[31] 모두 자신의 職事에 힘써야 할 뿐, 그 職과 分을 벗어날 수 없음을 강조하는 것이라 하겠다. 16세기에 들어와 사림파가 弘文館을 장악하고 言官化하였던 것을 훈구파가 부정적으로 바라보았던 것은 이러한 이유에서였다. 李芑는 홍문관의 본래 직임은 論思·文翰, 자문에

---

27) 『明宗實錄』明宗 14年 2月 4日 丙午.

28) 『中宗實錄』卷26, 中宗 11年 11월 4日 辛巳 ;『中宗實錄』卷97, 中宗 36年 12月 10日 辛酉 ;『明宗實錄』卷14, 明宗 8年 3月 30日 丙午 ;『宣祖實錄』卷3, 宣祖 2年 9月 13日 癸未.

29) 위와 같음.

30) 『訥齋集』續編 卷1, 「論實職超階夫便疏」.

31) 『明宗實錄』卷10, 明宗 5年 6月 11日 甲辰.

응하는 것이므로, 중종대 이래로 인물 진퇴의 권한을 전담하는 등 국
정에 관여하는 현재 홍문관의 행태는 직분에 어긋나는 일이라고 비판
하였다.32) 삼공육경으로부터 일반 사대부에 이르기까지 현실 정치의
위계와 서열에 따라 각자 맡은 바 직분에 충실해야 한다고 강조하였던
이기에게,33) 홍문관의 언관화가 주어진 직분으로부터 이탈하는 것으로
비추어졌던 것은 당연한 일이었다. 이러한 입장은 대신과 대간의 관계
에도 그대로 적용되었다.

대사간 許沆이 아뢰었다. 조정의 일에 대간의 논의가 治體에 해로움
을 끼친다면 그 폐단을 바로잡는 것은 당연합니다. 근래 삼공과 육경
이 조정의 일을 의논함에 대간이 옳다고 하면 옳다 하고 그르다고 하
면 그르다 하여, 烏角帶을 띤 小臣으로 하여금 조정의 일을 주장하게
하였으니, 사체에 어찌 이상하지 않겠습니까? 耳目官과 啓沃臣은 각각
그 직분이 다르니 서로 간섭할 수 없습니다. 이후로는 祖宗朝의 治體
를 살펴 대신으로 하여금 큰일을 맡게 하고 대간으로 하여금 그 시비
를 규찰하게 하여 至治의 아름다움을 이루어야 합니다.34)

허항은 위의 글에서 耳目官인 대간과 啓沃臣인 대신을 烏角帶를35)
띤 小臣과 三公六卿으로 대비시켜, 等威에 따른 직분이 서로 다름을
주장하고 있다. 대신의 직분은 인재의 진퇴로부터 실질적인 정국 운영
에 이르기까지 모든 범위의 國事를 주재하는 것이었던 반면, 대간은
다만 그 是非·可否나 미진한 사항에 대해서 규찰하는 것이 그 직분

---

32)『明宗實錄』卷6, 明宗 2年 12月 3日 庚戌 ;『明宗實錄』卷10, 明宗 5年 5月
　　15日 戊寅, 李芑.
33)『中宗實錄』卷101, 中宗 38年 7月 20일 癸亥 李芑.
34)『中宗實錄』卷79, 中宗 30年 3月 4日 甲子.
35) 정7품~정9품의 대간을 가리킨다.

이라는 것이다.36) 따라서 각각의 직분이 다르므로 서로 간섭할 수 없
다는 허항의 주장은 대간의 시비규찰이 대신에 대한 等威의 명분을 침
해해서는 안 된다는 것을 강조하고 있는 것이라 하겠다.

일례로 훈구파 논자인 李荇과 金乃文·柳墩이 대사간·사간·헌납
으로 있을 때 대간의 모습은 훈구파가 바람직하게 생각하는 대간의 상
을 잘 보여준다. 중종 10년 8월, 朴祥·金淨 등이 중종의 첫째 비인 廢
妃 愼氏의 復位를 제기하자 정국의 논란이 가중되었고, 이에 반대하는
훈구세력에 대해 사림파 언론의 논박도 점점 거세어져 가는 상황이었
다. 그러나 당시 대사간으로 있던 李荇 등은 대여섯 달이 지나도록 별
다른 언론을 발의하지 않았다. 이들은 간원의 직분은 군주의 잘못을
간쟁하고 대신의 과실을 논박하되 그때그때의 諫言에서 그칠 뿐, 대신
의 잘못과 조정의 허물을 일일이 지적하거나 논계하여 끝까지 그 주장
을 관철시키고자 해서는 안 된다고 생각하였던 것이다.37) 앞서 국가의
대사를 담당하는 것은 대신의 직분이고 대간의 직분은 그 시비를 규찰
할 뿐이라는 허항의 주장과 동일한 내용임을 알 수 있다. 이러한 이행
에 대해 훈구파 사론은 '識政體'라 하여 긍정적인 평가를 내리고 있
다.38)

이처럼 훈구파는 대신이 비록 대간의 감찰 대상이긴 하지만 대간의
탄핵권은 대신의 지위를 보장하고 대신이 주재하는 정국운영을 침해
하지 않는 범위 내에서 행해져야 한다고 보았다. 尹元衡·權應挺이
대신의 의논 아래 한번 國是가 정해지면 아래에서는 시비를 변란시킴

---

36) 이와 같은 주장은 대다수 훈구파 논자들의 의론에서 공통적으로 보이는 내용
이다. 대표적인 사례로는『中宗實錄』卷62, 中宗 23年 8月 6日 乙巳, 大司憲
洪彦弼 ;『中宗實錄』卷75, 中宗 33年 1月 21日 丙申, 大司諫 黃憲, 知事 蘇
世讓.
37)『中宗實錄』卷25, 中宗 11年 6月 4日 甲寅.
38) 위와 같음.

없이 그대로 따라야 함을 주장한 것은 이를 말함이었다.39) 따라서 훈구파는 대간의 말이라고 모두 따를 수는 없으며, 대간의 언론이라도 잘못된 것이 있으면 마땅히 처벌해야 한다고 주장하였다. 이는 대간의 언론 관행인 風聞彈劾을 겨냥한 것이기도 하였다. 양성지, 허굉 등 훈구세력은 대간의 풍문탄핵이 '不問言根'을 관행으로 대부분 대신을 비방하고 誣陷하는 일에 집중되고 있다고 비판하였다.40) 성희안·김안로 등이 명나라 丘濬의 『大學衍義補遺』와 大明之法을 근거로 대간의 풍문탄핵을 규제해야 한다고 주장하였던 것도 이 때문이었다.41) 김안로는 대간의 의논은 반드시 실제 사실에 근거해야 죄를 받는 자가 원망하지 않고 천하도 승복하는 법인데, 지금의 대간은 오로지 風聞에 의거 사람을 논하고 있다고 비판하였다.42) 尙震 또한 언로를 널리 확대하는 것은 좋지만 私議가 횡행하는 일에 대해서는 반드시 군주가 權柄을 잡고 그 출처를 캐어낼 것을 주장하였다.43) 風聞彈劾을 적극 활용하여 대간의 탄핵권을 대신들에게 확대해 나갔던 사림파에 대해 훈구파는 '各有其職 不可相干', 즉 직분이 다르면 서로 간섭할 수 없다는 논리를 내세워 대간의 언론이 대신의 고유한 지위를 침해하고 있음을 주장하였다.

이렇듯 관료제 내의 위계질서와 직분을 강조하는 훈구파의 의논은 微官末職은 정사에 간여하거나 시비를 논할 수 없다는 주장으로 이어졌다.44) 이들은 사림세력의 정치적 결집과 위계를 뛰어넘는 정치적 공

---

39) 『明宗實錄』 卷4, 明宗 元年 8月 5日 己丑, 大司憲 尹元衡, 大司諫 權應挺 等.

40) 『中宗實錄』 卷50, 中宗 19年 4月 28日 壬戌.

41) 『中宗實錄』 卷5, 中宗 3年 3月 14日 辛亥, 成希顔 ; 『中宗實錄』 卷50, 中宗 19年 4月 28日 壬戌, 金安老.

42) 『中宗實錄』 卷50, 中宗 19年 4月 28日 壬戌.

43) 『明宗實錄』 卷10, 明宗 5年 5月 15日 戊寅, 尙震.

세를 '凌上'의 풍조와 變亂의 조짐으로 인식하고 있었다. 이기는 조광조를 필두로 한 사림세력을, 조정의 큰 綱領은 도외시하고 義理만을 앞세워 대신은 물론 군왕의 하교에까지 시비를 거론하는 무리라고 비판하였다.[45] 그에게 下官이 高官을 견제하고, 微官이 위복의 권한을 擅斷하는 작금의 상황은 大權이 아래로 내려가 조정의 기강이 무너진 상태이자 逆亂의 징조임에 다름 아니었다.[46] 김안로, 허항 또한 대신이 기강을 바로잡으려 하면 나라를 그르치는 소인이라고 지목되어 논박당하는 상황이므로, 대신의 進達은 찾아볼 수가 없고 연소한 대간의 변론만 무성하게 되었음을 한탄하였다.[47]

혼구세력은 기본적으로 국사의 邪正과 是非의 분변, 國政의 모의와 國論의 주도는 사람마다 모두 참여할 수 있는 일이 아니라고 보았다. 국가의 큰일을 사람마다 모두 함께 할 수는 없으며 국사의 의논과 결정은 대신·재상의 반열에 오른 뒤에야 가능하다는 이유에서였다.[48]

> 領經筵事 李芑가 아뢰었다.……반역이 일어나는 것은 모두 아랫사람들이 권세를 부리기 때문입니다. 孔子는 비록 성인이지만 반드시 大夫가 된 뒤에야 정사에 참여했습니다. 지금 아래 지위에 있는 사람 중에는 뒷날 재상이 될 사람이 많을 것입니다. 그러나 그 일을 시행할 수 있는 것은 반드시 자신이 재상의 지위에 오른 뒤에야 가능한 것입니다. 그러나 지금은 그 지위에 있지도 않으면서 高談峻論만을 좋아하니, 그 폐단의 근원은 己卯의 무리들로부터 나왔습니다.[49]

---

44) 『中宗實錄』 卷76, 中宗 28年 12月 10日 戊寅, 張順孫·韓效元·金謹思.

45) 『明宗實錄』 卷10, 明宗 5年 5月 15日 戊寅, 李芑.

46) 『中宗實錄』 卷22, 中宗 10年 閏4月 24日 辛巳, 大司諫 尹殷輔 等 上疏 ; 『明宗實錄』 卷10, 明宗 5年 6月 5日 戊戌, 領經筵事 李芑.

47) 『中宗實錄』 卷24, 中宗 11年 4月 24日 乙亥, 金安老 ; 『中宗實錄』 卷79, 中宗 30年 3月 4日 甲子, 大司諫 許沆.

48) 『中宗實錄』 卷86, 中宗 33年 1月 21日 丙申, 大司諫 黃憲.

위의 예문에서 볼 수 있듯이 이기는 사림세력이 在下者에게 주어진 직분과 위계에서 이탈하여 국정에 관여하는 것을, 나라의 기강을 무너뜨리고 국가 권력을 사사롭게 천단하는 것으로 간주하고 있다. 그가 조광조에게 "孔孟같은 성현이 도를 펴지 못한 것은 지위가 없었기 때문이니, 그대가 道를 행하려 하거든 우선 大臣의 지위에 오르라"[50]고 한 것이나, '己卯士禍'에 대해 조광조를 위시한 사림세력이 직분을 넘어 권력을 행사하려 하였다는 점에서 스스로 화를 자초한 것이라 보았던 것은[51] 모두 '等威'를 중시한 훈구세력의 논점을 잘 보여주는 것이라 할 수 있다. 蔡無擇은 政事에 참여할 수 있는 주체로서 兩司·侍從·六卿과 廟堂을 지목하면서도, 실질적인 國政 운영의 권한은 2품 이상의 六卿과 議政府 堂上으로 구성된 대신에게 집중되어야 한다고 주장하였다.[52] 蔡枕, 李沆 등도 賞罰·人事를 주재하는 권한은 최종적으로 군주에게 귀속되지만 실제 군주가 威福의 여탈권을 행사할 때 이를 開導하고 調劑하는 등 군주와 함께 국정을 모의하는 책임은 대신에게 있음을 강조하였다.[53] 이와 같은 견지에서 李芑는 예로부터 군주가 나라의 大事를 처리할 때는 대신들과 '密議'하였으므로, 기묘년 중종이 홍경주 등에게 내렸던 密旨나 을사년 문정왕후가 尹任과 사림파를 제거하기 위해 내렸던 密旨가 正道에 어긋나는 것이 아님을 주장하였다.[54] 나아가 李芑는 나라의 큰일을 이미 대신과 의논하였으면 대

---

49) 『明宗實錄』 卷10, 明宗 5年 6月 5日 戊戌.
50) 『明宗實錄』 卷4, 明宗 元年 8月 4日 戊子.
51) 『明宗實錄』 卷10, 明宗 5年 6月 5日 戊戌.
52) 『中宗實錄』 卷80, 中宗 30年 10月 5日 癸巳, 大司諫 蔡無擇.
53) 『中宗實錄』 卷59, 中宗 22年 8月 12日 丁巳, 知事 李沆 ; 『中宗實錄』 卷53, 中宗 20年 3月 2日 辛酉, 大司諫 蔡枕 等 上疏.
54) 『明宗實錄』 卷1, 明宗 卽位年 8月 24日 甲寅 ; 『明宗實錄』 卷10, 明宗 5年 5月 15日 戊寅.

신의 議得을 고쳐서는 안 되며, 이를 다시 아랫사람과 논의해서는 안 된다고 보았다.55) 요컨대 微官이 '等威'를 범하며 朝臣의 賢·不肖를 함부로 논박하거나 國政을 도모하는 행태를 보인다면 賞罰黜陟 등 國法의 엄격한 시행, 風憲의 규찰 등을 통해 엄히 다스림으로써 무너진 기강을 바로 세워야 한다는 것이 훈구파의 기본 입장이었던 것이다.56)

이와 같이 관료 내부 等威를 嚴明하여 기강을 확립해야 한다는 훈구파의 주장은 곧 대신을 비롯한 고위관료 중심의 정치운영으로 귀결되는 것이었다. 이들이 일관되게 주장하는 '守職'의 논리가 관료 내부 '等威'의 질서와 상응하는 이상군주와 함께 국정을 謀議하며 共治하는 신하는 곧 大臣으로 국한되게 된다. 이러한 대신 중심의 정치운영을 통하여 지배층 내부에서부터 직분에 따른 위계를 솔선수범하고 기강을 세워 나갈 때, 훈구파는 사회 각 신분층의 名位와 직분, 역할과 기능이 안정적으로 유지될 수 있다고 보았다.57) 대신의 소임은 무겁고 그 지위는 존귀한 것이므로, 군주가 대신을 중히 여기고 높이 대우하는 것은 그 자체로 사회에 만연한 '凌上' '侮上'의 풍조를 종식시키는 일이자 명분과 기강을 세우는 일이 되기 때문이다.58) 만약 군주가 대신의 建議를 받아들이지 않는다면, 이는 곧 '下陵上 少陵長'의 풍조를 여는 발단이 될 것이라는59) 李沆의 경고는 이를 말함이었다. 훈구파가 사회 전체에 기강을 확립하기 위해서는 먼저 조정에서부터 '妨貴'의

---

55) 『中宗實錄』卷95, 中宗 36年 4月 28日 甲申.

56) 『中宗實錄』卷45, 中宗 17年 7月 20日 甲子, 領議政 金詮 ; 『中宗實錄』卷49, 中宗 18年 9月 25日 壬辰, 金安老 ; 『中宗實錄』卷80, 中宗 30年 10月 15日 癸卯, 左議政 金安老 ; 『明宗實錄』卷9, 明宗 4年 6月 4日 壬寅, 司憲府 ; 『明宗實錄』卷10, 明宗 5年 6月 5日 戊戌, 領經筵事 李芑.

57) 『中宗實錄』卷45, 中宗 17年 7月 20日 甲子, 領議政 金詮 상소 중 嚴等威 조항.

58) 『中宗實錄』卷61, 中宗 23年 6月 16日 丙辰, 弘文館 副提學 兪汝霖 等 上疏.

59) 『中宗實錄』卷59, 中宗 22年 8月 12日 丁巳.

폐습을 몰아내야 한다고 주장하였던 것은 이러한 이유에서였다.

2) 公論 주체의 규제와 朋黨의 부정

職級·等級을 기준으로 '公論'을 규제하고자 한 것 또한 훈구세력이 '立紀綱'의 방법으로 제시한 내용이었다. 훈구세력은 論者의 名位·職位를 기준으로, 공론의 주체와 범위를 관료제도 내부에 국한시키고자 하였다.

> 領經筵事 尙震이 아뢰었다.……옛날 道가 있을 때에는 아래에서 사사로운 議論이 없었습니다. 漢末 이래 外議가 많아져 심지어는 돈을 바치고 관직에 제수된 다음 그 자식에게 外議를 묻는 자까지 있었습니다. 外議란 천하에 道가 없을 때에 나오는 것입니다. 만약 조정의 君臣 上下 간에 紀綱이 정연하다면 議論은 언제나 조정에 있게 되고 外議는 나오지 않게 됩니다.……요즘 들어 외부의 私議를 조정에서 시행하려고 하니, 이것이 큰 폐단입니다.[60]

위의 예문에서 상진은 기강을 확립하여 '공론'의 범위와 주체를 조정 관료로 제한하고 外方의 私議를 금할 것을 주장하고 있다. 李芑 또한 '不在其位 則不謀其政'이라 하여 그 지위에 있지 않은 사람은 政事를 '謀議'할 수 없음을 강조하였다.[61] 자기에게 주어진 職分과 名位에 맞게 행동하고 생각 또한 그 지위를 벗어나지 말아야 한다는 것이 이유였다.

훈구세력은 '공론'의 내용도 내용이거니와 무엇보다도 '공론'을 행

---

60) 『明宗實錄』 卷10, 明宗 5年 6月 11日 甲辰.
61) 『明宗實錄』 卷5, 明宗 2年 5月 28日 戊寅, 李芑 ; 『明宗實錄』 卷10, 明宗 5年 5月 15日 戊寅, 李芑.

사하는 주체의 지위가 중요하다고 보았다. 모두 上下, 尊卑의 위계를 강조하는 '等威'의 논리에 근거한 것임은 물론이었다. 이러한 입장은 곧 외부의 議論, 즉 유생과 초야의 정치여론 형성을 규제하는 것으로 이어졌다. 앞서 상진이 주장하였듯이 훈구세력은 外議를 관직이 없는 자가 '私論'을 모아 국정의 시비를 망령되이 의논하는 행태로 규정하였으며, 천하에 道가 없고 조정의 기강이 엄숙하지 않을 때 外議가 빈발한다고 보았다. 三代에는 刑政과 號令이 군상에게서 나왔지만, 漢唐 말에는 아래에서 의논을 주장하여 패란이 잇따르게 되었다는 상진의 주장은 이를 가리킴이었다.[62] 金克成, 蘇世讓 또한 東漢 末 사림의 언론이 나라가 쇠퇴해가는 시점에 조그마한 보탬이 있었던 것은 사실이지만 결과적으로 보면 이들의 의논이 조정의 기강을 무너뜨려 동한이 멸망하는 시발점이 되었다고 주장하였다.[63] 같은 맥락에서 이기는 동한 말 사림의 의논을 '士氣'가 아닌 '客氣'에 불과한 것이라 폄하하였다.[64] 이기는 유생이나 초야의 선비가 서로 交結, 인물을 공박하고 조정의 得失에 대해 의논하기 좋아하는 작금의 폐습이 동한 말기의 풍조와 같은 것이라 주장하였다.[65] 그는 사람마다 국가의 일을 謀議한다면, 이는 모두 三公으로 자처하는 것과 마찬가지라 하였으며,[66] 徐厚는 조정의 得失, 인물의 長短을 논하는 것은 朝臣이 할 일이므로, 유생이나 초야의 선비는 감히 조정의 일을 말해서는 안 된다고 주장하였다.[67] 金克成, 蘇世讓, 黃憲, 尙震, 尹仁鏡 등도 威福의 與奪과 국가의 대사를 私權·私議로 처리하는 것은 군신 상하의 분수를 망각한 소치이자

---

62) 『明宗實錄』 卷10, 明宗 5年 5月 15日 戊寅, 尙震.
63) 『中宗實錄』 卷86, 中宗 33年 1月 21日 丙申, 領事 金克成, 知事 蘇世讓.
64) 『明宗實錄』 卷4, 明宗 元年 8月 4日 戊子, 李芑.
65) 『明宗實錄』 卷2, 明宗 卽位年 9月 23日 癸未, 院相 李芑
66) 『明宗實錄』 卷6, 明宗 2年 12月 3日 庚戌, 李芑.
67) 『中宗實錄』 卷38, 中宗 15年 1月 4日 癸巳.

陰이 陽을 침해하는 재변과 같은 것이라 하였다.[68]

이처럼 유생이나 초야 선비들의 外議는 절대로 허락할 수 없음을 강조하는 것은 훈구파 논자들의 공통적인 의논이었다. 政事가 臺閣에 있어도 어지러워지는데, 하물며 지금처럼 外議에 돌아가는 상황은 말할 것도 없다는 김안로, 황헌 등의 주장은[69] 조정을 벗어난 '外議'에 대해 훈구파가 가졌던 강한 반감을 잘 보여준다. 훈구파는 나라의 元氣는 朝廷이며 國政의 是非는 어디까지나 朝臣의 책임이라고 보았다.[70] 공론을 위에서 주장하면 나라가 다스려지고 아래에서 주장하면 나라가 어지러워진다는 상진의 말은 이를 잘 보여준다.[71] 따라서 훈구파는 아직 出仕 전의 유생이나 草野 鄕豪들의 경우 발의한 내용이 비록 '공론'을 담고 있다 하더라도 직분을 망각하고 외방에서 여론을 형성하여 함부로 정치에 간여하는 풍습은 결코 허락할 수 없음을 주장하였다. 만약 조정의 일을 외부에서 의논하도록 조금의 단서라도 열어주면 사람들마다 다투어 국가 정사에 간여하려 할 것이고, 이는 결국 기강을 무너뜨려 변란의 조짐을 양성하는 폐단으로 이어질 것이라 함이 그 이유였다.

이렇듯 훈구파는 '明紀綱'의 명분 아래 '공론'의 주체와 범위를 관료제도 내부로 제한하고자 하였다. 等威의 질서를 엄수하고 위복의 권한을 위에서 장악한다면 '公論'은 언제나 조정에 있게 될 것이며 外議의 폐단 또한 자연히 사라지게 될 것이라 함이 이들의 주장이었다. 지배

---

68) 『中宗實錄』 卷86, 中宗 33年 1月 21日 丙申, 金克成, 蘇世讓, 黃憲 ;『明宗實錄』 卷6, 明宗 2年 12月 3日 庚戌, 尹仁鏡 ;『明宗實錄』 卷10, 明宗 5年 5月 15日 戊寅, 尙震.

69) 『中宗實錄』 卷20, 中宗 9年 9月 22日 辛巳 ;『中宗實錄』 卷86, 中宗 33年 1月 21日 丙申, 黃憲.

70) 『中宗實錄』 卷80, 中宗 30年 10月 15日 癸卯, 執義 鄭萬鍾.

71) 『明宗實錄』 卷10, 明宗 5年 5月 15日 戊寅, 尙震.

층 내부의 철저한 階序化를 주장하고 관료제 또한 상하의 위계질서 속에서 운영할 것을 강조하였던 훈구파는 공론의 규제를 통하여 다시 관료와 비관료 간 名位와 等級의 엄격한 구분을 강조하였던 것이다.

이들이 '朋黨'을 부정한 것 또한 같은 맥락에서였다. 이들은 朋黨을 주자학의 그것처럼 '君子朋'·'小人黨'으로 나누어 구별하는 일 없이 신하들의 交結, 그 자체를 '붕당'이라 하여 부정적으로 인식하였다. 흔히 봉건적 집권체제 하에서 신료의 가장 큰 미덕은 청렴함과 '交結朋黨'하지 않는 것이 거론된다. 이에 대해 훈구세력은 신료의 청렴함도 중요하지만 私黨을 세우지 않는 것이 더욱 중요하다고 보았다. 許沆은 녹봉만으로는 생활이 어렵다는 점을 들어 관료의 청렴함 여부에는 비교적 관대한 입장을 보였던 반면, '私黨'을 세우는 일은 곧 군주를 배신하는 행위이므로 신료로서 절대로 있을 수 없는 일이라고 주장하였다.[72]

沈彦光 아룀. 송나라 熙寧·元豊 年間에는 각기 朋黨을 만들어 서로를 해치고자 온갖 방법으로 틈을 엿보았으므로 마침내 사기가 크게 꺾여서 나라의 일이 날로 잘못되어 갔습니다. 이와 같은 일이 지금은 결코 없다고 어찌 말할 수 있겠습니까?[73]

위의 예문에서 심언광은 송나라 神宗年間, 王安石의 新法을 둘러싸고 벌어진 新法黨과 舊法黨의 대립을 예로 들어 붕당 자체를 부정하고 있다.[74] 蘇世讓 또한 한마음으로 군주를 섬기는 것이 신하의 절개인데, 송나라 신종대에는 신료들이 서로 黨을 만들어 싸움만을 일삼음

---

72)『中宗實錄』卷80, 中宗 30年 10月 15日 癸卯.

73)『中宗實錄』卷83, 中宗 32年 1月 22日 壬寅.

74) 송나라 神宗代, 新法·舊法勢力 간의 政爭에 대해서는 梁鍾國,『宋代士大夫 社會研究』, 三知院, 1996, 342~353쪽 참조.

으로써 끝내 나라의 쇠망을 초래하였다고 주장하였다.[75]

이처럼 송나라 신종대의 예를 들어 훈구파가 강조하였던 것은 新法·舊法을 둘러싸고 형성된 정치이념이나 군자·소인의 도덕적 구분이 아니었다. 이들이 문제로 삼았던 것은 신료들이 서로 편을 갈라 得勢하는 상황 그 자체였다. 朴元宗은 派黨이 존재하는 자체가 이미 태평의 氣象, 조정의 美事와는 거리가 먼 것이므로, 그것이 淸議인지 아닌지, 朋인지 黨인지를 따질 필요는 처음부터 없음을 주장하였다.[76] 許沆이 말하듯 朋이든 黨이든 신하들이 파당을 나누어 다투기 시작하면 政令이 통일되지 못할 것이고, 이는 곧 조정이 어지러워지는 단서가 되기 때문이다.[77] 이에 남곤은 송대의 신료·유생들이 군자·소인, 의리 명분을 주장하며 好惡是非를 따졌던 것은 모두 虛名을 숭상한 것일 뿐, 실지에 힘써 나라의 형세가 나아지도록 하는 데는 모두 치지도외한 이들이라고 비판하였다.[78] 程頤의 洛黨이든 蘇軾의 蜀黨이든 모두 사사로운 울분으로 제각기 대립하며 헐뜯었을 뿐이라는 尹玉의 주장도 이러한 훈구세력의 입장을 잘 보여주는 말이라 하겠다.[79] 나아가 南袞, 鄭士龍 등이 송대 朋黨이 가장 熾盛하였던 시기로 理宗代를 거론하며, 理宗을 나라를 망친 군주, 혹은 君道를 다하지 못한 군주라 지목한 것[80] 또한 같은 맥락이었다.

훈구파는 사림파 언론이 본격적으로 浮上하였던 당시의 정치적 상

---

75) 『中宗實錄』 卷80, 中宗 30年 10月 15日 癸卯, 刑曹判書 蘇世讓.
76) 『中宗實錄』 卷7, 中宗 3年 11月 26日 庚申, 領事 朴元宗.
77) 『中宗實錄』 卷79, 中宗 30年 4月 12日 壬寅, 大司憲 許沆.
78) 『中宗實錄』 卷40, 中宗 15年 9月 21日 乙亥.
79) 『明宗實錄』 卷10, 明宗 5年 7月 17日 戊申, "尹玉又曰……宋之洛蜀黨 亦以私憤 角立相詆 其弊幾至於亡國 孰不痛憤."
80) 『中宗實錄』 卷40, 中宗 15年 9月 21日 乙亥 ;『中宗實錄』 卷18, 中宗 8年 9月 20日 乙酉.

황을 漢末, 宋末과 동일한 것으로 인식하고 있었다. 성종대 윤필상이 김종직을 비롯한 사림세력을 '群聚橫議'하는 '姦黨'이라 규정하면서, 이들의 정치적 언행을 七國의 處士나 東漢의 黨人, 趙宋의 洛黨·蜀黨의 풍조와 동일시한 것은 그 대표적인 사례이다.[81] 이밖에도 훈구파는 조정의 上下 기강을 무시하고 하관이 상관을 경시하거나 國事에 힘쓰는 대신들, 특히 勳舊功臣 등 卿相을 비난하며 시비를 변란하는 것,[82] 문신들이 사사로이 모여 조정의 得失을 논하거나 대간이 조정의 일을 府中에 발설하는 것, 閭巷에서 무리를 지어 사사로이 時事를 논의하는 것[83] 등을 모두 붕당의 행위라 하여 처벌의 대상으로 삼았다. 요컨대 훈구파에게 '黨'이란 직분을 벗어나 사사로이 時事를 비난하는 행위로서,[84] 여기에는 '權歸臺閣', '政出多門', '凌上', '不敬' 등 그들이 '不明紀綱'으로 비판하였던 사림세력의 정치 행위가 모두 포함되고 있었던 것이다. '무오사화', '기묘사화'의 治罪 당시, 사림파에게 적용되었던 죄목이 『大明律』의 '交結朋黨' 조항이었음은 훈구파의 이러한 입장을 잘 보여준다.[85]

훈구파는 붕당을 방지하기 위해서는 무엇보다도 신료들이 서로 화목하게 한마음으로 군주를 섬기는 자세가 중요함을 강조하였다.

좌의정 金安老 아룀. 서로 和睦하게 한마음으로 군주를 섬겨야 합니다. 간혹 議論이 다른 것은 소견이 다르기 때문이니 일에 어찌 해로운

---

81) 『燕山君日記』 卷31, 燕山君 4年 8月 10日 癸酉.
82) 『中宗實錄』 卷45, 中宗 17年 7月 20日 甲子, 領議政 金詮 ; 『明宗實錄』 卷9, 明宗 4年 3月 24日 甲午, 左相 黃憲, 右相 沈連源.
83) 『中宗實錄』 卷7, 中宗 3年 11月 26日 庚申, 朴元宗.
84) 『中宗實錄』 卷7, 中宗 3年 11月 26日 庚申, 朴元宗.
85) 『大明律直解』, 吏律, 姦黨, "若在朝官員 交結朋黨 紊亂朝廷者 皆斬 妻子爲奴 財産入官" ; 『燕山君日記』 卷30, 燕山君 4年 7月 辛酉 ; 『中宗實錄』 卷37, 中宗 14年 11月 15日 乙巳.

일이겠습니까. 공평한 마음으로 相議하여 의견을 하나로 귀일시키기만
한다면 괜찮은 것입니다.……서로 화목하다면 어찌 나라의 복일 뿐이
겠습니까. 그 자신에게도 좋은 것입니다. 그러나 늘 평지풍파를 일으킴
이 이미 고질이 되었습니다. 이것은 형벌로 다스려서는 안 되고, 오직
위에서 뜻을 굳건히 하여 안정시킬 뿐입니다. 만약 그래도 그치지 않
으면 어찌 해야 하겠습니까. 형벌을 사용하여서라도 진정시키지 않을
수 없는 것입니다.……대개 조정에 기강이 서지 않았기 때문에 上下之
分이 분명하지 못합니다. 上下之分은 等級을 바로잡는 것이니 마땅히
엄하게 하여야 합니다.86)

위의 예문에서 김안로는 신하들이 서로 화목하여 한마음으로 군주
를 섬길 것을 주장하였다. 신하들이 서로 화합할 때, 나아가 君臣 관계
또한 서로 화목할 때 조정이 평안해지고 기강이 바로설 수 있다는 이
유에서였다. 다만 그가 주장하는 '화목'·'화합'을 이루기 위해서는 신
료들 간의 異見을 반드시 하나로 통일되어야 했다. 이는 곧 훈구세력
이 일관되게 주장하는 '政令의 통일'을 의미하는 것이기도 하였다. 이
때 異見을 모아 정령을 통일하는 과정은 곧 '上下之分'·'等威'의 위
계에 대한 엄격한 준수를 전제로 하는 것이었으므로, 훈구파가 강조하
는 '政令의 통일'이란 곧 재상·대신의 정국 주도를 의도한 것이었다
고 할 수 있다. 이 과정에서 위에서 國是로 세운 政令에 대해 분란을
일으키는 자가 있다면, 윤원형은 王法을 追正하여 진정시켜야 한다고
주장하였으며, 김안로 또한 형벌을 사용해서라도 반드시 막아야 할 일
이라 주장하였다. 그것은 私議로써 시비를 變亂시키는 행위로 君上을
능멸하고 朋黨을 선동하는 것과 같은 것이었기 때문이다.87)

---

86) 『中宗實錄』 卷80, 中宗 30年 10月 15日 癸卯. 이와 비슷한 김안로의 논의로
　　는 『中宗實錄』 卷80, 中宗 30年 10月 9日 丁酉 기사를 함께 참조.
87) 『明宗實錄』 卷4, 明宗 元年 8月 5日 己丑, 大司憲 尹元衡, 大司諫 權應挺

이상에서 살펴보았듯이 훈구세력은 '朋黨'을 신료가 交結하여 君上을 뒤로 하고 기강을 어지럽히는 행위로 보아 부정하였다. 훈구파에게 사사로이 모여 時事를 비난하고 '等威'적 위계질서에 반하는 신하의 '交結'은 그 자체로 君上을 능멸하는 행위였다. 때문에 교결한 신하들이 군자인가 소인인가, 붕인가 당인가를 따져볼 필요는 처음부터 없는 것이며, 모두 죄악시될 뿐이었다. 이로써 훈구세력은 '等威'에 입각한 상하질서를 공고히 하는 가운데 사림파의 정치공세에 대응하는 한편 재상·대신 중심의 정국을 유지해 나갈 수 있는 기반을 공고히 할 수 있었다.

3. 士林의 관료제 운영론

1) 序齒 중심의 수평적 관료제 운영

위에서 살펴보았듯이 훈구파는 관료제 내부의 관계를 상하 위계질서 속에서 파악하고, 아랫사람이 윗사람의 권위에 복종하는 것을 가장 중요한 도덕적 의무로 간주, 지배층이라는 동일한 신분층 내에서도 정치적 상하질서·위계질서를 분명히 하였다. 이에 반해 사림파는 지배층 내부의 수직적인 階序化를 지양하고 在上者·在下者 모두 의리를 실천한다는 '同學'의 입장을 강조하며 수평적 질서로의 전환을 꾀하고 있었다.

의리의 실천이라는 大義를 중시하였던 사림파에게 관료 내부의 位階나 職次의 高下는 상대적으로 부차적인 문제였다. 그들은 직위의 고하보다는 덕의 유무를 중시하였고, 賢愚, 淑慝을 가려 師友之道로 서로 절차탁마하는 '師友'의 관계를 강조하였다. 사우의 관계는 道와 義

등.

를 매개로 하고 있었던 만큼 '序齒'의 질서가 우선시되었으며, 자연스럽게 그 내부에서 貴賤, 尊卑 등 상하 위계질서가 상대화되고 있었다.

> 시강관 徐厚가 아뢰었다.……광조의 무리 중에서 高元孫은 中禁으로 있다가 관직을 떠난 사람인데 공자라 자칭하며 그 무리를 데리고 金溪에서 五聖十哲의 예를 행하였습니다. 그 제자 權信은 私賤인데 나이가 本主보다 많다 하여 고원손이 본주의 윗자리에 앉게 하며 말하기를 "같은 제자가 되었으므로 '年齒'를 따질 뿐 貴賤은 따지지 않는다" 하였습니다. 이와 같은 일은 지극히 통탄할 일입니다.[88]

위의 예문에서 훈구세력인 서후는 사림파가 내세우는 師友의 규범과 이를 형식화한 齒坐法을 上下尊卑의 신분관계를 無力化시키는 위험 요소로서 거론하고 있다. 고원손이 나이를 들어 私賤인 權信을 그 주인보다 윗자리에 앉혔던 것은 권신과 주인의 관계를 奴主의 관계가 아닌 同爲門弟하는 사우의 관계로 간주하였기 때문이다. '序齒'에 따른 齒坐는 道·德을 공유하는 구성원 내부에 長幼의 규범을 적용, 位階의 高下를 擺脫함으로써 수직적 서열을 완화하고 수평적인 師友 관계로 전환시키는 방법이었다. 도·덕을 공유하는 사우의 관계에서는 신분의 고하를 넘어 대등한 예로 교제하고 다만 '序齒'에 따른 長幼의 예만을 구현할 뿐이라는 원칙론을 고원손은 충실히 구현하였던 것이다. 물론 師友之道가 지배층 내부의 결속을 위한 행위규범이자 그들 사이의 관계를 설명·규제하는 도덕규범이었음을 감안한다면,[89] 私賤이 포함된 위의 사례는 당시로서도 매우 예외적인 사례라 할 것이다. 그러나 동시에 위 사례는 序齒의 원칙론이 사림세력 일부에서 良賤을

---

88) 『中宗實錄』 卷40, 中宗 15年 10月 1日 乙酉.

89) 金勳埴, 「16세기 『二倫行實圖』 보급의 社會史的 考察」, 『歷史學報』 107, 1985, 53쪽.

넘어 실제로 관철되고 있었음을 보여주고 있다. 따라서 사우지도를 양반지배층 내부로 국한하여 적용한다면 상하분별의 '等威' 질서를 희석시키는 파괴력을 더욱 발휘하게 될 것임은 충분히 예측 가능한 일이라 할 수 있다. 이른바 성균관 내의 序齒 문제는 그 대표적인 예이다.

사림파는 성균관을 교화의 근본이자 '首善之地'로 보고,[90] 성균관에서부터 먼저 나이순으로 앉는 '序齒'를 솔선수범할 것을 주장하였다. 성균관에서 年齒순으로 앉는다는 것은 科榜의 차례와 입학의 선후를 고려하지 않는 것이다. 성균관 齒坐法은 중종대 조광조 등에 의해 처음 제기되어 시행에 옮겨졌으나 '기묘사화' 직후 남곤·심정 등 훈구파에 의하여 혁파되었다.[91] 이후 중종 38년(1543) 11월, 성균관 儒生이었던 裵紳·李濟臣의 주도 하에 '齒坐'의 시행이 다시 주장되었고, 당시 大司成 李浚慶·司成 宋世珩의 허가 아래 실행에 옮겨졌다.[92] 그러나 실행이 강행된 이후에도 이 문제는 계속 논란이 되었다. 조정 대신들의 반대는 물론이었거니와 성균관 내부에서도 유생들 간 異見으로 인해 의견이 모아지지 않고 있었다. 당시 生員·進士를 구성원으로 하였던 東齋의 경우, 생원은 科榜의 순위가 다르고 下齋(西齋)는 입학한 순서가 다르므로 전례대로 升補, 즉 합격 서열과 입학 순서에 따라 앉을 것을 주장하였다. 반면 幼生을 구성원으로 하였던 下齋는 이에 따르지 않고 序齒대로 할 것을 주장하였다.[93] 이러한 논란의 와중에 損徒와 黜學이 발생하기도 하는 등 갈수록 의견이 분분하고 갈등이 커지게 되자 결국 조정에서는 반대 의견에 손을 들어 주어 이 문제를 무산시켰다.

---

90) 『中宗實錄』 卷101, 中宗 39年 1月 26日 乙丑, 司諫 許伯琦 ; 『明宗實錄』 卷26, 明宗 15年 9月 11日 甲戌.
91) 『草堂集』 附錄, 摭錄(563쪽) ; 『明宗實錄』 卷6, 明宗 2年 9月 3日 辛亥.
92) 『恥齋遺稿』 卷2, 「日錄鈔」, 癸卯 11月 28日, 14ㄴ~15ㄱ(43~44쪽).
93) 『中宗實錄』 卷101, 中宗 39年 1月 26日 乙丑.

성균관 '序齒' 문제는 이후에도 사림파에 의하여 끊임없이 거론되고 시도되었다. 선조 7년 당시 대사성 許曄은 李珥, 金宇顒, 盧守愼 등의 지지에 힘입어 이를 다시 시도하였으나,[94] 이듬 해 掌議 閔成章을 앞세운 丁卯 榜人들의 거센 반발로 인해 실패로 돌아갔다.[95] 이렇듯 사림파에 의해 주도된 齒坐法의 시행은 결과적으로 성공하지는 못하였지만, 성균관의 '序齒' 문제는 계속해서 논란의 불씨로 남게 되었다.

사림파가 이렇듯 성균관의 '序齒'문제를 중요하게 생각한 이유는 士氣가 배양되는 태학에서 '師友之道'·'長幼有序'를 실천하는 것이 곧 도·의의 성리학적 가치를 지배층 내부에 균일하게 실현하는 첫걸음이라 생각하였기 때문이었다. 이이는 同榜에서 장원을 존경하는 것이 俗禮이고 인심에 합하는 것 같지만, 館學은 곧 인륜을 밝히는 곳이며 예로부터 元子가 民之俊秀者와 함께 齒坐하여 切磋琢磨하였던 곳이므로 長幼의 순서가 우선해야 한다고 주장하였다.[96] 성균관은 유생들이 함께 모여 인륜을 밝히는 성현의 도를 공부하는 곳이므로 科榜의 高下, 입학 순서에 따른 지위의 차등을 강조할 것이 아니라 '同道'의 師友라는 점을 중시, 年齒에 따른 순서를 더욱 중시해야 한다는 의견이었다. 이렇듯 관료예비군을 양성하는 성균관을 필두로 長幼와 師友의 규범을 시행한 다음 이를 다시 관료 내부에 확대, 일반화시키고자 함이 사림세력의 의도였다고 할 수 있다.

반대로 성균관 '序齒'에 반대하는 훈구세력의 논리는 國學인 성균관에 향당의 윤리인 장유유서를 적용할 수 없다는 것이었다. 관료예비군이 학문을 닦는 성균관은 곧 규모만 다를 뿐, 朝廷과 다를 바 없다는

---

94)『草堂集』, 行狀, 13ㄱ～ㄴ ;『宣祖修正實錄』卷8, 宣祖 7年 2月, 李珥 ;『宣祖實錄』卷8, 宣祖 7年 11月 5日 乙亥, 金宇顒, 盧守愼 ;『宣祖實錄』卷9, 宣祖 8年 6月 8日 乙亥, 金宇顒.
95)『草堂集』附錄, 撫錄 ;『宣祖實錄』卷9, 宣祖 8年 6月 8日 乙亥.
96)『宣祖修正實錄』卷8, 宣祖 7年 2月.

이유에서였다.97) 훈구파가 성균관 ‘序齒’의 문제를 上·下 위계와 기강을 무너뜨린다는 이유로 반대하였던 것은 이 때문이었다. 따라서 훈구파는 조정에서 관료가 職位의 次序를 따르는 것처럼 작은 조정인 성균관 또한 유생들 간 升補·入學의 선후로 서열의 기준을 삼는 것이 마땅하다고 보았다. 나아가 이들은 이러한 문제를 조정의 명을 따르지 않고 유생의 결정에 맡겨야 한다는 사림세력의 주장이야말로 아래에서 위를 업신여기고, 少年이 長者를 능멸하는 풍조를 앞장서서 퍼뜨리는 언행이라 비판하였다.98) 만약 이러한 凌上의 풍조가 성균관에 그치지 않고 점점 성행하여 마침내 조정에까지 올라온다면, 이는 곧 ‘無君’의 기풍에까지 이르게 될 것이므로 경계하지 않을 수 없다는 것이 훈구파의 주장이었던 것이다.

이렇듯 성균관 ‘序齒’ 문제는 단지 성균관 유생들 간 서열의 문제에 그치는 것이 아니라, 그 내부에 예비관료를 필두로 관료제 운영 전반에 대한 상반된 인식을 함의하는 것이었다. 훈구파가 존비귀천, 상하대소가 分辨되고 그 名位의 분수를 넘지 않는 수직적 관료제 운영을 추구하였다면, 사림파는 관료제 전반에 長幼有序·朋友有信 등의 향당 윤리를 적용함으로써 양반지배층 간의 수평적 균질성을 추구하였다. 기강의 정립, 나아가 조정의 和平은 在下의 新進과 在上의 先進들 내부의 위계질서가 준수될 때 이루어지는 것이라 믿는 훈구파에게, 사림파의 그것은 위를 능멸하고 업신여기는 풍조이자 사회 기강을 앞장서서 무너뜨리는 주장임에 다름 아니었다. 사림파 내부에서조차 齒坐法의 강행이 時宜에 맞지 않게 ‘駭世驚俗’함으로써 도리어 ‘士林之變’을

---

97) 『中宗實錄』 卷101, 中宗 39年 1月 26日 乙丑, 知事 成世昌.

98) 『中宗實錄』 卷101, 中宗 39年 1月 26日 乙丑, 知事 成世昌, 領事 尹殷輔 ; 『明宗實錄』 卷4, 明宗 元年 8月 4日 戊子, 許磁 ;『明宗實錄』 卷6, 明宗 2年 9月 3日 辛亥, 尹元衡.

초래할 수 있다는 경계의 목소리가 나오고 있었던 것은[99] 치좌법이 지배층 내부의 권력구조를 재편할 수 있는 잠재력을 가지고 있으며, 이로써 훈구파의 의논과 정면으로 대립하는 의논임을 감지한 것이라 하겠다.

사림파 내부에서도 성균관 齒坐法은 현실의 실제 적용을 두고 반드시 의견의 일치를 보았던 것은 아니었다.[100] 그러나 사림파는 도가 같고 뜻이 합한다면 尊卑上下의 지위가 다를지라도 더불어 벗할 수 있다는 師友之道를 성현의 가르침으로 받아들이는 공통된 면모를 보였다. 신료 간의 관계인 관료제 내부는 물론 군신의 관계에서도 이러한 師友之道는 上下의 職位를 넘어 보편적으로 적용될 수 있는 윤리규범으로 간주되었다.[101] 賢德의 군자가 출사한 가운데, 서로를 스승으로

---

99) 『恥齋遺稿』 卷2, 「日錄鈔」, 癸卯 11月 28日, 15ㄱ(44쪽). 중종 38년 당시 성균관 儒生이었던 洪仁祐, 盧守愼은 치좌법을 옛 성현의 법으로 보면서도, 己卯後學이라 지목되어 배척받는 작금의 상황에서 이를 당장에 강행함은 俗見을 놀라게 할 수 있다 하여 반대하였다.

100) 물론 사림파가 사회 전체의 성원에게 귀천의 신분질서를 넘어 師友·長幼의 규범을 설파하였던 것은 아니다. 이들이 道로써 貴賤을 넘을 수 있다 함은, 사우·장유의 윤리 규범이 보편적인 가치임을 강조하고자 하는 수식에 불과할 뿐 피지배층인 민의 존재는 배제되는 것이 일반적이었다. 앞서 언급한 조광조 일파의 高元孫과 權信의 사례는 도·덕을 매개로 하는 사우와 장유의 윤리 규범을 원론적 가치로 강조하는 가운데 나타난 극히 예외적인 모습일 뿐이었다. 때문에 선조대에 들어와 이른바 사림파의 집권이 시작된 이후에도 성균관 齒坐法은 쉽게 시행되지 못하였다. 그것은 합격의 서열에 따른 升補·入學 순서의 관례가 그만큼 봉건 사회의 상하 질서 관념과 잘 상응하였기 때문이었다. 序齒의 문제를 지배층 내부에만 국한하여 적용하는 것도 반발이 만만치 않은 상황에서, 이러한 기풍이 자칫 사회 전체로 확대한다면 상하존비의 신분질서를 어지럽게 할 수 있는 위험 요소가 될 수 있었던 것이다. 사림파인 유희춘이 치좌법에 대해 인심과 관례에 역행하는 우활하고 모순된 의논이라고 비판한 것은 이 때문이라 하겠다. 『眉巖日記草』 卷3, 宣祖 6年 2月 19日.

101) 金貞信, 「朝鮮前期 士林의 '公' 認識과 君臣共治論 - 趙光祖·李彦迪의 學

삼고 벗으로 여기며 존경하고 화합하는 관계,[102] 이것이 바로 사림파가 지향하는 지배층 내부의 이상적인 질서였다. 나아가 사림파는 진정한 師友라면 서로의 邪·正을 가려 그 허물을 기탄없이 말할 수 있어야 한다고 주장하였다. 趙光祖는 師友란 善으로써 勸勉하고 義로써 規戒하는 責善輔仁의 관계라 보고, 이를 관료 내부에 적용, 조정의 풍습이 변화되기를 기대하였다.[103] 金正國은 붕우로서 信義를 지킨다 하여 '邪'를 알고도 탄핵 논박하지 않는다면 이는 인군을 올바로 섬기는 도리가 아니라고 주장하였다.[104] 그 대표적인 경우가 신료 내부의 '邪'를 論責할 직무를 지니고 있는 臺閣이었다.

사림파는 재상·대신이라 할지라도 잘못이 있다면 私的인 교분이나 의리에 얽매이기보다는 公共의 의리에 입각해서 論責하는 것이 대각의 의무라고 보았다.[105] 앞서 훈구파가, 대신이 의논하여 한번 國是가 정해졌으면 아래 사람인 대간이 그 是非를 변란시킬 수 없으며, 대간의 탄핵권은 대신 중심의 정치운영을 침해하지 않는 일정한 범위 내에서 행사되어야 한다고 보았던 것과는 반대의 주장이라 할 수 있다. 또한 대신과 대각 간, '等威'와 '守職'을 강조함으로써 국론의 주도와 국정운영의 주체를 六卿 이상의 대신에게로 집중할 것을 주장하였던 훈구파와는 달리, 사림파는 國是란 군주와 廟堂, 그리고 言官이 함께 논의를 조제하여 정하는 것이라 보았다. 군주 한 사람의 聖智로는 國政

問·政治論 - 」,『學林』21, 2000 참조.

102)『中宗實錄』卷12, 中宗 5年 12月 19日 辛丑, 成均館生員 李敬 등의 便宜十條.

103)『中宗實錄』卷36, 中宗 14年 7月 21日 壬子.

104)『中宗實錄』卷10, 中宗 5年 1月 25日 壬午.

105) 이 시기 대간 언론에 대해서는 崔異敦,『朝鮮中期 士林政治構造硏究』, 一潮閣, 1994 ; 金燉,『朝鮮前期 君臣權力關係 硏究』, 서울대학교 출판부, 1997 참조.

을 운영해 나갈 수 없으므로 반드시 廟堂에 의지하게 되지만, 묘당의 의논이 언제나 올바른 것은 아니므로 언관의 시비가 있어야 하기 때문이다. 이에 따라 군주가 政事를 홀로 단정하거나 소수의 대신들과만 의논하고 대간의 衆論을 널리 거두어 시행하지 않는다면 이는 공론을 올바르게 수용하는 자세가 아니었다. 조광조는 대간은 국가의 공론이 의탁하는 곳이며 공론이 대간에게 있은 후라야 국가가 안정될 수 있다고 주장하였다.106) 그는 대간이 ‘公論’을 가지고 말한다면, 비록 직위가 높은 三公이라 할지라도 원망하거나 저지해서는 안 된다고 보았다.107) 기대승이 주장하듯 이 경우 대신은 오히려 대간의 시시비비를 기꺼이 받아들일 수 있는 엄격한 자기 통제와 수양을 기반으로, 자신을 責善해 주는 대간을 존중하고 서로 화합해야 하는 것이다.108)

직위의 고하에도 불구하고 사림파는 이처럼 대간 언론을 대신의 의논과 동일한 가치를 지닌 ‘公論’으로 인식하고 있었다. 조정의 廟堂의 대신뿐만 아니라 耳目인 대간 또한 공론을 扶持하는 곳이라 함이었다. 말하고자 하는 내용이 옳은 것이라면 그것은 곧 ‘공론’이며, 공론의 소재는 직급과 등위를 넘어선다는 것이 사림파의 공통된 주장이었다. 때문에 사림파는 대간의 직언에 대하여 대신이 等威를 거론하며 비난할 것이 아니라 오히려 나의 과실을 바로잡아주는 ‘正論’으로 받아들이는 자세를 갖출 것을 요구하고 있었다. 주로 대간에 대한 대신의 통제를 주장하였던 훈구파와는 달리, 사림파는 동일한 공론의 소지자라는 점을 내세워 대신의 권력에 대한 대간의 통제를 주장하고 있었다.

이처럼 사림파가 우선하였던 것은 신료들 간 位階의 질서가 아니라, 옳고 그름의 시비 변별이었다. 이들이 免新禮를 반대하였던 것 또한

---

106)『中宗實錄』卷36, 中宗 14年 6月 21日 癸未.
107) 위와 같음.
108)『宣祖實錄』卷2, 宣祖 元年 1月 12日 壬戌, 奇大升.

이러한 이유에서였다. 사림파는 新來를 침학하는 것을 금하는 법이 『大典』에 실려 있음에도 불구하고, 新來에 대한 면신례를 古風이라 여기며 그 정도를 점점 더해가는 당시의 풍속을 비판적으로 바라보았다.[109] '기강'이라는 명목 아래 新來에게 사람으로서는 차마 할 수 없는 卑賤하고 汚辱스러운 일들을 강요하는 것이 면신례라는 것이다.[110] 許曄이 成均館·四館 등지에서 선배가 후배를 괴롭히고 舊榜이 新榜을 괴롭히는 행태는 모두 오랑캐의 풍속이지 士君子의 道라 할 수 없다고 비판하였던 것은 대표적인 사례이다.[111] 물론 사림파 또한 後生으로서 오만하게 선배를 대하며 제멋대로인 사람이 있다면 이는 의리에 어긋난 행동이므로 별도의 징치가 있어야 함을 인정하였다. 그러나 李滉이 주장하듯 이는 '公論'으로 규탄할 일이지 新來들을 침학하여 공공연히 욕보일 일은 아니라고 보았다.[112]

이상에서 살펴보았듯이 사림파는 절대적이고 보편적인 道 앞에 職位의 高·下를 상대화시키고 있었다. 지배층 내부의 위계질서를 공고히 하는 '守職'의 논리를 강조하였던 훈구파에 대해 사림파는 在上者·在下者 모두 의리를 실천한다는 '同學'의 입장을 내세운 師友之道로써 지배층 내부의 수평적 질서를 강조하였다. 그들은 職位의 高下보다는 德의 有無를 중시하였고, 선배와 후배는 서로 禮로써 대해야 하며, 모두 道·義 앞에 서로 화합하는 동등한 士君子의 관계임을 강조하였다. 序齒를 기준으로 한 성균관 齒坐法이나 免新禮 폐지의 주장 등을 하는 사림파의 의논을 잘 보여주는 사례라 할 수 있다.

---

109) 『經國大典』 卷5, 刑典, 禁制 조항에는 "新屬人侵虐者 並杖六十"의 내용이 있다. 『中宗實錄』 卷93, 中宗 35年 3月 26日 戊午.
110) 『中宗實錄』 卷97, 中宗 36年 12月 10日 辛酉, 司憲府.
111) 『草堂集』 附錄, 摭錄.
112) 『退溪先生言行錄』 卷5, 類編, 論科擧之弊(禹性傳).

2) 公論 주체의 확대와 朋黨의 긍정

사림파는 公論의 주체와 소재를 확대하여, 재야 사림의 '外議'까지도 모두 공론으로 수용할 것을 주장하였다. 이때의 '士林'은 평상시에는 옛 도를 흠모하며 도덕적 자기수양에 힘쓰다가 정치적 사안이 발생할 때마다 '公論'의 형성을 통하여 정치에 참여하는 유생 및 초야의 광범위한 사대부층을 지칭하는 것이었다. '等威'의 질서 아래 공론의 범위와 주체를 조정 관료로, 나아가 대신 중심으로 제한하고자 하였던 훈구파와는 달리, 사림파는 公議로써 格君하는 내용이라면 職位의 高下나 관직의 有無에 관계없이 직언할 수 있다고 보았다.[113] 金淨은 公卿이 공론을 주장하지 못하면 臺閣이 나서게 되고, 대각이 공론을 주장하지 못하면 草野가 공론을 주장하는 것이라고 하였다. 이는 대신이 공론의 소재로서 제 역할을 못하면 '政歸臺閣', 나아가 '外議'라 하더라도 公論으로서 인정하고 수용해야 한다는 주장이었다.[114] 기대승은 신하가 정사의 是非를 논하는 것은 임금을 사랑하는 것과 함께 모두 天性에서 우러러 나오는 것인만큼 '外議'를 막아서는 안 된다고 하였다.[115] 三公이나 조정만이 '公論'을 독점해서는 안 되며, 淸議를 주장하는 곳이면 어느 곳이나 공론의 소재가 될 수 있음을 인정해야 한다는 주장이었다.

儒生의 경우 이미 명종 말의 태학에서는 月旦評 등을 통하여 조정 신료들을 군자와 소인으로 나누고 이를 淸榜·濁榜으로 나누어 공개하는 등, 政事에 대한 자신들의 의견을 적극 표명하고 있었다.[116] '首

---

113) 『明宗實錄』 卷21, 明宗 11年 11月 9日 甲子, 司諫院大司諫 朴民獻等 箚子.
114) 『中宗實錄』 卷35, 中宗 14年 4月 17日 庚辰, 大司憲 金淨.
115) 『高峯集』 「論思錄」 下, 宣祖 2年 6月 9日.
116) 『明宗實錄』 卷32, 明宗 21年 2月 5日 丁卯. 당시 청방에는 박순을 위시한 4인의 사림세력이, 탁방에는 심전을 위시하여 심통원, 심뇌, 임열, 남궁침 등이 거론되고 있었다.

善之地'이자 '公論'의 所在를 자부하는 태학 유생들의 이 같은 행위에 대해 훈구파는 유생들이 학문은 뒤로 하고 조정의 得失에 대해 의논하기를 좋아하는 폐습에 빠져있다고 비판하였다.[117] 나아가 그들은 이러한 풍조가 黨錮의 禍를 야기한 원인이 되었다 하여 유생들의 직·간접적인 정치 참여에 경계의 시선을 감추지 않았다.[118] 반면 사림파는 유생 또한 '공론'의 소지자이므로 조정의 일에 시비를 논하는 것은 당연하다고 보았으며, 이를 죄주는 것은 士氣를 꺾어 나라를 망치는 일이라 주장하였다. 태학의 유생은 조종조 이래로 中道에 지나치는 과오가 있더라도 모두 용서하여 주는 것이 관례이고, 유생도 이것을 믿고 곧은 氣節을 길렀으므로 유생의 정치 참여를 문제 삼는 것은 옳지 않다는 것이다.[119] 오히려 일개 필부의 몸으로 一身의 이해를 따지지 않고 금기를 범하면서까지 바른 말로 극력 간하는 사람은 비록 그 말이 사리에 맞지 않는다 하더라도 淸議를 발의하는 지조와 충절을 높이 사야한다는 것이 사림세력의 입장이었다.[120]

나아가 사림파는 유생뿐만 아니라 재지사림들의 의논까지 널리 '公議'로서 받아들여, '下情'이 上達될 수 있게 해야 한다고 주장하였다.

시강관 趙光祖가 아뢰었다. 公論이 公卿에게 있지 않으면 臺閣에 있고 대각에 있지 않으면 草野에 있게 됩니다. 공론이 공경에게 있으면 다스려지고 대각에 있으면 어지러워지고 宦侍에게 있으면 망한다고 하는데, 대각에 있으면 어지러워진다는 말은 틀린 것입니다. 왜냐하면, 공론이 三公에게 있지 않으면 대각에 돌아가고 대각에 있지 않으면 저절로 초야에 돌아가는 것이기 때문입니다. 草野의 賤士라도 堯舜

---

117) 위와 같음.
118) 위와 같음.
119) 『明宗實錄』 卷3, 明宗 元年 6月 21日 丙午.
120) 『中宗實錄』 卷86, 中宗 32年 12月 11日 丙辰, 成均館 進士 李冲南 等 上疏.

君民의 뜻에 있어서는 자기 분수 안의 일이 아닌 게 없는데 어찌 조정의 일을 논의할 수 없겠습니까.[121)

위의 예문에서 조광조는 비록 초야의 미미한 선비의 말일지라도 군주를 요순이 되게 하고 백성을 요순의 백성이 되게 하고자 조정의 일을 발언하는 것은 士로서 응당 가져야 할 직분이므로, 이 또한 '공론'임을 강조하고 있다. 李彦迪·鄭磨 등도 군주가 따라야 할 '公論'의 범위에는 "系賤而言事者", 즉 관직이 없는 在地士林의 群情·下情까지 모두 포함하는 것임을 주장하였다.[122) 사림파는 천하의 善에는 貴賤이 없으며,[123) 공론이 나오는 곳 또한 尊卑의 간격이 없다는[124) 원칙론을 견지하는 가운데 朝廷과 草野의 공론이 동일한 비중과 가치를 지니고 있음을 강조하였다. 이들이 군주에게 대신하고만 국사를 收議하거나 결정하려 해서는 안 되며 言路를 넓혀 '천하'의 善策을 모을 것을 끊임없이 강조하였던 바탕에는 이처럼 공론의 범위와 주체를 公卿으로부터 草野에 이르기까지 포괄하는 인식이 자리하고 있었다.

사림파는 士氣와 公論을 '同條共貫'의 관계로 인식, 사기가 振作되면 공론이 펴지고 사기가 꺾이면 공론도 저절로 막히게 된다고 보았다.[125) 이는 士氣의 振喪, 公論의 張塞, 그리고 국가의 盛衰는 서로 같은 맥락 아래 상응하여 움직인다는 인식이었다. 李彦迪, 宋世珩 등은 漢高祖가 儒者들을 멸시하여 溲溺[126)한 행동을 예로 들어 이로부터

---

121)『中宗實錄』卷30, 中宗 12年 11月 20日 壬辰.

122)『晦齋集』卷12,「弘文館上疏」, 16ㄴ ;『晦齋集』卷8,「進修八規」, 9ㄴ～10ㄱ ;『明宗實錄』卷11, 明宗 6年 1月 12日 庚子, 鄭礦.

123)『宣祖實錄』卷8, 宣祖 7年 2月 4日 己酉, 柳希春.

124)『中宗實錄』卷86, 中宗 32年 12月 11日 丙辰, 成均館 進士 李冲南 等 上疏.

125)『明宗實錄』卷29, 明宗 18年 10月 6日 辛亥.

126) 漢 高祖가 선비들을 좋아하지 않아서 儒冠을 쓰고 오는 손님이 있으면 그 관을 벗겨 거기에 오줌을 누었던 고사를 말한다.

西漢의 士習이 시들게 되었고 결국 천하가 역적 王莽의 손에 들어갔게 되었다고 주장하였다.[127] 반면 東漢이 쇠망할 무렵에는 조정의 혼탁함에도 불구하고 草野의 淸議는 여전히 왕성하여, 曹操와 같이 간사한 이도 끝내 제위를 찬탈할 수 없었다고 하였다. 東漢의 멸망은 草野의 사림이 '私論'을 가지고 국정의 시비를 망령되이 의논하여 조정의 紀綱을 무너뜨리면서 시작되었다고 본 훈구파와 달리, 사림파는 동한의 멸망이 黨錮의 禍로 인해 초야에서 공론을 주장하던 賢者들이 모두 무함을 받아 죽임을 당하였기 때문이라고 보았다.[128] 이들은 같은 이유에서 당이 멸망한 원인 또한 朱全忠이 선비들을 淸流라 지목하여 살해한 白馬驛 사건에서 찾았다.[129]

이른바 '外議'에 대한 훈구파와 사림파의 이러한 차이는 곧 양반지배층 내부의 권력구조와 사회 전반의 운영 원리를 재편함에 있어 정치 참여 주체에 대한 양자의 상반된 인식과 주장에서 기인하는 것이었다. 훈구파는 '等威'의 수직 질서를 엄격히 강조하는 가운데 공론의 범위와 주체를 조정 관료로, 나아가 대신 중심으로 제한하고자 하였다. 이에 반해 사림파는 長幼·師友의 道를 내세운 序齒와 公論의 확대를 바탕으로 君臣 간의 권력균형과 양반지배층 전체의 권익 균점을 보장하는 정치방식을 추구하였다.[130] 사림파는 개인이나 특정 소수집단의

---

127) 『中宗實錄』 卷86, 中宗 32年 12月 11日 丙辰, 成均館進士 李冲南 等 上疏 ; 『中宗實錄』 卷92, 中宗 34年 10月 20日 甲申, 全州府尹 李彦迪 上疏 ; 『中宗實錄』 卷99, 中宗 36年 8月 30日 癸未, 宋世珩 ; 『中宗實錄』 卷102, 中宗 39年 4月 7日 乙亥, 副提學 宋世珩 등 상소.

128) 위와 같음.

129) 『宣祖實錄』 卷3, 宣祖 2年 6月 9日 辛巳, 奇大升.

130) 이에 기반하여 15세기 후반 地方士林의 중앙 진출과 함께 정치적 비중이 높아지기 시작한 경연이나 三司言論은 중종대 이후 더욱 급속히 성장해 갔으며, 성균관이나 재야 사림의 의논 역시 '公論'으로 인식되어 갔다. 아울러 長幼有序와 朋友有信의 二倫이 새로운 사회적, 사상적 의미를 획득하면서 三

이해관계를 초월하는 보편적 원리로서의 理=名分을 君臣이 함께 共有하는 가운데, 재지사림의 정치 참여를 확대해 가는 한편 양반지배층 내부의 권력구조를 점차 수평적인 방향으로 재편해 나가고 있었다. 이들의 의논은 왕조의 실질적인 지지기반으로서 지방사회를 장악하고 있는 사대부층이 자신들의 정치적 입장이 제대로 반영하지 못하였던 당시 정치구조에 대한 비판적 인식을 전제로, 훈구 공신 중심의 정치 운영을 대신할 새로운 정치권력 구조를 모색하고 구상한 결과였다.

그러나 이 과정에서 사림파의 정치언론, 정치활동은 훈구세력으로부터 '朋黨'이라는 지목받게 되었다. 훈구파는 '權歸臺閣', '政出多門' 등 그들이 '不明紀綱'으로 비판하였던 사림파의 정치활동을 모두 '붕당'으로 비판하였다. 이에 대해 사림파는 志氣가 서로 합치되어 相從하는 군자들을 소인들이 붕당으로 지목, 모함하는 것이라고 비판하였다.

奇遵이 아뢰었다. 소인은 군자를 해치기 위하여 반드시 붕당설을 조작합니다. 正人君子는 서로 交結하고자 하지 않습니다. (다만) 그 도가 같고 덕이 합하면 나라 일을 함에 마음과 힘을 더하고, 학업을 함에 뜻과 도가 같으면 서로 찾아다니거나 때로는 함께 자기도 합니다. 이러한데도 군자를 해치려는 자는 반드시 붕당으로 지목합니다.[131]

朋友와 族類는 인간이 세상을 살아감에 있어 필연적으로 맺게 되는 인간관계이다.[132] 그 중에서도 특히 朋友·師友의 관계는 道·義의 학문을 하는데 필수적인 인간관계이다.[133] 위 예문에서 기준은 正人·君

綱五倫 전체에서 그 비중을 높여갔던 것 또한 이러한 맥락에서 이해될 수 있을 것이다. 金勳埴, 「16세기 『二倫行實圖』 보급의 社會史的 考察」, 『歷史學報』 107, 1985 참조.

131) 『中宗實錄』 卷31, 中宗 13年 1月 16日 丙辰.
132) 『中宗實錄』 卷100, 中宗 38年 2月 24日 戊戌, 具壽聃.

子의 어울림은 交結을 목적으로 하는 것이 아니라, 학문을 하는 과정
에서 자연스럽게 수반되는 것임을 강조하고 있다. '道同德合'·'同志
同道'하여 서로 相從하며 國事를 논하거나 학문을 강론하는 것은 필
연적인 학문의 과정이라는 것이다.

사림파는 성현의 학문에 뜻을 두고 先覺에게 찾아가 道를 구하는
사람을 두고 소인들이 '朋黨'이라고 지목하는 풍조를 우려하고, 그 원
인을 모두 師友之道의 소멸로 돌렸다. 그들은 東漢 때 사림의 화나 연
산조 때 사림의 참혹한 화는 소인들이 師友의 도리를 실천하는 이들을
모두 黨與로 몰았기 때문이라 주장하며, 師友之道와 붕당의 연관을
강하게 경계하였다.134) 기준·조광조 등은 붕당에 관한 설은 소인이
군자를 해치고자 할 때 그 명분을 찾기 어려우므로 '非議政', '紛更舊
章' 등의 명목을 지어낸 것에 불과한 것이라 주장하였다.135) 예로부터
'朋黨'이라는 한마디로 군자의 公議를 덮어버리고 일망타진하는 것은
군주에게 아부하기 위한 소인의 대표적인 작태라는 것이 이들의 주장
이었다.

원론상 신료가 당파를 나누고 분열을 조장하는 것에 반대하기는 사
림파나 훈구파나 다르지 않다. 그러나 '붕당' 자체를 부정한 훈구파의
붕당론과는 달리, 사림파는 붕당의 출현을 불가피한 형세로 보았다.136)

---

133) 『退溪集』卷14, 書, 「答南時甫」別紙.

134) 『中宗實錄』卷31, 中宗 12年 閏12月 14日 乙酉, 趙光祖 ; 『中宗實錄』卷36,
　　中宗 14年 7月 21日 壬子, 趙光祖 ; 『中宗實錄』卷27, 中宗 12年 3月 7日 壬
　　午, 參贊官 李彦浩 ; 『中宗實錄』卷31, 中宗 13年 1月 16日 丙辰, 15-389, 奇
　　遵.

135) 『中宗實錄』卷32, 中宗 13年 2月 28日 丁酉 ; 『中宗實錄』卷32, 中宗 13年 2
　　月 2日 辛未.

136) 16세기 사림파 朋黨論에 대한 선행 연구로는 鄭萬祚, 「朝鮮時代 朋黨論의
　　展開와 그 性格」, 『朝鮮後期 黨爭의 綜合的 檢討』, 韓國精神文化硏究院,
　　1992 ; 「16世紀 士林系 官僚의 朋黨論 - 歐, 朱 朋黨論과의 比較 - 」, 『韓國學

사림파는 뜻이 맞는 사람끼리 각자의 '同類'로 모이게 되는 것은 군자라고 해서 예외가 아니므로, 군자의 붕과 소인의 당이 나뉘는 것은 사세상 필연적인 것임을 주장하였다. 다만 그 과정에서 도덕적 군자의 相從과 비도덕적인 소인의 교결이 나뉠 뿐이었다. 이언적은 군자가 '樂善徇理' 한다면 소인은 '黨惡疾善' 함으로써 양편의 마음 씀씀이와 하고자 하는 바의 지향이 같지 않음을 강조하였다.[137] 조광조 또한 군자가 군자를 사귐에 '同道爲朋'은 필연적인 이치라고 보아,[138] 군자의 朋은 소인이 자신의 이익을 도모하는 사사로운 편당과는 다르다는 것을 역설하였다.

이에 사림파는 군주가 '朋黨'으로 지칭되는 이들의 군자·소인 여부를 판별하고 이로써 是·非를 올바르게 변별할 것을 요구하였다.[139] 君子小人辨別論·是非明辨論에 바탕한 주자학의 붕당론은 이러한 사림파 의논의 근간이 되었다. 주자학에서는 天理·人欲의 가치 기준을 통하여 公的인 것이 私的인 것보다 先行하는 것은 물론 현실세계의 모든 것을 正과 邪, 是와 非의 윤리적 대립관계로 보았다.[140] 정치 현실에서 是非·正邪·善惡의 준별은 곧 進賢退邪, 즉 군자의 붕과 소인의 당을 나누어 판별하는 것을 의미한다.

이와 같은 주자학의 붕당론을 바탕으로 사림파는 군자와 소인, 붕과 당의 엄격한 준별을 통하여 호오와 시비가 문란하고 邪正과 治亂이

論叢』12, 1990을 참조할 수 있다.

137) 『晦齋全書』, 「中庸九經衍義」卷10, 尊賢 3, 下(412쪽).

138) 『中宗實錄』卷32, 中宗 13年 2月 2日 辛未.

139) 『宣祖實錄』卷3, 宣祖 2年 5月 21日 甲子, 奇大升.

140) 天理人欲說과 결부된 주자학의 公私論에 대해서는 다음의 글을 참조. 丸山眞男, 『日本政治思想史』, 東京大學出版會, 1952, 106~117쪽 ; 溝口雄三, 『中國の公と私』, 硏文出版社, 1996 ; 馮寓, 김갑수 譯, 『천인관계론』, 신지서원, 1993, 265~290쪽 참조.

뒤섞인 상황을 바로 잡을 것을 주장하였다. 조광조가 볼 때, 영합하고 아첨하는 자를 純善이라 하고 입을 다문 채 방관하는 사람을 신중하다 하는 소인들로 인해 국사는 늘 그릇된 방향으로만 흐르고 있었다.[141) 따라서 군주가 天理를 체현하고 요순의 정치를 실현하기 위해서는 正·邪, 是·非를 변별하여 義·利, 公·私의 分을 밝히는 것이 우선되어야 했다.[142) 이언적에게도 사림의 화를 기화로 본 현실은 군자와 소인, 옳고 그름이 상호 전도되는 상황이었으므로[143) 그 어느 때보다도 올바른 변별이 요구되는 시기로 인식되고 있었다. 그는 是非, 正邪, 善惡의 나뉨은 陰陽의 理法처럼 필연적이라는 의논 아래 현실세계의 義와 利, 君子와 小人의 관계를 公과 私의 극명한 윤리성으로 대립시켰다.[144) 기대승 또한 의논의 차이 속에 의리를 해치는 내용이 있을 경우 是非를 분별하는 과정이 반드시 필요함을 강조하였다.[145) 是非, 邪正의 분별은 人心＝天性에 근거한 必然이자 陰陽과 晝夜가 반대되는 것처럼 서로 용납될 수 없는 것이므로, 이를 따지지 않고 무조건 '朋黨'이라 배척한다면 善을 드러내고 惡을 근절시키는 도리에 맞지 않는 것이라는 주장이었다.[146) 군자와 소인을 분별하지 않고 무조건 양쪽을 조화시켜 포용하려 하면 이는 氷炭을 한 그릇에 놓아두는 것과 같을 것이라는[147) 기대승의 경계는 이를 말함이었다.

　이상에서 살펴보았듯이 사림파는 歐陽脩의 '眞朋僞朋說'이나 주희

---

141) 『中宗實錄』 卷36, 中宗 14年 7月 21日 壬子, 趙光祖.

142) 『中宗實錄』 卷29, 中宗 12年 8月 8日 辛亥.

143) 『中宗實錄』 卷95, 中宗 36年 4月 2日 戊午, 李彦迪.

144) 『晦齋全書』, 「中庸九經衍義」 卷10, 尊賢 3, 下(412쪽) ; 『晦齋全書』, 「中庸九經衍義」 卷11, 尊賢 4, 上(418쪽).

145) 『高峯集』 「論思錄」 下, 宣祖 2年 5月 21日.

146) 『宣祖實錄』 卷3, 宣祖 2年 5月 21日 甲子, 奇大升.

147) 『高峯集』 「論思錄」 下, 宣祖 2年 6月 9日 ; 『高峯集』 「論思錄」 下, 宣祖 2年 閏6月 6日.

의 '君子小人辨'을 근거로 내세워 군자의 朋과 소인의 黨을 준별, 군자의 '朋'에 대해서는 적극 추장할 것을 강조하였다. 종래의 '士禍'는 모두 군주가 소인의 무함을 밝게 살피지 못하였기 때문이라는 기대승의 말에서도 알 수 있듯이,[148] 훈구파와의 대립 정국에서 君子와 小人, 朋과 黨을 是·非·正·邪의 適否로써 변별하는 것은 사림파에게는 정치적 생존의 문제이기도 하였다. 나아가 이들은 소인의 '黨'과 차별화되는 군자의 '朋'을 자신들의 정치적 결속과 동일시함으로써 훈구공신 등 소수 특권세력의 국정운영을 해체할 수 있는 논리적 기반을 마련할 수 있었다. 이로써 사림파는 그들 자신이 현실정치의 담당주체로서 자임하고 항구적으로 정치에 참여할 수 있는 정치체제·권력구조를 제시해 나갈 수 있었다.

4. 맺음말

지금까지 조선전기 훈구파와 사림파 사이에 상이하게 전개되었던 정치운영의 일단을 이들의 관료제 운영론을 통해 살펴보았다. 관료제 운영을 둘러싼 훈구파와 사림파의 갈등과 대립은 곧 양반지배층 내부의 권력구조와 사회 전반의 운영 원리를 두고 정치참여 주체에 대한 양자의 상반된 인식과 주장에서 기인하는 것이었다.

훈구파는 정치적·사회적 紀綱의 확립을 표방하는 가운데 체제를 위협하는 '凌上'의 풍조와 '變亂'의 조짐에 대처해 나갔다. 이들은 '不明紀綱'의 실상으로서 관료제 내에서 下官이 上官을 공경하지 않는 풍조와, 微官末職 혹은 유생이나 초야의 선비와 같은 未出仕者가 '공론'을 칭탁하며 국정의 시비를 논하는 '外議' 등을 지적하였다. 이에 훈

---

148) 『高峯集』「論思錄」 下, 宣祖 2年 6月 9日.

구파는 '等威'에 입각한 상하질서를 공고히 하는 가운데 在地士林에 대한 '公論'의 제한, 朋黨의 부정 등을 통하여 사림파의 정치공세에 대응하는 한편 대신 중심의 정치운영을 강화해 나갔다. 훈구파는 종래 하층민을 대상으로 강조하였던 上下, 尊卑, 貴賤의 명분 질서를 지배층 내부에도 철저하게 적용, 下官이 上官에게, 後進이 先輩에게 상하의 예의를 갖춤으로써 관료 내부의 職分과 위계질서를 엄히 세울 것을 강조하였다. 이들은 지배층 내부에서부터 직분에 따른 위계를 솔선수범하고 기강을 세워 나갈 때, 사회 각 신분층의 名位와 직분을 강제하고 그 상하 위계질서를 안정적으로 유지할 수 있다고 보았다.

이에 반해 사림파는 道 앞에 모두 평등한 '同學'이라는 점을 내세워 지배층 내부의 권력구조를 수평적인 방향으로 재편해 나가고자 하였다. 이들은 개인이나 특정 소수집단의 이해관계를 초월하는 보편적 원리로서의 理=名分을 君臣이 함께 共有하는 가운데 職位의 高下보다는 德의 有無를 중시하였고, 선배와 후배는 서로 禮로써 대해야 하며, 모두 道·義 앞에 서로 화합하는 동등한 士君子의 관계임을 강조하였다. 이때 사림파가 지배층 내 수평적 정치구조를 담보할 수 있는 구체적인 방안으로서 제시한 것은 序齒를 기준으로 한 성균관 齒坐法과 免新禮의 폐지, '公論'의 확대, 朋黨의 긍정 등이었다. 이와 같은 사림파의 의논은, 왕조의 실질적인 지지기반이자 지방사회를 장악하고 있었던 사대부층의 정치참여를 보다 원활히 하고 훈구 공신 중심의 정치운영을 대체할 새로운 정치권력 구조를 모색하고 구상한 결과였다. 이로써 사림파는 훈구공신 등 소수 특권세력이 독점하던 국정운영을 해체할 수 있는 명분을 선점하는 한편, 국왕과 신료 사이의 권력균형과 양반지배층 전체의 권익 균점을 보장하는 정치구조를 제시할 수 있었다.

『심경부주』를 통해 본 주자학적 배움의 성격*

황 금 중

1. 시작하는 말

교육학의 가장 기본적이면서도 핵심적인 문제인 '배움'에 대해 주자학은 어떠한 의견을 지니고 있을까? 이에 대해 기존 연구에서는 흔히 '工夫論'이라는 주제를 중심으로 접근해 왔다. 주자학과 유학 일반에서 '배움'은 '學', '爲學', '學問', '工夫' 등의 의미와 통하는데 현대에 이르러 이 문제들은 주로 '공부론'이라는 연구 범주 속에서 논의되어 왔다.[1] 공부론에 대한 기존의 연구들은[2] 주자학에서의 배움이, 지적인

---

* 이 논문은 『교육철학』 43(2008. 10)에 실었던 것을 재수록한 것이다.

1) 공부론 연구는 주자학과 양명학에서 가장 빈번하면서도 중요하게 논의되는, 인간완성을 향한 다양한 배움의 길과 방법에 관한 이야기에 주목해 왔다. '공부론'이라는 범주 용어를 활용한 연구들 대부분은 주자학을, 그리고 소수는 양명학을 연구 대상으로 한다. 도가, 불가에 대한 연구의 경우 공부론이라는 용어로 접근한 예를 찾기 어렵다. 이는 동아시아에서 '工夫'라는 용어가 송대 이후 신유학자들로부터 본격적으로 학문적인 용어로 정착되었다는 점과 관련될 것이다. 한편, '修養'이라는 용어는, 유가의 역사에서 유가적 배움을 칭하는 용어로 활용되지 않았다. 수양은 송대 이후의 유자들이 유가가 아닌 도가의 수행을 지칭하는 용어로 사용되었다. 이 맥락에서 유자들은 도가를 '修養家'라고도 불렀다. 이런 점을 고려해 보면, 현대 연구자들이 유가 일반 및 주자학, 양명학의 배움의 문제를 다루면서 '修養論'이라는 범주 명칭을 쓰는 것은 적절치 않다. 도가의 배움이 유자 자신들의 배움과 달리 (세상에 대한 구체적인 지적 탐구과정이 생략되는 등) 치우친 것임을 비판적으로 표현한

탐구 및 실천적 습득뿐 아니라 마음과 몸의 수행 문제까지를 포괄하고 있으며, 특히 敬, 知, 行의 개념을 둘러싼 정교한 실천방법론을 지니고 있음을 설명해 왔다. 그리고 주자학에서의 배움은 일상적 삶을 무대로 이루어지는, 그리고 마음이라는 삶의 주인을 새롭게 세우는 과정이라는 점도 밝혀 왔다. 그 배움의 길과 방법은 현대 교육에서의 학습의 면면과 닮은 점이 없지 않으면서도, 진리를 향한 구도적인 공부 및 수행이 핵심을 이룬다는 점도 밝혀 왔다. 이 논문은 이와 같은 주자학의 공부론적 관심의 연장선 위에서 주자학에서의 배움의 의미와 성격을 『心

‘수양’이라는 용어를, 굳이 유가의 배움을 분석하는데 틀로 활용할 필요가 없을 것이다. 더욱이 ‘수양론’이라는 범주를 유가 연구에 활용할 경우, 흔히 경과 같이 마음과 몸을 실천적으로 다스리는 방법론만을 내용으로 할 뿐 격물치지와 같은 지적 탐구의 과정은 그 속에 포함시키지 않는 경향이 있어 왔는데(대신에 지적 탐구 과정은 ‘인식론’의 범주에서 별도로 취급해 옴), 이러한 방식은 유가 일반 및 주자학, 양명학에서의 배움의 실상을 전체적으로 포착하지 못하고 편협하게 변질시킬 우려를 낳는다. 이에 비해서 ‘공부론’이라는 범주 명칭은 지와 행, 인식과 실천을 각각 중시하며 동시에 양자의 긴밀한 연계를 강조하는 유가적 맥락의 공부 실상을 조망하는데 적절한 도구가 된다. 따라서 주자학과 양명학을 포함한 유가 일반의 배움에 대한 논의는, 수양론이 아닌 공부론이라는 문제 범주로써 접근하는 것이 타당하다. 다음은 본 논문의 주요 분석대상인 『心經附註』에서 도가를 ‘수양가’로 칭한 예이다 : 『心經附註』, 「易 : 敬以直內章」, “(朱子)又曰 : 學問只要專一, 如修養家想無成有, 釋氏想有成無, 只是專一. 然他底難, 自家道理, 本來是有, 只要人去理會, 甚順且易. 又如莊子用志不分, 乃疑於神, 亦是如此敎人, 但他只是箇空寂. 儒者之學, 則有許多道理. 若看透徹, 可以貫事物, 可道洞古今.”(附註)

2) 황금중은 주희를 비롯하여 퇴계, 남명, 율곡을 중심으로 주자학의 공부론을 정리해 왔다(黃金重, 「朱子의 工夫論 硏究」, 연세대 박사학위논문, 2000 ; 「退溪의 工夫論과 『聖學十圖』」, 『한국교육사학』 23-2, 2001 ; 「栗谷의 工夫論과 『聖學輯要』」, 『한국교육사학』 24-1, 2002 ; 『한국교육사학』 25-1, 2003 ; 「남명의 공부론, 어떻게 주자학적인가?」, 『한국교육사학』 29-2, 2007 외). 그리고 정순우는 조선시대의 유자들―서경덕, 이황, 조식, 허균, 안정복, 정약용 등―의 공부론을 다루어 왔는데 이 성과들이 최근에 『공부의 발견』(현암사, 2007)에 집약, 재구성되었다.

經附註』를 중심으로 고찰해 보고자 한다.

『심경부주』는 南宋代의 주자학자인 眞德秀(西山, 1178~1235)가 유가 경전을 중심으로 편찬한『心經』을 기초로, 明代 초기의 주자학자인 程敏政(篁墩, 1445~1499)이 자료를 좀 더 발췌하고 보완하여 만든 저술이다. 즉 정민정은 진덕수의『심경』에 실린 유가 경전에 대한 주석을 보완하고 여기에 北宋代 이래의 周濂溪와 張橫渠, 程明道, 程伊川, 朱子 및 기타 程朱學者들의 논의를 부가하여 편찬했다. 주자학의 배움을 이해함에 있어, 많은 주자학 관련 저술 중에서 굳이『심경부주』를 분석 대상으로 삼은 것은 다음과 같은 의미를 지닌다.

첫째, 『심경부주』는 주자학에서 바라보는 유학 전반의 배움의 본질, 그리고 주자학 자체의 배움의 성격에 대해서 잘 보여주는 자료이다. 이는『심경부주』의 편집방식과 연관되어 있다. 이 책은 위로는『서경』, 『시경』,『역경』으로부터『논어』,『중용』,『대학』,『맹자』를 거쳐, 아래로는 주염계에서 주자에 이르는 송대 신유학자의 문헌을 차례로 다루고 있으니, 하나의 유학사상사 저술로서의 성격도 지닌다. 편저자들 나름대로는 각 경전이나 문헌에서 가장 핵심이 되는 내용들을 발췌해서 싣고 있어, 이를 통해 유학사상사에서 논의되어 온 배움 이해의 흐름을 일별해 볼 수 있다. 그런데『심경부주』는 유학사상사가 일단락된 종착점을 주자로 잡으면서 주자학적 관점에서 유학사상사를 조망하기 때문에, 이 책을 통해 자연히 주자학과 유학 일반의 배움 이해를 동시에 살펴볼 수 있다.

둘째, 조선주자학에서 어떠한 배움을 중시했는가, 즉 배움의 본질에 대한 조선주자학의 이해가 어떠한가를 가름해 보는데 유용하다.『심경부주』는 중국보다도 한국에서 소중하게 다루어지면서 조선주자학이 형성되어 가는데 중요한 역할을 한 책이다. 여기에는 퇴계의 영향이 컸다. 퇴계는「心經後論」에서, "처음에 이 일(학문하는 일)에 감발하고

흥기한 것은 이 책(『심경』)의 힘이다. 그러므로 평생을 거쳐 이 책을 받들고 신뢰하기를 四書나 『近思錄』의 아래에 두지 않았다.”[3]고 했고, 또 “노재 許衡(魯齋)이 일찍이 ‘나는 『소학』에 대해서 공경하기를 신명 같이 하고 받들기를 부모와 같이 했다’고 했는데, 나는 『심경』에 대해서 역시 그렇게 말한다.”[4]고 했는데, 퇴계 자신의 학문이 시작되고 완성되는데 있어 『심경』이 결정적인 역할을 했음을 고백한 것이다. 퇴계가 『심경』에 대해 이러한 견해를 피력한 것이 校書館本 『심경부주』의 간행을 통해 알려지면서, 조선성리학사에서 퇴계가 차지하는 위상만큼이나 『심경부주』는 핵심적 위상을 차지하게 되었다. 조선시대 전체에 걸쳐 등장한 『심경부주』의 주석서 및 질의응답서는 매우 다양하고,[5] 여기에 『심경(부주)』에 관한 논설들까지 합하면 그 수는 방대하다. 조선시대의 『심경부주』에 대한 연구는 비단 이론적 탐구에 그치지 않고, 활발한 교육적 실천으로 이어졌으니 이는 서원 및 향교에서의 講會 기록 등에 잘 드러나 있다. 이러한 역사적 사실을 고려하면 조선주자학의 배움관을 해명하는 열쇠는 『심경부주』에 있다고 해도 과언이 아니다.

---

3) 『心經附註』, 「心經後論」(退溪), “然而其初感發興起於此事者, 此書之力也. 故平生尊信此書, 亦不在四子近思錄之下矣.”

4) 『心經附註』, 「心經後論」(退溪), “許魯齋嘗曰, 吾於小學, 敬之如神明, 尊之如父母, 愚於心經亦云.”

5) 대표적으로는 다음과 같은 성과들이 있다. 趙穆(1524~1605)의 『心經稟質』, 金富倫(1532~1599)의 『心經箚記』, 李德弘(1541~1596)의 『心經質疑』, 曹好益(1545~1609)의 『心經質疑考誤』, 宋時烈(1607~1689)의 『心經釋疑』, 朴世采(1631~1695)의 『心經標題』, 鄭齊斗(1649~1736)의 『心經集義』, 金昌協(1651~1708)의 『心學旨訣記疑』, 李瀷(1681~1763)의 『心經附註疾書』, 韓元震(1682~1751)의 『心經附註箚疑』, 任聖周(1711~1788)의 『心經經義』, 金宗德(1724~1797)의 『心經講錄刊補』, 丁若鏞(1762~1836)의 『心經密驗』, 李恒老(1792~1868)의 『心經附註記疑』 등.

이와 같이 『심경부주』는 주자학에서 바라보는 (유학 일반의) 배움의 본질, 그리고 조선주자학에서 중시한 배움의 성격을 탐방하는 좋은 안내자가 된다. 이 안내를 따라 주자학 자체의 배움 이해를 심화, 확대할 수 있음은 물론이다. 『심경부주』는 특히 주자학의 배움은 심학적 성격을 지님을 보여줄 것인데, 『심경부주』의 전체 내용을 면밀히 검토, 재구성하면서 그것이 그리고 있는 주자학의 심학적 배움의 세계에 다가서 보기로 한다.

2. 주자학적 관심의 핵으로서의 배움의 문제
:『심경부주』를 둘러싼 논쟁을 중심으로

주자학에서의 배움의 본질 및 방법에 대한 탐구에 앞서, 다양한 학문적 주제 중에서 무엇보다 배움의 문제가 주자학의 일차적 관심사이며, 배움이야말로 주자학파와 여타의 학파를 나누는 핵심 준거가 됨을 밝힐 필요가 있겠다. 이는 특히 『심경부주』 및 그 編者를 둘러싼 논쟁에서의 퇴계 입장을 통해서 확인된다.

퇴계의 「심경후론」에 의하면 『심경부주』의 편자 정민정의 학문이 陸象山의 것에 가깝다는 혐의를 받고 있었다. 그 근거로서 정민정이 지은 『道一編』이라는 저술에서 주자가 초년에는 육상산을 비판하였다가 말년에 육상산과 부합했다는 견해를 피력했다는 점이 제기된다. 정민정의 이러한 견해에 대한 비판은 자연히 그가 편찬한 『심경부주』의 학문적 정체성에 대한 의심─『심경부주』를 주자학 계열의 작품으로 인정할 수 있는가 하는─으로 이어졌다. 이에 대해 퇴계는 스스로가 『도일편』을 직접 보지 못했지만 만일 『도일편』에 대한 세간의 평이 사실이라면 이는 명백한 잘못이라고 비판한다.[6] 그리고 주자학이 상산학에 대해 어떻게 차별화되는지, 주자가 육상산으로 귀의했다는 시각이 어떻게 잘못된 것인지에 대해 다음과 같이 언급한다.

생각해보니, 주자와 육상산 두 분이 같지 않음은 고의로 같지 않은 것이 아니다. 이쪽은 儒家이고 저쪽은 禪家이며, 이쪽은 바르고 저쪽은 그르며, 이쪽은 공평하고 저쪽은 사사롭다. 이러하니 어찌 서로 같을 수가 있는가? 공자는 "문물을 널리 배우고 예로써 집약한다(博學於文, 約之以禮)"고 하고, 자사는 "덕성을 드높이고 이어서 묻고 배운다(尊德性而道問學)"고 하고, 맹자는 "널리 배우고 자세히 말하는 것은 장차 돌이켜 요약하여 말하고자 해서이다(博學而詳說之, 將以反說約也)"라고 했다. 두 가지는 서로 부수되어 마치 차의 양 바퀴나 새의 양 날개처럼 어느 하나를 없애고 가거나 날 수 없는 것과 같으니, 이것이 진실로 주자의 설이다. 우리 유가의 방법이 본래 이러해서 주자는 일생 동안 이 두 가지에 종사하며 한 쪽으로 편중됨이 있음을 알게 되면 즉시 맹렬히 살피고 통렬히 고쳤다. 그러므로 서신을 주고 받는 사이에 보이는 것이 서로 누르거나 드높임이 있으니, 이는 바로 우리 유가의 방법을 사용하여 서로 돕고 구원하면서 크게 균형 잡히고 지극히 바른(大中至正) 길로 나가고자 하는 것이다. 어찌 초년에는 문의의 말

6)『心經附註』,「心經後論」(退溪), "其一, 賣題事也, 而此事梗槩, 曾於孤樹哀談, 見之矣. 公與劉健齊名, 而嘗偶言健短於詩, 健銜之, 此獄之成, 健爲之也. 滉 以爲賂賣之事, 稍知自好有廉隅者不爲, 而謂以公之賢, 求古人心學. 負天下 重名而爲之乎. 況彼時, 健方入閣用事, 知其誣構發劾者, 不由於承健風旨而 然乎. 其二, 汪循之論, 謂公於勢利二字, 未能擺脫得去, 此未知所指爲何事. 若果有實事之可指, 則是自不免上蔡鸚鵡之譏, 其於心學之傳, 固難議爲. 不 然, 吾恐循也徒見斯人曾被賣題之累, 因以勢利目之也, 則其事之虛實. 旣未 的知, 又安可以是爲斯人之定論乎. 其三, 則陳建論公道一編說也. 其說云, 篁 墩欲彌縫陸學, 乃取朱陸二家言語, 早晩一切顚倒變亂之, 矯誣朱子, 以爲早 年誤疑象山, 晩年始悔悟, 而與象山合, 其誤後學甚矣. 因爲之著學蔀通辨, 編 年考訂, 以究極同異是非之歸云. 噫, 信斯言也, 篁墩其果誤矣, 其爲學, 果有 可疑者矣."

단에 미혹되었다가 상산을 본 연후에 깨달아서 본원에 귀의한 것이겠는가?7)

퇴계는 먼저, 주자의 '크게 균형 잡히고 지극히 바른(大中至正)' 가르침이자 학문방법은, '博文(문물을 널리 배움)'과 '約禮(예로써 집약함)', '尊德性(덕성을 드높임)'과 '道問學(이어서 묻고 배움)'이라는 공부의 양 측면이 마치 차의 양 바퀴나 새의 양 날개와 같이 그 어느 것 하나도 폐기함이 없이, 또 어느 하나에만 편중함이 없이 병행하는 것임을 지적한다. 여기서 박문과 도문학은 知工夫를, 그리고 약례와 존덕성은 行工夫를 표현한 것으로『논어』와『중용』에서 유래한다. 그에 의하면 공부의 편중을 지극히 경계했던 주자가, 마치 禪家의 그것과도 유사하게 한쪽(존덕성)에 치우친 육상산의 공부방법으로 귀의했다는 것은 성립할 수 없다. 다만 대화하는 상대의 공부 진행 상황에 따라서, 궁극적으로는 그 공부의 전체적 균형을 위해, 어느 한쪽 측면을 더 부각하거나 누르는 경우가 있었다는 것이다. 이를 오해하여 육상산에의 귀의를 운운해서는 안 된다는 점을 분명히 한다.

그런데, 만일 정민정이 그렇게 주장했다면 그의 학문은 비판받아 마땅하다고 퇴계는 주장한다. 즉, "그런 정민정이 편찬한『심경부주』는 과연 높이고 믿을 만한 책인가? 더욱이『심경부주』의 마지막 장에서 주자의 학설을 초년과 말년을 구분하고서 존덕성을 부각했다면, 정민

---

7)『心經附註』,「心經後論」(退溪), "蓋嘗思之, 朱陸二氏之不同, 非故有意於不同也. 此儒而彼禪, 此正而彼邪, 此公平而彼私狠. 夫如是, 安得而相同耶? 孔子曰, 博學於文, 約之以禮, 子思曰, 尊德性而道問學, 孟子曰, 博學而詳說之, 將以反說約也. 二者之相須, 如車兩輪, 如鳥兩翼, 未有廢一而可行可飛者, 此實朱子之說也. 吾儒家法, 本自如此, 老先生一生從事於斯二者, 纔覺有一邊偏重, 卽猛省而痛改之. 故其見於書尺往復之間者, 互有抑揚, 此乃自用吾法, 而自相資相救, 以趨於大中至正之道耳. 豈初年全迷於文義之末, 及見象山然後始悟, 而收歸本原乎哉?"

정의 『심경부주』는 문제 있는 것 아닌가?” 하는 의심이 도출될 수밖에 없다는 것이다. 그러나 이러한 의심에도 불구하고 퇴계는 두 가지 차원에서 『심경부주』를 변호한다. 하나는 『심경부주』에 실린 『시경』, 『서경』, 『역경』으로부터 정자와 주자의 언설에 이르기까지 모두 성현의 큰 가르침이며 그 주석도 송대 이후 제현들의 지극한 학설을 겸하여 채택한 것으로, 정민정의 잘못 때문에 『심경부주』 속의 성현의 큰 가르침과 지극한 견해를 버려서는 안 된다는 것이다. 다른 하나는 주자가 박문과 약례, 존덕성과 도문학 어느 것도 소홀히 함이 없는 공부를 주창했지만, 주자 문인들이 쓴 行狀에서도 보건대, 말년에는 제생들이 글의 뜻에 구속되어 버리거나 말로만 떠들고 흘려버리는 '口耳의 학문'의 병폐에 빠지는 것을 보고 존덕성을 강조한 것은 사실이라는 것이다. 정민정이 주자의 이러한 뜻에 따라서 『심경부주』의 말미에 이러한 주석을 붙여서 末學의 잘못을 바로잡으려고 한 일은 정당하다는 것이다.

더욱이 말미의 어느 한군데에서도 육상산의 학문에 동조하는 언급을 하지 않고 주자의 설만을 다루었다는 사실을 강조하면서 『심경부주』가 주자의 사상을 잘못 전달한 것으로는 보기 어렵다고 변호한다. 논란이 되어 온, 정민정의 『도일편』의 오류를 뒤섞어 어지럽히지 않는다면, 그리고 정민정이 중년과 말년을 나눈 것에 굳이 얽매이지 않는다면, 『심경부주』는 박문과 약례, 존덕성과 도문학이 조화를 이르는 배움의 충실한 안내서가 될 수 있다고 보는 것이다.[8]

---

8) 『心經附註』, 「心經後論」(退溪), “或曰, 如子之言, 心經其不足尊信乎. 曰, 是則不然也. 吾觀是書, 其經則自詩書易以及于程朱說, 皆聖賢大訓也, 其註則由濂洛關閩, 兼取於後來諸賢之說, 無非至論也. 何可以篁墩之失, 而竝大訓至論, 不爲之尊信乎. 曰, 其他固然矣, 至於末章之註也, 旣以朱子說, 分初晚之異, 以草廬之說終焉. 此正與道一編, 同一規模議論也, 子何譏斥於道一, 而反有取於此註耶. 曰, 徒務博文, 而少緩於約禮, 則其弊必至於口耳之習. 故朱

『심경부주』 및 그 편자를 둘러싼 세간의 평과 이에 대한 퇴계의 견해를 통해 알 수 있는 중요한 사실 한 가지는 주자학과 상산학을 나누는, 나아가 유학의 본질 여부를 논하는 기준은 '배움의 문제'라는 사실이다. 정민정의 학문이, 그리고 정민정이 편찬한『심경부주』가 주자학적이냐 아니냐를 가르는 기준으로서, 퇴계는 주저함이 없이 '배움의 방법론'을 거론한다. 본체론도 아니고 진리관도 아니며 인간관도 아닌 공부 및 배움의 방법에 대한 관점이 주자학과 여타 학파를 나누는 기준이며 유학의 본질을 다루는 기준이 되고 있다. 주자학과 유학 일반에서 배움 문제의 위상이 얼마나 중대한가를 증명하는 대목이다.

퇴계에 의하면 주자학은 박문과 약례, 존덕성과 도문학이 조화롭게 병행하는 배움을 주장하지만 상산학의 경우는 약례와 존덕성만 강조하고, 또한 주자학은 '대중지정'한 반면 상산학은 편협하고 치우쳤다. 그러면서도 퇴계는『심경부주』의 말미가 존덕성을 중심으로 전개된 것을 변론하는 과정에서, 주자학이 존덕성과 도문학 양자의 조화를 꾀하지만 존덕성에 보다 근본으로서의 지위를 부여했다는 점을 주장한다. 존덕성만 강조한 상산학의 방식이 아닌, 존덕성을 근본으로 하여 그 토대 위에 도문학의 날개를 펼친 것이 주자학의 배움의 방식이었다는 것이다. 퇴계는『심경부주』를 변론하면서 사실은 주자학에 대해 자신이 하고 싶었던 이야기를 했다고 보아도 좋다. 실제로 퇴계의 학문은 경 중심, 존덕성 중심으로 전개되었으며, 그럼에도 불구하고 도문학의 의미와 위상은 결코 간과되지 않은 형식을 취하고 있다. 학문과 공

子於當時, 其憂之戒之之切, 誠有如此註所引十二條之說, 其門人之述行狀又云, 晚見諸生繳繞於文義, 始頗指示本體云云, 則尊德性以捄文義之弊, 非篁墩之說也, 乃朱子之意固然也. 篁墩於此, 但不當區區於初晚之分耳. 若其遵朱子之意, 贊西山之經, 註此於篇終, 欲以捄末學之誤, 實亦至當而不可易也. 況只引朱說而補以諸儒發明朱說之條, 未嘗一言及於陸氏之學, 以爲朱子晚悔而與此合, 如道一編之所謂乎."

부에 대한 자신의 관점이 주자학에 대한 올바른 이해라고 퇴계는 믿고
있었다.

3. 배움의 본질
: 도심이 만개하는 삶을 향한 심학

　주자학의 배움이 존덕성과 도문학의 병행을 특징으로 하지만, 그것
은 결국 심학으로 귀결된다. 즉 존덕성에 초점을 맞추는 상산학의 배
움만이 심학이 아니라, 존덕성이라는 근간 위에 도문학이 반드시 함께
해야 한다는 점이 강조되는 주자학의 배움 역시 그 본질은 심학이라는
말이다. 이는 육왕학은 心學이요, 주자학은 理學이라는 학계 일각의
주장과 배치되는 것이다. 바로 『심경부주』는 심학으로서의 주자학적
배움의 성격을 잘 보여 준다.
　『심경부주』에서 말하고자 하는 모든 것은 첫 장에 집약되어 있고,
그 나머지 장의 내용은 첫 장에 대한 주석이라고 해도 좋다. 그런데 그
첫 장은 『서경』의 '人心·道心'의 문제를 둘러싼 심학적 명제로 출발
한다. 그리고 이 심학적 명제는 곧바로 '배움이란 무엇인가?'의 문제를
정면으로 다루고 있다.

　　人心惟危, 道心惟微, 惟精惟一, 允執厥中
　　(인심은 위태롭고 도심은 은미하니, 정밀하게 살피고 한결같이 하여
　　그 중을 잡아라)[9]

---

9) 『心經附註』, 「書 : 人心道心章」, "帝曰, 人心惟危, 道心惟微, 惟精惟一, 允執
　厥中."(經文)

이 명제에는 인심과 도심이 공존하는 삶의 현실, 그 속에서 도심의 존재를 잘 살피고 지키면서 삶의 최적 지점을 찾아가는 것을 내용으로 하는 심학 및 배움의 메시지가 담겨 있다. 그런데, 그 상세한 의미 파악은 잠시 미루고, 먼저 유학사상사에서 이 명제가 지니는 위상 및 의의를 논해 보자.

흔히 '16字心法', 즉 '16자로 이루어진 마음공부법'이라고 불리는 이 명제에 대해 주자가 부여하는 의미는 심대하다. 주자에 의하면, 이는 유학사상사의 뿌리이며 동시에 정수이다. '16자심법'은 유가에서 최고의 성왕으로 꼽히는 堯·舜·禹에 의해서 만들어지고 전수된 것으로, 요가 순에게 천하를 넘겨주면서 다름 아닌 '允執厥中' 네 글자를 전했으며, 이것을 이어받은 순이 우에게 천하를 넘겨줄 때는 '人心惟危, 道心惟微, 惟精惟一'을 친절하게 덧붙여서 전했다는 것이 주자의 이해이다. 유가의 역사를 시작한 성왕들이 천하를 넘겨줌에 있어 다름 아닌 '心法'을 전수했다고 보며 이것으로 道統을 이었다고 이해한 것이다.10) 이는 무엇을 의미하는가? 비록 유가의 관심이 정치, 경제, 교육, 문학 등 다방면으로 열려 있고 그 성격도 다양하게 규정할 수 있지만, 유가의 핵심에는 心學 및 心法이 자리하고 있음을 의미한다. 이 심학 및 심법을 주요 내용으로 하는 유가의 도통은, 요·순·우·탕·문·무·주공에서 공자-증자-자사-맹자를 거쳐 송대 신유학자들로 이

---

10) 朱熹, 『中庸章句』, 「中庸章句序」, "蓋自上古, 聖神繼天立極而道統之傳, 有自來矣. 其見於經則允執厥中者, 堯之所以授舜也, 人心惟危, 道心惟微, 惟精惟一, 允執厥中者, 舜之所以授禹也. 堯之一言, 至矣盡矣, 而舜復益之以三言者, 則所以明夫堯之一言, 必如是而後, 可庶幾也.……夫堯舜禹天下之大聖也, 而天下相傳 天下之大事也, 以天下之大聖, 行天下之大事, 而其授受之際, 丁寧告戒, 不過如此, 則天下之理, 豈有以加於此哉. 自是以來, 聖聖相承, 若成湯文武之爲君, 皐陶伊傳周召之爲臣, 旣皆以此, 而接夫道統之傳, 若吾夫子, 則雖不得其位, 而所以繼往聖開來學, 其功反有賢於堯舜者."

어졌다. 최소한 주자학에서는 그렇게 이해한다. 이에 대해 정민정의 후학인 왕조는 다음과 같이 정리한다.

> 도는 하늘에 근원하되 사물에 산재해 있고 마음 속에도 갖추어져 예나 지금이나 한 순간도 끊임이 없다. 요·순·우·탕·문·무가 법을 세워 천하를 다스린 이래 공자, 증자, 자사, 맹자가 교육이념을 세워 후세에게 가르쳐 서로 주고 받으니, 비록 (가르침의 내용이) 동일하지는 않더라도 대저 도심의 바름을 지키고 인심의 방탕한 흐름을 제어하는 것으로 사람들을 가르쳤다. 중고시대 이래로 윗사람들은 좋아하고 숭상하는 편벽됨에 빠져서 공리를 탐내고, 아랫사람들은 편의대로 공부하며 보고 듣는데 천착하니, 그리하여 心學이 어두워졌다. 1천 4백 년이 지나서 濂洛의 여러 대유가 비로소 나와서 우리 주자에 이르러 넓혀 드러내시니 이로써 심학이 세상에 다시 밝혀지게 되었다.[11]

‘도심의 바름을 지키고 인심의 방탕한 흐름을 제어하는’ 심학은 요·순으로부터 공자, 맹자를 거쳐 이어지다가 중고시대(한대에서 수·당대까지)에는 단절이 되었던 것인데, 송대의 여러 大儒를 거쳐 주자에 이르러 다시 재발견되고 세상에 드러났다는 이해이다. 유학사상사에서 주자의 중요한 역할이 심학을 다시 밝힌 것이고 주자학의 핵심은 심학이라는 이해이기도 하다. 결국 주자 및 주자학자들에 의해 ‘16자심법’은 儒家道統의 根源이며, 萬世의 聖學의 淵源이고,[12] 萬世

---

11) 『心經附註』, 汪祚의 心經附註評, “惟道原于天, 散于事, 而具于心, 古今無一息間. 自堯舜禹湯文武立法以治天下, 孔曾思孟垂教以詔後世, 更相授受, 雖若不同, 大抵教人守道心之正, 遏人心之流耳. 中古以來, 在上者溺好尙之偏, 而狃于功利, 在下者各以意之所便爲學, 而鑿于見聞, 故心學晦焉. 千四百年, 而濂洛諸大儒始出, 曁我文公朱子, 廓而著之, 由是心學粲然復明於世矣.”

12) 『心經附註』, 「書：人心道心章」, “西山眞氏曰：人心惟危以下十六字, 乃堯舜禹傳授心法, 萬世聖學之淵源. 先儒訓釋雖衆, 獨朱子之說, 最爲精確. 夫聲色

의 心學[13]으로 자리매김 되었다. 여기서 우리는 주자학의 정수를 심학으로 보지 않을 수 없고, 주자학의 배움의 본질 역시 심학에서 찾아야 함을 알 수 있다. 존덕성과 도문학, 지공부와 행공부는 모두 심학의 틀에서 이해해야 한다.

그렇다면 이제 '16자심법'에 담긴 구체적인 배움의 의미를 확인해 보자. '16자심법' 중 '人心惟危, 道心惟微'에서는 우선 사람의 마음을 두 층차, 즉 인심과 도심으로 나누어 설명한다. 주자의 해석[14]에 따르면 인심은 육체적 측면(形氣)과 연계된 마음이며 도심은 우주적 본성(性命)과 연계된 마음이다. 여기서 '우주'라는 말은 물리적 우주라기보다는 형이상학적 존재근원의 지평을 말하는 것이다. 마음은 단지 육체적 산물로서의 인지 및 감각기관이 아니라 존재근원으로서의 '신적'인 뿌리와 연결되어 그 아름다운 속성을 그대로 담지하고 있다는 것이 유학의 마음 이해이다. 그런데 마음이 두 측면이 있다는 것은, 마음이 두 가지의 실체로 양분된다는 것은 아니라, 다만 虛靈知覺하는 마음의 실체는 하나인데 지각의 과정에서 두 가지 양상이 나타난다는 뜻이다. 인심은 그 자체로 나쁜 것이 아니지만 방치되면 위태롭게 흐르기 쉽다. 도심은 그 자체가 아름답고 숭고한 우주적 본성, 혹은 존재근원적

臭味之欲, 皆發於氣, 所謂人心也. 仁義禮智之理, 皆根於性. 所謂道心也."(附註)

13) 『心經附註』, 「心經贊」(眞德秀), "舜禹授受, 十有六言, 萬世心學, 此其淵源."

14) 『心經附註』, 「書 : 人心道心章」, "心之虛靈知覺, 一而已矣. 而以爲有人心道心之異者, 則以其或生於形氣之私, 或原於性命之正, 而所以爲知覺者不同. 是以或危殆而不安, 或微妙而難見耳. 然人莫不有是形, 故雖上智不能無人心, 亦莫不有是性, 故雖下愚不能無道心. 二者雜於方寸之間, 而不知所以治之, 則危者愈危, 微者愈微, 而天理之公, 卒無以勝夫人欲之私矣. 精則察夫二者之間而不雜也. 一則守其本心之正而不離也. 從事於斯, 無少間斷, 必使道心常爲一身之主, 而人心每聽命焉, 則危者安, 微者著, 而動靜云爲, 自無過不及之差矣."(原註)

지평의 진리의식인데, 이는 모든 사람이 분명 가지고 있으되 미묘해서 잘 드러나지 않는다. 따라서 보일 듯 말 듯한 도심의 실마리를 찾아서 끌어내고, 동시에 인심이 위태롭게 흐르지 않도록 적절하게 조절하는 공부가 필요하다. 그리하여 결국 도심이 주재적 위치를 획득하고 인심은 도심의 주재에 따르는 것이 최적의 마음 상태이다. 그런데 마음은 둘이 아니므로 도심의 주재에 따르는 인심은 곧 도심에 다름 아니라고도 할 수 있다. 인심으로서의 육체적 욕구나 감정은 그것이 도심의 주재 하에 적절하게 발현된다면 곧 도심의 흐름 속에 있는 또 하나의 도심이다. 이렇게 보면「書 : 人心道心章」에서 발견되는 배움의 지향점은 '마음의 도심화' 혹은 '도심이 주재하는 삶' 혹은 '존재근원적 지평의 진리의 마음으로 수놓은 삶'에 있다고 해도 좋다. 다음 장에서 자세히 다루겠지만 '유정유일'과 '윤집궐중'은 마음의 도심화를 꾀하는 배움의 방법론이다. 결국 '16자심법'은 도심이 주재하는 삶을 이루는 일이 배움의 본질이라는 점, 그리고 나아가 그 최적의 방법론까지 논하고 있다.

　주자학적 배움이 목표로 하는, 도심이 주재하는 삶을 이해하기 위해 우선 마음의 존재근원적 지평으로서의 도심의 내용이 무엇인가를 해명해야 한다.『심경부주』에서 도심은 仁・義・禮・智, 더 좁혀서 仁으로 설명된다.15)『심경부주』의 모든 장이 인으로서의 도심을 말하고 있다고 할 수 있지만, 특히『논어』를 인용한「論語 : 顔淵問仁章」, 「論語 : 仲弓問仁章」, 그리고『맹자』를 인용한「孟子 : 人皆有不忍人之心章」,「孟子 : 矢人函人章」,「孟子 : 赤子之心章」,「孟子 : 牛山之木章

---

15)『心經附註』,「書 : 人心道心章」, “西山眞氏曰 : 人心惟危以下十六字, 乃堯舜禹傳授心法, 萬世聖學之淵源. 先儒訓釋雖衆, 獨朱子之說, 最爲精確. 夫聲色臭味之欲, 皆發於氣, 所謂人心也. 仁義禮智之理, 皆根於性. 所謂道心也.”(附註)

」, 「孟子 : 仁人心章」에서 깊게 다룬다. 기존의 연구에서 유가의 인을 설명할 때 주로 『논어』에서 공자가 제자들에게 인을 가르치면서 논한 '克己復禮'나 '忠恕', '愛'에 대한 해석을 실마리로 삼곤 했는데, 『심경부주』 역시 이 방식을 따르고 있다. 그런데 『심경부주』에서는 특히 禮나 義와 智, 그리고 敬과 긴밀히 연관하여 인의 의미를 밝히고자 하는 노력을 엿볼 수 있는데, 주목할 만하다. 이는 인의 본성은 막연한 관념적 대상이 아니라 일상의 구체적인 예나 의와 지, 그리고 경으로 표출되거나 확인됨을 부각한 것이다.

예를 들어 보자. 『심경부주』는 일단, 안연이 인을 물은 것에 대해 공자가 "극기복례하면 인하다(克己復禮爲仁)"고 한 『논어』의 대목을 인용하고, 예와의 관계 속에서 인을 설명한다. 우선 정이천의 말을 빌어서 예로 돌아가는 것은 자신의 사사로움을 극복하는 것임을 밝힌[16] 다음, 장횡거와 주자의 말을 빌어서 하늘이 物의 본체가 되어 어느 하나도 빠트리지 않듯이 인은 事의 본체가 되어 어느 것에도 있지 않음이 없어 禮義 3백 가지와 威儀 3천 가지가 모두 인으로 귀결됨을 말한다.[17] 인이 일상과 동떨어진 고원한 무엇이 아니라, 일상의 각종 예로써 구체화된다는 것, 즉 공자가 樊遲에게 가르쳤듯이 "거처할 때 공손하고 일을 집행할 때 경하고 사람을 대할 때 마음을 다하는(居處恭, 執事敬, 與人忠)" 것이 극기복례이며 인이라고 설명한다.[18]

---

16) 『心經附註』, 「論語 : 顏淵問仁章」, "伊川先生曰 : 非禮處便是私意, 如何得仁? 凡人須是克盡己私, 皆歸於禮, 方始是仁."(原註)

17) 『心經附註』, 「論語 : 顏淵問仁章」, "張子曰 : 天體物而不遺, 猶仁體事而無不在也. 禮儀三百, 威儀三千, 無一物之非仁也. 昊天曰明, 及爾出王. 昊天曰旦, 及爾游衍. 無一物之不體也" ; "朱子曰 : 體物, 猶言爲物之體也. 蓋物物有箇天理, 體事謂事事是仁做出來, 如禮儀三百, 威儀三千, 須是仁做始得. 凡言體, 便是做他那骨子."(附註)

18) 『心經附註』, 「論語 : 顏淵問仁章」, "又曰 : 孔子告顏子, 以克己復禮語, 雖切看見, 不似告樊遲居處恭執事敬與人忠更詳細. 蓋爲樊遲未會見得箇己是甚,

한편 『심경부주』는 인은 곧 경과 별개가 아님을 밝힌다. 공자가 仲弓에게 인을 설명하며 "문을 나가서는 큰 손님을 뵙듯이 하고, 백성을 부릴 때는 큰 제사를 받들듯이 하며, 자신이 원하지 않는 것을 남에게 베풀지 말아야 한다"고 한 『논어』의 대목이 인용되는데,[19] 여기에서 큰 손님을 뵙듯이 하고 큰 제사를 받들듯이 하는 태도는, 정이천도 말했듯이, 곧 주자학에서 공부의 기본으로 강조하는 바의 敬의 태도이다. 경하지 못하면 사욕이 온갖 실마리를 타고 나와서 인을 해치게 되므로 공자는 인을 설명함에 경(의·예)의 태도를 말했다는 것이다.[20] 결국 인은 사사로움을 넘어선 忠恕의 마음이되 그것은 동시에 일상의 예 및 경의 태도와 별개의 것이 아니다. 흔히 인은 배움이 목표로 하는 이상적 마음이며, 예나 경은 이를 실현하는 배움의 방법이며 내용으로 생각하기 쉬우나, 이들의 역동적이고 긴밀한 상호관련성을 고려할 때, 인과 예와 경은 모두 배움의 목표로서의 이상적 마음이면서 동시에 배움의 내용이며 방법임을 알게 된다. 주자학적 배움이 목표로 하는 삶의 도심화에는 이미 인과 예와 경의 실현이 서로 분리됨이 없이 하나의 과정으로 얽혀 있다.

맹자는 공자에 이어서 인을 인간의 본성으로 확고하게 자리매김한 인물이다. 『심경부주』에서는 '차마 어찌할 수 없는 마음(不忍人之心)'으로서의 인, 惻隱之心으로서의 인을 『맹자』를 빌어 말한다. 물론 羞惡之心으로서의 義, 辭讓之心으로서의 禮, 是非之心으로서의 智에 대한 이야기도 함께 하는데,[21] 주자에 의하면 의, 예, 지는 궁극적으로 인

禮是甚, 只分曉說敎恁地做去."(附註)

19) 『心經附註』, 「論語 : 仲弓問仁章」, "仲弓問仁, 子曰 : 出門如見大賓, 使民如承大祭, 己所不欲, 勿施於人. 在邦無怨, 在家無怨. 仲弓曰 : 雍雖不敏, 請事斯語矣."(經文)

20) 『心經附註』, 「論語 : 仲弓問仁章」, "伊川先生曰 : 如見大賓, 如承大祭, 敬也. 敬則不私, 一不敬則私欲萬端害於仁矣."(原註)

으로 수렴된다.22)『맹자』에서는 인은 '하늘의 벼슬(天爵)'이고 '사람의
편안한 집(安宅)'이며,23) 사람의 마음 그 자체라고 한다.24) 인 혹은
인·의·예·지로 표현되는 도심이야말로 사람들이 안락과 평화와 자
유를 느낄 수 있는, 사람을 사람답게 만드는 바탕이라는 것이다. 그것
은 어떤 예외도 없이 모든 사람들의 본성으로 자리한다. 그런데 사람
들은 그것을 알지 못하고 버려두거나 황폐하게 만든다.『맹자』는 이를
牛山의 나무에 비유하기도 한다.25) 우산의 나무가 일찍이 아름다웠으

---

21)『心經附註』,「孟子 : 人皆有不忍人之心章」, "孟子曰 : 人皆有不忍人之心. 先
王有不忍人之心, 斯有不忍人之政矣, 以不忍人之心, 行不忍人之政, 治天下
可運於掌上. 所以謂人皆有不忍人之心者, 今人乍見孺子將入於井, 皆有怵惕
惻隱之心, 非所以內交於孺子之父母也, 非所以要譽於鄕黨朋友也, 非惡其聲
而然也. 由是觀之, 無惻隱之心, 非人也. 無羞惡之心, 非人也. 無辭讓之心,
非人也. 無是非之心, 非人也. 惻隱之心, 仁之端也. 羞惡之心, 義之端也. 辭
讓之心, 禮之端也. 是非之心, 智之端也. 人之有是四端也, 猶其有四體也. 有
是四端而自謂不能者, 自賊者也, 謂其君不能者, 賊其君者也. 凡有四端於我
者, 知皆擴而充之矣. 若火之始然, 泉之始達, 苟能充之, 足以保四海. 苟不充
之, 不足以事父母."(經文)

22)『心經附註』,「孟子 : 矢人函人章」, "朱子曰 : 仁義禮智, 皆天所與之良貴, 而
仁者, 天地生物之心, 得之最先而兼統四者, 所謂'元者, 善之長也', 故曰'尊
爵'. 在人則爲本心全體之德, 有天理自然之安, 無人欲陷溺之危, 人當常處其
中, 而不可須臾離者也. 故曰'安宅'." ; "又曰 : 此亦因人愧恥之心而引之, 使
志於仁也. 不言智禮義者, 仁該全體, 能爲仁, 則三者在其中矣."(附註)

23)『心經附註』,「孟子 : 矢人函人章」, "夫仁, 天之尊爵也, 人之安宅也."(經文)

24)『心經附註』,「孟子 : 仁人心章」, "孟子曰 : 仁, 人心也, 義, 人路也."(經文)

25)『心經附註』,「孟子 : 牛山之木章」, "孟子曰 : 牛山之木, 嘗美矣, 以其郊於大
國也, 斧斤伐之, 可以爲美乎? 是其日夜之所息, 雨露之所潤, 非無萌蘗之生
焉, 牛羊又從而牧之, 是以若彼濯濯也. 人見其濯濯也, 以爲未嘗有材焉, 此豈
山之性也哉? 雖存乎人者, 豈無仁義之心哉? 其所以放其良心者, 亦猶斧斤之
於木也, 旦旦而伐之, 可以爲美乎? 其日夜之所息, 平旦之氣, 其好惡與人相
近也者幾希, 則其朝晝之所爲, 有梏亡之. 梏之反覆, 則其夜氣不足以存, 夜氣
不足以存, 則其違禽獸不遠矣. 人見其禽獸也, 而以爲未嘗有才焉者, 是豈人
之情也哉? 故苟得其養, 無物不長, 苟失其養, 無物不消. 孔子曰, '操則存, 舍

나 사람들이 도끼와 자귀로 베어서 해친다. 그럼에도 불구하고 나무는 밤낮으로 조금씩 자라고 비와 이슬도 받으면서 싹을 키워낸다. 그런데 여기에 다시 소와 양떼를 몰고 와서 방목하니 나무는 자라지 못하고 산은 헐벗게 된다. 산이 헐벗은 것은 산의 본성이 아니다. 산의 본성은 본래 울창한 나무숲의 아름다움을 뽐내는 것이지만 사람들이 그것을 해쳐서 아름답지 못하게 된다는 것이다. 사람의 마음도 마찬가지여서 본래 인의의 마음을 지니고 있지만, 사람들이 해치고 또 해쳐서 황폐하게 된다.

> 仁은 사람의 마음이요 義는 사람의 길이다. 그 길을 버리고 말미암지 않으며 그 마음을 잃어버리고 구할 줄 모르니 슬프다. 사람들은 닭이나 개가 도망가면 구할 줄 알면서도 잃어버린 마음을 두고서도 구할 줄 모른다. 학문의 길은 다른 것이 아니라 잃어버린 마음을 구하는 것일 뿐이다(學問之道無他 求其放心而已矣).26)

자신의 진정한 마음, 참된 존재의 근거를 잊거나 혹은 있는지조차 알지 못하고 내동댕이 쳐 놓고 사는 삶에 대한 안타까움의 탄식이다. 닭이나 개가 도망가게 되면 안절부절 못하며 찾아다니면서 정작 삶의 정수인 인의의 마음은 마냥 소홀히 다루는 것이 인생이다. 따라서 맹자는 말한다. 학문의 길, 배움의 길, 교육의 길은 다름 아닌 '잃어버린 마음을 구하는 것(求其放心)'이다. 「書 : 人心道心章」에서의 도심화의 배움에 관한 메시지와 그대로 상통한다.

주자학적 배움으로서의 心學은 곧 聖學이기도 하다. 인(의 · 예 · 지)

則亡, 出入無時, 莫知其鄕', 惟心之謂與?"(經文)

26) 『心經附註』, 「孟子 : 仁人心章」, "孟子曰 : 仁, 人心也, 義, 人路也. 舍其路而不由, 放其心而不知求, 哀哉! 人有雞犬放則知求之, 有放心而不知求, 學問之道無他 求其放心而已矣."(經文)

의 도심이 주재하고 지배하는 삶을 위한 배움은 곧 성인의 삶을 지향하는 배움 외 다름이 아니다. 배움의 본질로서의 삶의 도심화는 곧 삶의 궁극적 진리에 따라서 사는 삶을 이루는 일이며, 따라서 그러한 삶의 모델로서의 성인을 꿈꾸는 것은 주자학의 배움에서 자연스러운 목표가 된다. 주염계의『通書』의 내용을 중심으로 한『심경부주』의「周子 : 聖可學章」은 이를 보여주고 있다.

> "성인은 배워서 될 수 있습니까?"고 묻자 "가능하다"고 대답했다. "요점이 있습니까?"라고 묻자 "있다"고 대답했다. "그것에 대해 묻고자 합니다"라고 하자 다음과 같이 대답했다. "一이 요점이니 一이란 無欲이다. 무욕하면 마음이 고요할 때는 텅비게 되고 움직일 때는 바르게 된다. 고요함에 텅비면 밝고 움직임에 바르면 공정해진다. 공정하면 넓어지니 밝고 통하며 공정하고 넓으면 거의 도에 가까울 것이다."27)

주염계에 따르면 성인의 경지는 배움을 통해 가능하며, 성인됨의 배움의 방법은 간단하게 '一'과 '無欲'으로 정리될 수 있다. '일'과 '무욕'은 마음의 전일함과 마구잡이의 욕망 및 지향성의 절제를 의미할 것인데, 이는 정이천과 주자에 이르면 경으로 정리된다.28) 경이야말로 성인이 되는 가장 근본적이며 핵심적인 공부라는 것인데, 경에 관한 구체사항은 다음 장에서 다룰 것이다. 어쨌든 성인의 경지는 배움을 통해서 가능한 것이며, 성인은 배움의 목표가 되어야 한다는 것이 주자학

---

27)『心經附註』,「周子 : 聖可學章」, "周子『通書』曰 : '聖可學乎?' 曰 : '可.' '有要乎?' 曰 : '有.' '請問焉.' 曰 : '一爲要. 一者無欲也. 無欲則靜虛動直. 靜虛則明, 明則通. 動直則公, 公則溥. 明通公溥庶矣乎.'"(周子原文)

28)『心經附註』,「周子 : 聖可學章」, "(朱子)又曰 : 周先生說一者無欲也. 然這話頭高, 卒急難湊泊, 尋常人如何便得無欲, 故伊川只說箇敬字教人. 只就這敬字上崖去, 庶幾執捉得定, 有箇下手處."(附註)

적 인식이다.[29] 인간의 본성은 모두 같으므로, 자신을 성현보다 낮은 등급의 사람으로 여기면서 일등을 다른 이에게 양보하고 이등하겠다고 생각하지 말고 성인의 꿈을 꾸어야 한다. 배움으로 말하면 진리(도)에 뜻을 두어야 하고 사람으로 말하면 성인에 뜻을 두어야 한다.[30] 주자학의 배움에서 성인을 논하는 것은 배움의 꿈과 뜻을 심어 주는데 의미가 있다. 비록 실제로는 불가능할지라도 인간이 다다를 수 있는 최고의 경지를 목표로 함으로써, 자신의 역량 및 잠재력에 대한 자존감 및 자신감, 그리고 결코 쉽게 물러서지 않으며 전진하는 의지를 일깨우고자 함이다.

주자학에서는 배움의 뜻을 높이 세운 후에는 그 뜻을 이루어 낼 수 있는 맹렬한 의지와 치열한 노력이 뒤따라야 함을 강조한다. 마치 전쟁을 치르는 듯한 비장함이 공부의 기본 태도로 자리한다. 닭이 울면 일어나서 부지런히 私益을 추구하는 盜蹠의 무리가 아닌, 닭이 울면 일어나서 부지런히 善을 추구하는 舜의 무리가 되어야 한다.[31] 물론 이를 위해서는 우주적 진리 감각에 입각하여 삶의 아름답고 공적인 지점(善, 公)과 추하고 사적 욕구에 치달리는 지점(不善, 邪)을 명확히 가릴 수 있는 지혜(智), 그리고 선과 공의 편에서 과단성있게 불선과 사를 물리칠 수 있는 의로움(義)이 필요하다. 그런데 이러한 智와 義를

---

29) 『心經附註』, 「周子 : 聖可學章」, "朱子曰 : 凡人須以聖賢爲己任, 世人多以聖賢爲高, 而自視爲卑, 故不肯進. 抑不知稟性與常人一同, 安得不以聖賢爲己任. 自開闢以來, 生多少人, 求其盡己者, 千萬人中無一二, 只是滾同枉過一世."(附註)

30) 『心經附註』, 「周子 : 聖可學章」, "伊川先生曰 : 莫說道將第一等, 讓與別人, 且做第二等. 才如此說, 便是自棄, 雖與不能居仁由義者, 差等不同, 其自小一也. 言學便以道爲志, 言人便以聖爲志."(附註)

31) 『心經附註』, 「孟子 : 雞鳴而起章」, "孟子曰 : 雞鳴而起, 孳孳爲善者, 舜之徒也. 雞鳴而起, 孳孳爲利者, 蹠之徒也. 欲知舜與蹠之分, 無他, 利與善之間也."(經文)

갖추기란 여간 어렵지 않다. 상당한 정성스러움과 세밀함이 아니면 불선과 사를 가려내기가 어려울 뿐 아니라, 가려냈다고 하더라도 일이 눈앞에 닥쳐오면 사욕에 이끌려 이전의 잘못을 반복하기가 쉽다.[32] 성인이 아닌 이상 누구나 잘못을 저지르고 그를 반복하는 것은 불가피할 수 있다. 중요한 것은, 안연이 잘못을 두 번 반복하지 않은 것처럼, 잘못을 저지르더라도 '너무 멀리가지 않고 가급적 빨리 돌아오는 일(不遠復)'이다.[33] 잘못을 고치는 것은 우레와 같이 맹렬하게 해야 하고 선에 옮아가는 것은 바람과 같이 신속하게 해야 한다.[34] 마치 안연이 붉게 타오르는 화로 위의 한 점의 눈이 녹는 것과 같이 극기한 것처럼 말이다.[35]

이렇게 하여 선과 불선, 공과 사를 아는 智, 그리고 한 치의 물러섬이 없이 선을 실현하고 불선을 물리치려는 의와 예가 실현되는 삶은 곧 인이 구현되는 삶이다. 그리고 이는 도심이 만개하는 성인과 같은 삶이며, 그러한 삶으로 이끄는 동력은 배움이다. 그렇다면 잃어버린 마음, 본연의 마음, 인(의·예·지)의 마음, 진리의 마음(도심)을 되찾고 유지하는 배움의 방법은 무엇인가?

---

32) 『心經附註』, 「論語：不遠復章」, "(朱子)又曰：今人只知顔子知之未嘗復行爲難, 殊不知有不善未嘗不知是難處. 今人亦有說道知得這道理, 及事到面前, 又却只隨私欲做去, 前所知者都自忘了. 只爲是不曾知. 有不善未嘗不知, 知之未嘗復行, 直是顔子天資好, 如至淸之水, 纖芥必見."(附註)

33) 『心經附註』, 「論語：不遠復章」, "復之初九曰：不遠復, 無祗悔, 元吉. 子曰：顔氏之子, 其殆庶幾乎! 有不善, 未嘗不知, 知之, 未嘗復行也."(經文)

34) 『心經附註』, 「論語：改過遷善章」, "朱子曰：遷善當如風之速, 改過當如雷猛."(附註)

35) 『心經附註』, 「論語：顔淵問仁章」, "朱子曰：顔子克己, 如紅爐上一點雪."(附註)

4. 배움의 방법
: 존덕성(경)의 터전 위에 도문학의 조화

배움의 방법을 논하기 위해 다시 『심경부주』 첫 장의 '16자심법'으로 돌아가 보자. '16자심법' 속의 '惟精惟一, 允執厥中'이 배움의 방법론인데, 이에 대한 주자학의 해석은 곧 배움의 방법에 대한 주자학의 이해이기도 하다. '惟精惟一'에 대해 주자는 다음과 같이 풀이한다.

　요순 이래 학문이 있기 전에 이 말(16자심법 : 필자주)이 있었으니 성인의 심법으로 이를 바꿀 수 없다. 이 뜻은 매우 많은데 이른 바 擇善하여 固執한다고 하니 擇善은 惟精이요 固執은 惟一이다. 또 博學, 審問, 愼思, 明辨은 모두 惟精이요 篤行은 惟一이다. 『중용』의 明善은 惟精이요 誠身은 惟一이며, 『대학』의 致知, 格物은 惟精이 아니면 할 수 없고 誠意할 수 있으면 惟一이다. 공부하는 사람은 이 방법(理)을 배우는 것이고 맹자 이래 그 전함을 잃는 것도 단지 이것을 잃은 것일 뿐이다.[36]

주자는 '惟精'에 擇善, 博學·審問·愼思·明辨, 明善을, 그리고 '惟一'에 固執, 篤行, 誠意를 연계시키고 있다. '惟精'은 지공부로서 선과 악을 밝히고 택하는 일, '惟一'은 행공부로서 선을 지키고 마음과 몸을 성실하게 다듬는 일이다. '精'은 천리와 인욕, 선과 불선의 갈림길을 잘 살펴서 양자를 섞이도록 하지 않는 것이고, '一'은 본심의 바

---

36) 『心經附註』, 「書 : 人心道心章」, "朱子曰 : 堯舜以來, 未有議論時, 先有此言. 聖人心法無以易此. 經中[1]此意極多, 所謂擇善而固執之, 擇善卽惟精也, 固執卽惟一也. 又如博學審問謹思明辨, 皆惟精, 篤行, 是惟一也. 『中庸』明善惟精也, 誠身惟一也. 『大學』致知格物, 非惟精不可, 能誠意則惟一. 學者只是學此理, 孟子以後失其傳, 亦只是失此."(附註)

름을 지켜서 떠나지 않도록 하는 일로도 대비될 수 있다.37) 이러한 '유정유일'의 공부를 통해서 자연히 앎과 실천의 최적 지점(中)이 찾아지는데 그것을 잡아서 지키는 것이 '允執厥中'이다.

『심경부주』의 마지막 장에서는 尊德性과 道問學, 博文과 約禮, 居敬과 窮理 두 방면의 공부가 함께 하면서 서로 밝혀 주어야 한다는, 배움의 방법에 대한 주자의 기본 입장이 잘 소개되어 있다. 도문학, 박문, 궁리의 주요 내용은, 혈전을 치르듯이 치열하게 이치를 탐구하면서 사물의 옳고 그름, 마땅함과 그렇지 않음, 義와 私利, 天理와 人欲을 분별하는 것인데, 독서나 일상사의 처리 등 삶의 모든 영역에서 이루어진다. 다음으로 존덕성, 약례, 거경의 내용은 경의 태도를 갖추고 의리나 예를 힘껏 실천하는 일을 말하며 역시 삶의 모든 장에서 이루어진다. 양 측면의 공부가 함께 이루어져야 하는 것은 서로가 서로를 도와주고 진전시켜주기 때문이다.38)

그런데 『심경부주』의 편저자인 정민정은 존덕성과 도문학의 관계에 대한 주자의 입장이 생애의 흐름에 따라 변화가 있었다고 주장한다. 양자 어느 것에도 편중됨이 없는 공부를 해야 한다는 것이 평소의 기본 입장이라고 하면서도,39) 중년에는 후학들이 택선을 정밀하게 하지 못하고서 이단의 학문(異學)의 공허함에 흐를까 염려하여 도문학에 치중하였고,40) 말년에는 후학들이 오직 강설에만 힘쓰고 함양을 폐하면

---

37) 『心經附註』, 「書 : 人心道心章」, "精則察夫二者之間而不雜也, 一則守其本心之正而不離也."(原註)

38) 『心經附註』, 「朱子 : 尊德性齋銘」, "朱子曰 : '尊德性而道問學', '博我以文約我以禮', 兩邊做工夫, 都不偏." ; "(朱子)又曰 : 學者工夫, 唯在居敬窮理二事. 此二事互相發, 能窮理則居敬工夫日益進, 能居敬則窮理工夫日益密." ; "(朱子)又曰 : 若於道理上, 看未精, 便須於尊德性上用功. 若德性上有不足, 便須於講學上著力. 二者竝行, 庶互相發明, 可到廣大輝光之地."(附註)

39) 『心經附註』, 「朱子 : 尊德性齋銘」, "'按' 朱子平日教人, 以尊德性道問學二者, 不可有偏重之失, 其見于言者, 可考也. 不能盡錄, 今撫附凡六條."(附註)

서 언어와 문자의 고루함에 빠지는 배움에서 헤어 나오지 못한다고 염려하여 존덕성에 치중했는데, 이것이 주자의 定論이라고 설명한다.[41] 과연 그런가? 공자가 그러했듯이 주자도 제자나 후학들의 개성과 상황, 배움의 수준에 따라서 강조점을 달리하는 가르침을 베풀었다. 따라서 주자는 어떤 때에는 도문학을 보다 강조하고 어떤 때에는 존덕성을 보다 강조했다. 그러나 정민정이 주장한 것처럼 중년에는 도문학에, 말년에는 존덕성에 치중했다고 볼 만한 뚜렷한 근거는 없다. 그런데도 정민정은 이러한 주장을 통해서 마치 주자의 말년의 입장이 상산학에 합치한 듯한 오해를 불러일으킨다. 이 때문에 세간에서는, 『심경부주』의 수용에 대해 부정적인 입장도 있었던 것이다.

　기실 중년과 말년의 학문적 경향을 도식적으로 나누어 설명하는 정민정의 방식에는 문제가 있다. 그럼에도 불구하고 정민정의 뜻을 보다 긍정적으로 이해해 보고자 한다면, 그는 존덕성과 도문학 양자 어느 것도 소홀히 해서는 안된다는 것이 주자의 기본(평소) 입장임을 인정하면서도, 그렇지만 양자 중에서 근본으로서의 위상은 존덕성이 차지하는 것으로 보고 싶었던 것 같다. 퇴계가 「심경후론」에서 인용한 어느 행장에서도 보이듯이 특히 말년에 이르러서는 이 입장이 보다 뚜렷하게 나타났다고 볼 수 있는 것이다.[42] 도문학에 치중한 시기도 있었겠

---

40) 『心經附註』, 「朱子 : 尊德性齋銘」, "'按' 朱子中歲, 恐學者交修之功不逮, 而
　　或至於不振, 且擇善之未精, 而或流於異學之空虛也. 故於道問學爲重, 今摭
　　附凡十條."(附註)

41) 『心經附註』, 「朱子 : 尊德性齋銘」, "'按' 朱子晚歲, 以學者專講說而廢涵養,
　　將流於言語文字之陋, 而不自覺, 故又於尊德性爲重, 既爲程允夫作銘, 且婁
　　有懲于從遊者, 蓋定論也. 故心經以是終焉. 後之學者誠力於斯而知所歸宿,
　　則德可修道可凝而作聖之功可幾矣. 今摭附凡十二條."(附註)

42) 『心經附註』, 「心經後論」(退溪), "其門人之述行狀, 又云, 晚見諸生繳繞於文
　　義, 始頗指示本體云云, 則尊德性以捄文義之弊, 非篁墩之說也, 乃朱子之意
　　固然也."

지만 전반적으로는 존덕성을 배움의 기틀로서 중시하면서 그 위에 도
문학의 조화를 꾀하는 공부론적 견해가 지배적이었다는 것이, 정민정
에 대한 적극적 해석 끝에 나온 퇴계의 판단이었으며, 필자 역시 공감
한다.

존덕성의 핵심은 경이다. 존덕성은 넓게는 의리와 예의 실천 전반을
말하지만 주자학에서는 그것은 결국 경의 문제로 수렴된다고 보고 있
다. 즉 경은 예 중의 예이다.[43] 『심경부주』에서 경을 직접적으로 다룬
부분은 「易 : 敬以直內章」이지만 비단 여기에 그치지 않고 거의 모든
장에서 경을 직간접적으로 논하고 있다.

우선 「易 : 敬以直內章」부터 검토해 보자. '敬以直內'는 『주역』에서
근원한다.

> 군자는 경으로 안을 곧게 하고 의로써 밖을 바르게 한다(敬以直內,
> 義以方外). 경과 의가 확립되면 덕이 외롭지 않다.[44]

『주역』에서 경은 의와 짝을 이루어 안과 밖을 곧고 바르게 다스리는
공부로 설명된다. 주자학적 배움의 핵심을 차지하는 경은 바로 『주역』
의 이 구절에 근원해 있다. 경과 의에 대한 주자의 이해의 단초를 알
수 있는 내용이 『심경부주』에 이렇게 소개되어 있다.

> 일찍이 『주역』을 읽다가 두 마디를 얻었으니, 바로 '敬以直內'와 '義
> 以方外'이다. '배움의 요체는 이것을 대체할 수 없다'고 여겼으나 공부

---

43) 『心經附註』, 「論語 : 顏淵問仁章」, "人受天地之中以生, 而仁義禮智之性, 具
   於其心. 仁雖專主於愛, 而實心體之全德, 禮則專主於敬, 而實天理之節文
   也."(附註)
44) 『心經附註』, 「易 : 敬以直內章」, "易坤之六二曰 : 君子敬以直內, 義以方外,
   敬義立而德不孤. 直方大, 不習無不利, 則不疑其所行也."(經文)

하는 방법을 알지 못했는데, 『중용』을 읽다가 '修道之敎'를 논한 곳에
서 戒愼恐懼를 시작으로 삼은 것으로 본 연후에야 敬을 지키는 근본
을 알았고, 『대학』을 읽으면서 덕을 밝히는 순서를 논한 곳에서 格物
致知를 우선으로 삼은 것을 본 연후에야 義를 밝히는 단서를 알게 되
었다.[45]

주자의 사상이 담긴 저술들에는 경이 매우 다양한 각도로 설명되어
있다. 물론 그 이면에 일관된 뜻이 있음은 물론이다. 그런데 위의 인용
문에서는 주자가 경을 본격적으로 이해하게 된 실마리가 드러나 있으
며 그것은 『중용』의 '계신공구'임을 알 수 있다. '계신공구'는 두려워
하듯 삼가고 또 삼가는 뜻으로, 이는 감히 태만하지도 속이지도 않고
방 귀퉁이에서도 부끄럽지 않는 태도이며,[46] 털끝 만한 사사로움도 없
이 가슴이 환하며 표리가 한결같은 태도이다.[47] 주자의 저술들에서 경
의 태도는 집중, 안정, 각성, 엄숙 등의 특성을 지니는 것으로 설명되지
만 그 근저에는 두려워하듯 삼가도 또 삼가며 속임이 없이 투명한 태
도라는 인식이 깔려 있다. 이러한 이해는 주자의 「敬齋箴」에서 여실히

---

45) 『心經附註』, 「易 : 敬以直內章」, "朱子堂旁兩夾室, 暇日默坐, 讀書其間, 名
  其左曰敬齋, 右曰義齋, 記之 曰嘗讀『易』而得其兩言. 曰敬以直內義以方外,
  以爲爲學之要, 無以易此, 而未知所以用力之方. 及讀『中庸』, 見所論脩道之
  敎, 而必以戒愼恐懼爲始, 然後得所以持敬之本. 又讀『大學』, 見所論明德之
  序, 而必以格物致知爲先, 然後得所以明義之端, 旣而觀夫二者之功, 一動一
  靜, 交相爲用. 又有合乎周子太極之論, 然後知天下之理, 幽明鉅細遠近淺深,
  無不貫乎一者. 樂而玩之, 足以終吾身而不厭, 又何暇夫外慕哉."(附註)

46) 『心經附註』, 「易 : 敬以直內章」, "(伊川先生)又曰 : 主一之謂敬, 直內, 乃是主
  一之義, 至於不敢欺不敢慢, 尙不愧于屋漏, 皆是敬之事也. 但存此涵養久之,
  自然天理明."(原註)

47) 『心經附註』, 「易 : 敬以直內章」, "敬以直內, 是無纖毫私意, 胸中洞然徹下,
  表裏如一. 義以方外, 是見得是處, 決定不恁地, 截然方方正正, 須是自將去做
  工夫."(附註)

드러나고 있다고 할 수 있다.

한편 의에 대해서는 그 출발점이 사물의 이치, 옳고 그름을 분명히 가리는 일이며, 그 가림으로부터 자연히 과단성 있는 실천을 이루어내는 일로 이해하고 있다. 의에 대한 주자 이해의 본격적 출발점이 격물치지라는 점도 주목할 부분이다. 진리에 대한 과단성 있는 실천은 반드시 진리에 대한 면밀한 지적 탐구를 동반 혹은 선행해야 한다는 인식이 강하게 깔려 있다. 의는 격물치지와 더불어 옳은 곳에서는 결단코 이렇게 해야 하고 옳지 않은 곳에서는 결단코 이렇게 하지 않아야 함을 견득해서 절연히 방정하게 하는 일이다.48) 경과 의, 양자를 함께 잡아 지키면 하늘의 덕이 실현된다.49) 그런데 양자 중에서 더 요체가 되는 것은 '경이직내'이다. 마음 속으로부터 밖으로 드러나는 것이 순리이므로50) '경이직내'가 가장 긴요하고 절실한 공부가 된다.51) 따라서 정이천은 "경이 확립되어 안이 곧게 되고, 의가 드러나 밖이 방정하게 된다. 의는 밖으로 드러나는 것이지 밖에 있는 것은 아니다."52)고 하고, 주자는 "경이직내하면 곧 의이방외가 이루어지니 별도로 의가 있는 것이 아니다. 경을 거울에 비유한다면 의는 곧 비추어질 수 있는 것이다.53)"고 한다. 경은 聖學의 시작과 끝을 이루는 공부가 된다.54)

---

48) 『心經附註』, 「易 : 敬以直內章」, "敬以直內, 是無纖毫私意, 胸中洞然徹下, 表裏如一. 義以方外, 是見得是處, 決定不恁地, 截然方方正正, 須是自將去做工夫."(附註)

49) 『心經附註』, 「易 : 敬以直內章」, "(程子)又曰 : 敬義夾持, 直上達天德自此" ; "(朱子)又曰 : 敬義內外交相養, 夾定在這裏, 莫敎一箇有些走失. 如此則下不染於物欲, 只得上達天德也."(附註)

50) 『心經附註』, 「易 : 敬以直內章」, "程子曰 : 有諸中者, 必形諸外, 惟恐不直內內直則外必方."(附註)

51) 『心經附註』, 「易 : 敬以直內章」, "程子曰 : 切要之道, 無如敬以直內."(附註)

52) 『心經附註』, 「易 : 敬以直內章」, "伊川先生曰 : 敬立而內直, 義形而外方, 義形於外, 非在外也."(原註)

53) 『心經附註』, 「易 : 敬以直內章」, "朱子曰 : 敬以直內, 最是緊切工夫. 又曰 :

경의 실천방법론으로 흔히 거론되는 것이 程伊川이 말한 '主一無適'과 '整齊嚴肅', 謝上蔡가 말한 '常惺惺法', 尹和靖이 말한 '其心收斂不容一物'인데『심경부주』의 「易 : 敬以直內章」 역시 이 세 가지를 중심으로 설명하고 있다.[55] 마음을 전일하고 깨어있게 하며 몸가짐 역시 정숙하게 하라는 내용을 담고 있다.[56] 이와 같이 정리되는 경공부의 특징은 도가나 불가의 수양법과의 차이를 통해 보다 분명하게 드러난다.

학문은 다만 전일해야 한다. 수양가(도가)들이 무를 생각하여 유를 이루어내고, 석씨(불가)는 유를 생각하여 무를 이루어내니 이것도 전일함이다.……다만 저들은 오직 공적일 뿐이고 유가의 배움에는 허다한 도리가 있으니 이것을 투철하게 본다면 사물을 꿰뚫을 수 있고 고금을 통관할 수 있다.[57]

敬以直內, 便能義以方外, 非是別有箇義 敬譬如鏡, 義便是能照底."(附註)

54) 『心經附註』, 「易 : 敬以直內章」, "朱子曰 : 敬者聖學之所以成始成終者也." (附註)

55) 『心經附註』, 「易 : 敬以直內章」, "程子曰 : 主一之謂敬, 無適之謂一. 程子曰 : 整齊嚴肅, 則心自一, 一則無非僻之干矣" ; "(程子)又曰 : 嚴威儼恪, 非敬之道. 但致敬須從此入" ; "上蔡謝氏曰 : 敬是常惺惺法. 和靖尹氏曰 : 敬者其心收斂, 不容一物之謂."(附註)

56) 이 세 가지는 경에 대해 서로 다르게 표현하고 있지만, 마치 문이 셋인 방이 있을 때 셋 중 어느 문으로 들어가든지 방안으로 들어갈 수 있듯이 세 가지는 출발점은 달라도 결국 한 지점에서 만난다. 『心經附註』, 「易 : 敬以直內章」, "朱子曰 : 敬者聖學之所以成始成終者也. 觀程子謝氏尹氏數說, 足以知其用力之方矣. 或問三先生言敬之異. 曰 : 譬如此室四方皆入得, 若從一方入至此, 則三方入處, 皆在其中矣."(附註)

57) 『心經附註』, 「易 : 敬以直內章」, "(朱子)又曰 : 學問只要專一, 如修養家想無成有, 釋氏想有成無, 只是專一. 然他底難, 自家道理, 本來是有, 只要人去理會, 甚順且易. 又如莊子用志不分, 乃疑於神, 亦是如此敎人, 但他只是箇空寂. 儒者之學, 則有許多道理. 若看透徹, 可以貫事物, 可道洞古今."(附註)

근래에 벗들이 강론하는 것을 통해서 공부하는 자들의 병폐를 탐구해 보니 다만 본래 경을 지키는 공부가 결핍되어 일마다 지리멸렬하게 된 것이다. 그 경을 말하는 자도 다만 이 마음을 보존하면 자연히 理에 맞는다고 하여 容貌와 詞氣에 이르러서는 왕왕 전혀 공부를 가하지 않으니 설사 이렇게 보존했다고 하더라도 불가나 도가와 무엇이 다르겠는가? 하물며 마음과 생각이 거칠고 소홀하여 이와 같이 보존하지도 못함에랴. 정자가 경을 말씀할 때 반드시 整齊嚴肅과 의관을 바르게 하는 것(正衣冠), 보는 것을 바로하는 것(尊瞻視)을 우선으로 삼고, 또 다리를 뻗거나 걸터앉고서 마음이 태만하지 않은 자는 없다고 하시니, 이와 같아야 지극한 의논이 된다. 나는 先聖이 말씀한 극기복례에 대해 평소 강설할 때 ‘禮’자에 대해서는 매번 흔쾌하지 못해서 ‘理’자로 풀이한 뒤에서 그쳤는데, 이제야 나는 (극기복례 가르침의) 그 정미하고 치밀함이 일반사람의 생각이 미칠 수 없음을 알았다.[58]

주자는 우선 전일함을 추구함에 있어서는 유가와 불가, 도가가 마찬가지이지만, 불가와 도가의 수행은 空寂의 세계를 지향하고 있다면, 유가의 경공부는 사물의 수많은 진리를 지향하고 있다고 한다. 즉 도가나 불가의 수행은 현실을 넘어선 공허로의 초탈을 꿈꾸고 있다면, 유가의 경은 생생한 현실, 그 현실에서 세세한 진리를 대면하고 이루어내는 배움이라는 것이다. 다음으로 지적되는 차이점은 유가의 경공부는 容貌와 詞氣를 바르게 하는 일이나, 일상의 세세한 예와 분리됨

---

58) 『心經附註』, 「易 : 敬以直內章」, "(朱子)又曰 : 比因朋友講論, 深究學者之病, 只是合下欠却持敬工夫. 所以事事滅裂. 其言敬者, 又只說能存此心, 自然中理 至於容貌詞氣, 往往全不加功. 設使眞能如此存得, 亦與釋老何異. 又況心慮荒忽, 未必眞能如此存得邪. 程子言敬, 必以整齊嚴肅, 正衣冠尊瞻視爲先. 又言未有箕踞而心不慢者, 如此乃是至論. 而先聖說克己復禮, 尋常講說, 於禮字, 每不快意, 必訓作理字然後已. 今乃知其精微縝密, 非常情所能及耳." (附註)

이 없이 그 속에서 동시에 이루어지는 반면에, 불가나 도가의 수행은 단지 마음의 보존에만 집중한다는 것이다. 경은 일상적 생활로부터 벗어난 시간과 공간에서 따로 이루어지는 공부가 아닌, 철저하게 일상의 삶으로 스며들어 일상의 수많은 예의 실천과 함께, 그리고 그것을 통해서 이루어지는 공부라는 것이다. 주자는, 스스로의 공부 경험을 돌이켜 보면서, 이전에는 예가 너무 시시하게 느껴져 예를 리로 해석하며 지적만족을 얻곤 했는데, 오랜 시간이 지나서야 공자를 비롯한 선학들이 예를 말한 의미를 알겠다고 고백한다. 예는 매우 사소하고 번잡하기만 한듯해서 특히 지적 욕구가 왕성한 젊은 혈기로는 소홀히 여기기 쉽지만, 자기완성을 향한 배움의 길을 진지하게 밟아가다 보면 언젠가는 그 진가를 알게 된다. 따라서 주자는 경에 대해서도 결국 예의 실천과 긴밀하게 연관하여 설명하는 것이다. 정이천과 주자의 이해에 따르면 경과 예는 별개가 아니며 모든 예는 결국 경으로 모아진다고 할 수 있다.59)

「易 : 敬以直內章」 외에도 『심경부주』의 모든 장에서 경공부 논의는 직간접적으로 스며들어 있다. "경은 성학의 처음과 끝을 이룬다(敬者, 聖學之所以成始成終者也)"는 주자의 입장이 관철이 된 것으로 보아도 좋다. 『심경부주』의 모든 장 중에서 특히 경과 관련하여 주목되는 내용들을 꼽아 보면 다음과 같다.

「詩 : 上帝臨女章」 상제를 대면하는 심정으로 두 마음을 품지 않고 근심하지도 않는다.

---

59) 『心經附註』, 「論語 : 予絶四章」, "程子曰 : 敬卽是禮, 無己可克, 始則須絶四" ; 「論語 : 顔淵問仁章」, "(朱子)曰 : 人受天地之中以生, 而仁義禮智之性, 具於其心. 仁雖專主於愛, 而實心體之全德, 禮則專主於敬, 而實天理之節文也."(附註)

「詩 : 視爾友君子章」 방 귀퉁이와 같이 드러나지 않는 곳이라 해도 나를 보는 이가 있는 듯이 한 치의 부끄러움이 없게 한다.

「易 : 閑邪存誠章」 邪는 다만 人欲이나 惡만을 말하는 것이 아니라 생각이 두 갈래 이상 산만하게 움직이는 상태를 포괄하는 것이다. 邪를 막는다는 것은 별개의 공부가 아니라 용모를 바르게 하고 사려를 정돈하는 경공부에 다름 아니다.

「易 : 懲忿窒慾章」 사람의 감정 중에서 번개처럼 폭발하여 제재하기 어려운 노여움, 사람을 해치는 주범인 그릇된 욕심과 욕망을 특별히 주의깊게 다스린다.

「論語 : 予絶四章」 자신의 사사로운 생각을 고집하거나 거기에 집착하지 않은 공적 마음을 이룬다. 이는 경을 통해 가능하니, 경하면 곧 예가 실현되고 사사로운 욕망이 없어진다.

「論語 : 顔淵問仁章」 예는 경을 위주로 한다(禮專主於敬).

「論語 : 仲弓問仁章」 공자가 말한 큰 손님을 뵙듯이 하고 큰 제사를 받들듯이 하는 것이 敬이다. 敬으로 스스로를 지키고 恕로 남에게 미치면 私意가 자리할 곳이 없어서 마음의 덕(仁)이 온전해 진다. 안연에게 가르쳐 준 克己復禮가 한번 약을 복용하여 병을 타파하는 것이라면, 중궁에게 가르쳐준 主敬行恕는 차츰 약을 복용하여 병이 사라지게 하는 것에 비유된다.

「中庸 : 天命之謂性章」 도는 잠시도 떠날 수 없으므로 늘 戒愼恐懼하며 愼獨한다. 마음의 미발과 이발시 敬으로 存養하고 省察한다.

「中庸 : 詩云潛雖伏矣章」 보통사람이 군자에게 미칠 수 없는 점은 사

람들이 보지 않는 곳―자신의 마음이나 홀로있는 공간―에서도 부
끄러움이 없는 것이다.

「大學 : 誠意章」 남이 알지 못하고 자신만 홀로 아는 곳에서 삼가며,
자신을 속이지 않는다. 자신을 속인다는 것은, 마치 순도가 낮은 금
과 같이, 선을 해야 한다는 것을 알면서도 100% 행하지 못하고, 악
을 해서는 안된다는 것을 알면서도 완전히 버리지 못하는 것을 말
한다.

「大學 : 正心章」 여러 감정과 생각에 휘둘리지 않고 마음을 보존한다.
그리하여 마음이 주재성을 갖추게 되면 마음은 虛한 동시에 (안에
욕심이나 邪가 싹트지 않는) 實한 상태(외물의 유혹에 이끌리고 얽
매이지 않는)가 된다. 이는 경으로써 가능하다.

「禮記 : 禮樂不可斯須去身章」 中心이 잠시라도 和樂하지 않으면 鄙
詐(비루하고 속임)한 마음이 들어오고, 외모가 잠시라도 莊敬하지
않으면 易慢(함부로 하고 태만함)한 마음이 들어오게 되므로, 예와
악이 잠시라도 몸에서 떠나지 않도록 한다.

「禮記 : 君子反情和志章」 간사한 소리와 어지러운 색, 음탕한 음악과
사특한 예를 마음에 품지 않고, 태만하고 사벽한 기운을 몸에 지니
지 않는 등 이목구비와 마음지각 및 온 몸(心知百體)으로 하여금
순리에 따라 의를 행하도록 한다.

「禮記 : 君子樂得其道章」 군자는 도를 즐긴다. 예를 삼가 지키는 것이
수고롭고 괴로운 것이 아니라 편안하고 즐거운 일이다. 오히려 욕
망을 쫓는 것이 수고롭고 괴로운 일이다.

「孟子 : 人皆有不忍人之心章」 공자가 말한 言忠信, 行篤敬, 居處恭,

執事敬, 四勿(非禮勿視, 非禮勿聽, 非禮勿言, 非禮勿動), 三戒(戒之在色, 戒之在鬪, 戒之在得), 四絶(毋意, 毋必, 毋固, 無我)은 모두 방심을 거두고 마음을 보존하고 바루는 공부이다.

「孟子 : 牛山之木章」 사려분란이 사람들의 공통된 병으로 마음을 잡는 방법은 敬일뿐이다. 敬은 聖門의 第一義로서 한순간도 단절되어서는 안된다. 放心을 수습하지 않으면 博學, 審問, 明辯, 篤行 등 여타 공부는 불가능하다. 敬은 마음의 動과 靜을 관통하되 靜을 근본으로 삼는다. 정좌 공부도 긴요하다.

「孟子 : 鈞是人也章」 大體를 따르는 자는 大人이고 小體를 따르는 자는 小人이다. 큰 것을 먼저 세우라고 하였으니, 이는 곧 자기 마음을 우뚝 세우는 것이고 이것이 敬以直內이다.

「周子 : 養心說」 마음을 기르는 데는 에고적 욕심(욕망)을 적게 하는데 그치지 않고 無化시키는데 이르러야 誠과 聖의 경지에 이를 수 있다.

「周子 : 聖可學章」 성인이 되는 배움은 존재하며 그 요체는 一과 無欲에 있다. 그런데 주염계의 一, 無欲 같은 화두가 너무 높아서 이천이 경을 드러내어 사람들의 배움이 착수할 곳이 있도록 했다.

「程子 : 視聽言動四箴」 視·聽·言·動 네 가지는 몸의 작용이니, 밖(몸)을 제약함이 안(마음)을 기르는 방법이다.

「范氏 : 心箴」 드넓은 우주에서 낟알 같은 존재인 사람이 三才가 됨은 마음 때문이다. 마음은 한 몸의 주인으로서 하나이지 둘이 아니며, 주체이지 객체가 아니며, 사물에 명령을 내리지 사물에 의해 명령을 받지 않는다.

「朱子 : 敬齋箴」 경은 動靜, 表裏를 관통하여, 모든 시공간적 상황에서 작용해야 한다. 잠시의 間斷이 있더라도 사욕이 온갖 실마리를 타고 일어나서 마음이 불 없이도 뜨거워지고 얼음 없이도 차가워진다. 털끝만큼의 착오가 있게 되어도 하늘과 땅이 뒤바뀌고 모든 법도가 무너진다.

이상의 예를 통해서 우리는 주자학에서 강조되는 경의 의미 및 이미지를 보다 풍부하게 확인할 수 있다. 관행에 따라 경을 단지 '주일무적', '정제엄숙', '상성성법', '기심수렴불용일물' 등의 명제에만 초점을 맞추어 이해하는 것은, 약간의 편리함을 주기는 하지만 자칫 경의 다양하고 역동적인 의미를 놓칠 수 있는 위험도 있음을 알게 된다. 경은 궁극적으로 모든 예의 수렴처이며, 상제를 대면하는 경건한 종교적 태도이며, 예·악과 더불어 마음의 莊敬함과 和樂함을 동시에 갖춘 태도이며, 소체가 아닌 대체를 따라 마음의 주인을 세우는 태도이며, 에고적 욕망으로부터 자유로운 태도이며, 진리의 길 위에서 삼가고 또 삼가며 감히 방심하지 않는 태도이다.

이제 『심경부주』에서 드러나는, 배움의 방법에 관한 주자학의 입장을 정리할 시점이 되었다. 주자학에서는 '대중지정'한 배움의 방법을 갈구해 왔으며, 그것은 존덕성과 도문학, 박문과 약례, 지와 행이 서로 조화롭게 相發하는 방법이었다. 그런데 실제로 공부과정에서 나타나는 병폐의 큰 부분은 근본을 망각하고 말만 무성한 배움(口耳之學), 즉 존덕성의 근간이 무너진 방향 잃은 도문학의 풍토였다. 따라서 『심경부주』는 이러한 병폐를 의식하며 존덕성의 근본으로서의 위상을 다시 굳건하게 자리매김하고자 했다.[60] 존덕성의 기반 위에 있는 도문학의

---

60) 퇴계는 『心經附註』 말편의 내용이 존덕성 중심으로 이루어진 것이 이러한 이유 때문이라고 한다. 『心經附註』, 「心經後論」(退溪), "及其每讀至篇末也, 又未嘗不致疑於其間, 以爲吳氏之爲此說也何見, 篁墩之取此條也何意. 其無乃

존재 의미는 여전히 심대함은 물론이다. 나아가 존덕성의 중심에는 경이 있는데, 경이야말로 배움의 출발점이며 근본 중의 근본이다. 경은 예로, 그리고 인으로 자연스럽게 이어져 있다. 정민정은『심경부주』를 마감하는 자리에서 배움의 방법에 대해 다음과 같이 총체적인 묘사를 하고 있다.

> 배우는 사람은 이에 마음을 통렬히 지키고 뼈를 깎으며 주자를 스승으로 삼아, 경을 도에 들어가는 요법으로 삼아 방심을 구하고, 존덕성하면서 도문학으로 보충하되, 역행을 먼저 하고 다잡아 지키는 것을 견고히 하면 공허한 것이 평실한 데로 돌아가고, 비근한 것이 고명한 데에 이르게 될 것이니, 그러면 성문의 全體大用의 학문이 거의 이루어질 것이며, 이 경전에 추려 모은 것들이 또한 헛된 말이 되지 않을 것이다. 뜻 있는 선비들이 서로 격려하여 힘쓰기를 바란다.[61]

경을 근간으로, 그리고 존덕성을 중심으로 도문학을 조화하는 배움의 방법론은, 주자학의 배움의 본질이 심학에 있다는 점을 다시 한번 확인해 준다. 경, 존덕성은 물론이고 만물의 이치를 탐구하는 지공부로서의 도문학도 결국 심학의 성격을 지닌다. 배움의 모든 것은 본래의 마음을 찾아가는 과정이다.

有欲率天下歸陸氏之意歟. 既而又自解, 以爲朱子之學, 大中至正, 無墮於一偏之弊矣, 猶自謂有浮泛之失, 力戒門人以收斂著實工夫, 自今而遡求之, 其從遊之士, 私淑之徒, 或未能深體此意, 流而爲口耳之習者不少. 二公生於其後, 而任斯道抹流弊之意切, 不得已而爲此言, 是亦朱子之意耳. 亦何傷之有哉."
61)『心經附註』,「朱子 : 尊德性齋銘」, "學者於此痛心刻骨, 以朱子爲師, 以敬爲入道之要, 求放心尊德性而輔之以學問, 先之以力行, 堅之以持守, 俾空虛者反就乎平實, 卑近者上達于高明, 則聖門全體大用之學, 或庶幾焉. 而此經所摭, 亦不爲空言矣. 有志之士, 願相與勉之."(附註)

5. 맺는 말

『심경부주』를 통해서 확인한 주자학적 배움의 성격에 대해, 그 주요 사항을 정리해 보면 다음과 같다. ① 주자학에서 '배움'의 문제는 가장 핵심적인 학적 관심사이다. 주자학과 육왕학도 결국 배움의 방법론의 차이에 의해 구분된다. ② 주자학에서의 배움은 근본적으로 '心學'의 성격을 지닌다. 특히 道心이 주재하는 道心化된 삶을 지향하고 있으며 도심화된 삶이란 仁의 본성이 활짝 피어나는 삶이다. 仁의 본성의 실현은 일상적 禮와 義의 실천이나, 智의 발현과 별개의 과정이 아니라 그와 더불어 그 속에서 이루어지는 것이다. 같은 맥락에서 인의 본성을 실현하는 과정은 곧 敬과 知와 行의 공부 실천과 별개의 과정이 아니다. ③ 주자학의 배움에서는 우선 배움의 뜻을 세우는 일이 중시된다. 그 뜻이란 철저한 진리의 삶, 성인경지의 삶을 살겠다는 뜻이다. 善과 不善, 진리와 비진리를 통찰하는 지혜, 불선과 비진리를 과감히 잘라내어 반복하지 않는 의로움, 잘못을 하더라도 멀리가지 않고 다시 돌아와 선과 진리를 향해 묵묵히 전진하는 치열한 의지와 열정이 필요하다. ④ 주자학의 심학적 배움은 尊德性과 道問學, 博文과 約禮의 조화, 즉 知工夫와 行工夫가 병행하며 서로를 밝혀주는 긴밀한 조화의 방법을 취한다. 그러면서도 존덕성, 약례와 같은 행공부가 보다 근본적인 토대를 이루어야 한다는 인식이 있다. 존덕성을 근간으로 하되 양 측면의 균형적 조화를 꾀한다는 점에서 주자학의 심학적 배움은 육왕학의 심학적 배움과 차이가 있다. ⑤ 주자학의 배움의 근간이 되는 존덕성, 약례에는 도문학으로 밝혀진 진리를 삶 속에 체화시키는 의리와 예의 치열한 실천과정이 폭넓게 포함되지만, 그것은 결국 敬으로 모아진다. 경은 일상에서의 세세한 예들과 더불어 그 속에 함께 스며들어서 이루어진다. 경과 예는 별개의 것이 아니고 예의 핵심이 경이다. ⑥

주자학의 경은 전일하고 깨어있는 마음가짐, 도를 벗어나지 않도록 삼가고 또 삼가는 마음가짐, 신독하는 마음가짐, 그리고 정제된 몸가짐을 가꾸고 유지하는 것을 주요 내용으로 한다. 그러나 그것은 일상의 삶과 동떨어져 이루어지는 별개의 공부가 아니라, 일상사 속에서 이루어지는 공부이다. 마음이 고요할 때나 움직일 때, 일이 없을 때나 일이 있을 때, 내면과 외면을 막론하고 언제 어디서나 갖추어야 할 삶의 기본 태도이다.

이상에서 정리한 바처럼 『심경부주』를 통해 우리는 주자학에서는 배움의 문제가 핵심적인 학적 관심사로서 육왕학과의 구분 준거가 된다는 점, 배움은 도심 혹은 인의 본성 실현을 정점으로 하여 경과 예와 의와 지의 실천 공부가 결국 하나로 어우러진 심학적 성격을 지닌다는 점, 배움의 방법은 경 및 존덕성을 근간으로 하여 도문학이 조화를 이루는 방식으로 정리되어 왔다는 점을 확인했다. 인간 본성 자체로서의 인이 예로, 예가 경으로, 경이 인으로 이어지며, 또 여기에 지와 행이 함께 녹아드는 심학적 배움의 통합성과 역동성을 『심경부주』는 어느 자료보다 잘 보여주었다.

조선주자학은 『심경부주』의 영향을 크게 받으면서 심학적 견지에서 주자학을 재해석하는 경향이 강했다. 조선주자학을 우뚝 세운 퇴계의 학문의 큰 축이 『심경부주』에서 비롯되었고, 『심경부주』를 사상적 토대로 한 퇴계의 심학적 주자학은 이후 조선 지성계의 흐름을 결정지었다. 이는 조선시대의 지성계에 육왕학이 득세하지 못했던 원인의 하나가 되기도 한다. 조선주자학은 굳이 주자학 외에 새로운 심학을 필요로 하지 않았다. 이미 '대중지정'한 주자학적 심학을 갖추었다고 신뢰하는 마당에, '균형 잃고 편협한' 것으로 이해되는 상산학적, 양명학적 심학에 집착할 이유가 없었던 것이다.[62] 도문학의 독립적 존재가치를 인정하지 않고 지리한 것으로 내치면서 다만 우주적 마음을 즉각 현실화하는 존덕성의 일에만 집중하는, 그러면서 경공부의 존재의미 및 역할 역시 자각하지 못하는 육왕학적인 방법은 균형을 잃은 방법이며, 따라서 도심 및 인의예지의 본성을 실현하는 삶으로 이끄는 배움의 방법이 되기에는 부족하다고 본 것이다. 최소한 퇴계의 「심경후론」에는 이런 믿음이 깔려 있음을 앞에서 살펴 보았다. 조선시대의 교육사는 이러한 주자학적 심학의 기초 위에서 전개되었다.

주자학의 심학적 배움의 양식은 현대 교육의 배움 문제를 바라보는 데 중요한 시사점을 던져준다. 우선 배움의 본질이 우주적 본성을 내함한 마음을 일깨우고 실현하는 일이라는 점은, 배움의 문제를 주로 외부지향적이고 형이하학적으로 바라보는 현대 풍토를 반성케 한다. 특히 외부 사물에 대한 지적 공부까지 궁극적으로 마음 실현의 일로 귀속시키는 사유는 현대 교육의 전부라고도 할 수 있는 지식교육의 성격과 방향에 대해 숙고할 점을 제기한다. 더욱이 주자학의 심학적 배움의 실제에서 가장 근간을 이루는 경 및 존덕성 공부의 측면은, 그것이 현대적 배움의 영역으로부터 아예 밀려나서 교육위기의 원인의 하나로 작용하고 있는 점을 감안하여, 그 복권을 시급히 이루어야 할 것으로 보인다. 지식공부의 저편에, 혹은 그 이면에 경 및 존덕성 공부가 보완되는 교육이 긴요하다. 또한 배움의 뜻과 동기 및 의지를 높고 강하게 이끌어내는 교육전통, 사소한 일상의 실천(예 등)을 배움의 최고의 계기로 승화시키는 전통 등은 시대를 초월하는 교육적 의미를 지닌다. 이미 이러한 배움을 지향한 역사적 경험을 지닌 우리는 그 믿음직스러운 교육사적 기반을 충실히 활용할 필요가 있다.

---

62) 이러한 인식의 정당성을 따지는 일은 현대 학계의 연구 주제가 될 수 있다. 특히 주자학과 양명학을 포함한 신유학의 공부론의 지혜를 현대교육학이론 속으로 비판적으로 계승해 내려고 한다면 꼭 따져 볼 일이다.

17세기 조선의 經學과 經世學*

조 성 을

1. 序言

16세기 조선에서는 '朝鮮性理學'이 成立되었다. 조선성리학이란 朝鮮朱子學 외에 화담 서경덕 계통의 성리학까지 포함한다. 조선주자학은 기본적으로 주자학에 토대하면서 조선적 특색이 가미된 주자학을 의미하며, 조선주자학에는 크게 보아 영남학파(퇴계 이황을 계승한 퇴계학파)와 기호학파(율곡 이이를 계승한 율곡학파)의 두 계통이 있다. 그리고 서경덕의 성리학은 北宋 장횡거, 소강절의 계통의 학문으로서, 주자학이 理氣二元論的 성격을 띠는 데 비하여 唯氣論的 혹은 氣一元論的 성격을 띠는 것으로 생각된다. 서경덕 계열의 성리학자들은 지역적으로는 대체로 기호지역에 분포하였지만 단지 '화담학파'라고만 하는 것이 좋겠다. 율곡학파와 혼동될 염려가 있기 때문이다.

17세기 조선에서는 16세기 이황, 이이, 서경덕 등에 의하여 성립된 朝鮮性理學에 기초하면서 유교 경전 연구가 보다 심화되고 있었으며, 이러한 經學의 深化와 더불어 새롭게 經世學이 전개되어 가고 있었다. 이 당시의 경세학은 임진왜란과 병자호란이라는 양란의 폐허와 급격한 사회변동의 진행이라는 17세기 조선의 상황 속에서 어떻게 사

---

* 이 논문은 『유교문화연구』 11(2007. 2)에 실었던 것을 재수록한 것이다.

회·경제적 모순 및 정치적 문제를 해결하고 국가를 재건해 나아갈 것
인가를 기본적 문제의식으로 공유하고 있었다.[1]

이 17세기 가운데에서도 본고는 대략 전반기를 다루고자 한다. 이
시기는 조선주자학의 성숙기이며, 동시에 조선성리학의 태내에서 근본
적 변혁 지향으로서의 實學이 발생하는 때이기도 하다. 따라서 조선성
리학과 실학의 관계를 이해하기 위해서는 이 시기에 대한 검토가 필수
적이다. 또한 이 시기에는 기존의 질서를 그대로 유지하는 보수적인
입장에서 사회변동에 대응하는 대응책(조세제도 운영의 개선론) 및 집

---

1) 이런 각도에서의 대표적 연구로는 다음의 저서가 있다.
金駿錫, 『朝鮮後期政治思想史研究 - 國家再造論의 擡頭와 展開 - 』,지식산
업사, 2003. 위 저서는 우리 중세사회의 해체를 농민적 길과 지주적 길의 두
방향으로 나누어 보는 이론적 입장에 기초하여 조선후기 실학을 농민적 길에
따른 개혁론으로 보면서, 17세기 國家再造論을 '南人 古典儒學派의 社會·
政治改革論'(許穆, 柳馨遠 : 實學)과 '老論 正統朱子學派의 社會·政治運營
改善論'(宋時烈, 韓元震)으로 나누어 살폈다. 본론에서는 少論系 朴世堂과
鄭齊斗의 사상을 살폈는데 대체로 '南人 古典儒學派'와 성격을 같이 하는 것
으로 이해하였다. 이렇게 17세기 조선의 사상적 지형을 나누어 살피는 것에
대하여 큰 틀에서는 동의하지만 허목을 남인계의 사회·정치개혁론(실학)의
범주에 넣는 것에 대하여는 견해를 달리한다. 허목의 사회사상은 제도개혁론
이 아니라 당시의 제도를 그대로 인정한 위에서의 단순한 운영개선론에 그치
는 매우 보수적인 성격의 것이기 때문이다. 그리고 송시열, 한원진의 사회사
상을 정치운영개선론이라고 한 것에 대하여도 견해를 달리 한다. 이들은 당
시의 지주전호제는 일단 그대로 인정하는 입장을 취하지만, 조세제도에 대하
여는 상당히 적극적으로 개혁할 것을 주장하였다. 따라서 그들을 단순히 제
도에 대한 운영개선론자라고 볼 수는 없다. 아울러 조선성리학은 크게 볼 때,
理氣 心性論 같은 철학적 문제만이 아니라 이와 논리적 연결 관계를 상당부
분 상정할 수 있는 禮論, 사회사상(토지론, 조세제도론, 정치제도론, 인사제도
론, 교육론, 상공업론 등)까지 포함하는 것으로 보고자 한다. 사회사상 전체의
성격을 이해하기 위해서는 이런 분야 모두를 살펴야 하지만, 필자의 공부가
매우 제한되어 있어서 잠정적으로 본고에서는 단지 예론 및 조세제도와 토지
론에 대하여만 고찰하였다. 앞으로 모든 분야로 확대하여 검토하고 고찰의
대상 인물도 더욱 확대하여야 보다 설득력 있는 논의가 될 수 있을 것이다.

권층 입장에서의 온건개혁론(조세제도 개혁론)의 방향이 정립되고 있었다.[2]

이런 세 가지 입장의 경세론은 유교 경전에 대한 이해 방식과 관련되는 것으로 이해되어 왔다. 연구사의 초기 단계에서는 16세기 율곡 이이의 主氣的 조선주자학을 실학의 사상적 토대로 보는 견해가 강하였다.[3] 그러나 근자에는 계보 상으로 볼 때 오히려 기호남인계 실학자들이 퇴계 이황의 主理的 朝鮮朱子學과 연결되는 점에서 主理的 경

---

2) 이렇게 당시 사회변동에 따른 모순의 해결 방식에는 매우 보수적인 조세제도의 운영개선론, 중도보수적인 조세제도 개혁론, 보다 근본적인 토지제도 개혁론의 세 흐름이 있었다. 남인계 허목 및 서인계 金長生·金集은 첫 번째 범주, 송시열·한원진은 두 번째 범주, 유형원은 세 번째 범주에 속한다고 볼 수 있다. 즉 남인 내에는 아주 보수적인 흐름과 진보적인 흐름이 공존하고 있었다고 하겠다. 서인은 처음 김장생·김집 단계에서는 조세제도의 운영개선론에 머물렀으나 나중에 송시열 단계에 와서는 조세제도 개혁론 단계에까지 진전하였다. 이것은 서인 산림계에서 서인 漢黨(金堉)의 견해를 수용한 것이라고 할 수 있으며, 이런 조세제도 개혁론은 大同法의 확대와 均役法의 실시로 귀결되었다. 소론계 박세당과 정제두는 대체로 세 번째 범주에 속한다고 할 수 있다. 한편 16세기 조선에는 조선성리학 외에 명나라로부터 수입된 양명학도 존재하였다. 이것은 수용과 동시에 이황을 비롯한 조선주자학자들에게 강하게 비판되어 제대로 발전되지 못하였으나 17세기에 들어서서도 끊어지지 않고 여전히 사상계의 일부에 이어져서 17세기 중반 이후 새로운 경학의 전개와 연결되면서 실학적 경세학을 발전시켰다. 양명학의 계승 문제, 그리고 16세기 후반 이후 서경덕 사상의 흐름과 계승 문제에 대하여는 「17세기 조선실학의 발생과 발전」이라는 주제로 별도의 논문을 작성할 때 한백겸, 유형원, 윤휴, 박세당을 다루면서 언급하기로 한다. 따라서 본고에서는 이들에 대하여는 검토하지 않기로 한다. 아울러 남명 조식의 학파에 대하여도 조선성리학에서의 남명 조식의 위치, 내암 정인홍, 김우옹 등과 그 이후 전개과정(퇴계학파로의 전화 과정 및 그 속에서의 독자성 유지 여부, 그리고 정치적 의미 등)을 다룰 필요가 있지만 이에 대하여는 필자가 아직 공부가 전혀 되어 있지 않다.

3) 尹絲淳, 「栗谷思想의 실학적 성격(상)」, 『한국사상』 11, 1974 ; 윤사순, 「실학사상의 철학적 성격」, 『아세아연구』 56, 1976.

향을 실학의 사상적 토대로 한 것으로 이해하려는 경향도 나타났다.[4) 또 율곡학파 내에서 상대적으로 주리적 경향을 갖는 낙론계를 계보적으로 18세기 후반의 북학파 실학과 연결시키기도 하였다.[5) 그러나 조선시대에 학통 정립은 현실을 반영하기도 하지만, 후대에 정치적 목적에 의하여 만들어진 측면도 없지 않다.

본고에서는 17세기 전반기 조선의 유교사상계를 영남학파(정구, 허목), 기호학파(김장생, 송시열)로 나누어 이들이 펼친 經學과 經世學의 세계를 각각 살펴보고, 나아가 경세학과 경학의 관련 양상에 대하여 생각해보기로 한다.[6) 經學 검토에서는 禮學의 문제가 아울러 고찰될 것이다. 이 시기는 성리학이 그 이념을 사회 속에 구체적으로 실현하기 위한 방도로서 禮學이 발전하였고, 예학의 입장은 경세학의 입장과 관련되어 있었기 때문이다.[7) 결어에서는 이런 본론의 논의를 다시 간략히 정리한 다음, 이들 흐름의 사상사적 위치, 실학과 조선성리학과의 관련 양상, 경세학과 경학의 논리적 연관 관계 문제, 조선시대 학통의 의미 등에 대하여 생각해 보기로 한다.

---

4) 李佑成, 「初期實學과 性理學과의 關係」, 『東方學志』 58, 1988. 위 논문 외에 유형원의 理氣論과 개혁사상의 관계에 대하여는 다음의 논문이 참고된다. 정도원, 「반계 유형원 실학의 철학적 기저 : 物之理의 主宰性과 以田爲本」, 『한국의 사상과 문화』 7, 2000.

5) 劉奉學, 「北學思想의 형성과 그 성격」, 『韓國史論』 8, 서울대 국사학과, 1982.

6) 본고의 검토 대상이 되는 정구, 허목, 김장생, 송시열 등이 체계적으로 경세학을 수립하였다고 보기는 어렵지만 본고에서는 잠정적으로 경세학이라는 용어를 사용하였다. 다만 송시열은 비교적 치밀한 경세론을 갖고 있었다고 생각된다.

7) 조선시대 예학에 대하여는 다음과 같은 선구적 연구가 있다.
黃元九, 「이조 예학의 형성과정」, 『동방학지』 6, 1963 ; 황원구, 「기해복재론 안시말」, 『연세논총』(사회과학편), 1963. 한편 조선후기 禮訟과 정치사의 관계를 전반적으로 이해하는 데에는 다음의 저서가 도움이 된다. 李迎春, 『조선후기 왕위계승 연구』, 집문당, 1998.

2. 嶺南學派

1) 鄭逑(1543~1620)

鄭逑는 1543년(中宗 38)에 출생하여 1620년(光海 12) 타계하였다. 조부는 鄭應詳이고 부친은 鄭思中이다. 정구의 활동 기간은 대체로 16세기 후반과 17세기 초라고 할 수 있다. 그는 일반적으로 퇴계 이황을 따르는 영남학파 예학의 거장으로서 기호학파 예학의 대가 金長生과 더불어 당시 禮學의 측면에서 쌍벽을 이루었고, 퇴계 이황의 학문을 許穆을 통하여 畿湖南人에게 전해 준 인물로 이해되고 있다.[8]

---

8) 본고에서는 정구에 대한 연구의 자료로서 『寒岡先生文集』(민족문화추진회 영인본 한국문집총간 53) 및 『한강선생문집』(경인문화사 영인본, 제목은 한강 선생문집이라고 되어 있으나 이 영인본은 全書의 성격을 띰)을 이용하였다. 정구에 대한 기존의 연구로는 다음의 논문이 있다.
丁淳睦, 「寒岡 鄭逑의 敎學思想」, 『韓國의 哲學』 13, 1985 ; 徐首生, 「寒岡 鄭逑의 禮學」, 『韓國의 哲學』 13, 1985 ; 崔丞灝, 「寒岡의 持敬論」, 『韓國의 哲學』 13, 1985 ; 金恒洙, 「寒岡 鄭逑의 學問과 歷代紀年」, 『韓國學報』 45, 1986 ; 李相弼, 「寒岡의 學問性向과 文學」, 『南冥學硏究』 創刊號, 1991 ; 琴章泰, 「寒岡 鄭逑의 禮學思想」, 『儒敎思想硏究』 4·5, 1992 ; 高英津, 「鄭逑의 五先生禮說分類」, 『朝鮮中期禮學思想史』(4장 3절), 한길사, 1995 ; 琴章泰, 「寒岡 鄭逑의 思想」, 『退溪學派의 思想(1)』, 集文堂, 1996.
위 논문들 가운데 고영진의 연구는, 정구가 이황의 예설을 계승하여 남인 예학을 성립시켰으며 허목의 근기남인들의 예학에 영향을 주었고 고례에 관심을 두어 王禮와 士禮의 구별을 강조했다고 하는 기존의 통설에 대하여 의문을 제기했다는 점에서 주목된다. 본고에서는 영남남인 가운데 고찰 대상으로서 정구와 허목을 선택하였다. 이들이 영남남인을 대표할 수 있는지에 대하여는 의문이 제기될 수 있다. 특히 허목에 대하여는 더욱 그러하다. 그러나 본고는 이들이 퇴계 이황의 학문과 기호남인계 실학을 연결시키는데 흔히 언급되므로 이를 비판하기 위해 일부러 이들을 선택하였다. 즉 이들에게서 영남남인으로서의 성격을 부각시키기 위한 의도에서였다. 영남남인을 대표할 수 있는 다른 학자들에 대한 고찰은 「조선후기 영남남인의 경학과 경세학」이라는 별도의 논문에서 다루기로 한다.

그는 학문의 기초를 주자학에 두었고 이 주자학을 제일 잘 계승한 것은 이황이라고 보는 道統觀을 갖고 있었다. 하지만 四端七情, 理氣心性 등과 같은 문제에 대하여 그는 별로 자신의 견해를 남기지 않았으며 현존 단편적 자료로는 다음과 같은 언급이 있다.

> 金君 而靜이 "천지의 性과 기질의 性은 각기 위주로 하는 바가 있다. 理를 위주로 말한 것과 기를 위주로 말한 것이 있으므로 뒤섞어 말해서는 안 된다. 물에 비유하면 천지의 성은 시내의 흘러가는 물이고 기질의 성은 그릇에 담겨 있는 물이다"라고 하였다. 崔君 季昇은 "천지의 성과 기질의 성을 지나치게 분멸하는 것은 불가하다. 性을 말하면 이미 기질 가운데 있게 된다. 천지의 성의 性 자는 애초 분별이 없고 단지 주리와 주기의 구별이 있을 따름이다"라고 하였다. 이 두 가지 설의 가운데 최군의 설이 옳다.[9]

위의 언급에 따르면 정구는 이황의 理氣互發說이 아니라, 오히려 율곡 이이의 氣發理乘一途說에 기울고 있다는 인상을 준다. 정구는 영남학파에 속하면서도 바로 이런 입장을 가졌으므로 四端七情, 理氣心性 등과 같은 문제에 상세한 언급을 피한 것이 아닌가 여겨지기도 한다. 이런 점에서 보면 조선시대 당시 학파 또는 학맥에 대한 논의는 다분히 당시의 정치적 상황과 연관되는 것으로 생각해야 할 것이다. 사실 정구가 이황의 제자라고는 하지만 그가 이황에게서 직접 지도받은 것은 매우 적다.[10]

---

9) 『한강선생문집』 권7, 9b~10a, "金君而靜曰 天地之性 氣質之性 各有所主 有主理而言者 有主氣而言者 不可滾同說也 譬諸水 焉 天地之性 川流之水也 氣質之性 貯器之水也 崔君季昇曰 天地氣質之性 不可太分別 纔說性時 已墮在氣質中 天地之性性字 初無分別 但有主理與主氣之別耳 此兩說是否如何 崔說是."

10) 정구가 이황의 학문과 전혀 관계가 없는 것은 아니다. 그는 心經에 깊은 관심

한편 정구는 禮學의 측면에서 이황의 지도를 두 차례 받았다. 21세 때에 이황을 직접 만나본 뒤, 편지로 예학에 대하여 질문하였으며 26세 때에도 이황에게 편지를 보내어 祭服·祭酒·神主 등의 문제에 대하여 여쭈었다. 이황의 예학이 정구에게 미친 영향은 「退溪喪祭禮問答」을 통하여 알아 볼 수 있으며, 「答問」을 보면 정구는 예학에 대하여 제자에게서 질문을 받을 때 이황의 예설을 근거로 대답한 경우가 많다.[11] 하지만 그가 이황에게서 배운 예설은 대체로 私家禮(사대부의 예)에 관한 것이었다.[12]

왕실의 禮에 대하여는 이황에게 미처 질문하지 못하였다. 그러나 이후 정구는 왕실의 예에도 관심을 갖게 되었으며 정구의 禮說이 전체적으로 정리된 『五先生禮說分類』에서는 왕실(천자·제후)의 禮와 사대부의 禮를 구별하였다. 왕실의 예와 사대부의 예를 분리하여 보려는 점에서 정구의 예설은 허목, 윤휴 등 다른 남인 학자의 예설과 일치한다. 그러나 왕실의 예와 사대부의 예를 분리하는 것은 이황의 영향이 아니라 정구 자신의 독자적인 연구에 의한 것으로 볼 수 있다.[13]

을 가졌으며 敬을 중시하는 수양론을 갖고 있었다. 이 점에서는 그를 이황의 계승자라고 할 수 있다.

11) 고영진, 앞의 책, 1995, 315쪽.

12) 고영진, 위의 책, 316쪽.

13) 이후 남인 예설은 기본적으로 이 입장을 따라서 진행되었다. 따라서 정구를 남인계 예설의 출발자로 보는 기존의 통설을 부정할 필요는 없을 것으로 판단된다. 다만 정구의 예설과 윤휴·허목의 예설이 세부적인 면에서 적지 않은 차이가 있는 점에도 주목할 필요가 있으며 정구의 예설은 북인계의 그것을 계승하였을 가능성도 있다. 그는 禮論 문제와 관련하여 南冥 曺植 계열의 학자들과 함께 공부하였으며(사실 정구는 이황의 제자이기에 앞서서 조식 계열의 문인이었음), 조식 계열은 광해군 시절 대체로 북인계에 속하였고 이들은 인목대비 폐비 문제와 관련하여 국왕은 사적인 母子 관계를 초월한다는 입장을 취하였다. 다만 폐모론에 대하여, 뒤에서 살필 것처럼 정구는 반대의 입장을 취하였다. 이것이 인조 쿠데타 이후 그가 살아남게 되는 원인의 하나

다음으로 정구의 경세학에 대하여 살펴보기로 한다.[14] 그의 경세학은 永昌大君·仁穆大妃의 처리 문제에 대한 견해라는 정치적인 측면과 사회경제적 측면의 두 가지로 나누어 살펴볼 수 있다. 영창대군의 목숨을 보존하고 인목대비도 폐비시켜서는 안 된다는 입장을 그는 강력하게 주장하였는데, 이것은 春秋義理的 명분론을 바탕으로 이루어졌다.[15] 이 점에서 그는 강고한 명분론자로서 西人과 견해를 같이 하는 한편, 당시 집권층이었던 北人과 대립되었다. 그러나 이런 견해가 北人이었다가 南人으로 전향한 기호남인층, 예를 들면 윤휴, 유형원, 이익 등의 입장과 일치하는 것인지는 의문이다.[16]

사회경제적 측면의 정구의 경세학은 다음의 자료를 통하여 살펴볼 수 있다.

국가를 다스리는 데에 기강을 세우는 것보다 급한 일은 없습니다

라고 생각된다. 정구 하나만이 아니라 북인 가운데 폐모에 반대하였던 사람은 대체로 생존이 가능했던 것으로 판단되고 이들은 나중에 당색을 남인으로 바꾸게 되는 것으로 보인다(북인계 남인 문제에 대하여는 鄭豪薰, 『朝鮮後期政治思想研究 - 17世紀 北人系 南人을 中心으로 - 』, 혜안, 2004 참조). 이황이 왕실의 예를 일반 사대부의 예와 구별하여야 한다고 생각하였는지는 분명하지 않다. 송시열은 이황이 오히려 자신과 같은 입장이라고 하였다. 이 문제에 대하여는 뒤에 송시열을 다룰 때 보다 상세히 언급하기로 한다.

14) 정구는 경세 문제와 관련하여 체계적인 학문적 정리를 한 것은 아니며 단편적인 언급이 있을 뿐이므로 사실은 경세론이라는 표현이 더 타당하다고 생각되며, 이것은 본고의 대상이 되는 학자들에게 대체로 다 적용되지만 본고에서는 일단 경세학이라는 각도에서 이들의 경세론에 접근하고자 하므로 경세학이라는 용어를 사용하였다.

15) 금장태, 「한강 정구의 예학사상」, 1992, 135쪽.

16) 북인계 인물이 남인으로 전향하여 기호남인계 내의 실학 형성의 토대가 된 것은 앞 鄭豪薰, 『朝鮮後期政治思想研究』에서 매우 설득력 있게 제시되었다. 이 밖에 북인층의 사상에 대한 연구로는 申炳周, 『南冥學派와 花潭學派의 研究』, 一志社, 2000가 참고된다.

……이른바 기강의 요체에 대하여 신이 일찍이 들은 적이 있습니다. 송나라 신하 주희는 천하·국가의 큰 임무를 논하면서 휼민보다 큰 것은 없다고 하였습니다. 휼민의 실제는 부세를 덜어주는 데에 있고 부세의 덜어주는 실제는 治軍에 있습니다. 또 그 근본을 미루어 보면 군주가 마음을 바르게 하여 기강을 세우는 데 있을 따름입니다. 이것은 기강이 국가의 큰 임무와 큰 근본에 해당함을 의미합니다. 그리고 그 근본은 군주가 마음을 바르게 하는 데에 있습니다.[17)

위에서 보면 정구는 정치 가운데 가장 중요한 것을 일단 恤民이라고 하였지만 그 수단은 治軍을 통한 省賦(조세징수 축소)만을 언급하였을 뿐이었다. 이는 治軍의 근본이 군주의 마음에 달렸으니 바른 마음으로 기강을 바로 잡으면 된다는 생각에서 비롯된 것이다. 즉 군사제도의 개혁을 주장한 것이 아니라 양심에 기초하여 그 운영을 개선할 것만을 고려한 것이다. 따라서 정구는 사회경제적 측면에서 적극적으로 어떤 제도개혁론을 제기하지 않았다고 볼 수 있다. 그의 경세론이 이와 같은 성격을 갖는 점에서 그를 기호남인계 실학자들과 연결시키는 것은 무리가 있다고 생각된다. 이런 정구의 경세론은 기껏해야 조세제도의 운영개선론에 그치는 것으로 당시의 사회변동 상황에 대한 매우 보수적인 대처이다.

2) 許穆(1595~1682)

허목은 정구의 제자로서 일반적으로 영남학파 학문을 기호남인에게

---

17)『한강선생문집』권2, 20a~20b, "爲國莫急於先正紀綱……所謂紀綱之要 則臣竊嘗聞之矣 宋臣朱熹論天下國家之大務 而以謂莫大於恤民 恤民之實 在省賦 省賦之實 在治軍 又推其本 以爲在人君正其心以立紀綱而已矣 此言紀綱當天下國家之大務之本 而又其本則 在於人主之正心矣."

연결시켜 준 인물로서 기호남인계 실학의 원조가 되고 六經의 원의에
바로 다가서려는 反朱子學的 혹은 脫朱子學的 경향의 학자로 이해된
다.18) 그러나 허목은 宋代 주자학의 주석이 육경을 이해하는 데 크게
도움이 되는 것으로 생각하였던 바, 이 점에서 그는 주자학을 전면적
으로 비판했던 尹鑴의 反朱子學과는 성격을 달리한다.19) 이러한 허목
의 학문적 성격을 어떻게 규정해야 할지가 문제이다.

　허목의 학문적 성격과 관련하여 그의 道統觀과 六經(五經＋樂經)觀
이 주목된다. 그의 도통관과 육경관을 살펴볼 수 있는 것으로 다음과
같은 글이 있다.

　　子思와 孟子의 뒤에 聖人의 도가 전해지지 않았다.……송나라 때 程
　　氏(정자)와 朱氏(주자)의 학문이 육경의 깊은 뜻을 모두 천명하여 자세
　　히 명백하게 하고 정성스럽게 거듭 풀이하였으나 번거롭지 않았다. 이
　　것은 주석가의 문체이므로 고문과 자연히 다르다. 부연하고 개발해 주

---

18) 허목에 대한 기존의 연구로는 다음과 같은 논고가 있다.
　　李佑成,「解題」,『國譯 眉叟記言(1)』, 民族文化推進會, 1978 ; 鄭玉子,「眉叟
　　許穆研究 - 그의 文學觀을 中心으로 - 」,『韓國史論』5, 서울大 國史學科,
　　1979 ; 韓永愚,「許穆의 古學과 歷史認識 - 東事를 中心으로 - 」,『韓國學報』
　　40, 서울大 國史學科, 1985 ; 李迎春,「服制禮訟과 眉叟 許穆의 禮論」,『韓國
　　宗敎思想의 再照明(下)』, 圓光大出版局, 1993 ; 尹絲淳,「眉叟 許穆의 經世
　　思想」,『許眉叟의 學藝思想 論攷』, 1998 ; 金道基,「眉叟 許穆의 經學思想」,
　　『許眉叟의 學藝思想 論攷』, 1998 ; 尹絲淳 外,『許眉叟의 學藝思想 論攷』,
　　眉叟硏究會, 1998.
19) 金駿錫,「許穆의 禮樂觀과 尊君臣婢論」,『朝鮮後期政治思想史硏究』, 知識
　　産業社, 2003, 31～32쪽(김준석, 위 논문은 同,「허목의 예악론과 군주관」,
　　『동방학지』54·55·56합집, 1987 및 同,「허목의 북벌론과 농민보호정책」,
　　『도암유풍연박사회갑기념논문집』, 1991의 두 논문을 합쳐 단행본에 수록한
　　것이다). 위 논문에서는 윤휴를 제1류 反朱子學者(급진적 주자학비판자라는
　　의미로 해석됨)로 분류하였고, 허목은 제2류 反朱子學者(온건한 주자학 비판
　　자라는 의미로 해석됨)라고 분류하였다.

어 학자로 하여금 명백히 의문이 없게 한다. 그렇지 않았더라면 聖人이 사람을 가르치는 도리가 끝내 민멸되어 전해지 않았을 것이다. 나 허목이 비록 열심히 공부하였으나 무엇을 통해 고문의 뜻을 알 수 있었겠는가?[20]

위에서 보면 허목은 子思와 孟子 이후 유학의 道가 단절되었으나 이것이 宋代의 程子와 朱子를 통해 다시 부활한 것으로 이해하는 道統觀을 갖고 있었음을 알 수 있다. 이러한 도통관은 주자와 전혀 차이가 없으며 정자·주자와 공자·맹자 사이의 漢唐 儒學을 부정하고 정주를 孔·孟에 직결시키려는 점에서 주자의 도통관과 완전히 일치한다. 아울러 위 인용문에 따르면 허목이 정자와 주자의 주석을 통해서 육경을 이해하려고 하였음도 알 수 있다.[21]

한편 주자학자들이 五經과 四書 가운데 四書를 우선시하기는 하지만, 五經을 배제하는 것은 아니며 주자의 四書集註를 五經을 이해하기 위한 階梯로 삼으며 五經 해석에서 주자 및 그의 제자들의 주석을 신봉하려고 한다. 위 인용문에서와 같은 허목의 경학적 입장은 주자학

---

20) 『眉叟記言』권5 상편, 「答朴德一論文學事書(庚辰作)」, 4a~4b, "子思孟子之後 聖人之道不傳……宋時程氏·朱氏之學 闡明六經之奧纖悉 委曲明白 懇懇複釋 不病於繁蔓 此註家文體 自與古文不同 其敷陳開發 使學者了然無所疑晦 不然聖人敎人之道 竟泯泯無傳 穆雖甚勤學 亦何所從而得古文之旨哉."

21) 위 인용문에 이은 다음과 같은 언급도 이와 같은 사실을 뒷받침한다. 『眉叟記言』권5 상편, 「答朴德一論文學事書」(庚辰作), 4b~4a, "後來論文學者 苟不學程·朱氏而爲之 以爲非儒者理勝之文 六經古文徒爲稀闊之陳言 穆謂儒者之所宗 莫如堯舜孔子 其言之理勝 莫如易·春秋·詩·書 而猶且云爾者 豈古文莫可幾及 而註家開釋易曉也 穆非捨彼而取此 主此而汙彼 惟平生篤好古文 專精積久 至於白首 而所得如此." 이것은 당시 사람들이 정자·주자의 주석의 도움을 받아서 육경을 제대로 이해하지 않고서 오히려 육경의 고문을 迂遠하다고 보는 것에 대한 비판이다.

을 벗어나는 것이 아니다. 더욱이 그는 육경 해석에서는 주자학들과 다른 독자적 해석을 찾아보기는 어렵다.[22] 따라서 허목을 反朱子學者라고 부르는 것은 타당하지 않으며 오히려 朱子學의 범주에 넣는 것이 타당하다고 생각된다.

다음으로 허목의 理氣論에 대하여 살펴보기로 한다. 이에 대하여 그는 다음과 같이 언급하였다.

(1) 心體는 본래 虛 하지만 그 이치는 實 하므로 感通이 무궁하여 모든 것이 實理이다. 虛는 理의 體이며 實은 虛의 用이다. 氣는 理의 기이며 리는 기의 리이다. 天理가 밝은 것은 그 기가 호연하기 때문이다. 리가 어두워지면 기는 시들게 된다. 리 밖에 기가 없고 기 밖에 리가 없다.[23]

(2) 기는 리에서 나오며 리는 기에 의해 행해진다. 그 근본은 소리도 냄새도 없으며 쉬지도 분리되지도 않으며 가서는 다시 돌아온다. 그 드러난 것은 천지의 화육, 四時의 교대, 만물의 종시, 人事의 성쇠이며 재배와 傾覆과 興滅에 이르기까지 이에 관계된다. 이것이 일왕일래이며 消長의 항상적 법도이다.……리 밖에 기가 없으며 기 밖에 리가 없다. 리는 볼 수 없으나 그 드러남을 미루어 그 연고를 구하면 얻을 수 있다. 사생과 종시와 홍멸과 성쇠는 그 연고가 하나이다.[24]

---

22) 허목은 윤휴가 주자의 경전해석을 비판하는 것에 대하여 오히려 완강한 거부 반응을 보였다(김준석, 앞의 책, 23~32쪽). 김준석은 이러한 윤휴와 허목의 차이를 급진적 주자학 비판과 온건한 주자학 비판의 차이를 보고 양자를 반주자학자 동일하게 반주자학자로 보았다.

23) 『眉叟記言』 권1, 「答學子」, 8a, "心體本虛 其理則實 感通無窮 皆實理 虛者理之體 實者虛之用氣是理之氣 理是氣之理 天理明者 其氣浩然 理惽則氣餒理外無氣 氣外無理."

24) 『미수기언』 권3, 「論理氣」, 1a~1b, "氣出於理 理行於氣 其本無聲無臭 不息不貳 往而復來 其著者 天地之化育 四時之代序 萬物之終始 人事之盛衰 至栽培傾覆而興滅係焉 此一往一來 消長之常也……理外無氣 氣外無理 理不

(1)에 따르면 허목은 이황처럼 理를 體와 用으로 나누어 보는 동시에 理氣不分을 강조하였다. 이 점에서 보면 허목은 理氣論의 측면에서 이황과 이이를 절충하는 입장이라고 할 수 있다. (2)에서도 氣가 理에서 나왔다고 하면서도 다시 理氣不分을 강조하였다.

다음으로 흔히 정구의 예학을 계승한 것으로 이해되는 허목의 예학에 대하여 살펴보기로 한다. 허목 예학의 특징은 이른바 禮訟, 즉 남인과 서인이 벌어진 顯宗代에 昇遐한 국왕을 위하여 얼마 기간의 상복을 입을 것인가 하는 服制 論爭에서 나타났다.25) 승하한 孝宗의 복상 기간을 얼마로 할 것인지 하는 문제를 둘러싸고 일어난 1659년 己亥禮訟에서 허목은 三年喪을 주장하였다. 이것은 효종을 인조의 적장자로 간주하였기 때문이다. 이렇게 사대부가의 예와 왕실의 예를 구별하는 것은 이미 정구의 『오선생예설분류』에서 나타났다. 따라서 허목의 이런 견해는 정구를 계승한 것이라고 할 수 있다.26) 이러한 주장은 왕실에서는 사대부가와는 달리, 次子라도 왕통을 계승하였을 경우 長子로 보는 것이므로 국왕의 위엄과 권위를 보다 강조하는 것이 된다. 따라서 그 정치적인 의미는 일반적으로 王權强化論과 연결되는 것으로 이해되어 왔다.

허목의 예학적 입장이 과연 경세론의 측면에서 왕권강화론과 연결될 수 있는지 여부와 관련하여, 그의 경세론을 구체적으로 살펴보기로

　　可見也 推其著者而求其故 則得矣 死生終始 興滅盛衰 其故一也."
25) 顯宗代(1659~1674)의 예송은 己亥, 甲寅年 두 차례 일어났지만(己亥禮訟과
　　甲寅禮訟), 크게 보면 기해년(1659)에서 갑인년(1674)까지 현종대 15년간 내내
　　지속된 것으로도 볼 수 있다.
26) 허목이 왕실을 보다 존엄하게 보는 것은 다음과 같이 춘추의리론과 연결되어
　　있다. 『미수기언』 권51, 「春秋大義勉學子」, 12b, "春秋之書 首言大一統 以明
　　仁義之道 尊君卑臣 行王道 正人紀 褒善糾邪 使亂臣賊子 禁其姦而不得私
　　春秋之敎也 爲人臣 不忠不嚴 朋黨比周 悖道蔑法 以逐其私 春秋之禁也."

한다. 그는 "옛 聖王의 정치는 養民을 우선으로 하였으며 양민은 민을 안정시키는 것을 위주로 한다. 민이 안정되면 나라가 안정된다(古昔聖王之治 養民爲先 養民則民安 民安則國安)"라고 하여 경세를 위한 기본 방침을 養民에 두었다.[27] 문제는 이 養民에 대한 구체적 방안을 어떻게 생각하였는가 하는 것이다. 허목 당시에는 공납제의 모순을 해소하기 위한 방안으로 大同法의 실시가 적극적으로 논의되고 있었다. 이에 대하여 그는 다음과 같이 자신의 견해를 제시하였다.

호포법의 폐단에 대하여 신이 대략 먼저 번 차자에서 말씀드렸지만 또 크게 불편한 것이 셋 있습니다.

첫째는 公卿大夫와 士가 편호의 齊民(일반민)과 더불어 각기 戶를 계산하여 布를 내어 군포를 대신하여 병조에 내게 하는 것은 事體(명분질서)를 문란하게 하므로 선왕이 중신에게 重祿을 내리어 신하들을 자신의 몸 같이 여기는 뜻에 위배됩니다. 나라를 유지하고 어지럽지 않게 하는 것은 禮義입니다. 예의가 이미 없어지면 용맹한 군사가 숲과 같이 많고 재화가 산과 같이 쌓여 있어도 믿을 것이 못 됩니다.

둘째는 먼저 번 科擧榜目에 만 명을 선발하였습니다. 그 근본은 비록 천한 庶人이 태반이지만 이미 과거 합격자라는 명목으로 자처하고 조정도 그렇게 대우합니다. 모두 사대부의 말석으로서 하루아침에 포를 내게 하여 편호의 일반 백성과 같게 한다면 반드시 노하여 무리지어 원망할 것입니다. 일시 신법을 따르지 않는 자들을 몰아서 처벌할 수는 있겠지만 그 마음은 승복시킬 수 없을 것입니다.

셋째는 성균관의 유생들 또한 모두 병조가 주관하여 숫자를 조사하여 포를 걷는 것을 일반민 가운데 役이 없는 자와 같게 한다면 그 마음이 부끄럽게 여길 것이니 작은 일이 아닙니다.……이 법이 한번 행해지면 國體가 크게 무너지고 인심이 크게 어지러워질 것입니다. 國體

---

27) 『미수기언』 권51, 「論政弊箚」, 4a.

가 크게 무너지고 인심이 크게 어지러워지고도 망하지 않은 나라는 없
습니다.[28]

　위 인용문에 따르면 허목은 대동법을 극력 반대하고 있음을 알 수
있다. 반대의 이유로서 공경·사대부의 이익을 침해한다는 사실, 당시
새로이 양반층으로 상승한 계층과 館學 유생층을 일반민과 같이 편호
하여 役을 부과하는 것에 대한 저항 등을 들었다. 이는 왕권강화론과
거리가 먼 것으로 볼 수 있다. 이것은 당시 지배층 입장에서 사회변동
에 따른 모순에 매우 소극적으로 대응하는 것이라고 할 수 있겠다.[29]
　더욱이 이것은 매우 保守的인 身分觀을 보여주는 것이기도 하다.
그의 신분관은 다음의 언급에서 잘 엿볼 수 있다.

　　백성이 시끄러워 분쟁이 더욱 많은 가운데 兵事를 말하는 것은 그
　일이 가장 크고 그 해악이 가장 깊기 때문이다.……王都는 예법의 근
　본이 되는 곳인데 아문이 강성하고 양병이 일만이나 되며 용사가 숲처
　럼 많다.……또 만인을 선발하는 무과를 실시하였다. 이런 과거는 사실
　의미가 없는 것이며 농공상과 傭隸·下賤이 모두 과거에 급제할 수
　있다.……조정의 근본에서 사방에 이르기까지 서민과 노비의 명분이

---

28)『미수기언』권52,「論戶布第二箚」, 12a~12b, "戶布之弊 臣旣略陳於前箚 而
　又有大不便者三 其一 公卿大夫士 與編戶齊民 各計戶出布以代軍布 納之兵
　曹 事體紊亂 非先王忠臣重祿體群臣之意也 邦國維持而不亂者 禮義也 禮義
　旣亡 雖有鬪士如林 積貨如山 不足恃也 其二 前榜萬人出身 其本雖賤庶居
　牛 旣已出身爲名 則其自處也 朝廷之待之也 皆以士大夫之末 一朝出布 與
　編戶齊民等 必心怒而群怨 一時不從新法者 可驅而罰之 其心不可勝也 其三
　館學諸生等 亦皆兵曹主管 計口收布 一如凡民無役 其心恥之 亦非細故……
　此法一行 國體大壞 人心大亂也 國壞民亂 而能不亡者 未之有也."
29) 이것은 그가 "又中外多事 都案五家之牌 築城諸要害 一時並作 不堪命 四方
　騷然"라고 하여(『미수기언』권51,「論情弊箚」, 3b) 당시 戶口를 철저히 파악
　하려는 五家牌法에 대한 반대의 입장을 갖고 있었던 것에서 엿볼 수 있다.

문란하게 되었다.[30]

무과의 문호를 대폭 확대하여 농·공·상 일반민 및 천인층이 과거에 급제하는 것을 명분의 문란이라고 극력 반대하였음을 알 수 있다. 이런 사람을 實學과 연결시키는 것은 큰 문제가 있다고 할 수 있겠다.

그러나 허목이 양민을 위한 대책을 전혀 제시하지 않은 것은 아니었다. 그는 대동법 실시 대신 민의 부담을 輕減시키는 방안으로서 다음과 같은 견해를 제시하였다.

(1) 또 군정의 적폐는 죽었는데도 징포하고 강보에 싸인 아이도 군역이 있는 것입니다. 이 폐단은 그 유래가 이미 오래되었지만 이에 대해 말할 것이 한두 가지가 아니지만 담당자의 방해를 받아 신이 적이 애석하게 여겼습니다. 사방 赤子(인민)들의 원망과 고통이 쌓인 지가 오래됩니다. 허위 장부의 수입이 국가 경비에 무슨 도움이 된다고 감면하지 않는다는 말입니까? 죽은 병졸이 승패에 무슨 도움이 된다고 역을 벗겨주지 않습니까?……백이나 열을 감면하면 만이나 천의 민이 기뻐하니 국가의 이익입니다. 인심을 얻고 하늘을 감동시키는 데 이보다 큰 것은 없습니다.[31]

(2) 지금의 둔전은 모두 내지의 비옥한 땅의 개간 田에 있는데 둔전의 병졸은 나날이 늘어납니다. 이들은 모두 사방에서 역과 부세를 피

---

30)『미수기언』권66,「自序二」, 7a~8b, "百姓騷然 紛更旣多 其中 言兵事者 其事最大 其害最深……王都禮法之本 而衙門盛强 養兵滿萬 鬪士如林……又設萬人之科 此科甚無義 農工商賈僕隷下賤 皆得科目……自朝廷之本 以至四方 庶賤氓隷 名分紊亂."

31)『기언별집』권3,「陳時弊疏」, 15a~15b, "又軍政積弊 物故卒有徵布 襁負兒無無役 此弊盖其來已久 以此陳言者 亦非一二 而卒爲有司諸臣所沮 臣竊惜之 四方赤子 怨苦積久 虛簿之羅 何補於經費 而不蠲免也 物故之卒 何恃於勝敗而不脫役……蠲免百十 民悅服萬千 國家之利也 收人心感天和 莫善於此也."

하여 도망 온 자들입니다. 이리하여 전세와 부세는 나날이 불어들고 호구도 나날이 없어집니다.……왕성 안에 무사의 호위는 지나치게 많고 둔전이 점차 증가하므로 나라의 부세는 나날이 줄어듭니다.……지금 국가의 급무는 兵事에 있고 백성의 원망과 고통은 軍政에 있습니다. 호조의 경비는 텅 비었습니다.[32]

(1)에서 보면 그가 생각한 방안은 幼兒와 死亡者의 군역 부담을 없애주는 것을 우선의 과제로 하였다. 이것은 민에게 도움이 되는 것이기는 하다. 하지만 원래 이들은 군역 부담자가 아니었는데 불법적으로 이들에 대하여도 수취하고 있었던 것이다. 따라서 이 방안은 제도의 개혁이라는 적극적인 것이 아니라, 당시 문란한 제도 운영을 개선하는 수준의 것이다.

(2)에 의하면 변방이 아닌 內地의 屯田을 혁파하고 수도의 군인 수를 줄임으로써 백성의 고통을 경감하고 재정 압박을 완화하자는 견해를 제시하였다. 그러나 이것이 재정 압박을 완화하는 방안이 될 수 있을지는 몰라도 民의 부담을 줄이는 방안이 될 수 있었을지는 의문이다. 여기에서 둔전 혁파란 토지개혁을 하여 경작민에게 주자는 의미가 아니라 둔전의 세입을 軍門이 갖고 가던 것에서 일반 재정으로 돌리는 것에 지나지 않기 때문이다. 이 역시 제도의 개혁이라기보다는 제도의 운영개선론 차원의 것이라고 할 수 있겠다.

아울러 허목은 다음과 같이 荒政, 즉 흉년에 따른 饑民 대책을 주장하기도 하였다.

지금 해야 할 정치 가운데 荒政보다 급한 것은 없습니다. 굶주린 백

---

32) 『미수기언』 권66, 「自序二」, 8a~8b, "今之屯田　皆在內地膏壤墾田　屯卒日衆　四方避役逃賦者皆是　田賦日縮　戶口日亡……王城之內　武衛太盛　屯田漸廣　邦賦日削……方今國之所急　在兵事　百姓怨苦　在兵政　度地經費大空."

성이 먹을 것이 없어 계속 죽어나가는 것을 목도하고 있습니다. 계절을 생각해 보면 보리 걷이는 한참 뒤에 있습니다. 그동안 먹을 것이 없으면 유리하다가 아사할 자들을 이루 다 셀 수 없을 것입니다. 그 가운데서도 호남·호서와 경기 지역이 가장 급하므로 명령을 내리시어 굶어 죽어가는 백성들의 목숨을 구하소서.[33]

이와 같은 饑民 대책은 어느 한 해, 특정 지역에 대한 일시적인 방안이었을 뿐 근본적인 개혁안은 아니었다. 이상에서 보면 허목의 경세론은 매우 소극적인 조세제도의 운영개선론에 지나지 않는 것이며 신분관의 측면에서도 매우 보수적이었음을 알 수 있다. 아울러 그의 禮論은 흔히 왕권강화론과 연결되는 것으로 생각되어 왔으나 경세론에서 그런 측면을 찾을 수 없다. 首都의 軍人을 줄이자는 것은 왕권강화의 입장과는 오히려 반대되는 것으로 생각되기도 한다.

3. 畿湖學派

1) 金長生(1548~1631)

김장생은 율곡 이이의 제자로서 그 학통의 계승자이며 서인계 예론을 정립한 학자로 일반적으로 이해되고 있다.[34] 그는 四端七情 문제에

---

33) 『기언별집』 권3, 「請先荒政疏」, 16b, "方今之政 莫急於荒政 目見饑民無食死者相繼 考之節序 麥秋在旬月之後 旬月無食 則流離餓孚 不可計數 而兩西畿甸之地 最急急 出令而救餓死之民命."

34) 김장생 연구를 위한 자료로는 『沙溪全書』(아세아문화사 영인, 1982) 및 『국역 사계전서』(민족문화추진회, 2000)를 이용하였다. 그에 대한 연구로는 다음의 논고가 있다. 金成俊, 「沙溪 金長生의 生涯」, 『百濟研究』 6, 忠南大 百濟研究所, 1975 ; 柳承國, 「沙溪 金長生의 禮學에 관한 研究」, 『김규영화갑기념논집』, 1979 ; 張世浩, 「金長生의 禮說에 對한 研究」, 『高麗大大學院論文集』,

대하여 다음과 같이 자신의 견해를 제시하였다.

四端七情辨(韓士仰에게 보임)

퇴계는 "四端은 理가 발하고 氣가 이를 따른 것이며 七情은 氣가 발하고 理가 이에 탄 것이다"라고 하였습니다. 이것은 양촌(權近)이 좌우로 분서한 뜻을 따른 것인데 혹자는 『주자어류』 가운데의 주자의 말씀이 있으므로 이에 견주어 동의하기도 합니다. 이것은 잘못입니다. 주자의 말씀은 인심은 형기를 위주로 하여 발하는 것이고 도심은 의리를 위주로 하여 발하는 것이라는 뜻입니다. 어세의 차이가 있으므로 퇴계의 설과 같이 간주할 수는 없습니다. 무릇 五性 외에 다른 성은 없으며 七情 외에 다른 정은 없습니다. 맹자가 칠정 가운데 착한 정만을 적출해 내고 이를 지목하여 사단이라고 한 것이며 칠정 외에 따로 사단이 있는 것은 아닙니다. 선악의 단서(드러남) 가운데 어느 것인들 정이 아니겠습니까? 그 악한 것은 본래 악한 것이 아니라 형기에 가려져 지나침과 모자람이 있어서 악이 된 것입니다. 그러므로 程子는 "선악이 모두 천리"라 하였고 주자는 "천리로 인하여 인욕이 있게 되었다"라고 하였습니다. 사단과 칠정은 과연 두 가지 정이고 리와 기가 서로 발한 것일까요? 무릇 사단과 칠정을 두 가지 정으로 하는 것은 리와 기에 대하여 투철하지 못함이 있기 때문입니다. 율곡은 "대저 정이 발함에 발하는 것은 기이고 발하게 하는 소이는 리이다"라고 하였습니다. 기가 아니면 능히 발할 수 없고 리가 아니면 발할 수 있는 소이가 없는 것입

1981 ; 張世浩, 「金長生의 理氣心性說」, 『哲學論叢』 8, 嶺南哲學會, 1992 ; 張世浩, 「金長生의 禮意識」, 『哲學論叢』 9, 嶺南哲學會, 1993 ; 韓基範, 「사계 김장생의 생애와 예학사상」, 『백제연구』 20, 1989 ; 鄭玉子, 「17世紀 前半 禮書의 成立過程 － 金長生을 中心으로」, 『韓國文化』 11, 1990 ; 吳錫源, 「沙溪 김장생의 경학사상」, 『사계사상연구』, 사계·신독재 양선생기념사업회, 1991 ; 韓基範, 「사계 김장생과 신독재 김집의 예학사상연구」, 충남대 박사학위논문, 1991 ; 이영호, 「주자학적 대학 해석의 전형 : 사계 김장생의 대학 해석」, 『조선중기 경학사상연구』, 경인문화사, 2004.

니다. 리와 기는 혼융하되 서로 뒤섞이지 않습니다.……리는 태극이며 기는 음양입니다. 지금 태극과 음양이 서로(둘 다) 움직인다고 하면 말이 되지 않을 것입니다. 태극과 음양이 서로 움직일 수 없다면 리와 기가 서로(모두) 발한다고 하는 것은 어찌 잘못이 아니겠습니까?[35]

위 인용문에 따르면 김장생은 사단칠정 문제에서 이황의 理氣互發說을 배격하고 철저하게 이이의 氣發理乘一途說을 따르고 있음을 볼 수 있다. 김장생은 이 점에서는 분명하게 이이의 계승자라고 할 수 있다.

그러나 김장생이 이이의 기발이승일도설을 따른 것은 맹목적인 추종에 의한 것은 아니었다. 그의 학문적 태도를 엿볼 수 있는 다음과 같은 언급이 있다.

『經學辨疑』 서문

나는 어려워 공부를 하지 못하였다. 약관에 이르러 비로소 『소학』과 사서를 읽기 시작하여 육경과 정자·주자의 책들에 미치게 되었다.……읽은 경전 가운데 이해 못하는 부분이 많았고 또 여러 선생님들의 학설에도 때로 의심나는 바가 있어 감히 억지로 따르려고 하지 않

---

35) 『沙溪遺稿』 권5, 1b~2a,
　　"四端七情辨(示韓士仰)
　　退溪曰 四端理發而氣隨之 七情氣發而理乘之 是陽村分書左右之意 而或者
　　因語類中朱子說 比而同之 此則不然 朱子說 盖謂人心主形氣而發 道心主義
　　理而發云尒 語勢差異 何可與退溪說作一意看也 夫五性之外無他性 七情之
　　外無他情 孟子於七情中 剔出善情 目爲四端 非七情之外 別有四端也 善惡
　　之端 夫孰非情乎 其惡者本非惡 只是掩於形氣 有過不及而爲惡 故程子曰
　　善惡皆天理 朱子曰 因天理而有人欲 四端·七情 果是二情 而理氣果互發乎
　　夫以四端·七情 爲二情者 於理氣有所未透故也 栗谷曰 凡情之發也 發之者
　　氣也 所以發者理也 非氣則不能發 非理則無所以發 盖理氣混融 元不相雜…
　　…理者太極也 氣者陰陽也 今曰太極與陰陽互動 則不成說話 太極·陰陽不
　　能互動 則謂理氣互發 豈不謬哉."

고 모두 그때그때 가록해 두어 성찰의 자료로 하고자 하였다. 혹자가
묻기를, '선정들의 훈해는 후학이 마땅히 존신해야 할 바인데 감히 그
사이에 논의하니 불가하지 않은가'라고 하였다. 의리를 강론하는 것은
바로 천하가 공적으로 함께 하는 것이므로 선현도 일찍이 허락하셨음
을 중용과 대학의 『或問』에서 볼 수 있다.[36]

위 인용문에 따르면 김장생은 先賢의 학설에 의문을 품어보고 스스
로 철저히 따져보고서 결론을 내리는 학문적 태도를 갖고 있었다. 그
가 이이의 학설을 받아들인 것도 이런 과정을 거쳐서 이루어진 것이라
고 할 수 있겠다.

다음으로 김장생의 禮學, 그 가운데 17세기에 논란이 된 왕실의 예
와 일반 사대부의 예를 동일시하여야 하는지 여부에 대하여 살펴보기
로 한다. 이에 대하여 그는 다음과 같이 언급하였다.

(1) 제왕의 집은 사대부의 집과 달리 단지 계통을 위주로 한다.[37]
(2) 지금 성상께서는 선조에 대하여 비록 친손이기는 하지만 제왕가
의 승통은 사대부가와 다르므로 이미 지손으로서 들어와 왕위를 계승
하였으면 바로 부자의 도리가 있게 되며 생부·생모는 私親이 된다.
이것이 분명한 의리이다.[38]

---

36)『사계유고』권5, 4b~5a, "經書辨疑序 余少而失學 及弱冠始讀小學·四書 以
　　及六經·程朱諸書……其所讀經傳 多所未解 且於諸老先生之說 時有所疑
　　不敢强從 并皆隨手箚記 以資省閱 或問之曰 先正訓解 後學所當尊信 乃敢
　　有議論於其間 無乃不可乎 講論義理 乃天下公共之 先賢亦嘗許之 盖於庸學
　　或問 可見矣."
37)『沙溪全書』권21,「書知事李廷龜筵奏後」, 10a, "帝王之家 異於士大夫之家
　　只以繼統爲主."
38)『사계전서』권21,「答崔子謙兼示張持國鄭子容書(丙辰夏)」, 16b, "當今聖上之
　　於先祖 雖曰親孫 帝王之承統 異於士大夫之家 旣以旁支入繼 則所繼之君
　　便有夫子之道 所生之父母 卽爲私親 此 義理之彰明較著也."

(1)에 의하면 김장생이 사대부 가문과 왕실의 禮를 다르게 봄을 알 수 있다. (2)에 따르면 왕실의 법도가 사대부 가문과 다른 것을 근거로 구체적으로 당시 군주인 仁祖가 선조에 대하여 손자이기는 하지만 선조의 王統을 바로 이었으므로 부자의 관계가 된다고 하였다. 이것은, 후술하겠지만, 나중에 김장생의 제자 송시열이 王家의 禮와 사대부가의 예를 근본적으로 같게 보는 禮論과는 다르다.

다음으로 김장생의 경세론에 대하여 살펴보기로 한다. 그는 정치에 대한 기본적인 입장을 다음과 같이 피력하였다.

> 집의를 사직하는 소 (갑자 6월)
>
> 어리석음을 무릅쓰고 대략 차자를 하나 갖추어 13개의 일을 조목별로 진달하여 직접 뵈옵고 말씀드리는 것을 대신하고자 합니다. 엎드려 생각하옵건대, 전하께서는 살펴주소서. 첫째는 대본을 세우는 것, 둘째는 구업을 회복하는 것, 셋째는 홍범을 존중하는 것, 넷째는 소학을 강하는 것, 다섯째는 聖孝를 다하는 것, 여섯째는 祀典을 공경히 시행하는 것, 일곱째는 구족을 친하게 하는 것, 여덟째는 여러 신하를 몸 같이 돌보는 것, 아홉 번째는 聽政 친히 하는 것, 열 번째는 민폐를 혁파하는 것, 열 한 번째는 선혜청을 혁파하는 것, 열 두 번째는 군정을 잘하는것, 열 세 번째는 궁궐 호위를 엄하게 하는 것입니다.[39]

위에서 열거한 13개 조목 가운데 당시 왕권 문제 및 사회변동에 따른 時弊 문제와 구체적으로 관련되는 것으로는 '9.親聽政, 11.罷宣惠廳, 12.修軍政' 조목을 들 수 있다. 먼저 親聽政 문제에 대하여 그는 다

---

39) 『사계유고』 권1, 15b~16a, "辭執義 仍進十三事疏 (甲子六月) 不揆愚陋 略具一箚 條陳十三事 庸替殿陛之對 伏惟殿下垂察焉 一曰立大本 二曰恢舊業 三曰尊洪範 四曰講小學 五曰盡聖孝 六曰敬祀典 七曰親九族 八曰體群臣 九曰親聽政 十曰革民弊 十一曰罷宣惠廳 十二曰修軍政 十三曰嚴禁衛."

음과 같이 언급하였다.

> 군주가 비록 요·순과 같은 마음이 있어도 그런 정치를 행하지 않는
> 다면 천하를 평치할 수 없습니다.……광해군 이후 각 관사에서 제조를
> 내어 대신의 권한을 분산하여 聽政을 하는 수단은 草記를 들이고 답
> 계가 내려오는 것으로 귀결되고 말았습니다.……祖宗의 옛 제도를 회
> 복하여 한 나라의 일로 하여금 모두 대신이 통괄하게 하시고 전하께서
> 결정하십시오.40)

이것은 광해군 때 각 아문에 나누어 주었던 결정 권한을 회수하여
大臣이 총괄하고 군주가 직접 결정하게 하자는 것이다. 조선전기에 서
로 번갈아 행해졌던 六曹直啓制(국왕이 육조 직접 관장)와 議政府署
事制(재상이 육조 관장) 가운데 상대적으로 후자에 가까운 것이지만
광해군대에 비해서는 오히려 왕권을 강화하자는 것이다. 그리고 이 주
장은 총괄적 권한을 世道를 담당하는 대신에게 주어야 한다는 송시열
의 견해(후술)와는 다르다.

시폐 문제를 해결하기 위한 방안으로는 당시 대동법 실시가 주장되
고 있었다. 이에 대하여 김장생은 罷宣惠廳 항목에서 다음과 같이 자
신의 견해를 표명하였다.

> 왜 선혜청을 혁파해야 하냐고 말합니다. 지금의 선혜청은 아마도 민
> 을 소생시키고 국가를 부유하게 하는 방법으로서 이보다 나은 것은 없
> 다고 여겨서일 것입니다. 신은 그렇지 않다고 생각합니다.41)

---

40) 『사계유고』 권1, 「辭執義 仍進十三事疏 (甲子六月)」, 23a~23b, “人君雖有堯
舜之心 而不行其政 無以平治天下……光廟以後 諸司各出提調 以分大臣之
權 其所以聽政者 歸於入草記 答啓者還下而已……復祖宗之舊 使一國之事
皆統於大臣 而回決於聖衷.”

이에 따르면 김장생이 대동법 실시를 명백히 반대함을 알 수 있다. 이것은 조세제도 차원의 개혁조차 받아들이지 않는 것이라고 할 수 있겠다.

이어서 修軍政 항목에서는 당시 軍役 문제에 대하여 "전하께서 특별히 병조에 명을 내리시어 점차 군정을 밝게 하고 점차 조종의 옛 법을 회복하소서(殿下特令兵曹 稍明軍政 漸服祖宗之舊焉)"라고 하여[42] 조선초기의 군역제(실제 군역 담당)로 돌아갈 것을 궁극적 목표로 하는 견해를 피력하였다. 이런 가운데 당시 군역 부담자의 수를 증가시키기 위한 방안으로 제시된 호패법에 대하여는 다음과 같이 반대하였다.

의논하는 자들이 軍民을 조사하여 민이 피역하는 일을 금하게 하는 데에는 호패법보다 나은 것이 없으며 호패법을 시행하지 않으면 군정을 할 수 없다고 여깁니다. 신은 그렇게 생각하지 않습니다.……기강이 서지 않으면 엄한 영도 행해지지 않고 엄한 영이 행해지지 않으면 私情이 크게 앞서게 됩니다. 豪强이 모점하며 巨室이 은닉합니다.……문권을 만들어 사사로이 서로 맞추면 단번에 문권이 공식 문서가 됩니다. 거짓으로 한 때에 정하여 영원히 잘못됩니다. 자자손손 마침내 公家의 것이 되지 못하고 그 나머지 훈친부 및 각 관청에 투탁하는 것이 얼마인지 모릅니다.[43]

---

41) 『사계유고』 권1, 「辭執義 仍進十三事疏 (甲子六月)」, 24b, "何謂破宣惠聽 今之宣惠大同 意者以爲蘇民裕國之制 莫過於此 臣竊以爲未也."

42) 『사계유고』 권1, 「사집의 잉진십삼사소」, 27b.

43) 『사계유고』 권1, 「사집의 잉진십삼사소」, 27b~28a, "議者以爲查定軍民 禁民逃役 無過於號牌 號牌之法不行 則無以爲軍政 臣則以爲不然……紀綱不立 則威令不行 威令不行則私情大勝 豪强者冒占之 巨室者隱匿之……指拈文劵 私相符同 一載文劵 遂成公案 僞定一時 而永失於後來 子子孫孫 竟非公家之物 其他自投於勳親府及各司者 不知幾許."

　　위 인용문에 따르면 국가 紀綱이 紊亂한 당시로서는 호패법을 실시하려고 해 보아야 오히려 豪强, 巨室, 勳親府, 各司에 투탁함으로써 영원히 이들을 군역 대상에서 제외되게 된다는 이유에서 호패법 실시를 반대함을 알 수 있다. 이들 특권층의 이익을 거스릴 수 없다는 매우 보수적인 견해였다. 이리하여 대안으로 제시된 것은 매우 소극적인 방안으로서, 점진적으로 군역 도피자를 색출한다는 것이었다.44) 이것은 일종의 제도운영의 개선론 차원의 것이었다.

　　그러나 김장생은 당장 良民의 군역 부담을 줄어주기 위하여 다음과 같은 군역제도 개혁안을 아울러 제시하였다.

　　　만약 온 나라 남자의 수를 통산하여 대소와 귀천 없이 사람마다 약간의 미곡을 내어 軍食이라 하고 軍丁에게 50斛를 주어 그 의식과 궁마의 비용에 충당하게 하면 집에서는 관에 가렴주구 당하는 고통이 없고 밖에 나와도 처자가 얼고 굶주릴 염려가 없을 것입니다. 아마도 은혜를 베푸는 한 방도가 될 수 있을 것입니다.45)

　　이것은 남자의 경우 大小·貴賤 구분 없이 소정의 米를 내어 실제 군역 담당자에게 50斛씩 주어 군역 담당에 따른 비용과 생계 보조에 사용하도록 하자는 것이다. 일종의 戶布法으로서 제도개혁론의 차원의 제안이라고 할 수 있으며 貴賤의 구별 없이 남자라면 모두 낸다는 점에서 신분제의 부분적 부정이라고 할 수 있다. 이 점에서 김장생은 남인계의 鄭逑, 許穆보다 진보적이라고 할 수 있다.

---

44)『사계유고』권1,「사집의 잉진십삼사소」, 28b.
45)『사계유고』권1,「사집의 잉진십삼사소」, 30a, "若通計一國之男口　毋論大小貴賤　人出若干米斗　名曰軍食　出給軍丁五十斛　使之優其衣食　資其弓馬　在家而絶官家誅求之苦　出外而無妻子冬餒之念　庶足爲優惠之一道耳."

2) 宋時烈(1607~1689)

송시열은 만년에 제주도로 유배 가는 길에 마침 連山에 있는 김장생의 묘소 곁을 지나게 되었는데 제자를 대신 보내어 스승 김장생에게 다음과 같은 글을 올렸다. 이를 통해 송시열의 道統觀을 잘 알 수 있다.

기유년 연산을 지나다가……글을 써서 사계 선생 묘소에 올렸다. 그 글에서 아래와 같이 말하였다.

문인 송모(宋時烈)는 조정에 죄를 지어 멀리 탐라로 유배 가다가 마침 사계 선생의 묘소를 지나게 되었다. 감히 올라가 절하지 못하고 글을 갖고 가서 말씀드리게 하였다.

"가만히 생각하옵건대, 여러 聖人을 집대성하신 분이 공자이며 여러 현자를 집대성하신 분이 주자입니다. 전후 성인과 현자의 가르침은 하나이지만 博文約禮는 서로 다릅니다. 공력이 모두 갖추어져 요·순·우 이래 대성인의 길에 합치되지 않음이 하나도 없는 것은 주자의 전일함 만한 분이 없습니다. 그러므로 율곡 선생의 학문은 오로지 이에서 나와 일찍이 '다행히 주자의 뒤에 태어나 학문에 거의 잘못이 없게 되었다'라고 하셨습니다. 오직 우리 선생만이 실로 그 계통을 이어 받으셨습니다. 강론을 하실 적에, 비록 정자나 張子(장횡거)의 설에도 취사선택하셨지만, 일찍이 '주자가 없으면 공자의 도가 밝혀지지 못하였을 것이고 밝혀지지 못했다면 전해지지도 않았을 것이다'라고 하셨습니다. 생각하옵건대, 소자(송시열)가 귀로 익히 듣고 마음으로 받아들여 '성인이 다시 일어나셔도 이 말은 바꿀 수없을 것이다'라고 생각하였습니다."[46]

---

46) 『宋子大全』 부록 권11, 「연보」, 11a~11b, "己酉過連山 遣門人……操文告于 沙溪先生墓 文曰 門人宋某 得罪于朝廷 遠謫耽羅 褒過高井 文元公沙溪先 生之墓……不敢登拜 使……操文而告曰……竊惟 集群聖而大成者 孔子也 集群賢而大成者朱子也 前後聖賢 其揆雖一 然其博約兩至 功力俱到 無一不

위 인용문에 따르면 송시열이 '공자→ 주자→ 이이'로 이어지는 도
통관을 철저하게 갖고 있었음을 알 수 있다. 또 은연중 이 道統이 다시
김장생을 거쳐 자신에게 이어진다는 생각이 내포되어 있다.

이런 도통관에 서 있었으므로 송시열은 四端七情 논변 문제에서 일
단 다음과 같이 율곡 이이의 학설을 지지하였다.

주자의 이른바 "움직이는 處는 心이며 底(之)를 움직이는 것은 性"이
라고 한 것 가운데 處와 底, 두 글자는 당시 두 번 사용된 변설의 표현
입니다. 대체로 "움직이는 것은 心이고 움직일 수 있게 하는 것은 性"
이라는 뜻일 것입니다. 『주자어류』에서 處 자와 者 자는 서로 유사하
므로……『주자어류』에서 상호 통용합니다.……心은 기이고 性은 리입
니다.[47]

이것은 『朱子語類』의 용례를 검토하여, '動底是性'을 '動之是性'으
로, 그리고 '動處是心'을 '動者是心'이라고 해석하는 것이다. 이런 해석
은 '心은 바로 氣이며 性은 바로 理'라는 결론으로 이어지므로 이황의
理氣互發說을 부정하고 이이의 氣發理乘一途說을 지지한 것이라고
할 수 있다.

그러나 송시열이 이이의 학설을 그대로 추종한 것은 아니었다. 송시
열은 四端이 純善하며 七情 가운데에는 善惡이 섞여 있다는 이이의

合於堯·舜·禹以來大聖之道 則未有若朱子之專者也 以故栗谷先生之學 專
出於此 嘗曰幸生朱子之後 學問庶幾不差 唯我先生實承其統緒矣 竊瞯於講
論之際 雖周程張子之說 有異同則不無取舍矣 嘗曰 微朱子 則孔子之道不明
不明則不傳矣 惟玆小子耳熟而膺服 以爲雖聖人復起 不可以易斯言也."

47) 『송자대전』 권90, 「與李汝九(辛亥五月 十九日)」 別紙, 11b, "朱子所謂 動處
   是心 動底是性 處·底二字 是當時兩下辨說之語勢也 蓋曰 動者是心 所以
   能動之物是性 語錄 處字與者字相近 底字與之字相近 故處與者字……語類
   多互用之矣……心是氣而性是理."

주장에 대하여는 다음과 같이 반대 입장을 표명하였다.

사실 사단은 실로 性에서 나온 것이고 칠정도 性에서 나온 것이다. 자사는 "발하여 모두 절도에 맞는 것을 和라고 한다"라고 한 것을 해석하여 주자는 "未發 상태가 性"이라고 해석하고 또 "性의 發用이 情이 아니고 무엇이겠는가"라고도 하였습니다. 「중용장구서」에 '도심이 性命에 근원한다'라고 하였은즉, 이 두 性은 같은 것입니까, 아니면 다른 것이겠습니까? 이 性이란 것은 맹자가 말한 性과 같은 것입니까, 아니면 다른 것이겠습니까? 율곡 선생이 이에 대해 상세히 변론하셨지만 "사단이 칠정 가운데 절도에 맞는 것"이라고 하신 것에 대하여는 미안합니다. 주자가 "측은·수오의 심 가운데 절도에 맞는 것과 맞지 않는 것이 있다"고 하셨으므로 사단에도 절도에 맞지 않는 것이 있습니다. 어찌하여 율곡 선생은 이를 보시지 못하였을까요? 대저 『중용』과 『맹자』를 합하여 보면 칠정과 사단은 모두 性에서 나온 것입니다. 따라서 주자는 "仁은 스스로 性으로서 愛의 이치가 발하여 나와서 측은히 여김이 있게 되었다"라고 하셨습니다. 이것이 어찌 사단과 칠정이 합일된다는 뜻이 아니겠습니까? 그 발하여 나오는 때에 리가 기를 타서 발하여 사단이 기의 가리는 바 되지 않으면 이것을 理의 發이라 하고, 칠정이 혹 기에 가려져 곧바로 나오지 않으면 이것을 氣의 發이라고 합니다. 기실 사단 가운데 절도에 맞지 않는 것도 또한 리의 발이라고 할 수 있으므로 일률적으로 논할 수는 없습니다.……만약 사단과 칠정이 모두 性에서 나오지만 둘 모두 절도에 맞음과 맞지 않음이 있으며 그 가운데 절도에 맞는 것은 공정한 도심이며 절도에 맞지 않는 것은 모두 위태로운 인심입니다.[48]

---

48) 『송자대전』 권133, 「退溪四書質疑疑義」, 17a~18a, "其實 '四端固出於性也 七情亦出於性也' 子思曰 發而皆中節謂之和 朱子釋之曰 其未發則性也 又曰 性之發用 非情而何 其序 以道心原於性命 則此兩性者 同歟異歟 此性者 與孟子所謂性 同歟異歟 栗谷先生 於此辨論甚詳 而但以四端爲七情中中節 者而言 此爲未安 朱子曰 惻隱·羞惡 有中節·不中節 是則四端亦有不中節

위 인용문 서두에서 "사단은 실로 性에서 나온 것이고 칠정도 性에서 나온 것이다(四端固出於性也　七情亦出於性也)"라고 한 것은 이이의 입장에서 이황의 互發說이 所從來에 따라 四端을 理發, 七情을 氣發이라고 한 것을 비판한 것이다. 하지만 말미에서 보듯이 四端에도 不中節한 것이 있으므로 사단·칠정 가운데 中節한 것은 모두 道心이 되고 不中節한 것은 모두 人心이 된다고 하여 이이와는 다른 견해를 제시하였다.

또 하나 주목할 점은 송시열이 "주자가 초년에 인심을 인욕으로 이해했으나 만년에는 私的인 形氣는 食色 등을 가리키는 것으로 생각하였다(朱子初年　以人心爲人欲　晚年以爲　形氣之私　是指食色等而言)"라고 하여[49] 人心을 人欲과는 구분하고 있는 점이다. 이것만으로는 양자의 의미가 어떻게 다른지 여기에서는 구체적으로 설명이 없다. 그러나 양자의 차이에 대하여 그는 「己丑封事」에서 다음과 같이 명쾌하게 설명하였다.

대체로 인욕은 천리에 근본하므로 천리에서 유래하여 조금이라도 차이가 나면 인욕으로 흐른다. 따라서 음식을 원하는 것은 천리이지만 음식으로 인해 배를 마음껏 채우고자 하는 것은 인욕이다. 남녀가 좋아하는 것은 천리이지만 남녀가 좋아하는 것으로 인해 여색에 탐닉하는 것은 인욕이다. 궁실을 갖추는 것은 천리이지만 지나치게 높이고 화려하게 장식하는 것은 인욕이다. 존비는 천리이지만 군주를 높이려

豈栗谷未之見耶　大抵以中庸·孟子　合而觀之　則七情·四端　皆出於性者也　故朱子曰　仁自是性　却是愛之理發出來　方有惻隱　此豈非四端七情合一之意也　惟其發出之時　理乘氣而發　而四端不爲氣所掩　則謂之理之發　七情或掩於氣而不爲直遂　則謂之氣之發　其實　四端之不中節者　亦可謂理之發　不可執一而論也……四端·七情　皆出於性　而皆有中節·不中節　其中節者皆是道心之公　而其不中節者皆人心之危也."
49)『송자대전』권90,「與李汝九(辛亥五月　十九日)」別紙, 11b~12a.

고 신하를 억누르는 것은 인욕이다.……털끝만큼의 잘못이라도 살피지 않으면 스스로는 천리라고 여기지만 모르는 사이에 인욕에 빠진다.[50]

이에 따르면 人心 자체는 天理에서 나온 것, 즉 食欲과 性欲 같은 것으로서 이 자체는 부정되어야 할 것이 아니며 이것이 지나치게 되면 人欲이 된다는 것이다. 이런 생각은 그로 하여금 스승 김장생에 비하여 보다 적극적으로 제도 개혁을 생각하는 방향으로 나아가게 한 것으로 생각된다.

다음으로 송시열의 禮論에 대하여 살펴보기로 한다. 그는 왕실의 服制에 대하여 다음과 같이 언급하였다.

복상의 등급을 내리는 것은 적자를 밝히는 뜻이며 統이 옮겨지는 것은 군주를 높이는 도리이다. 지금 윤휴, 허목의 무리가 "복상의 등급을 내리면 統이 여기 있지 않다"고 하면서 이것을 화의 근본이라고 여기니 또한 참담한 일이다. 제왕의 집에서 長者가 統을 이으면(承統) 참최복을 하고 衆子가 승통하면 기년복을 한다. 그 나머지는 간략히 하여 복이 없다. 지금 인조가 효종에게 기년복에 해당된다고 하는 것은 승통하지 못한 중자의 服으로 하는 것인가? (그렇지 않다.) 효종이 大統을 잇지 못하였다면 服이 없어야 한다. 왜 기년복으로 해야 한다고 하는가? 기년복으로 해야 하는 것은 승통하였기 때문이다. (사대부의 집으로 말하면 둘째아들이 承重하면 그 아비는 기년복을 입어야 하며 그 가문의 統은 둘째 아들의 자손에게 전해진다. 어찌 복상의 등급이 내려졌다고 하여 統이 여기에 있지 않다고 할 수 있겠는가?) 윤휴는 그 가운데 더욱 간특하여 자기 설이 궁한 줄 알고 세 번 주장을 바꾸어 아

---

50) 『송자대전』 권5, 「己丑封事」, 8b, "盖人欲本於天理　故由天理而少差　則流於人欲矣　故飮食者天理　而因飮食而極口腹者人欲也　男女者天理　而因男女而縱於色者人欲也　宮室者天理　而峻宇彫牆者人欲也　尊卑者天理　而尊君抑臣者　人欲也……毫忽不察　則自謂天理　而不知其入於人欲矣."

들이라도 어머니를 신하로 할 수 있다는 설을 내세웠다. 허목 같은 자는 단지 복상의 등급이 내려지면 統의 등급도 내려진다고 하여 군주를 움직여 士禍를 조장하는 일에 가장 유리한 주장을 하였다. 그러므로 이것을 공공연히 내세우며 은밀히 사주하고 나머지 사람들은 다투어 부회하여 이익을 도모한다.……부자·군신·형제는 실로 천륜이다. 형이 죽어 동생이 대신 잇는 것은 統이 끊어지지 않기 위한 특수한 경우이다. 그 이치는 비록 이와 같으나 형제의 순서는 존망과 사생으로 달라질 수 없으므로 동생이 비록 승통하였다고 하더라도 형이 형으로 되는 것은 자명하다.

경자년에 나 송시열이 헌의하여, 『예기』「단궁」편의 '免子游衰'와 관련하여, 소현세자는 비록 統이 끊어졌으나 효종은 (소현세자를) 형으로 대우하여야 하므로 형으로 대우하는 복상을 해야 하지만 그 宗統을 가져오는 것은 (주나라) 무왕과 같은 것이며 이미 (종통을) 갖고 왔다고 말하면 이것은 권도이지 경상의 도리가 아님을 알 수 있으므로 「단궁」편에서 '免子游衰'라고 한 것은 경상의 도리로서 복상의 등급이 내려오는 연유를 말한 것이고 승통한 서자가 적통을 갖고 온다고 하는 것은 聖人의 권도이며 統을 전하는 것이 여기에 있음을 밝히는 것이라고 특별히 천명하였다.[51]

---

51) 『송자대전』 권134,「禮說」, 11a~12a, "服之降 是明嫡之義也 統之移 是尊君之道也 今鑴·穆輩 必曰服降則統不在此 以爲基禍之張本 其亦慘矣 帝王之家 長子承統則參矣 衆子承統則綦 其餘則節而無服 今謂仁祖當爲孝廟綦云者 是以不承統之衆子服之耶 如孝廟不承大統 則當爲無服矣 何可謂當爲綦耶 其謂之當爲綦者 以承統故也 '以士夫言之 次子承重則其父當服綦 而其家之統 仍傳之次子之子與孫 豈可以服之降 而謂之統不在此' 尹鑴其中之稍黠者 故知其說之窮 而三變其說 爲子可得臣母之說 如穆只以服降統降之說 最利於恐動主聽構成士禍 故以此公誦陰嗾 而餘人爭爲傅會 以睹其利……父子·君臣·兄弟 固是天叙之大倫也 兄亡弟及 是統不可絶 而出於制變之道也 其理雖如此 而兄弟之倫 不以存亡死生而有異 故弟雖承統 而兄之爲兄自若也 庚子 時烈之獻議 因檀弓免子游衰者 特以明昭顯雖統絶 而孝廟之待之以兄 服之以兄 而奪其宗如武王然矣 旣謂之奪則是適於權 而非經常之道 可知也 然則檀弓免子游衰者 是言守經之道 而明服降之所由也 聖庶奪嫡云者

위 인용문 가운데 핵심되는 구절은 "사대부의 집으로 말하면 둘째아들이 承重하면 그 아비는 기년복을 입어야 하며 그 가문의 統은 둘째아들의 자손에게 전해진다. 어찌 복상의 등급이 내려졌다고 하여 統이 여기에 있지 않다고 할 수 있겠는가(以士夫言之 次子承重則其父當服 朞 而其家之統 仍傳之次子之子與孫 豈可以服之降 而謂之統不在此)"라고 한 부분이라고 생각된다. 사대부의 예에 따라서 왕실의 禮를 설명한 것이다. 이것이 당시 왕실의 예를 일반 사대부의 예와 구분하고 있던 남인 許穆·尹鑴와 구별되는 점이다. 이 가운데 허목의 주장은, 송시열의 주장처럼 효종이 衆子라고 하여 효종에 대한 服을 기년복으로 줄이면 왕통의 계승을 부정하게 된다는 것이었다. 이에 대하여 복상 기간을 朞年으로 왕통의 계승은 그대로 '인조→ 효종'으로 이어지며, 이 점에서 사대부가와 왕실은 차이가 없다는 것이 송시열의 주장이었다. 이렇게 왕실의 예와 사대부의 예를 동일시하는 송시열의 입장은 그의 스승 김장생과도 다르다. 앞서 살폈듯이 김장생 역시 사대부 家의 禮와 왕실의 예를 다르게 생각하였다.

흥미로운 것은 송시열이 王室의 禮와 士大夫家의 禮를 동일시하는 자신의 입장이 퇴계 이황의 입장과 동일하다고 주장한 점이다. 이에 대하여 송시열은 다음과 같이 언급하였다.

> 퇴계 이 선생께서 명종의 국상 때 처음에는 "인종의 왕후는 형수와 시동생 사이의 服으로 해야 한다"고 하였다가 기고봉의 말을 듣고 바로 자신의 주장을 고쳐 마땅히 母子의 복으로 해야 한다고 하면서도 여전히 "어찌 朞年의 의리에 그치지 않을 수 있겠는가"라고 하였다. 비록 (명종이 인종의 대통을 이어 받은 점에서) 모자 관계이기는 하지만 正體가 아니므로 기년복으로 해야 한다는 의미였을 것이다. 대저

是聖人達權之道 而明其傳統之在是也."

영남사람들은 퇴계에 주장에 대하여 혹 고례에 위배된다고 하여 또한 따르지 않는다.……단지 이 점에 대하여만 버리고 헌신짝처럼 여기니 매우 괴이한 일이다.[52]

위 인용문에 따르면 이황은 처음에는 仁宗의 妃가 시동생 明宗을 위해 嫂叔之服을 입어야 한다고 했다가 母子의 服을 입어야 한다는 입장으로 선회하면서도 朞年服을 여전히 주장한 것은 (明宗이 仁宗의 왕통을 계승했으므로) '母子 관계로 보아야 하지만 正體가 아니기 때문이었다'라고 해석하였다. 따라서 송시열은 위에서 보듯이 '자신의 입장이 이런 이황의 禮論과 같은 것인데 왜 당시 영남의 남인들이 허목·윤휴 등의 입장에 동의하는가'라고 반문을 제기한 것이다.[53]

다음으로 송시열의 경세학에 대하여 살펴보기로 한다. 그는 왕권과 신권의 관계에 대하여 앞서 살핀 「己丑封事」에서 "존비는 천리이지만 군주를 높이려고 신하를 억누르는 것은 인욕이다(尊卑者天理 而尊君 抑臣者 人欲也)"라고 하여 일방적으로 군주를 높이고 신하를 억누르는 것은 人欲이라는 견해를 피력하였다.[54] 이것은 군주와 신하의 관계에 대한 일반론인데 宰相에 대하여는 특히 그 중요성을 강조하였다.

---

52) 『송자대전』 권134, 「禮說」, 10b, "退溪李先生 於明廟喪 始謂仁宗王后 當爲 嫂叔之服 及聞奇高峯之說 卽改初說 以爲當爲母子服 而猶曰豈有不止於朞 年之理乎 蓋雖是母子而非正體也 故當爲朞年 夫嶺人 於退溪之說 雖或違於 古禮 亦不遵用……獨於此 棄之如弊履 甚可怪也."

53) 이황의 예설에 대한 이런 송시열의 해석이 타당한지 여부는 다시 따져보아야 할 문제이지만, 송시열의 이런 해석이 맞으면, 왕실과 사대부를 구분하는 남인의 예론은 이황에게서 유래하는 것으로 보기는 어렵다. 그렇다면 이 주장은 정구에게서 유래하고 이것이 당시 영남 남인의 정치적 입장에 맞았기 때문에 영남의 남인들이 이에 동조하게 된 것이라고 볼 수도 있다.

54) 『송자대전』 권5, 「己丑封事」, 8b.

신이 또 생각하옵건대, 군주의 직무 가운데 재상을 논하는 것보다 큰
것은 없습니다.……주자가 일찍이 군주가 재상을 논하는 설을 임금께
진달하여 "(군주가) 재상을 논함에 자신에게 맞기만 바라고 자신을 바
로잡기를 바라지 않으며 사랑스런 자만을 취하고 두려운 자는 취하지
않는다면 군주는 그 직분을 잃는 것이다"라고 하였습니다.[55]

송시열은 주자의 말을 인용하여 군주는 자신을 바로잡아 주며 자신
이 두려워해야 할 인물을 선택하지 않으면 군주의 직분을 잃는 것이라
고 하였다. 이것은 실질적으로 재상의 위치를 군주보다 위에 놓고 재
상으로 하여금 군주를 지도하여 정치를 이끌고 가게 하라는 주장이었
다. 심지어 그는 다음과 같은 언급도 하였다.

전하께서 스스로 역량과 시세를 헤아리시어 繼志述事의 도리에 미
치지 못할까 염려하신다면 모름지기 신료 가운데 현재 상황에 맞는 자
를 선택해 기용하여 일시의 일을 완료하게 하시고 그 나머지 聖意에
맞지 않는 자는 모두 버리시는 것이 가합니다.[56]

이것은 송시열이 경연에서 顯宗에게 진언한 것을 金永叔에게 편지
로 알린 것이다. 이에 따르면 송시열은 경연에서 孝宗에 이어 登極한
어린 顯宗에게 繼志述事(淸나라에 대한 復讐雪恥의 大業)를 위해 신
하에게 권한을 위임하고 顯宗 자신의 뜻에 부합되지 않는 나머지 일은
버리라는 말이었다. 즉 통치의 大權을 재상에게 위임하라는 주장이었

---

55) 『송자대전』 권14, 「三疏(辛亥 十月二十三日)」, 16b, "臣又惟 人君之職 莫大
　　 於論相……朱子嘗以人君論相之說 進於君曰 '當論相者 求其適己而不求其
　　 正己 取可愛而不取可畏 則人君失其職矣'."
56) 『송자대전』 권73, 「答金永叔(戊申 十一月十日)」, 25a~25b, "殿下自度力量時
　　 勢 其於繼志述事之道 如不可企及 則須擇臣僚之入於時樣者用之 以了一時
　　 事 其餘不合於聖意者 一皆捨之 可也."

다. 이것은 宰相 중심의 정치론이라고 할 수 있겠다.[57)]

　한편 軍役 개혁 문제와 관련하여 송시열은 다음과 같은 의견을 제시하였다.

　　2월(壬戌年) 己巳일에 희정당에 입시하여 대신과 여러 재상이 호포의 일로 각기 자신의 의견을 진술하였다. 선생(송시열)은 "백성은 지극히 어리석은 것 같으나 귀신처럼 신통하므로 만약 조정의 본의가 군역을 보살펴 주는 데에 있지 재물을 취하기 위한 것이 아님을 안다면 아마도 원망하지 않을 것입니다. 다만 양반·서얼을 가려내면 혹 수포하고 定軍할 때 난처한 일이 많을 것이므로 또한 갑자기 하는 것은 불가합니다.[58)]

　위에서 보면 일단 호포법의 취지 자체에는 찬성하는 태도를 가졌음을 알 수 있다. 다만 양반·서얼을 가려내는 일은 실제 시행 시에 쉽지 않으므로 갑자기 시행하기 어렵다고 하였다. 위의 언급은 1682년(壬戌) 2월 희정당에 입시할 때 숙종에게 개진한 의견인데 이 보다 4년 뒤에는 유보 조건 없이 찬성하는 입장을 표명하였다.[59)]

---

57) 이에 대하여 김준석은 『朝鮮後期政治思想史硏究』에서 '世道宰相論'이라 표현하고(272쪽), 鄭道傳의 주장과 합치되며 사림파 趙光祖 및 李珥도 이런 맥락에서 이해할 수 있는 것으로 보았다(278~279쪽). 이 주장에 전적으로 동의하고 싶다.

58) 『송자대전』 부록 권3, 「연보」, 34a, "二月(壬戌)己巳 入侍熙政堂 大臣諸宰 以戶布事 各陳意見 先生曰 百姓至愚而神 若知朝廷本意 只在於恤軍役 而不在於聚財物 則似不號怨 而但分辨兩班·庶孼 或收布定軍之際 必多難處之事 亦不可猝然爲之."

59) 『송자대전』 부록 권18, 「語錄」崔愼錄(下), 19a, "問 閭巷之人上傳 以爲先生請於朝 將以徵布於儒士云 未知信否 先生曰 吾曾無此言於朝廷 然朱子嘗曰 豈有終年安坐而不輸一錢之民乎 以此觀之 今日之稱儒而無役者 實是國家無政之故也 有田則有租 有身則有庸 事理之當然 儒士徵布 豈非當然之事

호포법에 찬성한 것만이 아니라 송시열은 대동법에도 다음과 같이
찬성을 표시하였다.

> 질문 : 잠곡(金堉)이 대동법을 실시한 것은 좋은 일인데 신독재(金集)는
> 잘못이라 하여 서울을 떠났으니 어찌 된 일입니까?
> 대답 : 이것은 신독재가 처음에 대동법이 어떠한지를 잘 몰라서 그렇
> 게 되었습니다.[60]

이상 송시열의 조세제도 개혁론 가운데 호포제 찬성은 한편으로는
앞서 살핀 스승 김장생의 입장을 계승한 것이며, 다른 한편으로는 그
의 친구인 兪棨와 긴밀히 논의하는 가운데 이루어진 것이다.[61] 西人
山林系(山黨)는 조세제도 개혁 문제에서 전체적으로 보아 西人 漢黨
에 비하여 소극적이었지만, 적어도 군역 문제에서는 김장생 단계부터
이미 적극적으로 제도개혁안을 모색하였다. 더욱이 송시열에 이르러서
는 위에서 보았듯이 대동법 문제에 대하여도, 스승 김장생이나 그의
아들 金集과는 달리 찬성하는 입장을 취하였다. 이것은 결국 西人 山
林系와 漢黨系의 입장 차이의 해소를 의미하며, 이것이 대동법을 전국
적으로 시행될 수 있게 하였고 영조대에 이르러 균역법 또한 실시될
수 있게 하였다. 조선후기에 대동법, 균역법 같은 조세제도 개혁은 결
국 서인(노·소 분당 후에는 노론)에 의하여 주도되었다.

이렇게 조세제도 개혁론에 적극적인 입장을 갖는 것은 주자를 충실
하게 따르고자 하는 송시열의 입장에서는 받아들일 수 있는 것이었다
고 생각된다. 또 이것은 17세기의 사회변동에 따른 여러 모순에 대하

乎." 이것은 1786년(병오) 제자 崔愼錄과의 문답 기록이다.

60) 『송자대전』 부록 권17, 「語錄」 崔愼錄(上), 30a, "問 : 潛谷之設大同法 可謂善
矣 而愼齋之立異法去國 何也 曰 : 此則愼齋初不知大同之如何而至於斯."

61) 김준석, 「송시열의 世道政治論과 부세제도 釐正策」, 앞의 책, 337쪽.

여, 지배층의 입장에서 일정한 양보를 하는 합리적인 대응 방안이었다. 그러나 송시열의 입장을 진보적 관점에서만 이해할 수는 없다. 송시열은 토지개혁 문제에 대하여 다음과 같이 회의적인 태도를 표명하였다.

> 질문 : 평원과 광야가 아니면 정전법은 시행하기 어렵습니다. 우리나라는 산이 많고 험준하여 결코 정전제를 실시할 수 없습니다. 어떻게 생각하십니까?
> 선생(송시열)은 말씀하시기를, "기자가 정전을 만든 흔적이 아직 평양에 남아 있습니다. 그런즉 산이 많아서 행할 수 없는 것입니까? 산이 험한 지형이라도 그 면적을 계산하여 8가에게 나눠주어 함께 경작하게 하면 정전제는 아마도 실행할 수 없는 지역이 없을 것입니다. 다만 후세에 人物이 더욱 번성하여 사람은 많고 땅은 적으므로 정전제는 실시할 수 없습니다. 따라서 주자는 일찍이 대란을 경유한 뒤에야 정전을 시행할 수 있다고 여기셨을 따름입니다"라고 하였다.[62]

위에서 보면 송시열은 인구가 많고 토지가 적은 당시 실정으로서는 井田制 실시와 같은 토지개혁은 시행하기 어렵다고 생각하였음을 알 수 있다. 또 그는 朱子의 말을 근거로 하여 자신의 주장을 뒷받침하고 있음도 알 수 있다. 이상에서 보면 송시열은 조세제도에는 개혁을 인정하면서도 토지개혁에 대하여는 부정적인 생각을 갖고 있었음을 알 수 있다. 17세기에는 이미 기호남인계 韓百謙의 箕田論(箕子 井田論)에 의하여 토지개혁을 주장할 수 있는 이론적, 실증적 토대가 마련되

---

62) 『송자대전』 부록 권17, 「語錄」 崔愼錄(上), 20a, "問 若非平原廣野 則難行井田之法也 如我國山多崎嶇 決不可施以井田 奈何 先生曰 箕子畫爲井地 其址尙存于平壤 則何以山多而不可行乎 地雖崎嶇而計其畝數 分授八家 使之同力合作 則井田之法 恐無不可行之地也 但後世人物益繁 地少人多 恐難行井田之制 故朱子嘗以爲 必經大亂 人物戡少 然後可行井田耳."

었고 柳馨遠은 이를 구체화시켜 『磻溪隨錄』에서 토지개혁론을 체계적·적극적으로 주장하고 이를 그의 개혁론 전체의 토대로 삼았다. 이에 비한다면 송시열의 입장은 보수적이라고 할 수 있다.[63]

4. 結語

이상 본론의 논의를 요약해 보면 다음과 같다.

첫째, 정구는 이황의 理氣互發說이 아니라, 오히려 율곡 이이의 氣發理乘一途說에 기울고 있다는 인상을 준다.

둘째, 왕실의 禮와 사대부의 예를 분리하는 것은 이황의 영향이 아니라 정구 자신의 독자적인 연구에 의한 것으로 볼 수 있다.

셋째, 정구의 경세론은 恤民에 토대를 두었지만 그 수단은 治軍을 통한 省賦(조세징수 축소)뿐이었다. 여기서 治軍의 근본은 군주의 마음에 달렸으니 바른 마음으로 기강을 바로 잡으면 된다는 것이다. 그의 경세론은 기껏해야 조세제도의 운영개선론에 그치는 것이었다.

넷째, 허목의 경학은 주자학의 범주에 머무르는 것이며 理氣論에서 이황과 이이를 절충하려는 입장을 보였다.

다섯째, 허목의 예론은 그 자체로서만 보면 사대부와 왕실의 예를 분리하여 왕권의 존엄성을 강조하는 것처럼 보이지만 실제적으로 왕

---

63) 서인계 송시열의 경세학을 남인계에 비하여 보다 진보적으로 평가하는 견해는 이미 다음의 논문에서 표명되었다. 지두환, 「朝鮮後期 戶布制 論議」, 『朝鮮時代 思想史의 再照明』, 圖書出版 歷史文化, 1998/ 원래 『韓國史論』 19, 서울대, 1988에 수록. 다만 남인계를 일률적으로 보수적으로 보기는 어려우며 같이 남인에 속하는 허목과 윤휴의 입장을 사상사적으로 엄격하게 구분할 필요가 있다. 허목의 보수성은 인정되지만 윤휴의 사상적 성격은 토지개혁론 및 신분제 개혁을 적극 주장한 유형원과 동일한 레벨에서 평가되어야 할 것이다.

권강화를 위한 경세론으로 연결되지는 않았다.

여섯째, 허목의 경세론은 조세제도의 운영개선론 차원에 그치는 매우 보수적인 것이며, 신분관의 면에서도 일방적으로 양반층의 입장에 서 있었다.

일곱째, 김장생은 사단칠정 문제에서 스승 이이의 기발이승일도설을 지지하였다. 그러나 맹목적으로 따른 것은 아니며 자신이 선행 연구들을 비판적으로 충실하게 검토한 뒤에 내린 결론이었다.

여덟째, 김장생은 사대부 가문과 왕실의 예를 다르게 보았다. 이것은 제자 송시열이 왕실의 예와 사대부가의 예를 근본적으로 같게 본 것과 다르다.

아홉째, 김장생은 양반층 이해에 거슬린다는 이유로 호패법을 반대하였지만 호포제를 주장한 점에서는 남인계 정구·허목보다 진보적이었다.

열 번째, 송시열은 공자→ 주자→ 이이로 이어지는 도통관을 철저하게 갖고 있었으며 이 道統이 다시 김장생을 거쳐 자신에게 이어진다는 생각을 갖고 있어서 四端七情 논변 문제에서 일단 이이의 학설을 지지하였지만, 七情에도 中節이 있고 四端에도 不中節이 있다고 하여 이이의 설을 부분적으로 수정하였다.

열 한 번째, 사대부가와 왕실의 禮에 차이가 없다는 것이 송시열의 禮論이었다. 이렇게 왕실의 예와 사대부의 예를 동일시하는 송시열의 입장은 그의 스승 김장생과 다르다.

열 두 번째, 송시열은 호포제를 지지할 뿐 아니라, 대동법을 지지하여 스승 김장생보다 한 걸음 더 나아갔다. 이런 그의 경세론은 적극적인 조세개혁론이지만 토지개혁에 대하여서는 부정적으로 보았다. 이 두 가지 점에서 보아서 송시열의 경세론은 주자를 충실하게 따른 것이라고 볼 수 있다.

다음으로 앞에서 살핀 정구, 허목, 김장생, 송시열 네 학자의 사상사적 위치, 그리고 실학과 조선성리학과의 관련 양상, 경세학과 경학의 논리적 연관 관계 문제 등에 대하여 생각해 보기로 한다. 먼저 이들의 사상사적 위치를 살펴보기로 한다.

16세기에 성립된 조선성리학은 그 자체가 획일적인 것은 아니었다. 조선성리학 성립에는 남송대의 주자학만이 아니라, 북송대의 邵雍과 張載의 성리학의 영향도 적지 않았다. 또 이 시기에는 明代 나흠순의 학문 및 양명학도 수용되어 학자들에게 일정 부분 영향을 미치고 있었다. 나흠순과 양명학의 학문은 명대 전반기의 체제 교학화한 주자학을 벗어나, 명 후기의 사회변동 과정에서 발생하고 있던 여러 모순들에 대하여 새롭게 대처하기 위한 사상적 모색이었다. 16세기의 조선도 기본적으로 이런 명나라와 비슷한 사회적 상황에 처해 있었다고 생각된다.

이런 외부의 사상적 영향 아래에서 16세기 조선사회 내부의 사회변동 과정에서 발생하고 있었던 여러 모순을 해결하기 위하여, 주자의 성리학 이론을 가장 충실하게 계승하면서 그것을 보다 철저하게 밀고 나아가 완결된 이론으로 정립한 것이 율곡 이이이다. 주자학은 원래 理氣不分과 理先氣後의 양 측면을 동시에 인정한다. 그러나 이이는 이 가운데 상대적으로 이기불분의 측면을 강조하였다. 이것은 사단칠정 논변에서 기발이승일도설로 나타났다. 이이가 자신의 학설을 정립하여 가는 데에는 나흠순의 학문이 일정 부분 영향을 미친 것으로 생각된다. 이이의 이러한 철학은 현실적 개혁론으로 진전될 수 있었다. 하지만 이이의 학문이 주자학의 틀 속에 있는 한, 그의 개혁론은 지주전호제와 신분제를 정면으로 부정하기는 어려웠다.

한편 퇴계 이황은 理에 體와 用이 있다는 독특한 설을 창안하여 자기 나름의 새로운 주자학을 전개시켰으며 이것은 이기불분과 이선기

후의 양 측면 가운데 이선기후를 강조한 것이라고 할 수 있다. 이 입장은 사단칠정 논변에서는 이기호발설로 귀결되었다. 이황은 자신의 학문을 정립시키는 데에 제자인 기대승과의 논변이 중요한 역할을 하였지만, 일정 부분 양명학의 영향도 있었다고 판단된다. 그는 양명학을 비판하였지만, 良知가 가질 수 있는 能動的 實踐性이라는 측면과 理發 이론과는 매우 유사한 점이 많다. 양명학이 갖는 문제의식이 조선에서는 주자학의 새로운 해석으로서 理發 이론으로 나타난 것이라고도 볼 수 있겠다. 그러나 이황의 이런 철학만으로는 적극적으로 현실의 여러 제도를 개혁하려는 것으로 나아갈 수 없었고 어디까지나 도덕적, 윤리적 차원에서의 실천만이 가능한 것이었다.

한편 邵雍과 張載의 학문을 계승, 발전시킨 화담 徐敬德은 주자학과는 다른 성격의 성리학을 성립시켰다. 이런 서경덕의 학문은 크게 보아서 氣一元論的 성격을 갖는다. 그러나 氣에 토대하여 현실을 이해하는 것만으로는 현실적인 개혁론으로 전개되기 어렵다. 능동적 실천성이 담보되어야 한다. 서경덕의 제자들 가운데에는 능동적 실천 지향으로서의 양명학을 수용한 사람들이 있었지만 이 단계에서는 양명학과 화담의 학문은 서로 분리된 채로 있었던 것으로 판단된다.

양자의 결합은 17세기 이후 두 가지 경로에서 진행된 것으로 보인다. 하나는 북인계에서 남인계로 전향한 그룹(기호남인 가운데 진보층)이다. 이들은 한편으로 이황의 理發철학의 능동적 실천성을 周禮學 및 화담 학문의 기일원론과 결합시키면서, 다른 한편으로는 양명학 및 순자의 사상과도 결합시켜 주자학에 비판적인 경학을 전개하여 갔다. 본고에서 논의되지 않았지만 이것이 17세기 '한백겸→ 유형원·윤휴'로 이어지는 기호남인계 실학의 흐름이었다.

또 다른 하나는 대체로 서인 가운데 우계 成渾(이황과 유사)의 흐름을 계승하는 그룹으로서 이들은 한편으로는 양명학을 수용하였고 다른 한편으로는 주례학을 수용하여 양자를 결합시키는 주자학에 비판적인 경학을 전개시켜 갔다.[64] 서인이 노론과 소론으로 분기될 때, 이 그룹은 대체로 소론으로 定向되었으며 이 그룹 속에서 박세당과 같은 소론계 실학자가 출현하였고, 그에 앞서 趙翼이 소론계 실학의 전개를 준비하는 역할을 하였다. 이 그룹에 대하여서는 아쉽게도 본고에서 언급하지는 못하였다.

본고에서 언급한 영남남인계 정구·허목, 그리고 서인계 김장생·송시열은 모두 경학적으로 주자학의 범주에 머문다. 이 가운데 정구·허목은 경세론의 면에서 조세제도의 운영개선론에 미치는 매우 소극적, 보수적인 견해를 갖고 있었으며, 이들에 비하여 서인계 김장생·송시열은 조세제도 개혁론 차원까지 생각하는 진보적인 견해를 가졌다. 특히 송시열은 스승 김장생보다 한 걸음 더 나아가 대동법까지 찬성하였다. 다만 송시열은 실학자들과는 달리 토지개혁에는 부정적이었다. 송시열 단계에 이르러서는 인조 쿠데타 이후 있었던 서인 山黨과 漢黨의 경세론적 입장 차이는, 山黨이 漢黨의 입장에 수렴해 가는 방식으로 해소되었다고 할 수 있다. 이런 합의는 17세기에 대동법의 전국적 실시를 가능하게 하였고 영조대에는 균역법을 할 수 있게 하였다.

다음으로 이제까지의 논의에 토대하여 조선의 實學과 조선성리학과의 관련 양상에 대하여 살펴보기로 한다. 조선의 실학에는 세 가지 흐름이 있다. 바로 위에서 언급한 기호남인계(한백겸→ 유형원·윤휴)와 소론계의 흐름(조익→ 박세당) 외에 노론계(북학파)의 흐름이 있다. 기호남인계에서는 17세기 전반기에 시작되었고 소론계에서는 17세기 후반에 시작된 것으로 볼 수 있으며 노론계에서는 18세기 중엽 시작된 것으로 볼 수 있다.

---

64) 성혼의 학문과 성혼 학파에 대하여는 다음의 저서가 참고된다. 황의동,『우계학파 연구』, 서광사, 2005.

학파적으로 볼 때 기호남인계 실학은 기본적으로 서경덕 계열의 학문에 바탕을 두었고 여기에 이황의 理發 학문이 결합되었으며 서서히 주례학, 양명학, 순자학의 영향을 받아가면서 성립되어 간 것으로 볼 수 있겠다. 이 점에서 보면 17세기의 기호남인계 실학은 16세기 조선 성리학과의 관계에서 연속과 단절의 양 측면이 있다고 하겠다. 17세기의 소론계 실학은 성혼의 성리학에 토대하면서 양명학과 주례학을 수용하는 가운데 새로운 경학을 추구하여 갔다. 이런 점에서 보면 17세기 소론계의 실학에도 16세기 조선성리학과의 관계에서 연속과 단절의 두 측면이 있다고 할 수 있겠다.

18세기 중엽에 성립된 노론계 실학(북학파)은 학파적으로 노론계 가운데 洛論(人物性同論)에 속하지만, 홍대용의 경우 주자학에서의 氣質에 의한 差等을 완전히 극복하여 人物性均論을 주장하고 이를 명물도수지학(趙聖基에서 유래) 및 주례학과 결합하였다. 이런 점들에서 볼 때 북학파의 실학에서도 조선성리학과의 연속과 단절의 두 측면이 있다.

다음으로 경세학과 경학의 논리적 연관 관계 문제 등에 대하여 생각해 보기로 한다. 실학의 연원을 이황의 主理派에 연결시키는 견해도, 이이의 主氣派에 연결시키는 견해도 있다.[65] 그러나 어느 한 가지로 因果歸屬시키기가 부적절하다는 것은 바로 위에서 살핀, 세 가지 흐름의 실학파 형성 과정을 볼 때 자연히 알 수 있다. 다양한 요인들이 결합하는 가운데 조선의 실학은 학파별, 당색별로 형성되었다.

이들을 오늘 우리의 입장에서 볼 때 실학파라는 개념으로 묶을 수는

---

65) 은연중 主理는 이황학파를 높이고 이이학파를 폄하하는 편견이 내재되어 있고, 主氣라고 할 경우 氣一元論的 요소를 갖는 것처럼 오해할 우려가 있으므로 주리, 주기라는 용어는 부적절하지만 본고에서 이 문제는 논외로 하기로 한다.

있지만, 이들이 하나의 그룹으로 생겨난 것도, 활동한 것도 아니다. 학문적 연대 의식이라는 것이 단편적으로 보이기는 하지만 노론계 북학파가 성립한 18세기 중반 이후에도 이들 세 그룹 사이에 연대의식이 별로 있었던 것이 아니었다. 각각 독자적 길을 통하여 서서히 조선성리학을 극복하여 갔고 그러면서도 16세기 조선성리학이 이들에게 끝까지, 일정 부분 영향을 미치고 있었다. 그리고 18세기 후반 노론계 북학파 실학자와 기호남인계 실학자들은 정치적으로는 대체로 대립하는 위치에 있었다. 다만 상호 영향이 있었음은 생각해 볼 수 있다.

끝으로 조선시대 학통의 의미에 대하여 생각해 보기로 한다. 퇴계학파가 '정구→ 허목'의 과정을 거쳐 기호남인계로 연결된다는 주장은 실학의 연원과도 관련하여 근래 많은 주목을 받아 왔다. 그러나 이런 계보화는 18세기 후반 기호남인계가 탕평 정국에서 자신의 입지를 확보하려고 하는 정치적 의도와 목적에서 생겨난 것으로서 17세기의 실상을 그대로 반영한 것으로 볼 수 없다.

앞서 살폈듯이 예론의 측면에서 이황과 정구의 연결성을 찾기는 어려워 보이며, 허목은 기호남인계 실학자들과는 경세학의 측면에서 완전히 반대되는 위치에 있었고, 그의 경학도 크게 보아 주자학의 범주를 넘는다고 보기는 어려웠다. '이이→ 김장생→ 송시열'이라는 율곡학파의 계보는 17세기의 실상과 일치하지만, 김장생의 예론과 송시열의 그것은 차이가 있다. 17세기 禮訟 문제를 율곡학파의 철학적 성격과 연결시키는 것은 무리로 보인다. 오히려 17세기 남인과 서인의 정치적 역학 관계에서 생겨난 것이라고 여겨진다. 이것은 남인에게서도 마찬가지여서 퇴계학파의 철학적 성격을 바로 남인계의 예론과 연결시키는 것은 어렵다고 여겨진다.

조선중기 이후 학파와 당파는 서로 결합되는 측면이 있어서 학파와 당파가 상당히 밀접한 관련성이 있는 것은 사실이다. 하지만 학파가 그대로 당파가 되는 것은 아니며, 역으로 정치적 목적에서 하나의 당파를 형성하면서 학문의 계보를 억지로 맞추는 측면도 크다. 이런 측면은 서인계보다는 남인계에서 컸다고 생각된다. 인조 쿠데타 이후 정치적으로 열세에 있거나 소외된 그룹들이, 학문적·정치적 성격의 차이를 넘어 서인에 대항하는 연합전선을 형성하기 위하여, 이황을 간판으로 내세우면서 하나의 정치세력으로 서로 결합한 것이 南人이라고 할 수 있겠다.

여기에 다시 庚申換局 이후 기호남인은 생존을 위하여, 그 宗主를 許穆으로 하면서 尹鑴·許積 계열을 배제하고, 자신들의 계보를 정리하여 갔다. 이들이 이른바 기호남인 가운데 淸論이고 영조대 吳光運을 거쳐서 정조대의 蔡濟恭으로 연결된다. 이리하여 기호남인의 계보는 최종적으로 채제공에 의하여 정리되었다. 이것이 실학 연구의 혼선을 초래한 한 원인이 되었다. 이제 우리는 이런 정치적 의도에 따라 '만들어진' 계보에 대하여 비판적 안목을 갖고 접근할 필요가 있다.66)

---

66) 기호남인계 실학은 한백겸→ 유형원·윤휴→ 이익→ 성호좌파→ 정약용의 흐름으로 명확하게 체계화할 필요가 있으며 한백겸, 유형원에게서 북인의 학문, 서경덕의 영향 등을 찾아내는 집중적인 노력이 필요하다. 이들 문제에 대하여는 후고에서 다루기로 한다.

尤庵 心性論의 특징과 의의*
－未發論을 중심으로－

안 은 수

1. 우암 송시열의 현실참여 방식
－『연보』에 나타난 '성리학자 우암'

공자에서 조선의 유자에 이르는 모든 유자들은 자신이 마주한 사회의 현실을 실천적인 관점에서 인식한 다음 그에 대한 유학적 대안을 내놓는 것을 소명으로 하였다. 이는 현실을 회피하거나 현실참여적 행보를 보이지 않았다면 명실상부한 유자가 될 수 없다는 말이기도 하다. 사회 전면에서 유학의 이념을 실험하였다는 독특한 역사를 받치고 있는 조선의 유자들은 그러한 관념을 분명하게 체현해 주었다. 조선시대는 그 시대의 사상인 유학을 시기·계기별로 적용하였던 역사이다. 이때의 유학은 물론 주희 성리학의 전통을 잇는 것이었다. 14세기 말에서 15세기에 걸쳐 새로운 시대의 새로운 사상이었던 이 유학은 조선의 정체가 형성되는 과정과 조응하는 사상의 역할을 담당하였다. 새로운 국가의 틀이 안정되고 그것을 토대로 발전해 가는 16세기 조선은 사상적으로도 성숙한 발전을 이루어 朝鮮儒學의 독자성을 구축하였다.

---

* 이 논문은 『동서철학연구』 48(2008. 6)에 실었던 것을 재수록한 것이다.

　이황과 이이의 사상을 대표로 해서 꽃을 피운 16세기 조선의 유학은 주자학을 우리 식으로 재해석하여 발전시킨 산물이었다. 특히 이황과 기대승을 중심으로 이루어진 四七論爭과 그 연장에서 진행된 이이와 성혼의 논쟁은 인간의 마음과 감정을 理氣論의 틀로 해석하는 방식의 전형을 찾기 위한 과정이었다. 그리고 이들의 사상 논쟁은 그 목적이 철학이론의 정립에만 있지 않았고, 철학이론을 현실에 적용하고자 하는 데에 있었다. 당대의 사회를 해석하고 문제의 해법을 구하는 과정과 철학이론을 구축하는 과정이 긴밀한 긴장관계를 유지하였던 것이다. 예컨대 이황이 理의 능동적 성격을 강조하고 이이가 氣發一途를 강조한 것은 각각 자신의 시대가 지향해야 할 바를 제시하는 과정에서 드러났다. 일반적인 사상의 발전이 그러한 것처럼 15세기의 사상은 16세기의 그것에 토대가 되었고, 16세기의 사유는 다음 시기 사상의 모범이 되었다.

　그런데 조선의 17세기는 내우외환의 사회상을 노정하는 시기였다. 16세기 말 임진왜란의 후유증이 채 가시기도 않은 상태에서 17세기로 진입하여 발생한 두 번의 호란은 조선의 정국을 어둡게 하는 요인이 되었으며, 조선 내부 집권세력의 부패와 외환으로 인한 손실에다가 그 후유증으로 벌어진 갖가지 병폐들은 사회의 불안을 초래하였다. 따라서 이 시기를 살았던 유자들에게는 이러한 불안한 상황을 타개해야 한다는 과제가 주어졌던 셈이다.[1] 尤庵 宋時烈(1607~1689)은 이러한 사회상에 정면으로 대처하여 유자로서의 분명한 대안을 제시함으로써 정통 유자의 모습을 체현해 보인 인물이다.

---

1) "17세기 조선사회는 커다란 전환기를 맞이하고 있었다. 종래 사대부 사회의 여러 모순이 양란을 계기로 확대·노정되는 가운데 새로운 역사 단계를 지향해 가는 현상이었다. 이를 체제 위기로 인식하는 양반사대부층은 일단 유교·주자학의 사유체계 안에서 여기에 대처하게 되었다"(김준석, 「17세기 정통 주자학파의 정치사회론」, 1990).

송시열은 80여 년의 생애 동안 세 왕의 신하로서 정치·사회적 영향력을 드리웠다. 그는 24세에 金長生(1548~1631)의 제자로 입문하면서 본격적인 학자로서의 길을 걷게 되었고, 이듬해 김장생이 사망하자 그 아들 金集(1574~1656)에게 수학하였다. 김장생에게 배운 텍스트는 『근사록』·『심경』·『가례』등 주자학의 주요 성과들이었고, 이후 김집에게 수학하면서도 오직 주자서를 중심으로 면학하였다.[2] 잘 알려진 것처럼 김장생·김집 부자의 학맥은 이이를 잇는 것이었고, 이들 부자를 거쳐 이이의 학맥이 송시열에게로 전수되었으며, 송시열의 사상은 그 문인 권상하를 거쳐 18세기 기호지역의 유자들에게 이어짐으로써 이른바 기호학파를 형성하게 되었다. 송시열은 이이에게서 받은 주자학의 이론들을 더 철저하게 주희에 입각하는 관점을 견지하며 자신의 철학으로 구성하였다. 그리고 그러한 자신의 학문성과가 구체적 현실의 문제를 극복하는 데에 유효하게 적용되도록 하는 점에 주목하였다. 그는 성리학 이론을 전 시대의 그것보다 평이하게 서술하고 설명함으로써 실천에 용이할 수 있도록 배려하였고, 이것을 스스로 당대의 시급한 현안으로 진단하였던 도덕의 재건과 북벌론을 추진하는 밑받침으로 삼았다.

송시열의 『연보』에 의하면 그가 적극적인 사회참여적 행보를 보이고 성리학에 대한 활발한 연구 활동을 보이는 시기는 30세 때 병자호란을 겪은 이후부터이다. 이때부터 효종이 즉위하는 43세에 이르기까지는 관직에 나아가지 않고 이유태, 윤선거, 김극형 등과 학문을 강론하고, 돈암서원을 중심으로 제자들에게 강학하는 등의 활동을 위주로 하였다. 43세에 효종이 즉위한 해에는 그 유명한 「己丑封事」[3]가 작성되어 왕에게 전해진다. 이것은 송시열의 적극적인 현실참여의 모습과

---

2) 『송자대전』 부록 권2, 「연보」, 14a~14c.
3) 『송자대전』 권5, 봉사.

그 핵심 사상을 읽을 수 있는 주요 논문이다. 「기축봉사」에서는 우선 수신ー제가ー치국을 체현해야 하는 군주의 학문론(聖學)을 제시하여 군주의 바른 자세를 촉구하고, 사회기강과 공도의 회복, 부세제도의 釐正 등의 현안문제들을 거론한 후에 결론 격으로 '修政事, 以攘夷狄'을 주장하였다. 주희를 비롯한 유자들의 상소에서 공통적으로 읽을 수 있는 것처럼, 「기축봉사」에서도 君을 향한 올곧은 충언에 주저함이 없었던 臣의 엄정함이 눈에 띈다. 이러한 기상은 자신의 사유나 학문성과에 대한 자신감과 확신 위에서 만들어진 것으로 이해한다.

송시열이 군신관계를 맺었던 세 임금 중 효종이 가장 그의 의지와 부합하는 왕이었기에 소통의 폭과 만남의 빈도도 상대적으로 많았지만, 다른 왕들 역시 그를 가까이 불러서 정견을 듣고 학문을 논하려는 의식을 보여주었다. 그는 왕들과 만날 때마다 당시 현안이 되는 문제들에 대한 자신의 의견과 성리학 이론에 대한 강론을 하였는데, 특히 『심경』에 대한 강의는 어떤 왕을 막론하고 중요하게 다루었던 것으로 나타난다. 송시열에게는 효종 재위 기간과 맞물리는 43세에서 53세에 이르는 기간이 북벌론으로 대표되는 자신의 사회의식을 펼칠 수 있는 호기로 여겨졌을 것이다. 65세에 『삼학사전』을 짓는 등의 행보를 통해서도 알 수 있듯이 평생 북벌에 대한 의지를 놓지 않았다 해도 효종 사후에는 그 현실적 의지가 상당 정도 꺾일 수밖에 없었을 것이다.

한편 효종 사후에는 자의대비의 복제 문제를 둘러싸고 17세기 사회를 달구었던 문제 중의 하나인 예송이 이루어졌다. 일반적으로 예는 성리학 이론이 현실적으로 드러나는 측면에서 발생하는 기제이다. 그러니까 예에 관한 논쟁은 의례의 고증 문제에 머무는 것이 아니라 성리학 이론을 해석하고 현실화하는 문제와 연관되는 사안인 셈이다. 그리고 그 중심에 송시열이 있었다. 그러니까 그는 도덕의 재건이라는 문제를 예송이라는 사건을 통해 주장하고 확산하고자 하는 의지를 보였던 것이다.

송시열의 이러한 현실참여를 밑받침한 주희의 학문을 기준으로 삼는 성리학 연구는 그가 사약을 받고 죽음에 이르는 82세에 이르기까지 단절 없이 지속되었다. 특히 朱子書에 대한 이해의 폭을 넓히기 위한 대표적 성과들은 그의 나이 70세 이후에 속속 제시되었다.『주자대전』의 주석서인『주자대전차의』는 72세에 완성되었다. 같은 해에『이정전서』를 각각 유별로 분류한『정서분류』를 내놓았고, 이듬해에는『주자어류』를 정리하고 내용을 분류하여『주자어류소분』을 만들었다.[4]『주자대전차의』는 사약을 받던 그 전 해에 이르기까지 제자들과 더불어 교감을 계속하였다는 기록이 보이고[5] 그의 마지막 해에 이 책의 서문을 썼으며,[6] 같은 해에『논맹혹문정의통고』를 편수하였다.[7]

평생에 걸쳐 학문 연찬을 지속하며 다른 한편으로 자신의 이념을 실현하기 위한 현실참여의 끈을 확고히 잡고 있었던 송시열의 삶은-그 공과를 일단 접어두고라도-명실상부한 유자의 길을 몸소 체현한 전형으로서의 존재의의를 지닌다.

이 글은 도덕 재건과 '春秋大義'에 입각한 북벌론 등으로 대표되는 송시열의 현실 참여 행보를 支持하였던 기반에 그의 성리학 이론이 들어 있었음을 전제로 한다. 그리고 특별히 그의 心性에 관한 이론이 그 맥락에서 어떻게 작용하였으며, 그 이론의 독자성은 무엇인지를 드러내고자 하는데 그 논의의 초첨은 未發論에 둘 것이다. 미발론에는 인간의 心과 性과 情의 각 개념과 그들 상호 관계를 논하는 내용을 담고

---

4)『송자대전』부록 권7,「연보」, 166b~170a.

5)『송자대전』부록 권11,「연보」, 243b~243c.

6)『송자대전』부록 권11,「연보」, 247ㅇ. 송시열은 이때 비로소『주자대전차의』의 서문을 쓰면서도, 한편으로는 권상하에게 이후에도 김창협·이희조 등과 상의하여 더 교감할 것을 당부하였다.

7)『송자대전』부록 권11,「연보」, 249a.

있다. 따라서 이는 심성론을 해명하는 매체로 요긴한 주제이다. 아울러 송시열의 미발론이 이후의 유자들에게 어떤 영향을 주고 있는지를 살펴보려 한다.

2. 우암의 未發論을 통해 본 心性論의 특징

1) 주희의 미발론

『중용』 첫 장에 나오는 未發·已發의 문제—中和論의 해명은 오랫동안 유학자들의 화두였다.[8] 특히 理氣·心性의 학문으로 불리는 주자학에서 이 문제에 대한 정리는 그 심성론의 정립을 의미하는 주요 논제이다. 주희는 中和舊說에서 中和新說로의 과정을 거치며 중과 화에 대한 자신의 입장을 정리한 바 있다.

중화론은 『중용』 첫 장에 나오는 한 문장에 대한 해석을 둘러싸고 논의된 내용을 이른다. 곧 "喜怒哀樂의 감정이 아직 겉으로 드러나지 않았을 때를 中이라 하고, 그 감정들이 밖으로 표출되었는데 모두 절도에 맞는 경우를 和라고 한다. 중은 천하의 大本이고 화는 천하의 達道이다."라는 말을 해석하는 과정에서 주희를 비롯한 송대의 유학자들은 心과 性, 情 등의 개념 규정과 그들 상호간의 관계에 대해 서술하였다. 주희가 未發과 已發 문제를 중요한 화두로 생각하는 것은 역시 李侗(1093~1163)과의 만남이 계기가 되었다. 이동은 程頤(1033~1107), 楊時(1053~1135), 羅從彦(1072~1135)의 계열을 잇는 학문 계보 위에 있다. 주희는 24세 때 61세의 이동을 처음으로 만났다. 당시 사회의 분위기와 특히 유자휘의 영향으로 소년 주희는 불교, 특히 선학에 관심

---

8) 『중용』 1장, "喜怒哀樂之未發, 謂之中, 發而皆中節 謂之和. 中也者, 天下之 大本也, 和也者, 天下之達道也."

이 많았다고 알려져 있다. 이러한 불교취향의 학문태도를 일신하여 명실공히 유학자로서의 길을 걷게 된 계기가 이동과의 만남이었다.

楊時의 전통을 잇는 이동은 『중용』을 중요한 텍스트로 삼았다. 그 중에서도 心, 性, 情의 문제를 포괄하는 未發과 已發 문제를 핵심으로 파악하고 그에 대한 학설을 세웠다. 양시는 "배우는 사람이 희노애락이 미발했을 때를 당하여 心으로써 그 상태를 체득할 수 있다면 中의 의미가 저절로 드러날 것이다"라 한 바 있는데, 이는 『중용』未發의 윤리철학을 구체적 수양 실천으로 전환하였음을 의미한다. 이것을 계기로 미발 상태를 체험하는 것이 양시 문하의 기본 종지가 되었으며 이러한 경향은 나종언에서 이동에 이르기까지 명백히 드러난다.[9]

공부 방법에 대한 이동의 견해는 그 핵심이 '未發時의 氣象을 體認하라'는 것이다. 주희는 "이 선생이 사람들을 가르치실 때 고요한 가운데(靜)서 大本을 체인하도록 하셨으니 미발시의 기상이 분명하면 곧 사물에 처하고 응함이 절로 절도에 맞는다는 것이다. 이것이 구산 문하에서 전해오는 핵심이다"[10]라 하였다. 결국 未發時의 공부를 통해 궁극적으로 지향하는 바는 구체 현실에서의 정당한 행위를 확보하고자 함이었다. 이것이 선학의 공부와 차별되는 부분이라 하겠다. 주희가 이 공부 방법에 대해 확신을 갖기 전에 이동이 세상을 떠났고 그 즈음에 마침 호남학파에 속하는 張栻을 만난다. 이 만남을 계기로 주희는 일단 자신의 중화론을 정리한다. 주희 37세 전후의 일이다. 그런데 주희의 중화론은 한 번 더 변화하는 계기를 맞게 되는데 40세 초반 蔡元定(1135~1198)과의 토론을 통해서이다. 주희의 중화론을 舊說과 新說로 구분하는 것은 이 두 번의 계기를 통해 정리된 주희의 사유가 다르

---

9) 진래 지음, 이종란 외 옮김, 『주희의 철학』, 예문서원, 146쪽 참조.
10) 『朱子大全』 권40, 答何叔京, "李先生敎人, 大抵令於靜中體認之大本, 未發時氣象分明, 即處事應物自然中節, 此乃龜山門下相傳指訣."

기 때문이다.[11) 이제 中和新說은 주희 심성론의 定論이 되는 것이다.

11) 주희가 60세 후반에 지었다는「中和舊說序」에는 중화설 형성의 歷程이 잘 드
러나 있다.
"내가 일찍이 연평 이 선생을 좇아 배울 때『중용』을 받고 희노애락이 미발
한 것의 뜻을 연구하였는데, 미처 잘 이해하지도 못한 가운데 선생이 돌아가
셨다. 나는 스스로 그 불민함을 안타까워하였는데 그것은 마치 막다른 데에
몰린 사람의 처지와 같았다. 장흠부가 형산 호씨의 학문을 배웠다는 말을 듣
고 가서 그 학문에 대해 들었다. 흠부는 내게 자신이 들은 바를 알려 주었지
만 난 여전히 잘 살필 수가 없었다. 물러가 깊이 생각하면서 거의 침식을 잊
을 지경이었다. 그러던 어느 날 탄식하며 말하기를 '사람은 갓난아이로부터
늙어 죽을 때까지 비록 말하거나 침묵하고 동정하는 등의 차이가 있지만 그
대체는 已發 아님이 없다. 특히 그 未發은 아직 발하지 않은 것일 뿐이다'라
고 했다. 이로부터는 더 이상 의심이 없이 중용의 뜻은 과연 여기서 벗어나지
않는다고 생각하였다. 이후에 曾吉父와 미발의 뜻에 대해 논한 호씨의 글을
보았는데 그의 논의도 바로 나의 뜻과 같은지라 더욱 자신이 생겼다. 비록 정
자의 말과 합치되지 않는 부분이 있었지만 곧 약간의 착오로 잘못 전해진 것
이라 보고 그것을 믿지 않았다. 그런데 간간이 그에 대해 사람들에게 말을 했
으나 잘 이해할 수 있는 자를 만날 수 없었다. 건도 연간 기축년 봄에 벗인
蔡季通에게 이에 대해 말을 하고 서로 논변하던 중에 내가 홀연히 이 이치를
의심하게 되었다. 비록 내가 默識하는 바이라도 다른 이에게 알리는 것이 불
가한 것은 아니다. 지금 분석한 것이 이와 같이 어지러워서 밝히기 어렵고,
들은 것이 이와 같이 어두워서 깨우치기 어렵지만 그 의미는 乾坤의 간이한
이치로서 人心의 같은 부분이니 아마도 이와 같지는 않을 것이다. 그리고 정
자의 말은 그 문인 중 뛰어난 제자들에 의해 전하였으니 응당 아무런 오류
없이 지금에 이르렀을 것이다. 그러니 내가 자신하는 바는 오히려 잘못된 것
이 아니겠는가? 그래서 정자의 글을 다시 얻어서 마음을 비우고 기운을 고르
게 하여 천천히 읽어 보았다. 몇 줄 읽지 않아서 얼음이 풀리는 것과 같았고
그런 다음에 情과 性의 본연을 알게 되었으니 성현의 은미한 뜻의 공정하고
명백함이 곧 이와 같은 것이다.……틈을 내어 그 글들을 검토하다가 당시에
왕복했던 글 한 편을 얻어서 문득 그 所以를 序에 담아「中和舊說序」라 제
목을 달았다. 지난날의 병폐를 깊이 뉘우친 것은 배움에 뜻을 둔 학자들이 그
것을 읽고 내가 경계로 삼았던 것에 따라 경계할 바를 알도록 하기 위함이다.
오직 이 선생의 문하에서 직접 질문 올릴 수 없는 것이 한이지만 선생이 이
미 말씀하신 것으로 미루어 보면 선생께서 미처 말씀하지 않았어도 선생님의
뜻이 이 내용과 멀리 떨어지지 않았음을 알 수 있을 것이다."(『주자대전』 권

이동 사후에 주희는 張栻(1133~1180)을 통해 湖南學의 중화설을 소개받았다. 호남학의 특색은 '先察識後涵養說'로 대표할 수 있으며 이는 己發時의 공부를 중시한 관점이다. 주희는 이동이 전수한 '미발시 기상을 체인'하라는 관점과 호남학의 이 입장을 어떻게 수용하는가의 문제를 풀어야 했다. 미발을 강조하면서도 이발시의 현실적 수양에 대한 긴장감을 늦추지 않는 이동의 공부 방법에 난해함을 느끼던 주희는 장식의 己發 중심의 학설을 의미 있게 받아들이게 된다. 그러나 결국은 지나치게 己發을 중시하는 호남학을 지양하며 默坐澄心을 통한 '미발기상체인설'을 재인식하게 된다. 그리하여 이 공부를 위한 방법론으로 居敬窮理法을 내세우게 된다.[12] 이 당시 주희는 未發을 性으로 보고 己發은 心으로 보는 관점(性體心用)을 정리하였고 이것이 중화구설의 요점이다.

그러나 주희는 자신이 정리한 중화구설에 확신을 갖지 못하고 사색을 계속하였다. 그 결과 心은 未發과 己發을 관통하는 것으로 보고 性과 情으로 未發과 己發을 설명하는 관점을 세우기에 이른다. 마침내 주희는 心統性情의 심성론을 확립하였던 것이다. 이와 같은 주희의 생각은 『중용혹문』에 잘 나타나 있다. 여기서 그는 대본에서 달도에 이르는 전 과정이 마음을 벗어나지 않는다고 선언하였으며, 미발의 상태는 지각할 수 있지만 아직 지각이 일어나지 않은 상태라 규정하였다. 사려가 일어나면 곧 이발의 상태이니, 미발은 마치 곤괘처럼 순음의 상황에 비유할 수 있다고 하였다.

그러나 주희의 이기론이 그 각각의 범주와 양자 관계를 설명하는 것

75, 「中和舊說序」).

12) "미발 체험을 추구하는 직관주의로부터 主敬窮理의 이성론으로 전환한 것은 주희 초기학술의 참모습이며, 그의 심성론 발전의 기본 배경이기도 하다"(진래, 앞의 책, 206쪽).

이 정합하지 않고 재해석의 여지를 남겨놓았듯이, 미발을 해석하는 문제에서도 심·성·정의 내함과 외연을 포괄하여 완전히 부합되는 설명을 남기지 못하였다.[13] 이를 포함한 주자학의 부정합한 이론을 다시 세운 다음 그 이론을 자신들의 시대에 적용하고자 하였던 사람들이 바로 조선의 유자들이었다. 16세기의 四七論爭에서는 인간의 감정을 理氣論의 틀로 설명하는 과정에서 리와 기의 개념과 그 관계문제에 중점이 두어졌다면, 18세기 湖洛論爭에서는 본성과 감정의 문제에 心이 간여하는 성격과 정도 문제에 대해 보다 천착하는 경향을 보인다. 여기서는 특히 미발의 문제가 초점이 될 수밖에 없었다.

송시열은 위로 16세기 유자들의 전통을 이으며 동시에 18세기 유자들의 새로운 관점 형성을 도출하도록 하는 위치에 있었으며, 실제로 그 사상사적 역할에 충실하였다. 미발에 대한 해석에서도 주희의 관점에 근거하면서 동시에 선배 유자들의 성과를 수용한 다음 자신의 독자적 해석을 내놓기에 이르렀다. 그리고 그의 미발론이 이후 인물성동론의 낙학과 인물성이론의 호학에 모두 일정한 영향을 드리우고 있다는 점이 이 글에서 확인할 부분이다.

2) 미발론을 통해 본 심성론

(1) 미발에 대한 해석

성리학에서 미발에 대한 정의는 심성론과 연관되는 주요한 주제인 동시에 그 해석이 간단명료하게 정리되기 어려운 논제이기도 하다. 송시열 역시 여러 학자들과 그 개념정의를 둘러싼 논의를 오랜 시간에

---

13) "주희 자신이 신설확립 이후에도 미발에 대한 명확한 설명에 실패……미발을 함양 공부의 착수처로 세우려는 점은 일관되면서도 미발의 상태를 설명하는 그의 발언들은 완전한 정합성을 이루지 못하였다"(이봉규, 「성리학에서 미발의 철학적 문제와 17세기 기호학파의 견해」).

걸쳐 지속하고 있으며, "이 문제에 관한 한 주 선생께서도 앞뒤가 틀리는 경우를 면치 못하였다"[14]고 누차 이야기 한 바 있다. 그리고 "이천과 주자의 말씀을 오늘에 적용하는 것은 적당하지 않다"[15]는 자세는 주자 일존주의로까지 평가되기도 하는 송시열에게서도 어렵지 않게 발견되는 관점이다. 그리고 이것은 조선의 유자들에게서 공통적으로 찾을 수 있는 생각이기도 하다. 그들은 주희의 사상을 존중하고 그것에 근거하고자 하지만 정합성이 떨어지거나 자신의 관점에서 문제로 발견되는 부분은 과감히 재해석하는 모습을 통해 주희가 남겨 놓은 미완의 문제들을 지양함으로써 조선유학의 독자성을 확보하였던 것이다. 이와 같은 관점을 전제로 하면서 다음에 송시열이 미발을 언급하고 있는 주요 서간을 분석하여 그가 정의하는 미발 개념을 몇 가지로 정리해 보도록 하자.

① 미발에는 두 층차가 존재한다.

송시열은 35세 무렵 金克亨(?~1663)과 성에 관한 토론을 전개하며[16] 성과 미발에 대한 자신의 이론을 점검하였다. 1642년에 權諰(1604~1672)에게 보내는 편지에서 송시열은 성은 태극이지 사덕이 아니라고 주장하는 김극형의 성론이 잘못되었음을 비판하였다. 동시에 미발문제와 관련한 자신의 생각을 개진하며 권시의 의견을 묻고 있다.[17] 여기서 송시열은 미발의 상태에는 두 가지 층차가 존재한다고

---

14) 『송자대전』 권113, 朴景初(1680년 1월 12일), "前稟諸說, 多蒙印可, 自幸謏聞之不甚悖理矣. 惟未發之旨, 迄未相契, 豈前所稟者辭不達意, 以致如此耶? 朱先生於此, 亦不免前後異同."

15) 『송자대전』 권113, 박경초(1680년 7월 11일), "惟伊川・考亭之云, 不當用於今日."

16) 『송자대전』 부록 권2, 「연보」, 16d.

17) 『송자대전』 권39, 서, 答權思誠(1642년 6월 18일).

말하였다. 그 중 하나는 지각할 수 있지만 지각이 일어나지 않은 상태이고, 또 하나는 지각이 일어나지만 사려로 전환되지 않은 상태이다. 이것을 『주역』의 괘로 표현하자면 전자는 순음인 곤괘이고 후자는 하나의 양이 막 생겨나는 복괘에 해당된다고 한다. 그러니까 곤괘와 복괘로 미발의 두 층자를 비유하였던 것이다.

그런데 『중용혹문』에서 주희는 "지극히 고요한 때(미발)에는 다만 지각할 수 있는 능력만 있을 뿐 지각하는 것은 없다. 그러므로 고요한 가운데에 존재의 가능성이 있다고 할 수는 있지만, 막 사려가 나타나서 이발이 되는 것으로 비유할 수는 없으며, 순음인 곤괘의 상황에서도 양이 완전히 배제된 것은 아니라고 할 수는 있어도 하나의 양이 이미 움직인 복괘로 비유할 수는 없다"[18]고 말한 바 있다. 김극형이 이 점을 지적하였고 송시열은 주희의 다른 언급들에서는 『대학혹문』의 주장과 다르게 곤·복을 미발로 설명하는 내용이 자주 보이며, 특히 「記論性答藁後」를 근거로 제시한다.

그러니까 송시열은 미발의 상태는 지각의 능력뿐만 아니라 실제 지각이 일어나는 범위까지 포함하는 것으로 정의하였다. "『혹문』에서는 지극히 고요한 가운데 지각이 없고 단지 지각할 수 있는 능력만 있는 것을 곤괘에 비유하였습니다. 그러나 아직 사려는 없지만 지각은 있는 상태는 복괘에 비유할 수 있으며 이들은 모두 미발의 경계입니다. 어찌 반드시 지각이 없는 것만 미발이 되겠습니까. 대개 인심에는 동정의 두 기틀이 있고, 천도에는 음양의 양단이 있을 뿐입니다. 지각이 있거나 없거나 간에 사려로 드러나지 않았다면 모두 靜이고, 양이 생하였는가 생하지 않았는가를 불문하고 봄과 여름에 도달하지 않았다면

---

18) 『중용혹문』, "盖當至靜之時 但有能知覺者而未有知覺也 故以爲靜中有物則可 而便以纔思卽已發爲比則未可 以爲坤卦純陰而不爲無陽則可 而便以復之一陽已動爲比則未可也."

모두 음이라 하는 것입니다. 그대는 양이 이미 생하였다고 해서 겨울을 양이라고 하겠습니까? 이로부터 말하자면 『혹문』과 앞의 편지에서 인용한 주자의 설[19]이 서로 증거가 되며 서로 어긋나지 않는다고 할 수 있습니다."[20] 이와 같은 30대 시절의 생각은 70세가 넘은 만년에도 변함없이 유지되었다. 1678년 72세 때 尹拯(1629~1714)에게 보낸 편지에서 지각할 수 있으나 아직 지각이 일어나지 않은 상태와 지각이 칠정으로 드러나지 않은 상태가 모두 미발의 영역에 속하고 이들은 각각 곤괘와 복괘에 해당시킬 수 있다고 설명하였다.[21]

② 미발과 이발 모두 寤時에 해당한다.

송시열은 『주자대전』과 『주자어류』에 보이는 주희의 언급을 근거로

---

19) 『송자대전』 권39, 서, 答權思誠(1640년 7월 13일), "又曰, 知覺雖已動, 而不害其爲未動. 又曰, 見箇物事心裏, 不喜不怒, 如何謂之已發者……又謂林擇之說, 思慮未萌,是坤卦事, 不應以復當之. 擇之之疑雖過而察之亦密矣. 朱子之意, 固以未發, 舍已動而言也. 然非謂必待其已動, 而後爲未發也. 雖是已動, 固無害於爲未發也. 此蓋動靜相含, 陰陽互藏之理也. 大抵未有聞見, 而但有能聞見者, 是坤 不能無陽之象也. 已有聞見而未有喜怒者, 是陽著窮泉, 而寒威閉野之象也. 旣有聞見而喜怒已形者, 乾道變化, 各正性命之象也. 如此分配, 似有端的."

20) 『송자대전』 권39, 서, 답권사성(1640년 10월 4일), "蓋或問, 固以至靜之中, 未有知覺, 而但有能知覺者, 配純坤矣. 然未有思慮而但有知覺者, 固可以配復, 而同爲未發之境界矣. 何必獨以未有知覺者, 爲未發也. 蓋人心有動靜之二機, 天道有陰陽之兩端而已, 不問有覺與無覺, 而未涉思慮, 則同謂之靜也, 亦不問陽生與未生, 而未涉春夏, 則同謂之陰也. 兄固以爲陽已生者, 而謂冬爲陽乎? 以是而言, 或問及前書所引朱子說, 可以相證而未見相妨也."

21) 『송자대전』 권111, 서, 答尹拯(1678년), "坤與復, 雖有陽氣未動已動之殊, 而俱在大冬之中, 心雖有未有知覺已有知覺之別, 而皆不涉於喜怒, 故俱在未發之前. 然細分之, 則但有能知覺而未有所知覺, 正如坤卦不爲無陽而猶未至於一陽初動, 故於中庸或問屬之於坤, 至於已有知覺則稍有動底苗脈, 故屬之於復. 然皆未涉於喜怒, 故均謂之未發, 大全或問雖有詳略之異, 而其實則未嘗不同也."

미발은 깸의 상태(寤時)에 해당한다고 설명하였다. 이는 주희가 "사려가 싹트지 않은 것은 진실로 곤괘이나, 지각이 어둡지 않은 것은 복괘이다"라 하여 '知覺 不昧'를 미발의 특성으로 제시한 관점에 주목한 것이다. 윤증에게 보내는 편지에서 송시열은『중용혹문』이후에 구성된『주자어류』의 대목을 제시하면서[22] 미발의 상태에서 지각이 작용을 한다는 의견을 내놓았다.

그러니까 미발 상태에서도 외물에 대한 심의 지각이 가능한 셈인데 단지 그것이 구체적인 감정으로 드러나지 않기 때문에 순수한 상태로 유지된다고 하였다. "심이 외물에 감촉하는 것에 따라 겉으로 드러난 다음에야 과불급을 말할 수 있다"[23]고 하여, 감촉은 했더라도 아직 구체적으로 드러나지 않은 상태라면 不偏不倚의 중인 것이다.

미발의 본연상태는 외물과 감촉함으로써 이발로 전화해 가는데 그 움직임의 기준은 심이라고 한다. 그래서 "몸은 비록 수레를 타고 달리고 배를 타고 가더라도 그 마음이 움직이지 않았다면 어찌 이발이라 할 수 있으며, 비록 눈을 감고 조용히 앉았더라도 마음이 이미 움직였다면 어떻게 미발이라 할 수 있겠습니까?"[24] "그런데 아무 일 없을 때

---

22)『송자대전』권111, 서, 답윤증(1678년), "語類實陳安卿庚戌己未二年所問, 亦在或問已成之後, 語類問未發之前,當戒謹恐懼提撕警覺則亦是 知覺, 而伊川謂既有知覺却是動, 何也, 曰未發之前, 須常恁地醒, 不是瞑然不省, 若瞑然不省則道理何在, 成甚麼大本, 曰常醒便是知覺否, 曰固是知覺, 曰知覺便是動否, 曰固是動, 曰何以謂之未發, 曰未發之前, 不是瞑然不省, 怎生說做靜得, 然知覺雖是動, 不害其爲未動, 若喜怒哀樂則又別也, 曰恐此處知覺雖是動, 而喜怒哀樂却未發否, 先生首肯曰是, 下面說復見天地之心說得好, 復一陽生,豈不是動, 曰一陽雖動,然未發生萬物, 便是喜怒哀樂未發否, 曰是."

23)『송자대전』권113, 답박경초(1677년 6월 18일), "來諭所謂隨其所感而無過不及之謂者, 亦恐有語病, 恐於感而下脫一發字耶? 蓋感者外物感觸於心也, 隨其感觸而發動, 然後無過不及,可得而言矣."

24)『송자대전』권118, 答金用九(1681년 3월 13일), "今尊書所引, 或說所謂, 一身無所動作時, 皆謂之未發者, 恐未安. 身雖馳轂浮舟, 而其心未動, 則何可謂之

라도 마음이 혼매하거나 혹은 산란하다면 밖에서 보기에 비록 고요한 것처럼 보일지라도 그 실질은 동함의 여분에 해당됩니다. 이미 동함의 여분에 속한다고 하면 당연히 이발에 속하는 것이고 미발이라 할 수 없습니다."25) 미발과 이발을 가르는 계기는 심의 작용 여부임을 말하고 있다.

그리고 '未發之中'의 中은 性의 상태를 형용하는 개념으로 분명하게 규정하였다. 송시열은 미발의 중이 성의 상태를 나타내는 형용이므로 성과 중을 혼동하지 말아야 한다고 했다. "성은 물과 같고 중은 그침과 같습니다. 물이 그칠 수 있다고 하는 것은 가능하지만 그치는 것이 물이라 하면 전도된 말입니다. 성을 중이라 하는 것은 가능하지만 반대로 중이 성이라 하는 것은 곧 그친 것이 물이라 하는 것과 같은 격입니다."26)

③ 미발의 善惡 문제

송시열은 朴尙玄(1629~1693)에게 보내는 편지에서 "그대는 성이 리와 기가 합하여 이루어진 것으로 여기기 때문에 성이 아직 외물과 감촉하기 전에도 이미 선악이 그 사이에서 상대하고 있는 것으로 여긴 듯합니다. 그러나 이는 그대의 생각이 잘못된 부분입니다. 성이 본래 기 속에 있는 것이지만 성현이 성을 말할 때에는 기를 섞지 않고 리만을 단독으로 말하여 그 본체를 밝혔을 따름입니다."27)라고 하여 미발

已發, 雖或閉目靜坐, 而其心已動, 則何可謂之未發也."

25) 『송자대전』 권113, 與朴士元, "然此無事時, 此心猶昏昧或紛擾, 則觀於外者雖或似靜, 而其實動之餘也, 旣是動之餘, 則當屬已發, 而不可謂之未發也."

26) 『송자대전』 권95, 答李同甫, "性如水, 中如止, 謂水能止則可矣, 而謂止爲水則倒說矣, 謂性爲中則可矣, 而反謂中爲性, 則正如以止爲水."

27) 『송자대전』 권113, 답박경초(1677년 6월 18일), "大抵高明之意, 以性爲理與氣合而成者, 故似若以爲方其性之未感也, 已有善惡二者相對於其間者. 然此實

인 성은 상대적 선악을 넘어서는 경계에 있음을 분명히 하였다. 그럼에도 불구하고 모든 존재가 성에 근거하여 유출되는 것처럼, 악 역시 성의 본체에 근거하여 발생한다고 설명한다. 그러니까 "악은 성의 본체가 아니며 천리의 자연이 아니라고 할 수는 있지만, 성에 근본하지 않고 천리로부터 나오지 않는다고 한다면 이는 세상에 근본 없는 물건이 있고 이치를 벗어난 일이 있다는 말입니다"28)라고 말했다.

결국 "성은 하나입니다. 그러나 맑은 기에 실려 있어서 그 드러난 것이 선하면 선이라 하고, 탁한 기에 실려 있어서 드러난 것이 절도에 맞지 않는다면 악이라 하는 것이니 (선악은) 모두 이발의 상황에서 말할 수 있는 것입니다. 미발인 때에는 비록 그것이 선하다 해도 선이라 이름붙일 수 없기 때문에 맹자는 부득이 정의 선한 것을 가지고 성의 선한 것이라 하였지만 정은 이발이 아닙니까? 더구나 미발의 전에 어찌 악한 성이 선과 대대하여 있겠습니까?"29)라는 것이다.

이러한 생각은 미발은 기 속에서 있는 리 만을 지칭한다는 설명과 맥을 같이 한다. 그러니 미발은 상대적 선악을 넘어서서 존재하는 상태가 된다. 송시열은 미발의 상태는 곧 성을 말하는데 성의 존재 방식은 기 속에 리로서 내재한다고 설명한다. 그래서 "중은 성의 덕을 형용한 것인데, 성이 비록 기 없이 홀로 설 수는 없는 것이지만 성현이 성을 말할 때에는 기 속에서 리 한 쪽만을 뽑아내서 말한 것"30)이라 말

高明所見之誤處. 夫性固在於氣中, 然聖賢言性, 皆不雜乎氣而單言其理, 以明其本體而已."

28) 『송자대전』 권113, 답박경초(1677년 6월 18일), "蓋所謂惡謂之非性之本體, 非天理之自然則可, 謂之不本於性, 不出於天理, 則是天下有無本之物, 而亦有理外之事矣."

29) 『송자대전』 권113, 답박경초(1677년 10월 14일), "性一也, 搭在淸氣中, 而其發也善, 則謂之善, 搭在濁氣中, 而發不能中, 則謂之惡, 皆以已發而言之者也. 未發之時, 則雖其善者亦不得而名, 故孟子不得已, 以情之善而名性之善, 情豈非已發者乎? 況於未發之前, 寧有所謂惡性與善對待乎?"

하여 리기를 아울러서 설명할 필요가 없다고 말하였다. 그렇지만 선악으로 행할 수 있는 가능성은 이미 미발의 전에도 내재되어 있다. 리를 수용하고 있는 기의 존재를 강조한 것에서도 알 수 있는 것처럼, 송시열은 "세상의 이치는 근본이 없이 생성되는 것이 없습니다. 그러므로 선악은 모두 천리라고 합니다. 또 악도 性이라 하지 않을 수 없다고도 하였습니다. 그리고 리에는 선악이 있습니다. 지금 악을 리의 본연으로 삼는 것은 크게 잘못된 것이지만, 리의 본연이 아니어서 리에 근본하지 않는다고 할 수는 없다고도 하였습니다. 대개 악이란 그 시초엔 비록 리에 근본하였지만 말류의 폐단이 생겨서 그 본연을 잃고 드디어 악에 이르렀을 뿐입니다"31)라 하여 선악을 말할 수 있는 대상은 이발의 상태이지만 이미 미발 시에 그 원인이 내재되어 있음을 암시하였다. 미발은 순선하다는 설명에 머물지 않고, 선악의 근원으로서의 의미도 함께 부여하고 있다는 점이 독특하다.

④ 聖凡의 미발

주희가 中和는 "비록 성인의 능사이나 학문의 극진한 공효"라고 했던 것에서 알 수 있듯이 모든 사람들은 보편적으로 중화의 상태를 견지할 수 있지만, 그것은 거저 주어지는 일이 아니다. 그렇기 때문에 송시열은 수양과 공부가 필요하다고 설명한다. 그래서 "현인도 중화하지

---

30) 『송자대전』 권113, 답박경초(1677년 6월 18일), "來諭謂中也者, 理氣純粹而寂然不動之謂也. 竊謂於中不必下理氣二字, 蓋中者狀性之德也, 所謂性者, 雖非舍氣獨立之物, 然聖賢言性者, 每於氣中拈出理一邊而言. 今便以氣並言者, 恐未安."

31) 『송자대전』 권90, 答李汝九(13서), "天下之理, 無無本而生者, 故曰善惡皆天理. 又曰, 惡亦不可不謂之性也. 又曰, 理有善惡, 今若以惡爲理之本然, 則大不可然, 亦不可以非理之本然, 而謂之不本於理也. 蓋所謂惡者, 其初則雖本於理, 而末流之弊, 失其本然, 而遂至於惡爾."

만 간혹 중화를 이루지 못한 때가 있고, 보통 사람도 혹 중화의 상태를 지닐 때가 있지만 이것은 매우 드문 일입니다. 자사가 중화를 이룬다고 한 말은 중화의 덕을 지극히 하여 조금이라도 미진한 바가 없도록 한다는 말입니다"[32]라고 해서 중화의 상태를 확보하기 위해 부단한 노력이 필요하다는 점을 암시하였다. 다른 설명은 일단 접어두고 『중용』 본문에서 우선 天命과 率性을 말한 다음에 존양성찰의 요점을 말하였고, 그런 뒤에 미발에 대해 말하고 있는 것에서 알 수 있듯이 "미발이라는 것은 군자가 용공하는 것으로써 말한 것이지 사람마다 모두 이와 같다는 것은 아니"라는 것이다.[33] 그러니 보통사람들은 현실적으로 미발인 때가 없다는 것이다.

적연하여 움직이지 않고 환하여 혼란하지 않은 이후에야 비로소 미발이라 할 수 있습니다. 미발은 곧 중이고 중이면 체가 서고 체가 서면 용이 和하게 됩니다. 만일 보내 준 편지에서 그대가 말한 것처럼 보통 사람들도 미발인 때가 있다면 보통 사람들의 마음 역시 모두 중의 상태를 지니게 되는 것이니 어찌 미발은 있는데 중은 없다고 할 수 있겠습니까? 그대의 뜻은 보통 마음에는 반드시 동정이 있는데 정한 때가 곧 미발이라 생각했을 것입니다. 그러나 나는 보통 사람들에게는 정한 때가 없고 정한 때가 없으니 미발의 상태를 지니지도 못한다고 생각합니다. 이것을 물에 비유하면 물이 바람에 흔들려 진흙과 섞여 탁해지면 비록 바람이 없을 때라도 탁함은 여전하니 이는 바람이 뒤흔든 뒤이기 때문입니다.[34]

---

32) 『송자대전』 권113, 답박경초(1677년 12월 15일), "賢人亦有中和, 而或有不中和時, 衆人亦或有中和時, 而此則絶少矣. 子思所謂致中和者, 是極中和之德, 而無一毫未盡之謂."
33) 『송자대전』 권113, 답박경초(1678년 3월 19일), "中和說, 不待程朱說話, 只以中庸本文觀之, 則始曰天命之謂性率性之謂道云云, 次言存養省察之要, 然後乃言未發之說, 則所謂未發者, 分明以君子之用功者而言, 非謂人人皆如此也."

　근원적으로 미발의 상태를 부여받은 것은 성범이 동일하지만, 현실적으로 미발을 유지하는 경우는 극히 제한된 소수에게서만 볼 수 있다는 생각이다.

　다음에 제자 朴光一(1655~1723)의 한 기록을 통해 송시열의 관점을 정리해 본다.

　　광일이 말하기를, "정과 미발은 어떤 차이가 있는지요?" 선생이 말하기를, "미발은 환히 분명하여 혼란하지 않을 때이고, 정은 동의 여분이므로 정을 미발이라 할 수 없다. 무엇으로 증명할 수 있겠는가? 사람이 잠잘 때 무슨 감촉이 있겠는가마는 이는 곧 동의 여분인 까닭에 마음에 혼매하고 꿈 또한 뒤숭숭하다. 외물에 감촉되지 않기 때문에 정이라 할 수는 있지만, 꿈이 뒤숭숭한 것을 미발이라 할 수는 없다." 광일이 말하기를, "그렇다면 보통 사람도 처음에는 비록 본체의 밝음을 갖지만 항상 동하여 대본이 서지 못하는 것이군요." 하자, 선생이 광일을 돌아보면서 말하기를, "저 말이 가장 옳다!"35)

(2) 心으로 통합되는 심성론

---

34) 『송자대전』 권113, 박경초(1677년 12월 15일), "夫必寂然不動, 炯然不亂, 然後方可謂之未發. 未發則中矣, 中則體立, 體立則用和矣, 何嘗以中與未發爲二哉? 不然子思何以曰喜怒哀樂之未發謂之中也, 若如來敎而衆人有未發之時, 則衆人之心, 亦皆有中矣, 豈可曰有未發而無中也, 來意必以爲凡心必有動靜, 靜時卽其未發也. 愚以爲衆人未嘗有靜時, 未嘗有靜時, 故亦未嘗有未發也. 比之於水, 水被風盪, 泥土混而成濁, 則雖其無風之時, 其濁自如也, 是乃風盪之餘也."

35) 『송자대전』 부록 권16, 어록3, 朴光一錄, "光後曰, 靜與未發, 何以有間. 先生曰, 未發者, 炯然不亂之時也, 靜則動之餘, 故不可謂未發也. 何以明之, 人之寢時, 有何感觸, 而乃其動之餘, 故心猶昏昧, 夢且顚倒. 蓋物無所感, 故謂之靜則可也, 夢猶顚倒, 謂之未發則不可也. 光一曰, 然則衆人始雖有本體之明, 常動而大本不立也. 先生顧謂光後曰, 彼言最是矣."

위에서 살펴 본 송시열의 미발론을 통해 우리는 다음과 같이 정리를 할 수 있다.

첫째, 그가 말하는 미발의 상태는 기 속에 들어 있는 리만을 지목한 것이다. 따라서 상대적 선악을 넘어선 경지이며 사람들이 보편적으로 얻은 것이다. 그러나 사람마다 그 본연의 상태를 지니고 있는 기틀이 다르고, 구체적인 삶의 장에서 기질에 따른 행위를 하게 되므로 미발의 중을 견지하지 못하는 것이 현실이다. 그렇기 때문에 사람들은 잃어버린 미발의 상태를 회복하기 위한 후천적 노력을 해야 할 필요가 생긴다. 이것이 학문과 수양의 초점이 되는 것이다.

둘째, 학문과 수양을 통해 확보해야 할 미발의 본래 상태는 심의 작용에 의지하여야 한다. 미발과 이발이 나뉘는 계기도 심의 운동 여부이고, 미발의 중과 이발의 중을 찾아가는 중심도 심의 작용이다. 不偏不倚한 미발 상태의 중과 無過不及으로 표현되는 이발 상태의 중은 본성과 감정을 조절할 수 있는 역량을 가진 심의 작용에 의거하여 실현될 수 있다는 말이다.

셋째, 성의 영역인 미발 상태에는 두 가지 층차가 존재하는데 하나는 지각할 수 있는 가능성만 지닌 부분이고 또 하나는 정으로 전환되지 않았지만 실제 지각이 일어난 부분이다. 이 해석 역시 성에 대해 심이 관여하는 내용을 설명하는 것이다.

주희의 중화신설 이후에 심통성정의 심성론이 세워지면서 성·정과의 관계 속에서 심의 위상이 확립되었다면, 송시열의 미발 해석은 심이 성·정을 주관하는 핵심 개념이 되도록 함으로써 심의 역할을 강조하였던 점이 주목된다.

송시열은 심과 성·정의 관계를 "심은 그릇과 같으며 성은 그릇 속의 물과 같고 정은 그릇에서 쏟아져 나온 물과 같은 것"36)으로 비유하였고, "성은 작위가 없는 것이고, 심은 운용하는 것이며, 정은 자신도

모르는 사이에 불쑥 나와서 사람의 헤아림에 연유하지 않는 것이고, 의는 헤아리고 도모하는 것"37)이라고 설명하였다. 그런데 심·성·정의 긴밀한 연관을 비유하여 설명하는 데에서도 우리는 심을 그 중심에 두는 송시열의 의도를 읽어낼 수 있다.

이미 잘 알려진 것처럼 송시열은 氣發理乘一途의 관점을 계승하여 사단과 칠정, 인심과 도심 등을 상대하는 것이 아니라 심의 기초 위(이발의 상황)에서 기의 중절 여부에 따라 갈리는 상황으로 설명하였다. 심을 중심으로 한 일원론적 사유를 보여주었던 것이다. 이와 같은 사유방식은 그가 미발을 설명하는 과정에서도 분명히 드러나고 있음을 알 수 있다.

3. 心을 중심으로 하는 철학과 강문학사를 啓發한 측면

효종에게 올린 「己丑封事」의 13개 조항에는 송시열의 정국을 파악하는 견해와 사회문제에 대한 대안이 응축되어 있다. 여기서는 가장 먼저 군주의 聖學은 正心과 誠意에 근거해야 한다는 점을 강조하였다. 그리고 성학의 근본은 군주 자신의 마음을 바로 세우는 것에서 비롯된다는 점을 분명히 하였다.38) 그런 맥락에서 "신이 올리는 글은 모두 전

---

36) 『송자대전』 권104, 答金直卿 仲固(1676년 3월 27일), "蓋心如器, 性如器中之水, 情如水之自器中瀉出者也."

37) 『송자대전』 권104, 答金直卿 仲固(1676년 3월 27일), "大抵性是無作爲底物, 心是運用底物, 情是不知不覺闖然出來, 不由人商量底物, 意是計較謀爲底物."

38) 『송자대전』 권5, 己丑封事, "朱子曰, 吾平生所學, 只此四字, 豈敢回互而欺吾君乎? 今臣不敢遷就他說, 以負高明純粹之聖學, 故敢掇先儒之緒餘, 推衍爲說如左. 然正心誠意之說, 本出先聖之訓, 平正精粹, 初無新奇可喜之意……後之俗學, 乃以誠正之妙, 推以置之, 於冥漠不可測知之域, 而其所以施之政

하의 한 마음을 위주로 하였으니 한가히 궁중에 계실 때 마음을 지켜서 함양하여 사람을 쓰고 일을 처리하는 데에서 성찰하신다면 천하가 아무리 넓고 백성이 아무리 많더라도 다스리는 것이 여기에서 벗어나지 않을 것입니다."[39]라고 말했던 것이다. 성학은 군주가 선정을 베풀 수 있는 기초로서 어떤 사안 보다 우선되는데 그 공부의 핵심에 마음공부를 두어야 한다는 주장이다.

이 봉사에서는 군자의 성학을 말한 다음에 민생, 경제, 사회 문제 등의 현안에 대한 의견을 개진하였다. 그 후에 결론격으로 '修政事, 以攘夷狄'을 제안함으로써 반드시 해결해야 할 당대의 과제를 제시하였다. 송시열의 直 사상을 받치고 있는 '春秋大義' 정신의 구체적 실천 방안이 바로 '정사를 바로하여 결국 이적을 물리치는 일'로 집약되었던 것이다.

이 장문의 논문 말미에는 다시 한번 모든 내용이 임금의 마음에 근거하여 진술된 것임을 부연함으로써 마음을 바로 세우는 공부에 근거한 성학을 통해 시대의 난제를 해결해 갈 것을 촉구하였다.[40]

내우외환으로 대외적으로 민족적 수모를 겪고 대내적으로 경제적 파탄과 윤리의식의 붕괴가 정치의 타락으로 연결되는 당대 사회를 바라보는 송시열의 관점에서 그러한 문제들을 개선하기 위한 도덕의 재건 문제를 시대사명으로 삼지 않을 수 없었을 것이다. 그의 나이 43세에 올렸던 이 봉사의 주지는 그가 평생 동안 견지하였던 사회적 관점

　　事文爲者, 則與此不相入而別爲一事, 故從古帝王心法之要, 終作苢籬邊無用之物, 悠悠千載, 良可於悒."

39) 『송자대전』 권5, 己丑封事, "故臣之所進, 皆主乎殿下之一心, 誠能持養於燕閒蠖濩之中, 而省察於用人處事之間, 則知天下雖廣,兆民雖衆, 所以治之者, 不外乎此."

40) 『송자대전』 권5, 己丑封事, "已上數條, 臣謹以瞽見僭論以進, 而皆本於殿下之一心."

이기도 하였다. 도덕성을 제고하기 위한 사람들의 주체적 각성을 요구할 때에 성리학 이론에서 인간의 주체성을 대표하는 심의 개념이 주목되기 마련이고 결국 심을 강조하는 철학이 만들어져야 했을 것이다. 송시열이 이이의 '心是氣'와 '養氣說'을 계승하여 '養心說'로 확충하여 전개하였다는 평가는 이러한 과정에서 만들어진 결과로 보인다.

그리고 이렇게 성과 정의 관계 안에서 심의 역할을 강조하는 양상은 그 미발론에서 구체적으로 발견할 수 있었다. 성리학자들이 미발 개념에 주목한 이유는 사람들이 도덕적 행위를 실천할 수 있는 바탕으로서의 본래적 근거를 확보함으로써 그 이념 구현의 기반을 제시하기 위해서이다.[41] 한편 송시열의 사상은 權尙夏(1641~1721)를 거쳐 권상하의 문하인 강문학사들에게로 전해진다. 송시열은 주자서에 대한 정리 작업을 할 때 권상하·金昌協(1651~1708) 등의 제자들과 공동작업을 하였고,[42] 특히 권상하에게는 자신의 사후에도 그 작업들을 지속할 것을 당부함으로써 학맥의 전수를 드러내었다.[43] 조선의 주자서 연구는 이황으로부터 시작되었지만 본격적 단계로 진입했던 것은 송시열에게서 이루어졌다. 18세기의 유자들은 송시열의 방법과 영역 안에서 그것을 부연하고 세밀하게 고증하는 차원의 주석분류작업을 진행하게 되는데 그의 주자서 해석 작업은 韓元震(1682~1751)이 이어받아서 심화시켰다.

한편 송시열 이후 권상하를 지나 18세기에 접어들어 조선의 유자들

---

41) "송시열은 이이의 미발에 대한 성찰을 그대로 계승하면서 미발의 상태가 모든 사람이 지닌 근본 조건이라는 점을 강조하는 한편 주희 성리학의 미발 개념은 단순히 의식이 활동하기 이전의 상태가 아니라 도덕에 대한 지향의식을 내포하고 있다는 좀 더 심화된 성찰을 제시하였다"(이봉규, 「성리학에서 미발의 철학적 문제와 17세기 기호학파의 견해」).

42) 『송자대전』 부록 권11, 243c.

43) 『송자대전』 부록 권11, 247d~248b.

에게 이슈가 되었던 문제는 인간과 동물의 본성이 같은가 다른가를 묻는 질문으로 대표되는 호락논쟁이었다. 권상하 문하의 李柬(1677~1721)과 한원진의 상이한 이론으로 드러난 이 논쟁은 이후 한 세기 동안 조선의 지식인들을 고심하게 한 문제가 되었다. 호락논쟁에서 초점이 되었던 문제는 人性 物性의 同異 문제, 미발의 개념규정 문제, 聖凡心의 동이 문제 등이었다. 이들 논제는 상호 연관되는 것이지만 각각의 개념을 분명히 규정하려는 시도가 행해졌던 것이다.

특히 이 글의 주제인 미발론에서 이간과 한원진의 대립점에 송시열의 이론이 어떤 영향을 주었는지를 밝힘으로써 송시열 철학의 사상사적 의의를 챙겨볼 수 있을 것이다.

낙론의 대표자인 이간의 미발론은 '大本底未發'의 개념으로 미발 상태를 규정해야 한다는 전제 아래 미발에 대본의 성격을 부여하는 것에 강조점이 있었다. 미발은 상대적 理氣를 초월한 대본이기에 기와의 연관이 배제된 본연지성과 본연지심이 일치하는 경지이다. 이간이 주장하는 理氣同實·心性一致는 그러한 사유의 결론이었다. 이에 따르면 미발과 이발이 나뉘는 계기는 외물과 접했는가 혹은 시간적으로 앞인가 뒤인가의 차원에서 논할 수 없다. 이런 관점에서 현실의 인간들에게는 이상향의 형태로 존재하는 미발의 경지를 체험하고 이해하기 위해 부단한 함양 공부가 요구된다.

호론의 대표자인 한원진은 미발 상태와 기와의 긴밀한 연관을 상정한 미발론을 주장하였다. 그는 미발의 상태에 이미 선악의 가능근거가 존재한다고 보는, 未發氣質有善惡을 주요 논제로 제시하였다. 한원진이 설명하는 미발은 타고난 본성과 기질이 외부사물과 접촉하기 이전의 상태를 지적한다. 그 상태에서 리 만을 單指하여 성의 중한 상태인 미발을 정의하였던 것이다.

결국 이간과 한원진의 미발론은 각자가 송시열의 미발론에서 제기

되고 설명된 어느 부분을 강화하여 그 독자적 해석을 제시한 것이라
할 수 있다. 특히 송시열의 미발론에서 특징적으로 보이는 심의 역할
의 강조는 이간에게서, 그리고 기질지성을 염두에 두고 논의하는 측면
은 한원진에게서 더 적극적으로 계발되었다. 이이를 중심으로 하는 16
세기 사상의 성과를 계승하면서 17세기라는 독특한 사회와 조응하는
철학을 세웠던 송시열은 18세기의 새로운 학문적 쟁점을 촉발하는 계
기가 되어준 셈이다.

17세기 비평사의 시각에서 본
金萬重의 復古主義 문학론*

안 대 회

1. 머리말

　金萬重(1637～1692)은 조선후기의 중요한 비평가의 한 사람이다. 정철의 가사작품을 평가하는 자리에서 우리말 시가의 가치를 드높인 비평사상 획기적인 언급만으로도 위대한 비평가라는 평을 받기에 손색이 없다. 그가 한글로『구운몽』과『사씨남정기』를 썼다는 사실과 상승작용을 일으켜 이 주장은 중요성을 더한다. 하지만 그 언급을 벗어나 그의 문학론을 검토하거나 그가 창작한 시문의 실상을 들여다보면 문학론의 영역에서 다룰 만한 자료가 적다는 점에 실망하게 된다.

　많은 연구자들은 김만중의 비평적 선언이 가진 탁월성을 해명하기에 고심하였다. 하지만 김만중의 비평을 학문적으로 분석하기에는 이 논의를 둘러싼 자료가 너무 소략함을 인정하지 않을 수 없다. 분석의 방향은 두 가지로 진행되었는데, 첫 번째 경우로는, 그의 학문세계를 분석함으로써 이 선언의 의미를 해명하고자 하였다. 그 결과 김만중이 주자학의 학문범주를 벗어나 불교나 양명학 등에까지 인식의 폭을 넓힘으로써 사유의 다양성과 상대성을 성취하였고, 이를 바탕으로 하여

---

* 이 논문은『민족문학사연구』21(2002. 12)에 실었던 것을 재수록한 것이다.

개성적 문학론을 전개하였다는 논지를 얻었다.[1] 대다수 논자들은 그가 주자학의 권위에 회의한 선각적 학자였다는 점을 크게 부각시켰다. 두 번째 경우로는, 국문문학의 가치를 역설한 논지의 전개과정 속에서 그의 선언의 의미를 파악하고자 하였다.[2] 이들은 대체로 "김만중의 언어에 대한 인식 역시 평지에서 돌출된 그 무엇이 아니라 당대 지적 흐름을 타고 있었다고 보는 것이 올바른 이해방식이다"[3]라는 관점을 취하였다.

김만중의 논리가 평지돌출이 아니라는 지적은 매우 타당하다. 17세기 특유의 학문과 문학의 지적 분위기로부터 그가 여하한 영향을 주고받았는지는 그의 사고와 문학론의 실체를 설명하는 데 매우 유용하다. 이러한 관점에 따라 필자는 두 가지 방향에 주목한다. 주자의 학설에 대한 김만중의 회의가 어느 정도이며, 회의의 결과 비평에 어떠한 영향을 미쳤는가 하는 점과, 17세기의 문학사조가 그의 문학 창작과 비평에 어떠한 영향을 미쳤는가 하는 점이다.

그러나 김만중의 학문적 비평적 언표를 담은 『서포만필』이 사실 이러한 문제에 대한 답을 속시원하게 제시하지 않는다. 『서포집』 역시 사정은 크게 다르지 않다. 이 2종의 저서에서는 비평에 해당하는 언술은 참으로 찾아보기가 어렵다. 이 논문에서는 그러한 난점을 극복하기

---

1) 대표적인 논문으로 다음의 것을 들 수가 있다. 조동일, 『한국문학사상사시론』, 지식산업사, 1978 ; 윤호진, 「김만중 문학론 연구」, 한국학대학원 석사학위논문, 1982 ; 우응순, 「金萬重의 學問態度와 文學論의 性格」, 『金萬重文學研究』, 국학자료원, 1993 ; 김선기, 「西浦 金萬重의 우리 시가 옹호론」, 『西浦文學의 새로운 探究』, 1999.

2) 고미숙, 「조선후기 민족어문학론의 전개양상 - 김만중에서 박효관까지」, 『18세기에서 20세기초 한국시가사의 구도』, 소명, 1998 ; 졸고, 「한문학에서의 민족적인 것과 세계적인 것 - 조선 후기 학자의 민족언어에 대한 논의를 중심으로」, 『국문학과 문화』, 집문당, 2000.

3) 고미숙, 위의 글, 47쪽.

위한 방법으로 17세기 비평사의 시각으로 그의 작품과 비평언술에 나타난 특징을 해명하는 것은 유효하리라고 생각한다. 그 방향은 앞에서 제기한 바와 같이 17세기의 주도적 학문인 주자학과 문학사조인 복고주의의 시각이다. 특히 그의 비평에 직접적으로 간여하는 것은 17세기 복고주의 문학사조일 것이라는 판단인데, 이러한 시각으로 그의 문학론을 점검해보자.

2. 17세기 문학사조와 金萬重의 古學

김만중의 문학론에 대해, 조선후기 시화사를 정리하는 자리에서 필자는 그가 당시에 팽배한 복고주의의 문학관에서 자유롭지 못했음을 지적한 바가 있다.[4] 그의 저작을 거듭 검토할 때 김만중의 문학론은 17세기 비평사의 흐름과 긴밀한 상호작용을 하고 있다. 그는 문학적으로는 복고주의자로서, 학문적으로는 주자학자로서 충실하게 활동하였다는 점이다. 특히 그의 문학활동에서는 복고주의 및 주자학의 두 측면은 상호 교섭하며 깊은 영향을 끼치고 있다. 이 장에서는 이 점을 해명하도록 한다.

김만중은 온전하게 17세기를 살아간 문학인이다. 그는 權韠(1569~1612), 李安訥(1571~1637), 鄭斗卿(1597~1673), 金得臣(1604~1684) 등이 문단의 중추로 활동한 16세기 말~17세기 초반의 문단분위기 하에서 문학수업을 하였다. 이러한 17세기 문단의 사조는 복고주의와 낭만주의의 범주를 크게 벗어나지 않은 선에서 전개되었다.[5] 17세기의 문

---

4) 졸저, 『조선후기시화사』(수정판), 소명, 2000, 96~101쪽.

5) 졸고, 「18세기 한시사의 구도」, 『18세기 한국한시사 연구』, 소명출판, 1999 ; 이종묵, 「16~17세기 한시사 연구 - 시풍의 변화 양상을 중심으로」, 『정신문화연구』 87호, 한국정신문화연구원, 2000 ; 정민, 「16, 17세기 학당풍의 성격과

학인은 이러한 사조의 영향을 받아 복고주의와 낭만주의의 색채가 풍기는 작품활동을 하였는데 김만중 역시 예외가 될 수는 없었다. 시의 분야에서는 唐詩風의 風情을 좇아 창작하는 데서 그치지 않고, 漢魏 古詩의 風骨을 구현하려는 복고풍 창작경향이 17세기 초반 이래 문단에 널리 유행하였다. 우리 문단에는 明의 復古派와 公安派 문학이 거의 동시에 소개되었지만 ,17세기에 우리 문단에 큰 영향을 끼친 세력은 복고파였다. 이 시기에 王世貞·胡應麟을 주축으로 한 명대 복고주의 문학가들의 견해를 담은 『藝苑厄言』과 『詩藪』를 창작과 비평의 金科玉條로 읽었다는 사실은 많은 정황을 암시한다.

김만중의 경우는 家兄 金萬基로부터 시를 배웠고, 그가 시를 수창한 지인으로 金錫胄, 李敏叙와 南龍翼 등이 있었는데, 그들은 모두 복고주의적 성향을 강하게 드러낸 작가요 비평가였다. 중앙정계와 문단에서 상당한 영향력을 행사하던 이들은 17세기 문단에서 큰 영향력을 행사한 이안눌·정두경 등 많은 작가들과 문학적으로 긴밀하게 연결되어 있었다. 김만중과 주변의 인물들이 복고주의에 젖어 창작하고 비평활동을 전개한 것은 매우 자연스러운 현상이었다.

김만중이 시대사조를 충실하게 받아들여 복고주의를 구현한 사실은 비평에서 확인할 수 있다. 『서포만필』의 비평기사에서 발견할 수 있는 간단한 특징은 김만중이 동시대의 작가나 그로부터 멀지 않은 시대의 문학에 대한 관심사를 주로 표명한다는 점이다. 『서포만필』 80여 則의 詩話는 대부분 宣祖朝 이후의 작가를 논의의 대상에 포함시켰다. 또 다른 특징은 그의 관심영역에 들어온 작품이 대개 唐詩風과 樂府風 시라는 점이다. 이러한 특징은 그가 선조조 이후 17세기 문학사조에 대한 관심이 깊음을 입증한다. 사례를 들면, 그는 조선의 작가로서 成

그 풍정」, 『목릉문단과 석주 권필』, 태학사, 1999.

倪·申欽·鄭斗卿을 추켜세우고, 그 가운데서도 鄭斗卿을 앞세웠는데, 그들이 古學에 열의를 보였다는 기준을 제시하였다.6) 또 조선조 시단의 대세를 조감하면서 권필·이안눌·이식 등에 의한 復古를 높이 평가하는 한편, 그들의 한계로서, "末流의 폐단은 그들이 古學을 완전히 폐함으로써 空疎하고 鄙俗하여 앞서의 三季보다 더욱 심각하다"는 사실을 지적하였다. 그는 창작의 지향목표를 '古學'에 두고 있는 것이다. 여기서 '古學'은 그의 문학적 지향을 함축하는 要語이다.

그렇다면 그가 강조한 古學의 함의는 무엇인가? 古學의 함의는 金昌立의 문집에 그가 쓴 서문에 잘 드러난다. 그는 자신이 諸生 때부터 古樂府와 『文選』詩의 학습을 學詩門路로 삼았음을 피력하고,7) 자신이 추구한 길을 김창립이 제대로 실천하였다는 찬사를 보내고 있다. 그가 추구한 길을 다음과 같이 제시하였다.

따라서 그의 詩作은 옛 것을 배우기에 致力하여 時俗에 부합하려 애쓰지 않았다. 그가 취한 법은 대개 樂府와 『이소』·『문선』을 벗어나지 않았고, 시대를 거슬러 『시경』에까지 이르렀는데 왕왕 聲氣 사이에서 터득하였다. 문득 살펴보면 漢魏 작가의 口氣와 詩語라고 의심되지 않는 작품이 드물었다. 그가 한창 웅시고무할 제는 중국의 白雪樓(이반룡) 등 여러 사람과 더불어 겨루었으니 그를 해동의 많은 명가에 비견

---

6) 김만중, 『西浦漫筆』, 통문관 영인본, 624쪽, "東方詩人有意於古學者, 成虛白·申象村·鄭東溟三家. 虛白所學在形貌間, 譬如啖蔗而未及乎佳境, 然在當時已謂極深者也. 象村學步於嘉隆諸公, 用意非不廣大纖密, 而只是本來才具, 聲調不甚相合. 東溟發揚蹈 之氣勝, 懇惻優游之義乖, 故得其一而不得其二, 宜於歌行而不宜於五言. 然東方古調, 一人而已."

7) 「澤齋遺唾序」, 『서포집』 권9, 장22, "仍憶余爲諸生時, 性懶, 不喜作程式文, 顧時時取古樂府·『文選』詩而讀之, 頗能窺其一斑. 旣而讀朱文公「與鞏仲至論詩」·「跋劉病翁彈箏詩」諸文, 而益自信以爲學詩而捨此門路, 則不可以爲詩也."

한다면 공자 문하제자들이 五霸가 되기를 부끄러워한 것에 근사하다고 하겠다.[8]

시속을 따르지 않고 學古에 치력한 내용은 樂府와 『文選』시를 배운다는 것인데 이것이 古學의 함의임이 분명하다. 고학의 정점에는 물론 『시경』이 있는바, 그의 창작에서 漢魏 작가의 口氣가 느껴진다고 하였다. 唐詩風조차도 氣力이 부족하다고 여겨 漢魏古詩를 배우고자 한 풍조는 17세기 이후 두드러지는데 김만중은 이러한 지향에 적극 찬동하고 있는 것이다. 시단에서 명망이 그리 높지 않았던 許禬의 작가로서의 위상을 매우 높게 평가한 바탕에는 그가 『문선』시와 당시풍을 체득하였다는 점이 작용하고 있다.[9] 李攀龍·王世貞 등 古文詞派 작가의 주장이 김만중에게서 정확하게 포착된다.

한위고시를 주축으로 하는 김만중의 古學에 대한 관심은 주장에만 그치지 않고 시선집을 편찬함으로써 구체화하고 있다. 그는 家兄 김만기와 함께 편찬한 『詩選』에서 작품선집의 기준을 復古에 두어 "五代 이후에는 시라고 할 만한 것이 없어서 晩唐詩까지만 뽑는다"는 방침을 정하여 漢魏盛唐詩를 위주로 뽑았다.[10] 김만중이 시를 배웠을 뿐만

---

8) 『서포집』 권9, 장23, "故其爲詩, 銳於學古而不求合於時俗, 所取法, 擧不外於樂府騷選, 泝而至於周詩三百, 往往得之於聲氣之間, 猝然觀之, 鮮有不疑於漢魏間人口語. 方將雄視高騖, 與中朝白雪樓諸公相頡頏, 其視海東諸名家, 殆如孔門弟子之羞稱五伯."

9) 金萬重, 『西浦漫筆』, "近代名家, 惟李澤堂·權石洲詩, 各體俱好. 東溟歌行及五律七絶最高, 七律次之, 而惟選體不競. 陽陵君許禬, 號水色, 五言詩淸峭古雅, 得選唐體, 一時操觚者未見敵手. 方之洲岳, 盖猶中朝何李之有蘇門也. 而到今聲名不甚赫赫者, 以世人專習七言律詩故也. 獨其宗人許筠盛推之."

10) 李頤命, 「詩選跋」, 『疎齋集』 권10, 장36~37, "盖近世詩道無準則, 而日就卑陋, 雖間有名世者, 有其才而無其學. 先生慨然有意於復古, 乃與其季西浦公, 蒐羅數千年間, 沈潛積久, 洞見淵源, 又謂五代以後不可以言詩, 取止於晚唐, 淘汰鎔鍊, 鑑別極精, 以成是選."

아니라 함께 시선집을 편찬한 김만기의 문학론은 어떠한 것일까? 詩學 과정이 변모하고 있기는 있지만 김만기의 주경향은 古詩창작에 놓여 있음을 보면 그 역시 복고주의였음을 알 수 있다.[11] 그러한 사실은 창작에서도 확인할 수 있다.

한편, 『시선』과는 별개로 김만중은 또 李敏叙와 더불어 『古詩選』을 엮은 바 있다.[12] 『시선』이 시대순이라면, 『고시선』은 韻語 歌曲 銘頌 樂府 四言 五言 雜體의 詩體로 분류한 선집이었고, 작품선정의 하한 선도 六朝에 그쳤다. 그러나 "올바른 소리가 묻히고 속된 詩學의 비루함을 개탄하여" 만들었다는 점에서 復古를 지향한 것임은 분명하다. 선집의 편찬과 거기에 반영된 편찬태도는 김만중의 비평태도가 어디에 뿌리내리고 있는지를 숨김없이 보여준다. 이렇게 김만중이 古學 즉, 古詩의 학습을 추진한 복고주의 문학론을 전개했음은 부정할 수 없는 사실이다.

그렇다면 김만중의 古學은 17세기 문학사조의 영향에만 기인한 것일까? 필자는 그렇지 않다고 생각한다. 여기에는 김만중의 사상적 지주 朱子의 문학론이 심각한 영향을 끼치고 있다는 점을 주장하고 싶다. 주자의 시론은 16세기 중기 이후 명대의 복고주의 문학론을 받아들일 수 있는 조선의 학문적 토대를 마련하고 있다고 생각한다. 문학에 대한 지향이 서로 다르기는 하지만 復古라는 방향설정에서는 주자학이나 복고주의 사이에는 친연성이 있다. 17세기는 주자학이 사회와 학문 전반을 통제하는 시기였다. 특히, 김만중은 尤庵 宋時烈로부터

---

11) 「先伯氏瑞石先生集跋」, 『서포집』 권9, 장24, "詩學 『文選』, 少時擬謝康樂, 間有絶類者, 近體初主江西, 尋嫌門路太偏, 兼取王元美·胡元瑞之說, 晚又好看放翁詩, 故前後詩格, 亦未嘗執一也."

12) 李敏叙, 「古詩選跋」, 『西河集』 권12, 장28, "不佞間相與金公重叔言詩, 窃歎正聲之堙鬱, 俗學之卑陋, 乃屬金公刪正古詩, 而余又以舊所聞者, 參證其異同, 合成六編, 亦承朱子之旨而稍有出入."

『朱子大全拾遺』와『栗谷先生別集』의 刪定을 부탁받을 만큼 주자학에 소양이 깊었다.[13] 주자의 문학론이 그에게 깊은 영향을 미쳤을 개연성은 충분하다. 개연성을 갖는데 그치지 않고 명확한 증거를 갖고 있다.

　주자는 近體詩를 폄시하는 대신 漢魏古詩를 아주 중시하였고, 修辭를 중시하지 않고 감회의 자연스러운 流露를 중시하는 창작법을 견지하였다. 그 체계가 아주 견고한 주자의 문학론은 김만중을 포함한 17세기 주자학자들에게 뿌리깊게 인식되었을 것은 아주 당연하다. 구체적으로 그 양상을 점검하면, 김만중은「澤齋遺唾序」에서 주자의 핵심적인 문학론이 담긴「與鞏仲至論詩」와「跋劉病翁彈箏詩」를 거론하여『문선』시를 중심으로 시의 문로를 개척해야 한다는 생각을 굳혔다고 밝혔다. 김만중 자신은 자기의 학시의 기본적 노선인 古學의 근거로 다름 아닌 주자의 문학론을 제시하고 있는 것이다. 주자의 이 두 편의 글에는 문학에 관한 주자의 생각을 고스란히 담고 있다. 즉, 修辭에 주력하는 근체시를 배격하고 평담한 고시를 중시하는 이론이 담겨 있다. 그 가운데 앞의 편지글을 살펴본다.

　당나라 초엽 이전에 시를 지은 시인은 수준의 높낮이가 있기는 하지만 詩法은 여전히 변하지 않은 채로 있었소. 그러던 것이 律詩가 등장한 뒤로부터는 시와 법이 모두 처음으로 크게 변화하였소. 오늘날에 이르기까지 더욱 교묘해지고 더욱 치밀해져서 다시는 고인의 풍모가 없게 되었소. 그래서 경전이나 史書에 실려 전하는 韻語와 아래로는『文選』과 漢魏의 고시를 뽑고, 郭景純·陶淵明의 작품까지 모두 포함하여 하나의 책을 만들어서『시경』300편과『楚辭』뒤에 붙임으로써 시의 근본과 준칙으로 삼고자 하였소. 또 그 아래 두 단계의 작품 중에서 고시에 가까운 것을 가려 뽑아서 각각 하나의 책을 만들어 근본을

---

13) 김병국 외,『서포연보』, 서울대출판부, 1992, 197~198쪽.

보좌하는 날개나 군사를 삼고자 하였소. 그 중에 부합되지 않는 작품은 모두 삭제하여 나의 눈과 귀에 근접하지 못하고 나의 가슴에 들어오지 못하도록 만들고자 하였소. 요컨대 사방 한 치의 가슴속에 한 글자의 세속적 언어와 생각이라도 없게 한다면 시를 지음에 높고 원대하기를 기약하지 않아도 저절로 높고 원대해지게 될 것이오.14)

주자는 근체시라는 낮은 단계를 거슬러 올라가 고인의 풍모를 엿볼 수 있는 '높고 원대한' 古詩를 지향한다는 생각을 분명하게 제시하였다. 근체시를 폄시하고 고시를 선호하는 주자의 관점은 명대 복고주의의 주장과 서로 배치되지 않는다. 고대의 문학일수록 좋다는 복고주의의 관점 역시 명대 복고주의의 관점과 동일하다. 그렇기 때문에 '古學'을 주창한 김만중이 왕세정·호응린의 이론과 함께 주자의 논리를 제시하는 것은 전혀 어색하지가 않다.

김만중의 古學에 주자의 문학론이 深重한 영향을 끼쳤음은 또다른 증거가 있다. 李敏叙와 함께 『고시선』을 편찬할 때 김만중은 역시 주자의 「與鞏仲至論詩」에 담긴 문학론을 편찬취지로 거론하였다. 이 점을 상기할 때 주자의 문학론은 김만중의 문학론의 저변을 형성하는, 결할 수 없는 부분인 것이다. 김만중은 그러한 문학론을 소극적으로 작품에 반영하는 정도에 머물지 않고 그 문학론을 기준으로 한 선집을 편찬하고 비평을 전개하였다.

이렇게 김만중이 道學家이면서 동시에 古文詞를 지향했다는 것은

---

14) "然自唐初以前 其爲詩者 固有高下 而法猶未變 至律詩出 而後詩之與法 始皆大變 以至今日 益巧益密 而無復古人之風矣 故嘗妄欲抄取經史諸書所載韻語 下及文選漢魏古詞 以盡乎郭景純陶淵明之所作 自爲一編 而附于三百篇楚辭之後 以爲詩之根本準則 又於其下二等之中 擇其近於古者 各爲一編 以爲之羽翼輿衛 其不合者 則悉去之 不使其接於吾之耳目而入於吾之胸次 要使方寸之中無一字世俗言語意思 則其爲詩不期於高遠而自高遠矣"

결코 모순되지 않는다. 많은 연구자들은 김만중이 주자의 권위에 저항하여 상대주의를 인정한 학자로 언급하고 있다. 그가 주자의 일부 학설에 대하여 비판하였다고 해서 그를 反朱子로 규정할 수 있는 것은 아니다. 그는 주자학설의 근간을 수용한 학자로서 문학론에서는 충실한 주자의 제자였다고 판단된다.

3. 복고주의 문학론의 중심주제

앞장에서 복고주의 문학론을 견지한 주자학자로서 김만중을 살펴보았는데, 문학론의 측면에서 그 두 가지 학문적 바탕이 동일한 지점으로 모아지고 있음을 확인할 수 있었다. 그렇다면 근체시보다는 고시를 선호한 그의 '古學'은 구체적으로 어떠한 내용을 전개하고 있을까? 그 점을 파악하기 위하여 우선 그의 창작은 어떠한가를 살펴보자.

김만중의 시작품은 230題 365수의 작품 가운데 古詩 62제 97수(권1·2), 律詩 116제 155수(권3·4), 絶句 52제 111수(권5·6)로 구성되어 있다. 그 가운데 악부나 고시의 제목 및 소재를 차용하여 쓴 의고작이 많은 양을 차지한다.[15] 의례적으로 창작한 輓詩나 贈別詩 등을 제외하고 그의 창작정신을 잘 구현하는 작품은 대개 고시와 악부의 형식을 취하고 있다. 이러한 특징은 그가 편찬한 선집의 특성이나 비평의 주장과 잘 부합하고, 17세기 저명 시인들의 문학적 취향과도 크게 다르지 않다. 즉, 그의 古學은 창작의 측면에서 충실하게 드러나고 있다.

복고를 지향한 그의 시가 동시대의 다른 작가와 다른 점은 어디에서

---

15) 권영대, 「西浦漢詩硏究」, 고려대 석사학위논문, 1984, 15~29쪽 ; 손찬식, 「金萬重의 流配詩에 表象된 情緒」, 『西浦文學의 새로운 探究』, 중앙인문사, 2000, 85~86쪽.

찾을 수 있을까? 그는 복고주의의 여러 경향 가운데 특히 民歌風의 서정가요를 애호하였고, 민가풍 가운데서도 특히 남녀간의 애정소재를 선호하였다. 복고를 지향한 그가 창작에서 특별히 남녀간 애정소재를 다룬 시의 창작을 선호한 사실은 그의 문학론을 검토할 때 의미심장하다.

시가 본래 남녀간의 애정을 다루는 것은 일반적이고, 또 남녀간 애정으로 군신간의 관계를 비유하는 관례가 『시경』·『초사』 이래 하나의 특색이기는 하다.16) 특별히 三唐派의 등장 이래 복고풍을 지향하는 시단에서 그 같은 창작은 점증하는 추세였다. 그 가운데 김만중은 유달리 남녀간의 애정과 관련한 소재에 관심을 가졌고, 그것이 그의 문학론의 하나로 다룰 만큼 표명되고 있다. 이러한 문학론은 복고주의 문학론으로부터 파생된 관점이 아닐 수 없다. 논증을 위해 대표적 사례를 살펴본다.

김만중은 38세에 金城으로 유배를 갔을 때, 許積을 비판하다 쫓겨나 죽은 李敏迪을 애도하는 輓詩를 지었다. 여기에 그치지 않고 그는 군주로부터 배척당한 이민적과 자신의 처지를 남녀간의 애정사에 비유하는 시를 다시 한 편 지었다. 그는 "사별과 생이별을 겪어보지 않고서야 / 부인네의 비애를 어찌 알리요?(不見死別與生離, 安識人間婦人悲)"라고 읊었다. 이별의 슬픔에 쌓인 여인의 심경을 읊은 것이지만 사실은 여인의 슬픔을 가지고 死別과 생이별을 겪는 인간보편의 비애, 나아가 군신간의 이별을 비유하였다. 이렇게 군주로부터 배척받은 신하의 심경을 여인네의 슬픔에 비유한 동기를 김만중은, "내 자신을 李公에게 결부시켜 말한 이유는 남녀와 군신간의 情이란 떳떳한 윤리에서 나온 것으로서 본래 잘 생기고 못생긴 차이나 현명함과 모자람의

---

16) 張維, 「谿谷漫筆」, 『谿谷集』 권2, 장19, "古人詩騷, 多以婦人美惡比擬於君子小人."

구별이 없는 데 있다"고 밝혔다.[17)]

또 김만중은 고려가요 가운데 男女相悅之詞 2수를 擬作하여 새로운 작품으로 각색하였다. 한데 원래의 가요는 남녀간의 애정 자체를 읊었을 뿐이지만 김만중은 "해와 달은 본래 밝고 환한 것인데 / 참소가 어둡게 만들었을 뿐이지(日月本光明, 讒言自成膜)"라고 하여 군신간의 갈등으로 읽을 수 있는 요소를 부연하였다. 앞에서 살펴본 것과 같이 古詩를 擬作하되 그 방향이 주로 군신간 애정갈등의 형상화에 맞추어져 있다. 김만중은 이 점을 분명하게 밝혀 "시 두 편은 말이 비록 속되지만 참으로 옛 뜻을 담고 있으므로 이제 문득 의작하되 조금 부연한다"[18)]고 하였다. 이 두 가지 발언을 통해서 김만중의 문학론을 더듬어 볼 수가 있다. 古意를 담은 民歌를 선택하여 擬作하는 작법과 남녀간 애정으로 군신간의 관계를 비유하는 것을 긍정하는 논리를 알 수가 있다.

김만중은 또 김만기의 부탁으로 「琵琶行」에 차운한 시를 지으면서 "생이별의 쓰라린 슬픔을 알고자 한다면 / 군신간과 부부사이를 살펴보라(欲識生離惻惻悲, 看取君臣與夫婦)"고 하고, "이 시를 香案에다 올려놓아서 / 임금님 두 눈이 옳게 보기를 때때로 바라네(願寫此詩置香案, 時時倘回重瞳明)"라고 읊어 버림받은 신하로서 군주가 깨닫기를 바라는 소망을 구구절절 담았다.[19)] 『사씨남정기』가 남녀사이의 애

---

17) 「讀班婕妤梅妃故事, 感而賦之」幷序, 『서포집』권2, 장7, "甲寅春, 余以侍從被罪, 謫居金城, 而李都憲惠仲卒於原州. 余旣以長篇四百字哭之, 復作此詩, 托之男女之際, 以申前詩未盡之意. 且以竊自附於李公者, 盖以男女君臣之情, 發於彝倫者, 初無醜好賢不肖之別也."

18) 「樂府幷序」, 『서포집』권2, 장11, "其語雖俚而殊有古意, 今輒擬而稍演之云."

19) 『서포연보』, 292쪽, "次白樂天「琵琶行」. 上嘗命瑞石公和進, 瑞石屬府君代草. 府君以其佽離之思, 寓意於佗傺之悲, 屬辭比事極其悽惋, 盖欲借詩詞, 以諷君聽也."

정의 회복을 통해 숙종의 改悟를 꾀했다는 것과 하등 다를 것이 없는 내용이다. 뿐만 아니라 「讀樂府華山畿」, 「雜詠」, 「少小讀詩禮」, 「織女愁獨居」, 「採桑行」 등 많은 악부제 작품은 이러한 성격을 가진다.

이렇게 김만중은 군신간의 갈등, 특히 군주로부터 버림받은 신하의 처지를 남자에게 버림받은 여자의 처지로 환치하여 표현하는 데 주력하였다. 이러한 주제와 표현은 『詩經』과 『離騷』부터 시작하여 漢魏六朝의 악부시에 매우 자주 등장하는데, 앞서 살펴본 古學의 문학론과 내용이 일치한다.

여기서 남녀간의 애정을 묘사하는 관례를 다시 한번 검토할 필요가 있다. 명의 복고주의 작가 역시 남녀간 애정사의 묘사를 복고풍의 하나로 중시하고 있다. 인간의 진솔한 감정인 남녀간의 애정을 표현하는 것은 복고의 가장 주요한 내용의 하나인 것이다. 이 주제는 枯淡淸瘦한 사대부의 정서와는 판이하게 다른 민간의 건강하고 자유분방한 세계를 담고 있다. 그리고 17세기 복고주의 작가는 수사와 형식에 치우쳐 감정이 고갈된 사대부의 시세계를 이러한 민간정서의 眞情으로 극복하고자 하였다. 명의 복고주의 작가 何景明의 주장에서 그러한 논리가 확연하게 발견된다. 그는 고시 「明月篇」의 小序에서 다음과 같이 주장하였다.

대저 시는 性情에 뿌리를 두고서 나온 것이거니와, 그 중에서도 가장 절실하여 쉽게 드러나는 것으로는 부부 사이만한 것이 없다. 따라서 『詩經』은 「關雎」를 맨 처음에 올려놓았고, 六義는 國風으로부터 시작하였다. 漢魏의 작가들이 군신과 붕우와 관련된 의리를 드러내고자 할 때 반드시 부부에 의탁하는 말을 사용함으로써 속에 담긴 생각을 펼치거나 감정을 드러내었는데 그 취지가 원대하다 하겠다. 이로 말미암아 말하건대, 杜甫의 시는 세파를 두루 겪었기 때문에 부부 사이로부터 나온 작품이 항상 적었고, 아치를 雅頌과 겸비하여 風人의 뜻이 결핍되었다. 이 점으로 인해 두보의 調格이 도리어 初唐四傑에 비해 손색이 있는 것이 아닐까?[20]

才情을 중시한 하경명은 두보가 부부의 정, 즉 남녀간의 애정을 다루지 않은 점으로 인하여 風人之義가 결핍되었다고 주장하였다. 그는 雅頌(그것은 사대부의 직설적 시와 연결된다)보다도 국풍을 위에 두었다. 그는 시는 성정에서 나오고, 그 가운데 가장 절실하고 알기 쉬운 것이 바로 부부사이라고 하였다. 남녀의 애정관계야말로 시의 가장 앞서는 주제라는 말이니, 고시를 지으려면 여기에 관심을 기울여야 한다는 주장이다. 이러한 주장은 복고주의 이론의 중요한 일면으로 긍정적인 측면을 지니고 있다.

김만중의 복고주의는 하경명과 유사한 취지를 지니고 있다. 그는 실제로 남녀간의 애정을 다룬 시를 다수 창작하였을 뿐만 아니라 비평에서도 그러한 문제에 관한 관심을 지속적으로 표명하였다. 남녀간 애정 소재를 다룬 민간가요는 그의 문학론 가운데 큰 비중을 차지하는 것으로 보아도 무방하다.

예를 들어 『서포만필』의 비평 가운데서도 항우가 우미인으로 인해 눈물을 흘리고 우미인가를 불렀다는 『사기』의 기록을 『통감강목』에서는 항우가 그저 군사가 패하였기 때문이라거나 술기운에 울어버렸다고 함으로써 어색한 글로 만든 점을 변증하여 "우미인에 대한 애정을 버리지 않은 영웅의 행위"로 해석한 조항이 그렇고(34칙), 또 淫奔之詩의 해석 문제로 주자를 비판한 조항에서도 남녀간 애정의 문제를 문학

---

20) 「明月篇」并序/ 沈德潛, 『明詩別裁集』, 상해고적출판사, 116~117쪽, "夫詩本性情而發者也, 其切而易見者, 莫如夫婦之間. 是以『三百篇』首乎「關雎」, 六義始乎風. 而漢魏作者, 義關君臣朋友, 辭必托諸夫婦, 以宣鬱而達情焉, 其旨遠矣. 由是言之, 子美之詩, 博涉世故, 而出於夫婦者常少, 致兼雅頌, 而風人之義或缺, 此其調或反在四子下與!."

의 주요한 대상으로 보는 관점을 드러내 보였다. 『시경』에 대한 서술
에서 그는 아송이 아닌 국풍, 그것도 남녀간의 애정에 대한 부분에 중
점을 둔 것이 바로 그의 문학론의 특징적 면모다.

남녀간의 애정관계를 중시한 그의 창작과 문학론의 배경에는 복고
주의 문학론과 더불어 주자의 시경론이 긴밀하게 연결되어 있다. 이
점은 후술한다.

4. 복고주의로부터 민족어문학으로

위에서 김만중의 복고주의적 문학론이 주제의 선택면에서 남녀간의
애정관계에 주목하고 있음을 말하였다. 이러한 그의 주장은 여기에만
그치고 있는가? 그렇지 않다. 여기에서 출발한 그의 주장은 鄭澈의 가
사를 두고 내린 유명한 선언으로 발전하고 있다. 다소 긴 그 내용을 인
용하자.

文淸公 鄭松江 선생의 「關東別曲」과 「前後思美人曲」은 우리 동방
의 「離騷」다. 그런데 그 노래를 문자로 쓸 수 없기 때문에 오직 음악하
는 무리들이 입으로 전수하거나, 간혹 국문으로 써서 전할 뿐이다. 「關
東別曲」을 칠언시로 번역한 사람이 있지마는 佳作이 될 수 없다. 그
번역이 澤堂이 젊었을 때의 작품이라고 말하는 사람이 있지만 그것은
사실이 아니다. 鳩摩羅什은 이런 말을 하였다. "天竺의 풍속은 문학을
매우 숭상하여 부처님을 찬미하는 글이 지극히 화려하고 아름답다. 이
제 그 글을 중국어로 번역하니 그 뜻만을 전달했을 뿐 그 文辭를 전하
지 못하였다." 그의 말은 이치가 정말 그렇다고 할 수 있다.

사람의 마음 속에 있던 것이 입으로 나오면 그것이 말이요, 말이 가
락이 있는 것이 歌詩와 文賦가 된다. 사방의 언어가 같지는 않다. 말을

잘 하는 자가 있어 제각기 자기가 하는 말을 가락에 맞추어 노래로 만든다면 모두 충분히 천지를 감동시키고 귀신과도 의사를 소통할 수가 있는 법이다. 중국만이 그렇게 할 수 있는 것이 아니다.

지금 우리나라 시문은 자국의 말을 버리고 다른 나라의 말을 흉내낸다. 설령 완전하게 비슷하다 하더라도 앵무새가 사람 말 흉내내는 것에 불과할 뿐이다. 그러나 여항의 나뭇군과 물긴는 아낙네들이 어이어이 하며 서로 즐기는 것은 비록 鄙俚하다 하더라도 참과 거짓을 판정한다면 참으로 學士大夫의 이른바 詩賦와 같은 수준에서 말할 수가 없다.

더구나 이 세 편의 別曲은 天機가 저절로 발동한 점이 대단히 있고, 東夷 풍속의 鄙俚함이 없지 않은가? 예로부터 우리나라의 진정한 문장은 오로지 이 세 편밖에 없다. 그런데 이 세 편만을 놓고 평가한다면 「후미인곡」이 특히 수준이 높다. 「관동별곡」과 「전미인곡」은 오히려 문자의 말을 빌려다가 겉면을 꾸몄기 때문이다. 金萬重은 쓴다.21)

「題諺騷後」는 '諺文으로 쓰여진 離騷의 뒤에 쓴다'는 의미로 「前思美人曲」「後思美人曲」을 김만중이 직접 베껴 쓴 『諺騷』의 뒤에 쓴 題辭다.22) 일반적으로 널리 알려진 『西浦漫筆』의 기사는 이 글을 전재한

---

21) 金萬重, 「題諺騷後」, 『松江全集』, 416쪽, "松江先生鄭文淸公關東別曲前後美人歌, 乃我東之離騷, 而惟其不可以文字寫之. 故唯樂人輩口相授受, 或傳以國書而已. 人有以七言詩飜關東曲, 而不能佳. 或謂澤堂少時作, 非也. 鳩摩羅什有言曰, 天竺俗最尙文, 其讚佛之詞極其華美, 今譯以秦語, 只得其意, 不得其辭, 理固然矣. 人心之發於口者爲言, 言之有節奏者爲歌詩文賦, 四方之言雖不同, 苟有能言者, 各因其言而節奏之, 則皆足以動天地・通鬼神, 不獨中華也. 今我國詩文, 舍其言而學他國之言, 設令十分相似, 只是鸚鵡之人言, 而閭巷間樵童汲婦咿啞而相和者, 雖曰鄙俚, 若論眞贗, 則固不可與學士大夫所謂詩賦者同日而論. 況此三別曲, 甚有天機之自發而無夷俗之鄙俚? 自古左海眞文章, 只此三篇. 然又就三篇而論之, 則後美人尤高, 關東前後(?)美人, 猶借文字語以飾其色耳. 金萬重書."

22) 金相肅, 「飜思美人曲幷序」, 『松江別集追錄』 권1/『송강전집』, 성대 대동문화

것으로 추정된다. 「題諺騷後」의 글로 보면 그의 본의가 더욱 살아난다.

이 題辭가 지닌 혁명성은 수많은 연구자들에 의하여 이미 언급되었으므로 췌언할 필요성을 느끼지 않는다. 이 글은 몇 가지 점에서 중요한 주장을 담고 있으나 그 가운데 핵심적인 것이 한자-문언 문학에 대한 한글-민간문학의 가치를 제고시킨 데 있다고 하지 않을 수 없다.

이러한 발상이 가능하게 만든 이론적 전제는 "사람의 마음속에 있던 것이 입으로 나오면 그것이 말이요, 말에 가락이 있는 것이 歌詩와 文賦가 된다"라는 데 있다. 노래와 문학이 修辭나 조작에 의해 좋은 작품이 나온다는 생각을 부정하고 마음속에 있던 것을 문자로 표현하면 바로 노래와 문학이 된다는 것으로, 시는 自然流露의 결과라는 생각이다. 김만중은 문학창작에 관하여 분명하게 修辭와 조작을 배격하고 자연스런 창작을 강조하는 입장을 제시하였다. 이런 생각에 따르면 문자언어의 차이와는 상관없이 모든 민족, 모든 언어는 자기들의 고유한 문학을 창작할 수 있고, 그것은 절대적인 가치를 지닌다는 생각으로 이어진다. 그가 "중국만이 그렇게 할 수 있는 것이 아니다"라고 주장한 것의 의미는 여기에 놓여 있다. 따라서 문학은 번역이 불가능하다. 의미만을 전달할 뿐 文辭를 전달할 수 없다고 본 그의 주장은 이 때문이다.

한편, 修辭와 조작을 배격하고 자연스런 창작을 강조하는 입장에 설 때 자연스럽게 사대부의 문학을 부정하고 민간문학의 가치를 제고할 수밖에 없다. 그런데 여기서 이러한 관점이 바로 김만중의 사고 속에서 자연스럽게 배태되어 발전한 사실을 지적하지 않을 수 없다. 즉, 앞

연구원, 1964, 408쪽, "又聞西浦公, 亦酷喜此文書, 置案上, 題其面曰諺騷云" ; 김춘택, 같은 책, 403쪽, "吾家西浦翁, 嘗手寫兩詞於一冊, 書其目曰諺騷."

에서 살펴본 바와 같은 복고주의 문학론과 주자학의 문학론이 이 논리를 배태한 것이라는 말이다.

먼저 복고주의 문학과의 관련성을 살펴본다. 명대 복고주의 문학이 지향하는 중요한 가치 중의 하나는 민간가요의 지향에 있었다. 복고주의 문학론에서 문학의 음악적 성격에 관심을 집중하는 이유도 민간가요의 중시와 밀접한 관련이 된다. 그런데 김만중의 관점은 명대 복고주의 문학의 문학론과 긴밀하게 관련된다. 명대의 문인들은 문인학사의 시와 민간의 시를 구분하여 이해하였고, 진정한 시는 민간의 시라는 입장을 지지하였다.23) 이러한 주장을 전개한 대표적인 작자가 바로 李夢陽으로 「詩集自序」와 「缶音序」에 주장이 보인다. 전자에는 文人學士의 시와 골목길의 멍청한 사내의 문학을 비교하고 이렇게 말하고 있다.

> 대저 시란 것은 천지 자연의 소리이다. 지금 길거리에서 북을 치고 골목에서 노래 부르며, 피곤하면 끙끙대고 편안하면 홍얼대며, 한 사람이 매기면 뭇사람이 뒤따라 부르는 것은 참된데 이것을 일러 風이라 한다. 지금 진정한 시는 민간에 있다.24)

그는 시를 천지 자연의 소리라고 보았고, 따라서 현재 진정한 시는 민간에 존재한다고 하였다. "여항의 나무꾼과 물긷는 아낙네들이 어이어이 하며 서로 즐기는" 민요의 가치를 말한 김만중의 주장은 이몽양

---

23) "王子曰, '詩有六義, 比興要焉. 夫文人學士, 比興寡而直率多, 何也? 出於情寡而工於詞多也. 夫途巷蠢蠢之夫, 固無文也, 乃其謳也, 咢也, 呻也, 吟也, 行呫而坐歌, 食咄而寤嗟, 此唱而彼和, 無不有比興焉, 無非其情焉, 斯足以觀義矣. 故曰, 詩者, 天地自然之音也'."

24) 李夢陽, 「詩集自序」, 『李空同全集』 권50/ 郭紹虞 編, 中國歷代文論選에서 재인용, "夫詩者, 天地自然之音也. 今途咢而巷謳, 勞呻而康吟, 一唱而羣和者, 其眞也, 斯之謂風也. 今眞詩乃在民間."

의 언급과 논조가 같다. "鄙俚"한 민간문학을 문학적 완성도가 높은 학사대부의 작품과 비교하여 더 높이 평가했다는 점에서 서로 혁명성을 가지고 있다. 이 둘의 주장의 배경에는 모두 복고주의가 있다. 이러한 입장에서 민간문학의 비리함은 결코 낮은 가치가 아니고, 건강함과 생동감을 의미한다.

여기서 다시 『市井艶詞』의 서문을 보자.

    다만 음탕하고 곱고 외설스러운 것이 귀에 들을 수 없다고 하나 그 소리가 그럴 뿐 그 말의 뜻은 가슴속에서 그대로 나와 아무 꾸밈도 없는 것으로 모두 남녀간에 주고받는 정이다. 비록 군신과 친구 관계라 해도 여기에 기탁하는 일이 많은 것은 그 정이 특별히 사람을 감동시키기 때문이다. 따라서 국풍이 흥얼거리는 입에서 나오는 것이니 진정한 시는 민간에 있다. 『시경』의 태반은 풍요를 채집한 자들이 조정에 돌아가 바친 것이니 고금에 정이 같다고 말하는 이유가 여기에 있다.[25]

李開先 역시 이몽양의 지인이었다. 이들은 "국풍이 흥얼거리는 입에서 나오는 것이니 진정한 시는 민간에 있다"는 주장을 자기들의 독특한 견해라고 자부하였다.[26] 이개선은 시정에서 불리는 사랑노래를 수집한 책에서 음탕하고 곱고 외설스러운 노래를 아무 꾸밈이 없다는 점에서 문인학사의 이른바 작품보다도 낮다고 평가하고 있다. 이러한 생각은 모두 김만중의 관점과 맥이 닿아 있다고 하지 않을 수 없다.

---

25) 「市井艶詞序」, 『李開先集』/ 곽소우, 제3책 85쪽에서 재인용, "但淫艶褻狎, 不堪入耳, 其聲則然矣, 語意則直出肺肝, 不加彫刻, 俱男女相與之情, 雖君臣友朋, 亦多有託此者, 以其情尤足感人也. 故風出謠口, 眞詩只在民間. 『三百篇』太半, 采風者歸奏, 予謂今古同情者此也."

26) 簡錦宏, 『明代文學批評研究』, 學生書局, 民國 78년, 208쪽.

  다음으로 김만중의 주장은 주자의 시경론과 긴밀하다. 앞에서도 복고주의 문학론이 주자의 문학론과 복고를 지향한다는 점에서 일치된다고 보았다. 주자는 「詩經集傳序」에서 "자연의 음향과 리듬이 있어 그만두지 못하는 것이 있기 때문에 시가 창작된다(自然之音響節族而不能已焉)", "시에서 이른바 國風이란 里巷歌謠에서 나온 것이 많은데 남녀가 서로 더불어 노래하며 각자의 정을 말한 것이다(凡詩之所謂風者, 多出於里巷歌謠之作, 所謂男女相與詠歌 各言其情者也)"라 했고, 다른 글에서 "뜻이 가는대로 만들어지는 것으로써 마음에 있을 때에는 뜻이다가 그것이 말로 나오면 시가 된다. 시란 것이 工拙을 따지겠는가?"27)라고 말함으로써 감정의 자연스런 流露에 의한 창작을 중시하였다. 그의 주장은 작위적이고 지적이며 예술적인 창작보다는 민간가요를 긍정하는 논리로 받아들여지고 있다. 이 점에서 그것은 복고주의 작가들의 창작론과 유사하다. 남녀간 애정이란 인간의 근원적이고 서민적 감정이며, 그러한 감정이 유로되는대로 쓰는 민가풍 시야말로 김만중이 의도했던 시였다.

5. 맺음말

  김만중은 "분명 새로운 시대의 조짐, 즉 상층의 한문학은 점점 경직되어 현실적 대응력을 잃어 가고 있는데 비해 밑으로부터 올라오는 문학은 그 거칠고 비속함 속에 도저한 생명력을 지니고 있다는 것을 감지하고 있었던 것이고, 그것을 우회적으로가 아니라 파격적일 만큼 직선적으로 발언하고 있다."28) 문제는 그의 직선적 발언이 17세기의 학

---

27) 朱熹, 「答楊宋卿」, 『朱子大全』, "熹聞詩者志之所之, 在心爲志, 發言爲詩, 然則詩者豈復有工拙哉."

문적, 비평사적 풍토에서 배태되어 나온 것으로써 필자는 그것이 주자학과 복고주의라는 양종의 학문에서 찾을 수 있다고 본다.

　김만중의 발언이 우리 비평사에서 파격적인 것으로 받아들여진 것은 그 발언의 선진성과 돌출성 때문이었다. 학계에서는 그것을 그의 주자비판으로 대변되는 성향, 즉 상대주의와 진보성으로 설명하거나, 17세기 이래 진보적 지식인의 자양분을 섭취한 것으로 이해하기도 하였다. 필자의 경우에는 古學으로 표현되는 김만중의 문학론 자체는 돌출적이지도 않고, 17세기의 학문적 분위기에서 발언될 만한 자연스러운 것이었다고 판단한다.

　앞에서 살펴본 바와 같이 그의 古學은 주자와 명대 복고주의 문학론에서 그 자양분을 취해왔음이 분명하다. 17세기 문학인·정치인으로서 김만중의 위상을 놓고 볼 때 자연스러운 귀결이다. 김만중 발언의 참신성은 그러한 복고주의와 주자의 시론을 우리 민족문학을 대상으로 올바르게 해석하고 확고하게 주장한 데 있다고 할 수 있다. 동시대의 대다수 복고주의 신봉자들은 그 주장을 이른바 학사대부의 시의 세계를 확장하고 변화시키는 수준에만 제한하였으나, 김만중은 문자와 언어, 민족과 국가의 차이를 넘어서는 문학보편에까지 복고주의와 주자의 시론을 확장할 수 있었다. 그럼으로써 문학사와 비평사를 거시적으로 꿰뚫어볼 수 있는 혜안을 얻게 한 것으로 보인다.

---

28) 고미숙, 앞의 글, 48쪽.

2부
주자학 이해의 심화와 실학적 사유의 전개

조선후기 『小學』 간행의 추이와 그 성격*

정 호 훈

1. 머리말

조선사회에서 유교·주자학 학습의 기본 교재는 『소학』이었다. 한자와 한문을 해독할 수 있는 소양을 익힌 사람들은 이 책으로 유교·주자학의 세계로 입문해 들어갔다. 『大學』을 비롯한 사서·삼경의 본격적인 학습은 이 책을 익힌 이후의 일이었다. 조선에서 『소학』이 유교 학습의 기본 도서로 기능하는 점은 조선의 유교가 주자학을 중심으로 펼쳐짐을 의미했다. 『소학』은 주자가 그의 제자 劉子澄을 시켜 만든 책으로, 유교의 기본 정신과 윤리규범을 담고 있는 글을 入敎, 明倫, 敬身 등 3주제로 나누어 싣고 있다. 여기에는 『대학』, 『중용』, 『효경』 등의 경서와 『사기』, 『한서』 등 중국의 역대 사서에서 가려 뽑은 내용들이 정연하게 정리되어 있는데, 주자학에서 중시하는 핵심적인 내용들이 일목요연하게 제시되어 있다고 할 수 있다. 주자학의 세계로 나아감에 이 책은 더 없이 중요했다.

조선에서는 건국 직후부터 이 책이 가진 의미를 주목했다. 세종대는 중국에서 이 책을 구입해와 간행하였고, 생원·진사시에서 이 책을 강하도록 하였다. 그러나 사회적으로 이 책이 널리 읽히고 주목받게 되

---

* 이 논문은 『韓國史學報』 31(2008. 6)에 실었던 것을 재수록한 것이다.

는 것은 16세기 들면서였는데, 김굉필을 필두로 하는 '사림'들은 이 책의 근본정신과 원리에 기초하여 유교 학습이 이루어지고 나아가 국가 사회의 제 규범이 만들어져야 한다고 생각했다. 爲己之學으로서의 주자학의 의미를 재확인하고 修己와 治人을 일치시켜 사고하려던 모습이었다. 이 시기 많은 사람들이 『소학』에 주목하는 사정은 이제 조선사회에서 주자학의 확산이 보다 본격적으로 이루어짐을 보여준다. 중종대에는 정부에서 『번역소학』을 간행하였으며,1) 선조대에도 『소학언해』를 간행·보급하였다.2)

17세기로 접어들면서 『소학』의 활용은 보다 본격화되었다. 정부에서는 여러 차례 『소학』을 간행, 사회적으로 적극 활용하기를 기대하였다. 조선후기 사회에서 정부의 서적 간행은 여러 차례 다양하게 이루어졌지만, 유교 교재와 관련해서는 이 책의 간행과 보급이 두드러진다. 광해군, 인조, 숙종, 영조, 정조대 들어 지속적으로 이 책을 간행하고 또 그 교육을 강조하는 것을 볼 수 있다. 그런데 이 시기 『소학』의 간행과 관련하여 주목할 것은 이때에 이르러 李珥의 『소학』 편집본이 간행되어 학계에 소개되었다는 점이다. 이 일은 이 시기 학계와 정계의 움직임을 예민하게 반영하는 사안의 하나였다.

그간 학계의 『소학』에 대한 검토는 다양하게 이루어져 왔다. 대체로 『소학』의 정신과 원리에 대한 해명을 기초로 하여 이 책이 조선사회에서 주목받고 보급되는 사정을 사회사적, 교육사적 측면에서 따진 연구가 주를 이룬다.3) 여러 판본의 『소학』 언해서의 비교 검토를 통해, 국

---

1) 1518년(중종 13), 남곤을 책임자로 하여 『飜譯小學』을 편찬했다.
2) 1587년(선조 20), 李山海를 책임자로 하여 『소학언해』를 편찬했다. 이산해는 발문에서 "獨舍其字義 衍以註語 故文與釋 判爲二 覽者病之"라 하여 복잡한 주석 때문에 『소학』 원문의 내용을 놓쳐버리는 병폐를 구하기 위해 언해를 편찬한다고 하였다.
3) 金駿錫, 「朝鮮前期의 社會思想 - ≪小學≫의 社會的 機能 分析을 중심으로

어의 변천과정을 따진 연구도 주요한 연구 영역을 이룬다.[4] 이러한 연구를 통하여 조선의 사상사·교육사에서『소학』이 차지하는 위치, 그 사회적 역할 등이 어느 정도 구명되었다고 할 수 있다. 그러나, 기존의 연구에서는 17세기 이후 조선 학계에서의『소학』보급과 그 교육적 활용에 대해서는 거의 주목하지 않았다. 뿐만 아니라 조선에서 통용된『소학』의 刊本에 대해서도 그다지 큰 관심을 기울이지 않았다. 조선사회에서『소학』이 널리 확산되며 그 지닌 교육적, 사상적 역할을 확대하는 것은 17세기 이후이며, 그 통용하는 간본도 여러 형태가 있었던 것을 유의하여 이 시기『소학』보급의 의미를 새롭게 정리할 필요가 있을 것이다.

17세기 이후 조선에서의『소학』의 간행과 그 보급, 교육적 활용은 이 시기의 정치사, 사상사의 움직임과 궤를 같이 하며 이루어졌다. 그런 점에서 이 연구는『소학』이 갖는 교육의 의미를 따지는 일이면서 동시에 이 시기 사상사의 큰 흐름을『소학』을 매개로 살피는 일이기도 하다. 이 글에서는 17세기 이이가 편집한 책을 중심으로『소학』이 간행되는 사정을 먼저 살피고, 이어 18세기 영·정조대『소학』간행의 의미를 검토하고자 한다.

 -」,『東方學志』29, 1981 ; 김항수, 「16세기 士林의 性理學 理解 - 書籍의 刊行·編纂을 중심으로 - 」,『韓國史論』7, 1985 ; 朴連鎬, 「朱子學의 根本培養說과 朝鮮前期의「小學」敎育」,『淸溪史學』2, 1985 ; 金東仁, 「아동용 교재로서의 ≪孝經≫과 ≪小學≫」,『敎育史學硏究』2·3, 1990 ; 황금중, 「性理學에서의 ≪小學≫·≪大學≫ 교육과정론」,『韓國思想과 文化』17, 2002.

4) 李崇寧, 「小學諺解의 戊寅本과 校正廳本의 比較硏究」,『震檀學報』36, 1973 ; 鄭然粲, 「小學諺解 校正廳本의 傍點表記 - 聲調의 變化와 그 樣相 - 」,『震檀學報』37, 1974 ; 이현희, 「小學의 諺解에 대한 比較硏究」,『한신대학교 논문집』5, 1988 ; 김주원, 「소학언해 연구 - 17세기 후기 간본을 중심으로 - 」,『국어학』37, 2001.

2. 17세기 초 李珥 편집본 『小學集註』의 출현

조선사회에서 『소학』이 주목받은 요인은 이 책이 가진 여러 特長 때문이었다. 무엇보다, 『소학』은 주자학의 근본 원리와 이념을 평이한 문장과 풍부한 사례를 통하여 압축적으로 제시하는 책이었다. 그러기에 이 책을 익히면 사서삼경과 같은 유학·주자학의 핵심 사상을 담고 있는 경서들을 익힘에 필요한 지식과 정보를 다양하게 접할 수 있었다. 『소학』은 주자학 학습을 위한 초학서였다. 한편 『소학』은 교화서이기도 했다. 三綱五倫의 윤리 규범이 평이하면서도 세세하게 정리되어 있어, 굳이 어려운 경서를 읽지 않아도 그 대체를 익힐 수 있게 하는 책이 『소학』이었다.5) 그러했기에 조선정부에서는 綱常의 變故가 일어나는 등 교화책을 펼쳐야 할 필요성이 증대하면 의례적으로 『삼강행실도』 등 교화서와 함께 이 책을 보급하였다.6) 『소학』은 유교 학습을 위한 초학서이자 교화를 펼침에 필수 자료가 되는 이중의 성격을 지니고 있었다고 할 수 있다.

---

5) 18세기에 지어진 글이지만 渼湖 金元行의 다음 글은 『小學』이 갖는 특성, 그리고 그것의 사회적 활용도 등을 잘 보여준다. 『渼湖集』 卷13, 書小學後 贈族姪履大, "小學者 盖古者敎小子之法 然聖人之道 莫大乎人倫 人倫之實 莫著乎此書 士不法聖賢則已矣 如欲法之 何可一日而舍此 而世之學者稍長 則曰我大人也 不復能爲此 嗚呼 此道之所以不明 而世之所以壞亂而莫之救歟 昔者 吾先祖文正先生 在高山郵舘 尙讀此書 其時年已三十三矣 其伯氏文忠先生 至爲之作五倫歌 以訓其後人 則其道固未嘗不同也 是以其入而行乎閨門 出而見諸朝廷 無一不出於此者 而卒之丙丁之亂 身任綱常 大節並耀 使春秋之義 炳烺於天下萬世者 夫孰非此書之功哉 然則其以此爲小子之學而忽之者 果何如也."

6) 팔도에 『小學』과 『三綱行實圖』를 반포하여 학교를 진흥하고 교화에 힘쓰게 하자는 조치는, 성종 2년 대사헌 한치형의 건의(『成宗實錄』 卷10, 2년 6월 8일 己酉)와 그 실행을 명하는 조치(『成宗實錄』 卷10, 2년 6월 18일 己未) 이후로 본격적으로 나타나는 것으로 보인다.

　17세기 들어『소학』의 유용성은 더욱 확대되었던 것으로 보인다. 임진왜란을 거치며 새로운 질서를 구축할 필요성이 증대하고 이미 黨爭이 본격적으로 진행되며 정치·이념적 갈등이 격화되어 이를 조절해야만 했던 상황에서, 조선정부와 위정자들은 제도 정비와 더불어 유교적 이념의 확산을 통하여 그러한 과제를 해결하는 방법을 찾아 나갔다. 광해군 초에『新續三綱行實圖』와 같은 교화서를 만들어 보급한 것은 그러한 노력의 일환이었다.[7] 삼강오륜이 가진 의미를 재차 천명함으로써 조선사회가 안고 있는 여러 어려움을 풀어간다는 의도였다.『소학』의 간행과 보급도 이러한 측면에서 진행되었다.

　그 첫 모습은 1612년(광해군 4)의『소학』간행에서 확인할 수 있다. 정부에서는 이때 6권 4책의 활자본(訓練都監字)으로『小學諸家集註』[8] (이하『小學集註』)를 간행하였다. 책임자는 이항복이었으며, 行判中樞府使 金晬, 行知中樞府使 金信元, 行戶曹判書 黃愼, 行兵曹判書 朴承宗, 掌樂院正 尹守謙, 幼學 金延慶 등이 제조, 겸제조, 都廳, 監校官 등으로 참가하였다.[9]

　그런데, 이때의 간행본은 이이가 何士信의『小學集成』등 이미 조선사회에서 통용되고 있던 여러 주석을 집성하여 새로이 편찬한 것을 저본으로 하여 만들어진 것이었다. 이전 시기 조선에서는 찾아볼 수 없던 새로운 형식, 새로운 내용의 판본이었다. 李恒福의「小學跋」은 이 책이 만들어지기까지의 사정을 잘 보여준다.

　　成化 年間(1465~1487 : 필자 주)에 淳安 程氏라는 분이 濟南에서 황하지방을 다스렸는데 제남에는 명사들이 많고 伏生의 유풍이 찬란하

---

7) 김혁,「≪東國新續三綱行實圖≫의 구성과 편찬과정」,『書誌學報』25, 2001.
8) <奎 3468> 등 여러 곳에서 소장본을 확인할 수 있다.
9)『小學諸家集註』말미.

게 남아 있었다. 그는 그 영향 하에 문도들과 날마다 『소학』을 강론하고 변론 질정하여 註疏 6권을 만들었고 이를 東國의 사신으로 중국에 聘問 갔던 자에게 주어 동국 사람들은 비로소 기쁘게 읽었다. 그 후 何氏・吳氏・陳氏 해설이 점점 국내로 들어왔지만 배우는 선비들은 우물 안 소견에 국한되어 아직도 선입견을 지켜 여전히 정씨의 해설만을 높여 믿었다. 그리하여 학자들의 말에 장단점이 있으며 이치가 혹 말살되었음을 전혀 알지 못하니 나는 일찍이 이것을 병으로 여기고 망령되게도 여러 자료를 모아 考閱에 편하게 하려고 마음먹고 있었다. 하루는 나를 찾아왔던 철원의 金長生과 이 이야기를 나누게 되었는데 김장생이 율곡이 이미 이 작업을 마무리 지었으니 힘든 일을 할 필요가 없다고 하고는 자기의 소장본 1질을 보여 주었다.……실록 편찬에 이어 入梓하여 이 책을 오래도록 전할 수 있게 되었다.[10]

위 글은 조선사회의 『소학』에 관한 몇 가지 주요한 사실을 알려 준다. 조선전기에 간행되어 유통되던 『소학』본이 淳安 程氏 곧 程愈의 주석본이라는 점, 그리고 중국에 사신으로 갔던 사람이 이 책을 얻어와 보급했다는 점, 이후 하씨, 오씨, 진씨 등의 주석이 조선에 소개되었지만 여전히 정씨의 주석이 주를 이루었다는 점, 율곡 이이가 이미 여러 주석을 정리하여 책으로 묶어 두었으며, 김장생이 이 책을 이항복에게 전함으로써 간행하게 되었다는 점 등을 알 수 있다. 한편, 이 책의 간행 과정에서 국왕의 명령이나 조정의 의논이 있었다는 이야기가

---

10) 『小學諸家集註』 小學跋(『白沙集』 卷2에는 「小學集說跋」로 실려 있다), "成化間 有淳安程氏者治河于濟 濟南多名士 彬彬有伏生之遺風焉 因與其徒 日講小學 辨質訂正 爲註疏六卷 以畀東使之聘上國者 東人始得欣覩焉 其後何吳陳氏之說 稍稍出海外 而學子局於井觀 猶守株先入 崇信程說 殊不知諸家語有長短 理或抹搬 余嘗病之 妄欲參校會趣 以便考閱 一日 金鐵原長生見訪 因語及之 金言栗谷已先宰割 子何重勞 遂以其藏一帙見示 余甲管曰 不亦善乎 儵師逸而功倍矣 因續史纂入梓 以壽其傳."

나오지 않는 점도 유의할 수 있겠다.[11] 정부에서 간행할 경우, 국왕의 명령을 받아 책을 간행하게 되었다는 일반적 관행을 벗어난 서술 방식이다. 내용 하나 하나를 자세히 검토해 보자.

중국에 사신 갔던 사람이 들여와『소학』을 간행했다는 것은 金馹孫과 관련된 이야기이다. 이 사실은 김일손의 「感舊遊賦後序」에 자세히 소개되어 있다.[12] 이 글에 따르면 그는 1491년(成宗 22) 정유로부터 증여 받은『集說小學』을 조선으로 돌아와 즉시 간행하여 반포했다고 한다. 이때의 간본은 쉽게 확인할 수 없는데, 17세기에 간행된『小學集說』[13]을 보면「小學篇目」,「小學集說序」,「小學集說凡例」,「小學集說總論」,「小學題辭」,「小學書題」, 본문의 체재를 갖추고 있다.[14]

『소학집설』은 정유가 李鑑, 李承祚 등과 함께 여러 주석을 모아 만들었다. 「小學集說凡例」는 이 책의 특징을 잘 보여준다. 여기에 따르면, 인용된 경전은 모두 주자의 本註를 따르고 미비한 점이 있으면 여러 설로 보충한다고 하였다. 예를 들어『論語』,『孟子』의 경우는 모두 朱子의 集註를 따르고 제가의 주해는 상황에 따라 이용한다고 하였다. 의문이 나는 경우는 억지로 자신의 설을 내지 않고, 諸儒의 설은 그가

---

11) 『光海君日記』에도『소학제가집주』를 만들었다는 기록이 나타나지 않는다. 후대의 여러 기록에도 이때 간행된『소학』간본에 대한 이야기가 나타나지 않는다. 광해군대의 일이기에 언급을 회피할 수도 있었겠지만, 조정에서 논의 자체가 이루어지지 않았을 가능성이 크다.

12) 『濯纓集』卷2, 感舊遊賦後序, "僕昔年到京師 切切求有道之士 而一解陋方之 惑 卒未見 恩恩將還 因伴送劉鈇 得禮部程員外愈求學焉 程以手撰集說小學 及晦翁書一帖與之 觀其序迷 抑其人也 僕初不知程深淺 試質俚語 而持小學 相與以付 范公勸張載中庸不許談兵之意也 然未承一日之雅 忽忽反國 小學 一書 僕不自私 旋卽刊布國中 學者皆獲程惠矣."

13) <奎中 1551-2> 등 여러 소장본이 있다.

14) 17세기의『소학집설』이 김일손이 간행한 판본을 그대로 활용한 것인지, 아니면 다른 판본을 활용했는지는 명확하지 않다. 그러나 동일한 程愈 편집본이었던 점에서 내용은 차이가 없었을 것이다.

살았던 時世의 선후에 따라 나누지 않고 경을 풀이한 순서에 따라 제시하였다. 또 음은 直音을 사용하여 초학자의 편의를 도모하고, 그것이 없는 경우에는 半切을 사용한다고 밝히고 있다. 본문은 모두 6권으로 分冊했는데, 4권으로 나눈 熊氏, 10권으로 나눈 하사신, 6권으로 나눈 陳選의 방식 가운데 진선의 방식을 따랐다고 했다.

『소학』의 주석을 낸 하씨, 오씨, 진씨는 모두 명대 학자들로, 何士信, 吳訥, 陳選을 말한다. 하사신은 『小學集成』을, 오눌은 『小學集解』를, 진선은 『小學增註』를 만들었는데, 이들 자료가 조선전기 어느 시점에 들어왔는지는, 그리고 얼마만큼 많은 사람들이 이 책을 보고 있었는지는 명확하지 않다. 다만, 이항복의 발문에서 하사신의 『소학집성』이 정유의 『소학집설』 이후에 들어왔다는 표현은 적절하지 않다. 『소학집성』은 이미 세종대 편찬, 간행된 바 있었다. 그 사정은 다음과 같다.

조선 건국 후 『소학』의 의미를 익히 알면서도 좋은 책을 구비하고 있지 못했던 정부에서는 『소학집성』이 이용하기에 편리하다고 인정, 중국에서 이 책을 구입한 뒤[15] 목판본[16]과 활자본[17]으로 연속하여 간

---

15) 『世宗實錄』 卷30, 7년 12월 戊子. 이때의 기록에 의하면, 조선에서 출판한 『소학』은 音訓과 註解가 미비하여 이해하기 어렵다고 했다. 중국에서 귀화했던 偰長壽가 『소학』을 중국어로 풀이하여 『소학직해』를 편찬한 적이 있었는데, 이 책을 가리키는지는 명확하지 않다(『定宗實錄』 卷2, 1년 10월 19일 乙卯). 이 책은 사역원에서 중국어 통역을 양성할 때 교재로 쓰던 책이었다. 태조 3년 사역원 제조였던 설장수가 "한어를 공부하는 사람으로서 『사서』·『소학』·이문·한어에 다 통하는 자를 제1科로 하여 정7품 출신의 <교지를> 주자"(『太祖實錄』 卷6, 3년 11월 19일 乙卯)는 건의를 하고 있는 것으로 보아, 이미 이 무렵 이 책을 만들었던 것으로 보인다. 조선정부는 중국의 『집성소학』이 음훈과 註疏와 名物圖象이 지극히 분명하게 갖추어져서 쉽게 『소학』을 익힐 수 있다고 판단하고 100권을 구입하기로 하였다.
16) 『世宗實錄』 卷37, 9년 7월 丁亥.
17) 『世宗實錄』 卷41, 10년 9월 丁巳.

행하고 보급하였다. 조선 최초의 『소학』 간본이라 할 수 있는 이 책은
10권 5책 규모에 「小學書題」(1187, 朱熹書), 「小學書目錄」, 「小學書圖
目」과 「圖說」(何士信 纂), 「小學之書綱領」, 「小學之序」(朱熹題辭 饒
魯註解) 등의 내용을 갖추었다.[18] 특히 圖說은 '弟子受業圖'를 비롯한
42종의 그림을 立敎, 明倫, 敬身 편에 맞추어 배열함으로써 책의 내용
을 쉽게 이해할 수 있도록 하였다. 본문에서는 本註, 古註, 標題, 纂疏,
附錄 등을 첨부하여 내용을 세밀하게 설명하였다. 이와 함께 책의 말
미에는 1429년에 책을 출판한 경위를 서술한 鄭麟趾의 跋文을 실었
다.[19]

　이와 같이 15세기 조선사회에는 『소학집성』과 『소학집설』 두 주석
본이 간행, 보급되었다. 서로 갖추고 있는 내용이 달랐기에 내용을 통
일할 필요성도 있었겠지만, 아직 그러한 문제제기나 움직임은 일지 않
고 있었다. 두 책 가운데 어떤 것이 큰 영향을 미쳤는지는 불명확하다.
많은 사람들이 『소학집성』을 즐겨 이용하고 있었지만, 정조는 내용이
그다지 뛰어나지 않은 정유의 『소학집설』에 학자들이 많이 쏠렸다고
평가하기도 했다.[20]

　한편, 조선에서는 또한 이 두 책을 모두 한글로 풀어 간행하였다. 두
형태의 언해본이 나타났던 것이다. 최초의 언해본은 1518년(중종 13)에
만들어졌다. 南袞이 책임자였던 이 언해본은 『번역소학』이라 이름을
붙였는데, 『소학집성』을 저본으로 하여 모두 10권으로 구성되었다.[21]
원문을 제시하지 않고, 大文만 번역한 특색을 갖는다. 戊寅本이라고도

---

18) 『小學集成』을 소장하고 있는 곳은 많지 않다. 규장각의 <古 181.1-H11s-v.1>,
　　<古 3915-2>, <一簑 古 181.1-So25s-v.9-10> 등 몇 소장본이 있다.
19) 이 책은 중종대 편찬한 『번역소학』의 저본이었던 것으로 여겨진다. 『번역소
　　학』은 10권으로 구성되어 있었다.
20) 『弘齋全書』 卷165, 日得錄5, 文學5.
21) 책임자는 남곤이었으며, 조광조 등이 참여하였다(『번역소학』 발문).

한다. 두 번째 언해본은 1587년(선조 20)에 나타났다.[22] 이산해가 번역 책임을 맡았으며 무인본이 가진 약점을 보완함을 크게 강조하였다. 『소학집설』을 저본으로 하여 6권으로 구성되었으며, 대문의 原文을 제시하고 번역하였다. 이후 이 책은 영조대 새로운 언해본이 나올 때, 저본이 되었다.[23]

이이가 『소학집주』를 완성한 것은 벼슬을 버리고 해주로 물러나 있었던 44세 때였다.[24] 『擊蒙要訣』을 만든 2년 뒤였다.[25] 이이의 학문이 무르익어 있었던 시점이라 하겠는데, 이때 이이는 宋翼弼,[26] 成渾 등과 의견을 주고받으며 이 책 편집을 마무리하였다. 이 책은 이이의 개인적 작업의 결과물이었지만, 16세기 후반 해주·파주 지역을 중심으로 형성되었던 일군의 학자들의 생각이 충분히 녹아 있었다. 이이의 『소학집주』 편찬은 그로서는 대단히 의미 있는 일이었다. 이 책을 만듦으로 해서 그는 낮은 수준과 높은 수준의 유교 학습서를 두루 마련할 수 있었다. 이미 『聖學輯要』를 만들어 선조에게 進達한 지 적지 않

---

22) 이산해, 「소학언해발」, 『소학언해』.

23) 영조 20년에 나온 『小學諺解』는 번역어의 변화가 나타날 뿐 선조대 언해본과 차이가 없으며, 어제서문이 붙어 있다.

24) 『南溪集』 卷86, 栗谷李先生年譜 下, "七年己卯 先生四十四歲 小學集註成 先生以爲小學是初學急務 而諸家註解互有得失 使經意不明 乃集衆說 參酌 增刪 略補己意 名曰小學集註 凡六篇"; 『小學諸家集註』, 小學集註跋, "吾友德修李侯叔獻 謝事而歸 講道海山之陽 造士之規悉擧成法 揭是書爲入德之門 而且憂註說多門 莫歸于正 乃取諸家 刪繁絜要 集長去短 一以不反乎經志 明白平實."

25) 『南溪集』 卷86, 栗谷李先生年譜 下, 丁丑五年條. 이이의 『격몽요결』에 대해서는 정호훈, 「16세기 말 栗谷 李珥의 教育論 -『擊蒙要訣』, 『學校模範』을 중심으로 - 」, 『韓國思想史學』 25, 2005 참조.

26) 『栗谷全書』 卷11, 與宋雲長, "仄聞兄與賢季 暮春之初 訪浩原信宿 恨不參席末也 小學輯註 想多疵尤 伏乞細評付標 送于浩原處 且留跋語 切仰切仰"; 『栗谷全書』 卷11, 答宋雲長, "小學方有所校正 故不能送上 恨無副本也 別錄答上."

은 시간이 흐른 뒤였던 것이다.

이이의『소학집주』는「小學篇目」,「小學集註總目」,「小學集說總論」,「小學題辭」,「小學書題」본문의 체재를 갖추고 있다. 본문은 모두 6권으로 구성되었다.『소학집설』과『소학집성』에 있던 것이 빠지기도 했고 또 새로 생기기도 하는 등 상호간에 많은 차이를 보인다. 이 가운데「소학집주총목」은『소학』의 편목별 내용을 간략히 정리한 것으로, 李氏·眞氏·朱子·饒氏 등의 說에 근거하여 각 편목의 구성상 특징을 일목요연하게 정리해 두었다. 주석은 何士信의 '集成', 吳訥의 '集解', 陳祚의 '正誤', 陳選의 '增註', 程愈의 '集說'에서 해당되는 내용을 추려서 적절하게 활용했다. 명대 여러 학자들의『소학』주석을 총망라한 구성이다. 또한 필요하면 자신의 주설을 덧붙이기도 했다.27)

이이는 이 책을 편집한 이후 印刊할 계획을 가지고 있었다. 성혼에게 跋文을 부탁, 발간을 추진하는 모습을 확인할 수 있다.28) 그러나 이이는 미처 이 일을 마무리 짓지 못하고 세상을 떠났고, 이후 여러 사람들이 이 편집본을 필사하여 돌려보다가 나라의 힘을 빌려 간행하기에 이른 것이다. 사실, 이항복이 金長生의 이야기를 듣고『小學集註』를 간행하게 되었다고는 하지만, 서인계 학자들은 이 책을 간행할 수 있는 적절한 기회를 노리고 있었을 것으로 보인다. 실록 편찬에 이어 入梓했다는 이항복의 발문은 실록 편찬에 동원되었던 인력을 활용하여 이 일을 이루어냈을 가능성을 보여준다.

요컨대, 17세기 초반에 간행된 이이 편집본『소학』은 조선전기에 유통되었던 여러『소학』본과는 그 체재가 크게 달랐다. 하사신의『소학

---

27)『南溪集』卷86, 栗谷李先生年譜 下, "七年己卯 先生四十四歲 小學集註成 先生以爲小學是初學急務 而諸家註解互有得失 使經意不明 乃集衆說 參酌 增刪 略補己意 名曰小學集註 凡六篇."

28)『小學諸家集註』, 小學集註跋, "叔獻書來徵跋文於予 旣不敢辭 則書其說以 諗之云."

집성』, 정유의『소학집설』등 통용되던 여러 간본의 장단점을 아우르며,『소학』의 이해를 보다 새롭게 도모하고자 재편집한, 이이의 학문적 개성이 듬뿍 담긴 책이었다. 이 책의 출간은 이이와 성혼의 학문에서 연원하는 서울·경기 지역의 서인계 기호학파의 학문이 구체적으로 표출되는 신호탄이었다. 이항복이 간행을 주간하고, 책의 끝머리에 성혼의 발문을 붙인 것은 이 책이 가진 이 같은 의미를 집약하여 보여준다 하겠다. 조선 학계에서는 이로써,『소학집설』,『소학집성』에 이은 또 다른 체재의『소학』주석서를 하나 더 확보할 수 있게 되었다.

3. 17세기 후반『小學集註』의 간행

17세기에 들어『소학』이 본격적으로 간행되어 보급된 것은 '仁祖反正' 이후였다. 1629년(인조 7), 정부에서는『소학』을 간행하여 전국에 반포하고 이 책을 講論하도록 하였다. 이때 정부에서 간행한 판본은 정유의『소학집설』이었다. 이이 편집본 대신에 조선전기에 간행했던 책을 재간행한 것이다. 정부에서는 이 조처를 취하며『소학』과 함께 「五倫歌」·『擊蒙要訣』도 동시에 반포하도록 하였다.29) 이어 같은 해 11월에는 校書館에서『소학』200질을 따로 인출하여 신료들에게 나누어 주었다.30) 이전 어느 때에도 찾아보기 힘든 규모의『소학』보급이었다.

이때 들어 이와 같이『소학』을 전국에 반포하기로 한 것은 끊임없이 일어나는 綱常 사건, 弑逆 사건의 심각성을 인조나 신료 할 것 없이 누구나 강하게 느끼고 있었기 때문이었다. 그 구체적인 계기가 되었던

---

29)『仁祖實錄』卷21, 7년 8월 己巳.
30)『仁祖實錄』卷21, 7년 11월 庚子.

것은 충청도에서 校生이 어머니를 살해한 사건이었다. 李廷龜, 鄭經世 등은 이러한 일을 막기 위해서는『소학』의 간행과 보급, 강학이 필요함을 강조하였고, 인조 또한 해마다 일어나는 弑逆 사건을 막기 위해서는 이 일이 꼭 필요하다고 하여 이에 동조하였다.31)

　『소학』을 전국에 보급하고 이를 윤리 교화서로써 활용하자는 정부의 노력은 몇 해 뒤 보다 구체화되어 '學校를 권장하는 節目'(이하 '학교절목')을 제정하고 그 주요한 교과목으로『소학』을 강조하기에 이르렀다.32) 예조에서 마련한 절목은, 孝友와 節義의 행적이 뛰어난 자를 京外에서 선발하여 論賞할 것, 성균관에서 小學講을 1년에 네 차례 시행할 것, 儒生이 학교 입학 시 小學과 四書 등의 책을 考講할 것, 지방에서의 提督官의 역할을 강화할 것, 鄕約을 적극 시행할 것 등 모두 여섯 조목이었다. 이들 내용에서 볼 수 있듯, '학교절목'을 제정한 주요한 이유는 학교 교육을 정상화함으로써 유교이념,『소학』의 이념을 보다 확산시키자는 의도였다. 그러나 이때 강조된『소학』교육이 학교에서의 小學講 실시로 국한하여 나타나는 것을 유의해 볼 필요가 있겠

---

31)『仁祖實錄』卷21, 7년 7월 甲午. 인조 초반의 잦은 시역사건은 조선사회에서 항용 일어나는 것이었기에 특별하다 할 것이 없지만, 한편으로는 인조 정권 초기의 특성을 강하게 반영하는 측면이 있었다. 北人 주도의 광해군 정권을 붕괴시키고 등장한 인조 정권은 서인들의 주도 하에 광해군대의 북인 세력들을 철저하게 배제하는 정책을 펼쳐나갔다. 대북계는 대부분 제거되었으며, 소북계나 중북계의 여타 북인들 가운데서도 정치적으로 배척받는 경우가 많았다. 이 상황에서 반정 직후, 反仁祖, 反西人의 정치적인 움직임이 지속적으로 격렬하게 일어나고 있었다. 새롭게 출발한 정권이 안정된 정국운영의 기조를 마련하는 것은 대단히 중요한 일이었다. 인조가 시역 사건의 고민을 거론한 것은 우연한 일이 아니었다(인조대 정국 동향과 잦은 시역사건에 대해서는 金容欽,『朝鮮後期 政治史硏究Ⅰ』, 혜안, 2006 참조). 서인·남인 등 인조 정권에 참여한 신료들은 이 같은 저항의 기운을 막아냄에『소학』을 전국적으로 보급하고 교육하는 것이 무척 중요하다는 사실을 깊이 인식하고 있었다.

32)『仁祖實錄』卷30, 12년 10월 乙巳.

다.

  하지만 '학교절목'을 제정하고 이를 통하여『소학』교육을 강화하자
는 정부의 의도가 쉽게 현실화되었던 것은 아니었다. 정부는 '학교절
목'을 제정한 10여 년 뒤, 지방 학교에서『소학』교육을 강화하라는 명
령을 내려 그 시행을 계속 독려하였다. 이때 내려진 조치는 '학교절목'
에 비해 보다 구체적이었는데, 향리의 수재를 모아『소학』을 교습하게
하고 守令과 都事가 試講하여 성적에 따라 상벌하게 한다는 것이었다.

  예조가 아뢰기를 "생각건대, 국가에서『小學』을 敎習시키는 것은 전
  적으로 養育하는 바탕을 삼으려는 것인데, 外方에서는 본의를 모르고
  여전히 세월만 보내는 폐단이 없지 않으니, 각도의 감사를 시켜 列邑
  에 권유하여 그 里社 가운데에서 스승이 될 만한 자를 가려 마을의 수
  재를 모아『소학』을 교습시키게 하고 守令과 都事가 때때로 다시 試
  講하여 여러 번 능히 通한 자는 논상하고 不通한 자는 묘당의 결정에
  따라 우선 학교의 벌을 쓰도록 하소서."33)

  이와 같이 17세기 전반 인조 정부에서는 유교 교육을 강화하였으며
그 과정에서『소학』을 적극 보급하며, 그 교육을 확대하였다. 지방의
향교와 서울의 四學, 성균관에『소학』서적을 풍부히 보급하고 그 강
학을 적극 독려하는 것이 주된 방침이었다. 방침대로 이 일이 제대로
시행된다면, 적지 않은 효과를 기대할 수 있을 것이었다. 전국에서『소
학』을 기저로 한 유교적 문화 기반이 확대되는 현상 또한 예상되었다.
  그렇다면 인조대에 광해조 때 이미 간행된 바 있었던 이이의 편집본
이 아니라 조선전기에 간행되어 유통되던 정유의『소학집설』을 재간
행한 이유는 무엇일까? '인조반정'을 서인이 주도했고 정국운영을 서인

---

33)『仁祖實錄』卷50, 27년 2월 戊戌.

이 장악하고 있었기에, 이이의 『소학』 편집본이 간행될 가능성이 매우 높았을 것으로 여겨지지만 실제로는 그렇지 못했다. 무엇보다 이이의 학술을 채택할 분위기가 아직 무르익지 않았기 때문이었던 것으로 보인다. 인조 13년에 있었던 이이와 성혼의 文廟 從祀를 둘러싼 심각한 갈등은 이 시기 이이의 학문적 위상이 어떠했던가를 잘 보여준다.

이이와 성혼을 문묘에 종사하자는 논의가 일어난 것은 인조 즉위 직후였다. 경연 석상에서 서인들이 두 사람을 종사할 것을 건의하면서였다. 이때 인조는 "문묘 종사는 중대한 일이라 경솔히 할 수 없으며, 또 그의 문인 제자 및 서로 아는 자의 말만 가지고 갑자기 종사하는 것도 타당치 않다"고 하여 이 건의를 받아들이지 않았다.34) 이후 조정에서는 이 문제를 다시 거론하지 않아 이 일은 일회성에 그치고 말았다. 그러나 인조 13년, 館儒 宋時瑩 등 수백 명 유생이 연명으로 이이와 성혼의 문묘 종사를 건의하면서 종사 문제는 서·남인 간의 정치적 갈등으로 전면화 되었다.35) 송시형 등은 서인계 유생이었다. 남인계 유생들은 蔡振後를 疏頭로 하여, 이이가 불교가 입문한 적이 있고 성혼이 임진왜란 시 적절하지 못한 행동을 했다는 이유를 들어 그들의 문묘 종사를 거세게 반대하였다.36)

이 상황에서 인조는 "文成公 李珥, 文簡公 成渾은 비록 착한 사람이기는 하나 도덕이 높지 않고 하자가 있다는 비방을 받고 있으니, 막중한 문묘 종사의 禮典을 가벼이 의논할 수 없다"고 하여 남인의 의견

---

34)『仁祖實錄』卷1, 1년 3월 丁巳.

35)『仁祖實錄』卷31, 13년 5월 庚申.

36)『仁祖實錄』卷31, 13년 5월 庚申. 이이의 불교 입문과 관련한 사실은 선조 16년, 송응개에 의해 제기된 이후로 反서인 진영의 중요한 공격 요소였다(『宣祖實錄』卷17, 16년 7월 乙未, "大司諫宋應漑啓曰……李珥本一緇髡也 斷棄君親 得罪人倫 若論其罪 先儒固有定論矣 化身還俗 豢養權門 一世淸議 不容假貸").

에 동조하였다.37) 문묘 종사 논의는 이후 조정 신료들의 논쟁으로 비화되었지만,38) 결국 실현되지 못했다. 따지고 보면 이때는 아직 이이와 성혼의 문묘 종사를 할 형세가 조성되어 있지 않았다. 史臣이 실록에서 "송시형 등은 時勢도 헤아려 보지 않고 老儒들에게 자문도 구하지 않은 채 부질없이 소회를 개진하였다가, 선대의 대현들이 도리어 소인배들의 추악한 헐뜯음을 받게 하였다"39)고 한탄한 것은 그 명징한 표현이었다. 이이의 학문이 확산되는 데는 여전히 큰 제한과 장벽이 있었다.

『소학』의 간행·보급과 관련한 인조대의 이러한 분위기는 17세기 후반 효종, 현종대로 들어오면서 조금씩 변화하였다. 첫 움직임은 신독재 김집의 『小學集註』 간행 노력에서 찾을 수 있다. 그 시간이 정확하게 언제인지 확인되지는 않으나, 김집은 이항복의 간본에 약간의 수정을 가한 뒤 공주목에서 이를 간행하였다고 한다.40) 이때의 간본은 공주본이라 할 수 있는데, 백사본에 비해 주를 두 줄로 배열하는 변화가 있었으며, 100질 정도 인쇄한 뒤 보관 중이던 판목이 불에 타 더 이상 인쇄하지 못하게 되었다고 한다. 송시열은 이항복본을 祖本, 공주본을 孫本이라 하였다. 한편, 김집의 노력은 현종 4년 전라감사이던 趙龜錫의 재간으로 이어졌다.41) 조귀석은 이 일을 진행하며 송시열과 절차를

---

37) 『仁祖實錄』 卷31, 13년 5월 庚申.

38) 인조 13년 5월 壬戌에 있었던. 응교 沈之源, 교리 尹坈·趙錫胤 등의 상소는 그 한 예이다(『仁祖實錄』 卷31).

39) 『仁祖實錄』 卷31, 13년 5월 11일(庚申), "館學儒生宋時瑩等二百七十餘人上疏曰……夫二臣者之於斯道也 其功其德 有如是者 而崇報之典 尙今寥寥 此誠臣等之罪 抑恐爲盛世之欠事也 方今聖化維新 萬物咸覩 此誠鼓舞士風 培植道脈之一大機會也 臣等玆敢冒死上請 伏願聖明 深思斯文之至重 俯察多士之血誠 亟命有司 議定二儒臣從祀文廟之典 不勝幸甚."

40) 『宋子大全』 卷44, 答趙禹瑞 癸卯四月.

41) 『宋子大全』 卷44, 答趙禹瑞 癸卯七月.

논의하였는데, 조귀석은 이항복본과 공주본을 두루 참조하여 간행한 것으로 보인다.

또 다른『小學集註』간행 움직임은 송준길에게서 볼 수 있다. 송준길은 효종대 내내 이 책을 간행하려 애썼다. 중앙에서의 간행이 쉽지는 않았던 상황이었는데, 송준길이 취했던 전술은 호남에서 이를 간행하자는 것이었다. 처음 호남 관찰사로 있던 李後山의 힘을 빌려 간행까지 했으나[42] 불태워지는 일을 겪었으며,[43] 효종 10년에는 마침내 본인이 효종에게 건의하고[44] 다시 洪命河의 힘을 빌려 전주에서 간행할 수 있었다.[45] 이후 홍명하는 이 책들을 考閱에 편리하게 보완하여 進講에 대비할 것을 청하기도 하였다.[46]

그 다음 움직임은 현종 7년, 이이 편집본을 활용한『소학언해』의 간행에서 볼 수 있다. 이때의『소학언해』간행은 좌의정 홍명하의 건의가 계기가 되었는데,[47] 세자의 강독에 쓰일『소학언해』가 정유의 주석

---

42)『同春堂集』卷11, 答尹魯直舜擧汝望文擧吉甫宣擧 庚寅, "湖南伯有分否 勸其刊聖學輯要或小學集註爲宜 今日致力處 恐秪在此耳."

43)『同春堂集』卷11, 與洪大而 己亥, "栗老所纂小學集註 誠是好本 頃年李子高爲湖伯 既刊而旋焚 良可歎惜."

44)『承政院日記』효종 10년 2월 庚午, "又所啓 先正臣李珥校正小學諸家註說用雙行小字 以便觀覽 此本甚好 而卽今板本 無所在之處 若令印出而頒布則爲好矣 上曰 言于該曹."

45)『同春堂集』卷11, 與洪大而 己亥, "栗老所纂小學集註 誠是好本 頃年李子高爲湖伯 既刊而旋焚 良可歎惜 向於筵中 略陳刊布之意 以言于該曹爲敎 此後惟在兄善思料理之如何 聞書館舊板積在 擇其中可用者 費些物力 使之刊梓 則無乃大善耶 幾會未易得 幸毋徒以凶歲爲諉而曲爲之地 士夫之望也 學制想已啓下貴曹否 疏漏處 亦須補行之至佳 只此 小學 沂川竟入啓 刊行於全州."

46)『同春堂集』卷9, 獻議, 小學諺解釐正議 丙午十月, "且訓局湖南兩本集註 皆用小字 不便於考閱 今宜并用大字入刊 以備進講 尤似便穩 臣之平日所思如此 并爲陳達 實切僭猥惶悚之至."

47) 홍명하의 이 건의는 실제 송준길과의 의논을 거친 것이었던 것으로 보인다

에 따라 만들어졌기 때문에 착오가 많으니, 이항복이 간행을 주도한
『소학집주』를 활용, 새로운 언해본을 만들자는 것이 그 요지였다. 현종
은 송준길, 송시열, 윤선거 등 儒臣에게 의견을 묻는 절차를 밟아[48] 이
건의를 수용, 홍문관에 『소학언해』의 개정을 명하였으며,[49] 그리하여
마침내 『소학집주』를 저본으로 한 새로운 『소학언해』가 나오게 되었
다.[50] 세자의 『소학』 학습 또한 처음으로 이 책에 바탕하여 이루어지
게 되었다.[51]

효종~현종대의 『소학집주』 간행 노력은 이이의 편집본을 조선사회
에 확산시키기 위한 서인들의 끈질긴 움직임을 잘 보여 주는 일이거니

(『同春堂集』卷9, 獻議, 小學諺解釐正議 丙午十月, "小學諺解與集註 時或逕
庭 學者之病之已久 相臣陳箚 請加釐正 允合事宜 無容他議 此外諺解中方
言俚語不雅當改者 亦不無一二 幷命精校 使於元子講讀之際 無所疑閡 恐不
可已").

48) 이때 송준길만이 답하였다. 물론 적극적인 찬성이었다. 송준길이 올린 의견은
다음과 같다. 『同春堂集』卷9, 獻議, 小學諺解釐正議 丙午十月, "小學諺解
與集註 時或逕庭 學者之病之已久 相臣陳箚 請加釐正 允合事宜 無容他議
此外諺解中方言俚語不雅當改者 亦不無一二 幷命精校 使於元子講讀之際
無所疑閡 恐不可已."

49) 『顯宗實錄』卷12, 7년 10월 戊午, "左相洪命夏上箚言 元子畢方講之書 則當
講小學 而但諺解頗有差誤處 宜卽釐正也 故相臣李恒福 嘗以故贊成李珥所
爲集註一秩上之 付訓局印出若干件 以頒中外 蓋其規例 凡正文之出於論孟
書者 專用朱子本註 其餘則參以諸議 去短取長 權度精甚 第其諺解 尙用舊
本 舊本卽依程說 而爲之解 與此輯註 多有所逕庭者 請令禮曹 問于儒臣 依
輯註纂定諺解 俾無註與解相左之處 上令禮曹 往問于在外儒臣 大司憲宋浚
吉獻議 如命夏箚 宋時烈尹宣擧皆不獻議" ; 『顯宗改修實錄』卷16, 7년 10월
戊午.

50) 현종대 『소학언해』 간행에 대해서는 김주원, 앞의 논문 참조. 이때 『소학언
해』가 실제 간행되는 사정은 윤선거가 『소학언해』 하사본을 받아보고 고마워
하는 데서도 확인된다(『魯西遺稿』卷4, 辭執義疏 戊申 八月).

51) 『承政院日記』숙종 20년 1월 癸亥, "上曰 先朝以集說小學進講 予則在春宮
時 果以集註小學講讀 今者諸臣所達 誠是."

와, 숙종대에 들어와 이들의 열망은 御製 序文을 단 책을 간행하는 것으로 귀결되었다. 1694년(숙종 20), 정부에서는 이이가 편집한 책을 저본으로 하여 새로운『소학』을 간행하였다.[52] 17세기 초반에 간행되었던 것이 80여 년의 세월을 지나 중앙 정부의 힘으로 재간행되기에 이른 것이다. 이때 간행된『소학』은 그 체재로 보면,「御製小學序」,「小學篇目」,[53]「小學集註總目」,[54]「小學集註總論」,[55]「小學書題」,[56]「小學題辭」,[57]「小學集註攷訂」,[58] 小學의 본문과 諸家集註, 그리고 成渾의「小學集註跋」, 李恒福이 쓴「小學跋」등의 跋文으로 구성되었다.

본문은 모두 6권이다. 1권은 '入敎', 2권은 '明倫', 3권은 '敬身', 4권은 '稽古', 5권은 '嘉言', 6권은 '善行'을 담고 있다. 정유의『소학집설』과 같은 체재이다. 제가의 여러 주는 集解, 正誤, 集說, 集成, 增註를 표시하고 본문보다 한줄 낮추어 본문과 같은 크기로 제시하였다. 集解는 吳訥, 正誤는 陳祚, 集說은 程愈, 集成은 하사신, 增註는 진선의 주석이다.

숙종의 어제 서문을 싣고 聖學을 위한 기초서로서 이 책의 성격을 분명히 명시한 점은 이 책이 갖는 뚜렷한 특징이었다. 御製 序文[59]에

---

52) 이때의 간행본은 국립중앙도서관, 규장각 등에 소장되어 있다. 속표지는 '乙亥新刊', '春坊藏板'이라고 표시했다.

53) 내편, 외편으로 나누어 立敎·明倫·敬身·稽古·嘉言·善行 등 5篇의 목차를 적고 篇名 아래에는 386章 가운데 몇 장이 들어 있는 지를 적어 놓았다.

54) 각 篇에 대한 내용의 대략으로 李氏(栗谷)·眞氏·朱子·饒氏 등의 說을 적어 놓았다.

55)『小學』전반에 대한 大義를 앞에는 程子·朱子의 說을 略記하고 뒤에는 문답형식으로 陳氏 李氏의 說 등을 적었다.

56) 주자가 쓴『소학』해제에 대해 集解·正誤·增註·集說로 나누어 해설했다.

57) 標題 書首의 말을「小學書題」와 같은 체재로 엮었다.

58) 각 篇으로 나누어 글자의 異同 및 異本과의 相異를 攷訂한 것이다.

59) 어제 서문이 작성된 때는 숙종 20년 1월 7일이었다(『肅宗實錄』卷26, 20년 1월 乙卯). 이 서문의 글씨는 兵曹參知 李德成이 肅宗의 命을 받들어 썼다.

서는『소학』의 내용을 內外·本末로 나누어 설명한 뒤, 어린 아이(小子)가 道에 들어가는 첫길과 어린이를 교육하는 성스러운 공부가 여기에 있다고 강조하였다. 나아가 敬이 '聖學'의 始終이 됨을 강조하고, 경의 의미를 제대로 체득하게 되면,『大學』의 修身·齊家·治國·平天下의 道에 한순간에 나아갈 수 있다고 하였다.60)『소학』과 대학은 그 단계에서 차이가 있었지만, 성학을 위한 서책이라는 점에서는 동일하다는 것이 이 서문의 내용이었다.

주자학은 '聖學'을 지향했으므로『소학』에서 이 점을 강조하는 것은 자연스런 것일 수 있다. 하지만,『소학』을 간행하며 이를 강조하는 것은 일찍이 없던 일이었다. 그것은 이 책의 간행이 세자 교육과 연관하여 이루어졌었기 때문으로 보인다.『소학』의 서문을 작성할 때, 숙종은 세자가 공부하는 곳이던 時敏堂의 銘과 序, 그리고 세자가 儆戒할 10箴61)을 같이 지었다. 모두, 세자가 학습 과정에서 염두에 두어야할 내용을 담고 있다고 할 수 있다.

숙종대『소학집주』의 간행은 조선의 학술사, 사상사의 흐름에서 결정적인 의미를 지니는 것으로 판단된다. 李珥 편집본을 저본으로 한『소학』을 정부에서 발간했다는 것은 조선의『소학』교육이 이제 이이의 간본을 중심으로 이루어져 나갈 큰 동력을 얻었음을 보이는 일이었

李德成(1655~1704)은 본관이 전주, 자가 得甫이다. 李後英의 아들로 季父 李正英에게 배웠으며, 1678년(肅宗 4) 增廣 進士試, 1682년 春 文科에 급제하였다. 소론계 인물이었다.

60)『肅宗實錄』卷26, 20년 1월 17일(乙卯), "敬者 聖學之所以成始成終徹上徹下 而敬怠之間 吉凶立判 是以 武王踐阼之初 師尙父之所以惓惓陳戒者 不越乎 是 學者誠有味于斯 動靜必於敬 造次必於敬 收吾出入之心 立吾正大之本 今日下一功 明日做一事 於不知不覺之中 靈臺泰然 表裏洞徹 則進乎大學所 謂修身齊家治國平天下之道 特一舉而措之矣 其於風化 烏可少補云爾."

61) 10개의 잠은 다음과 같다. 法三朝箴, 親賢士箴, 勤講學箴, 戒逸豫箴, 納忠言 箴, 聖讒說箴, 愼喜怒箴, 崇儉約箴, 明賞罰箴.

다.62) 그것은 달리 기호학파의 사상이 중앙 학계의 기저에 자리 잡아 간다는 것을 의미했다. 김장생이 작성한 「소학집주고증」이 이 책에 포함된 것도 같은 의미일 것이다. 이 고증은 각 篇으로 나누어 글자의 異同 및 異本과의 相異를 살펴 攷訂한 것으로, 김장생 사후에 빛을 보게 된 셈이었다.63)

숙종대의『소학집주』간행은 실상 큰 곡절을 거치며 이루어졌다. 본래 이 책의 간행 준비가 끝난 것은 甲戌換局 이전, 곧 남인들이 집권 중일 때였다. 이이의 편집본에 숙종의 서문을 붙여 간행하기로 했던 상황에서 金德遠, 吳始復, 權珪 등 남인들은 이 책의 간행을 적극 반대하였다.64) 숙종이 이이와 성혼을 크게 배척해 놓고 이이가 편집하고 성혼이 발문을 붙인 책의 첫머리에 어제 서문을 붙이는 것은 적절하지 않다는 것이었다. 대신 이들은『소학집설』에 어제 서문을 붙여 간행할 것을 주장하였다. 결국 숙종은 이들의 의견을 받아들여『소학집설』을

---

62) 이 표현이 이이의 편집본이 유일본으로서 기능하게 되었음을 의미하는 것은 아니다. 이때 중앙 정부 차원에서 간행되어 보급됨으로써 이이 편집본은 널리 확산될 계기를 얻게 되었다.

63) 영남이나 서울경기 지역의 南人, 北人들이 이 책을 거부감 없이 적극 받아들였는지, 아니면 다른 판본을『소학』교육에서 그대로 사용하게 되었는지는 확실히 알 수 없다. 당쟁이 격화되어 상호간의 배타의식이 극도로 고조된 상황으로 본다면 이이 편집본의 간행은 대단히 예민한 정치적인 사건일 수 있었다.

64)『承政院日記』숙종 20년 1월 癸亥, “始復曰 御製小學序文 下于政院 令小臣 繕寫鋟板 弁于篇首事 下敎矣 第自古刊行小學 乃集說小學 昨年印出進上及 頒賜者 卽集註小學 而李珥刪定 成渾題跋於篇末者也 頃日備忘中 以李文弁 之於集註小學 旣涉未安 前頭春宮書筵之時 亦以此冊進講 亦似不當 原任大臣 方入侍 下詢而處之 何如……德遠曰 集註小學 乃李珥之所刪定 成渾之 所題跋 而聖上在春宮時 以此冊進講矣 繞者聖明 別爲備忘 深斥李·成兩人 則今以聖製 弁之于其人所刪定之冊 果爲未安 故始復之所達 如此矣 上曰 先朝 以集說小學進講 予則在春宮時 果以集註小學講讀 今者諸臣所達 誠是 卽令芸閣 刊出集說小學 所製序文 弁于篇首 以爲春宮開講之冊.”

간행하고 어제 서문을 편수에 붙이기로 하였다. 아마, 1694년 1월 말에 내려졌던 이 결정대로 『소학집설』이 간행되었다면, 조선에서 『소학』 간행을 둘러싼 흐름은 보다 복잡해졌을 것이다. 그러나 이 계획은 이 해 봄에 갑신환국이 일어나 서인들이 정국을 장악하면서 완전히 무산되었다.

이상 살핀 대로, 17세기 조선에서는 『소학』의 간행·보급과 관련하여 의미 있는 변화가 일어나고 있었다. 조선전기에 간행되었던 정유의 『소학집설』이 널리 보급되는 가운데 이이가 편집한 『小學集註』가 정부 차원의 지원을 받아 간행되고 세자 교육에까지 활용되는 흐름이 생겨나고 있었음을 확인할 수 있다. 17세기 초반에 간행되었다가 17세기 후반, 숙종의 어제 서문을 달고 이이 편집본이 간행된 것은 서인들이 정계 및 학계에 강한 영향을 미치는 상황을 반영한 것이었다 할 수 있겠는데, 이후 조선학계에서 이 책은 『소학』 학습에 결정적인 영향력을 미쳤던 것으로 보인다. 정부에서 『소학』을 간행할 때 그 저본을 삼게 되는 것은 이이의 편집본이었다.

4. 18세기 중반 『小學訓義』 편찬과 보완

18세기 들어 조선사회의 『소학』 간행과 보급은 17세기의 움직임을 계승하면서도 또 다른 모습을 보였다. 1744년(영조 20) 2월에 있었던 영조의 『소학훈의』 편찬은 『소학』의 보급과 교육의 역사에서 살필 때 일대 사건이었다. 영조는 1744년 1월 25일 文章과 學術을 갖춘 사람과 함께 장마다 주를 달아 '訓義'를 만들 것이라 하여 홍문관에 그 찬집을 명하고,65) 다음달 17일에는 刊印하도록 하였다.66) 이어 이 책을 전

---

65) 『英祖實錄』 卷59, 20년 1월 癸卯.

국에 널리 보급하기로 하였다.[67)]

『소학훈의』는 숙종대 어제 서문을 붙여 간행한『小學集註』를 저본으로 하고 여기에 '訓義'를 붙여 만들었다. 이 책의 본래 이름은『小學集註』였으나 영조와 신료들은 이를 통상『小學訓義』로 불렀다. 종래의『소학집주』체재에 더하여 훈의를 덧붙였기 때문이다. 또 창덕궁의 便殿인 宣政殿의 이름을 따 '宣政殿訓義'[68)]라 부르기도 했다. 책의 구성은 다음과 같다.[69)]「御製小學序」(1694년 李德成 奉敎書, 1744년 洪鳳祚 奉敎書),「御製小學後序」,「御製小學小識」(任手延 奉敎書),[70)]「宣政殿小學訓議凡例」,「小學集註攷證」,「小學篇目」,「小學集註總目」,「小學集註總論」,「小學書題」,「小學題辭」를 책의 앞머리에 싣고, 책의 말미에는 성혼의「小學集註跋」, 이항복의「小學跋」을 실었다.

책머리에 숙종의 서문에 이어 영조의 御製 서문과「御製小學小識」를 실은 것은 이 책이 국왕의 의지 하에 만들어졌음을 천명하는 상징이었다. 이 책이 가지는 권위와 무게는 실로 여기에 있었다. 내용과 체재에서는 이전의 판본에 비해 크게 변한 것은 없었다. 다만, 훈의를 달아 이 책을 쉽게 익힐 수 있도록 하였다. '훈의'는『소학』의 본문이나 원주에 나오는 어려운 인명이나 지명, 관직명을 간단히 설명하거나,『소학』에 수록된 글들의 출처를 제시하며 일부 논란이 될 수 있는 대목에 의문을 드러내는 방식으로 달았다. 그런 점에서『소학훈의』는 책

---

66)『英祖實錄』卷59, 20년 2월 乙丑.

67)『承政院日記』영조 20년 2월 己巳, "今此訓義小學 事體自別 尤不可不廣布 諸道 爲先知委 所入物力 使之趁速輸送 自今凡有冊子開板之事 依例發賣外方 以爲頒布之地 何如 上曰 依爲之."

68)『承政院日記』영조 20년 2월 庚申.

69) 규장각에 소장된 奎11009본이다.

70)「御製小學小識」은『소학훈의』편찬 시, 영조가 세종대에 간행했던『소학집성』을 얻어 보게 되자 그 감회를 적은 글이다(『承政院日記』영조 20년 2월 12일 庚申).

의 可讀性, 책에 대한 초학자의 接近性을 높인 체재를 갖추고 있었다.

이 책의 또 다른 변화는 이이가 주를 단 곳을 뚜렷이 드러낸 점이었다. 「선정전소학훈의범례」에서는 이 책에서 이이가 직접 주를 덧붙인 곳은 加圈을 하여 다른 주석들과 구분했는데, 최초로 가권한 곳에서 그 사실을 밝혀 둔다고 명시하였다.[71] 실제 이이가 주를 처음으로 덧붙인 곳은 「小學書題」의 한 대목이었는데, 가권의 아래에 "加圈下 皆文成公李珥添註"라 하여 이것이 이이가 첨주한 것임을 분명히 밝혔다. 가권만 했던 이전 간본에 비하면 이이의 주석임이 분명해졌다.

『소학훈의』의 편찬 시, 교정은 尹光毅가 담당했고,[72] 훈의의 내용은 贊善 朴弼周, 贊善 魚有鳳, 參議 沈錥 등이 참여하여 검토하고 확정했다.[73] 훈의 작업은 인명이나 지명을 해설하고 본문의 出典 등을 알기 쉽게 설명하는 일이었기 때문에 그다지 복잡하지 않았으나, 그 과정에서 李珥와는 다른 방식으로 구두를 찍어야 할지 아니면 이이의 방식을 따를지를 두고 논란을 벌이기도 했다. 이를테면, '入敎第一'편에 나오는 "女子十年不出姆敎婉娩聽從"의 姆敎二字를 이이는 붙여 읽었는데, 어유봉은 古註와 古解를 따라 떼어 읽기를 주장했고, 박필주는 이이를 따르자고 하였다. 논의 끝에 떼어 읽는 것도 무방하다는 의미로 "恐是" 두 글자를 써서 두 견해 모두를 살리기로 하였다. 실제 『소학훈의』에서는 "從古本 以姆敎爲句 恐是"라고 이를 밝혔다.[74]

---

71) 『小學訓義』, 「宣政殿小學訓義凡例」, "此書乃文成公李珥彙集諸註者 而文成添註處 則添加圈 故最初圈下 書謀添註以發例."

72) 『承政院日記』 영조 20년 2월 戊寅.

73) 『英祖實錄』 卷59, 20년 2월 己巳.

74) 『承政院日記』 영조 20년 2월 29일(丁丑), "姆敎二字 朴贊善以爲 先正集註旣無句絶 則今不必更爲句絶 魚贊善以爲 古註及古解 皆有句絶 則今亦爲句絶 似宜云 蓋魚贊善本意 則欲釐正古註也 朴贊善本意 則欲歸重於先正集註矣 二說不同 未知何所遵從矣 上曰 下番兼春秋出去 古諺解及今諺解持來可也……尙迪曰 然則特書恐是二字 以示難愼之意 而兩存無妨矣 上曰 所達

 영조 20년의『소학훈의』편찬은 어떤 의미를 지니고 있을까? 영조는 이 책의 편찬이 공자가『춘추』를 짓고 맹자가『맹자』7편을 지은 이유와 동일하다고 여기고 있었다.

> 공자가『춘추』를 짓고 맹자가『맹자』7편을 지은 것은 도가 끝내 행해지지 않았기 때문이었는데, 내가『소학훈의』를 지은 것 또한 이 뜻이다. 世道에 개연히 뜻을 둔 자들은 공자와 맹자였으니 사람들은 모두 그들을 따랐지만, 나의 훈의는 그들이 반드시 쫓으리라고 어찌 알겠는가?75)

 道德이 행해지지 않는 세상을 안타까워하여 성현들이『춘추』와『맹자』을 편찬한 것처럼, 영조 또한 조선의 상황을 걱정하며『소학훈의』를 편찬했다는 것이었다. 영조는『소학』의 교육을 통해서 유교적 교화가 이루어지면, 도덕이 행해지는 세상을 만들 수 있을 것이라 여기고 있었다. 기존 조선사회에서『소학』이 했던 역할을 영조 또한 그 누구보다 강하게 느끼고 있었던 것이라 할 것이다. 영조가『소학훈의』간행을 두고 이와 같이 생각했던 것은 그만큼의 절실함이 그에게 있었기 때문이었다.
 영조가『소학훈의』를 편찬한 것은 영조의 정치적 지반이 어느 정도 안정된 뒤의 일이었다. 즉위 직후 영조의 정치적 위상은 대단히 불안정했다. 辛壬士禍와 같은 노·소론의 격렬한 政爭이 이루어지는 가운데 왕위에 오른 영조는 1728년, 영조의 존재 자체를 부정하는 '戊申變亂'을 겪었다. 소론과 남인의 유력 인사들이 주도하고 良人과 賤人들

      是矣 依爲之."
75)『承政院日記』영조 20년 2월 21일(己巳), "孔子之作春秋 孟子之作七篇 由於
      道終不行 而予之小學訓義 亦此意也 有爲世道慨然者 孔·孟 人皆從之 而
      予之訓義 安知其必從乎."

이 동조 가담하여 일어난 이 변란은 조선이 안고 있던 정치적 사회적 위기가 극단적인 군사행동으로 표출된 것이었는데, 영조에게 이 사건은 엄청난 충격이었다. 군주의 지위를 전면 부정하는 저항이었기 때문이다.[76) 영조는 이 사건 이후 사회적 위협 요소를 법으로 강력하게 다스리는 한편으로 제 정치세력 사이의 갈등을 해소하며 정국 안정을 적극 도모하였다.[77) 사상 문화적인 갈등상을 해소하려는 노력도 지속적으로 펼쳤다. 소론 온건파와 노론 온건파를 중심으로 추진된 탕평정치는 이러한 과정에서 대두된 것이었다.

그리하여 영조 17년경이 되면 그 같은 의도는 어느 정도 결실을 거두었던 것으로 보인다. 영조 17년, 정부는 '辛酉大訓'을 반포, 종묘에 고하고,[78) 신임사화로부터 무신변란에 이르기까지 펼쳐졌던 정치적 갈등의 원인이 어디에 있는지, 그리고 그 갈등은 어떻게 풀어야 하는지를 명백히 천명하였다. 노론 4대신의 정치적 신원 조치가 이때 이루어진 데서 볼 수 있듯, 신임사화 때 노론이 안았던 정치적 부담, 영조의 태생적 한계를 해소하려는 의지가 여기에는 깔려 있었다.

『소학훈의』를 만든 것은 이러한 분위기를 보다 안정적으로 유지하고자 하는 의도가 있었던 것으로 보인다. 유교 교육을 강화한다면 오륜의 규범이 자연스레 확산될 것이며 교화의 효과도 적지 아니 생길 터였다. 이 일을 하기에 적합하기로는 『소학』만한 책도 없었다. 풍부

---

76) 영조는 『周易』 坤卦의 程頤註에 나오는 王莽과 같은 경우도 괜찮다는 구절에 대해, 무신란을 경험한 이후, 이 구절에 대한 의심이 생겼다고 할 정도로, 이 사건이 영조에게 끼친 영향은 절대적이었다(『承政院日記』 영조 20년 3월 4일(壬午), "上曰 予欲作一書 而憊甚不暇矣 孟子之作七篇 蓋由於道不行 而 予之近日小學訓義 亦此意也 孟子之英氣發露 先儒已言之 而明太祖尊君抑 臣 終是過矣 程叔子氣像 近於孟子 莽・操猶可言之註 終不能釋然於心 予 之有此疑者 亦由於經歷戊申之故也 象漢曰 程傳此義 當活看矣.").
77) 물론 영조가 의지했던 세력은 소론 탕평파와 노론 온건파였다.
78) 『英祖實錄』 卷54, 17년 10월 壬辰.

하고도 쉽게 익힐 수 있는 내용을 이 책은 가지고 있었던 것이다. 영조
는 기존의 『소학』 판본에 어제 서문을 붙여 이 책이 갖는 의미가 인륜
을 밝히는데 있음을 재천명하고, 어려운 내용에 해설을 간단히 덧붙임
으로서 보다 편리하게 이 책을 이용할 수 있도록 하였다.

　영조의 이 작업은 한편으로는 『續大典』 편찬과도 같은 맥락에서 추
진되었다. 영조는 『소학훈의』 편찬과 간행을 완료한 뒤, 곧바로 『속대
전』의 마무리 작업에 매진, 빠른 속도로 이를 매듭지었다.[79] 『속대전』
은 『受教輯錄』, 『典錄通考』 등 앞선 시기에 나왔던 여러 법을 『경국
대전』의 규모로 재정리한 책으로, 영조 초반부터 편찬이 논의되고 있
었다. 『속대전』 편찬은 國法 體制의 정비를 통하여 국가 질서 전반을
재확립하는 의미를 지니면서, 동시에 조선의 국가운영에 필요한 여러
법제를 깔끔하고도 체계적으로 정리함으로써 국가운영에 필요한 법률
적 근거를 충분히 얻고자 하는 지향을 지니고 있었다. 이 역시, 정치적
안정을 영속화하고자 하는 영조의 탕평정부가 펼쳐 보인 모습이었
다.[80]

　결국 영조 20년, 영조의 『소학훈의』의 편찬은 『속대전』의 편찬과 맥
락을 같이하는, 사상·이념 방면에서의 왕조질서 강화 방안의 일환으
로 이루어졌다고 할 수 있을 것이다. 국왕을 중심으로 하는 질서를 구
축함에 필요한 『소학』을 보다 쉽게 이해할 수 있도록 하자는 것이 『소
학훈의』의 지향이었다. 실제 영조는 이 책을 편찬한 이후, 『소학』 교육
을 크게 강화하여 지방의 학교에서 小學을 考講하고 이를 근거로 고
강생들에게 賞罰을 시행하는 정책을 펼쳤다. 『소학』 고강이 언제부터

---

79) 다음 언급은 『續大典』과 『小學訓義』를 대하는 영조의 마음을 어느 정도 보
　　여준다(『承政院日記』 영조 21년 6월 14일(乙卯), "凡事若如小學訓義及今番
　　常訓 則何事不能做耶 如五禮儀及續大典 非予董飭 則完了必無期矣.").

80) 여기에 대해서는 정호훈, 「18세기 전반 蕩平政治의 추진과 『續大典』의 편
　　찬」, 『韓國史研究』 127, 2004.

행해졌는지, 그리고 그 구체적인 내용이 무엇인지는 명확하지 않지만, 영조 23년 8월 이후에 본격 시행되었던 것으로 보인다. 상주에 살던 權相一이 영조 24년 4월 18일, 小學講의 일로 향교에 모인다는 이야기를 언급하고 있거나[81] 성주에 살던 晚覺齋 李東汲이 영조 26년, 方伯이 조정의 명령으로 小學講을 시행하자 여기에 참가하였다는 기록[82] 등은 『소학』 고강이 지방에서 실제 시행되고 있었음을 보여준다. 영조 30년 서명응이 올린 상소에서 영조가 『小學訓義』를 간행한 뒤에 諸道의 주현에서 小學生을 課試하여 巡營에 보고하고, 순영에서 禮曹에 보고하라는 조치를 내린 적이 있었다고 언급하고 있는 것에서도 이때의 상황을 유추할 수 있다.[83]

이상 살핀 대로 영조대 『소학훈의』의 편찬은 18세기 중엽 영조·영조 정부가 처했던 정치적 상황을 긴밀히 반영하는 가운데 이루어진 일이었다. 이때 편찬된 『소학훈의』는 이전 간본에 비해 내용상 그다지 큰 변화가 없었다. 李珥가 添註한 내용이 무엇인지를 보다 명확히 하고, 책의 可讀性, 책에 대한 초학자의 接近性을 높이려 한 것이 이 책의 특징이었다. 서인 학통에서의 『소학』 교육서의 틀을 지키되, 그 교육과 교화의 효율을 높이려는 의도가 이 책에는 깔려 있었다.

이 책이 간행된 이후, 조선정부에서는 달리 새로운 체재의 간본을 간행하지는 않았던 것으로 보인다. 다만 그 내용을 보다 쉽게 익힐 수 있도록 여러 면을 보완한 간본이 나타나는 것은 확인할 수 있다. 「小

---

81) 『淸臺日記』 下, 戊辰 十八日, "見咸昌 南振伯及申汝重書 修答以晦日定小學 講 會于鄕校請來事也."

82) 『晚覺齋集』 卷6, 遺事(李芳運), "府君以英廟戊午九月十四日 生於漆谷上枝 里第……十三歲時 方伯以朝令設童蒙小學講 方伯問以父子有親之義 府君對 曰以舜之所處而至於底豫 亦不過於克盡有親之道也 聖人之必以一親字爲敎 者 豈非開示天下爲人父子之義乎 方伯稱歎不已."

83) 『英祖實錄』 卷82, 30년 7월 庚辰.

學新刊凡例」를 갖춘『新刊小學集註』가 그것이다.[84] 이 책은 연대기상 간행 연도가 확인되지 않아 언제 누가 만들었는지 정확히 알 수 없다. 다만 "先朝 때『小學訓義』를 편찬하였는데, 지금 그 내용을 新解에 옮겨 실으려 할 경우, 舊本은 일부분만 발췌하여 싣게 되므로 전일하지 못할 염려가 있고, 新本을 합해 놓았을 때 양쪽 모두 손상되는 폐단이 있게 된다. 지금 原本에 실려 있는 그대로 기록하여 잘 보존하는 뜻을 붙였으니, 읽는 사람들은 양쪽을 모두 참고해서 보아야 할 것이다"[85] 라는 정조의 발언이『홍재전서』에 실려 있는 것으로 보아, 정조대 작품일 것으로 추측된다.「소학신간범례」에서 "대문 및 大註 小註는 한결같이 선정전 원본을 좇아 쓴다"고 한 내용과 거의 일치하기 때문이다. 실제『연려실기술』에서는 1797년(정조 21)에『五倫行實圖』『鄕禮合編』과 함께 이 책을 정유자로 편찬했다고 기록하고 있는 것으로 보아서는 이 무렵 재차 간행된 것으로 보인다.[86]

이 책의 체재 구성은 전적으로『소학훈의』를 따랐다. 그런데 몇 가지 점에서는 조금 다르다. 책의 앞머리에「御製小學序」,「御製小學後序」,「御製小學小識」,「小學新刊凡例」,「小學篇目」,「經書諸子篇名目錄」,「聖賢先儒諸子目錄」, '懸吐例'「小學書題」,「小學題辭」를 싣고, 책의 말미에는「小學集註總論」, 성혼의「小學集註跋」, 이항복의「小學跋」을 실었다.『소학훈의』에 있던「小學集註攷證」,「小學集註總目」이 빠지고,「經書諸子篇名目錄」,「聖賢先儒諸子目錄」이 새로 들어갔다.「小學集註攷證」은 김장생과 인연이 있는 부분이다.「經書諸子篇名目錄」은「列女傳」,「內則」,「學記」,「曲禮」 등『소학』에 인용된 편명의 본래 출처 혹은 저자를 밝혔다.「聖賢先儒諸子目錄」은 각

---

84) 국립중앙도서관, 古1256-1.
85)『弘齋全書』卷165, 日得錄5, 文學5.
86)『燃黎室記述』別集 卷14, 文藝典故.

장편에 등장하는 인물들의 신분과 지위, 성명을 간단 간단히 정리했다. 「小學集註總論」은 책의 앞머리에서 뒷머리로 위치를 바꾸어 실었다.

본문에서도 여러 변화가 생겼다. 우선, 大文과 註文 아래에 '小註'를 두어, 내용 이해를 도울 수 있도록 했다. 영조 때 작업했던 '훈의'도 '소주' 간에 같이 실었는데, '훈의'를 제외한 '소주'의 모든 내용은 새로 들어간 것이었다. 대문의 현토하는 곳에는 작은 원으로 구두점을 찍었다. 대문이나 주에 나오는 어려운 한자는 한글로 음을 달았다. 이 경우는 두 방식이 있었는데, 『소학훈의』에서 같은 음의 쉬운 글자를 달거나 半切로 표시했던 글자는 해당 글자 아래에 바로 한글 음을 달았고, 『소학훈의』에서 표시하지 않은 글자는 난외 상단에 한자와 한글을 병기해 밝혀 두었다. 또 每 面의 版心 좌우에는 그 면에서 나오는 吐를 새겨 두어 쉽게 읽을 수 있도록 하였다.

이 책은 『소학훈의』의 성과를 계승하면서 한층 전진시킨 특징을 가지고 있었다. 童蒙의 학생들이 보다 쉽고 편리하게 이 책을 익힐 수 있게 하자는 것이 대체적인 지향이었다. 「經書諸子篇名目錄」이나 「聖賢先儒諸子目錄」은 등장하는 책과 인물들을 일목요연하게 제시하는 효과가 있었으며, 大文의 구두 표시는 어려운 문장 이해에 도움이 되었다. 어려운 한자를 한글로 병기한 것은 이 책의 장점을 한층 돋보이게 하는 배려였다.

5. 맺음말

조선의 사상사, 교육사에서 『소학』이 차지하는 위치는 독특하다. 주자학의 기초 교재로서 만들어진 이 책은 조선사회에서의 주자학 확산을 이끄는 제일 첫머리에 있었다. 초기 주자학이 보급될 때, 그리고 후기에 들어 주자학이 그 절대의 힘을 발휘할 때, 조선정부, 양반 사대부들은 항시 『소학』을 기초교재로서 활용하였다. 더불어 정부에서는 유교적 규범을 민인들에게 알리고 이를 세워가는 데에도 『삼강행실도』 등과 함께 이 책을 이용하였다.

　조선사회에 유통되었던 『소학』 간본은 단일본이 아니었다. 그 내용과 체재 면에서 매우 상이한 책들이 전 시기를 통틀어 여러 형태로 간행되고 보급되었다. 그간 학계에서는 이 문제에 대해서는 거의 주목하지 않았다. 『소학』 간본의 변화는 조선시기 정치와 사상의 변화와 상응하여 이루어지는 것을 볼 수 있다. 초기 조선에서 간행한 『소학』은 명대 학자 하사신이 주석을 단 『소학집성』이었다. 정부에서는 이 책을 중국에서 구입하고 활자로 찍어 보급하였다. 이후, 중국에 갔던 김일손이 명대 학자 정유가 편집한 『소학집설』을 들여와 간행하였다. 앞의 책은 내용을 도설로 만들어 쉬운 이해를 돕는 방식이었다. 조선전기 사회에 『소학』은 이 두 책이 근간을 이루었다.

　17세기로 들어와 조선 학계는 새로운 『소학』 편집본을 갖추게 되었다. 이이가 여러 주석을 모아 자기 식으로 편집한 『소학집주』를 광해군 4년에 훈련도감에서 간행했던 것이다. 이항복이 주도하여 만든 이 책에는 성혼의 발문이 붙어 있는 등, 기호지역 서인들의 학문적 지향이 충실히 반영되어 있었다. 그러나 이 책은 간행 직후 조선사회에서 널리 퍼지지는 못했다. 인조대 들어 『소학』의 간행과 보급이 본격적으로 이루어지고, 지방에서의 『소학』 고강이 강화되었지만 이 상황에서 활용된 판본은 정유의 『소학집설』이었다.

　17세기 후반, 현종, 숙종대 들며 상황은 일변하였다. 현종대 宋浚吉의 노력으로 『소학집주』를 전주에서 간행하였다가 1694년에는 숙종의 서문을 붙이고 金長生의 고증을 더한 이이의 편입본을 정부에서 간행하였다. 어제 서문에서 이 책이 聖學의 기초서임을 천명하고 왕세자의 교육에 활용했다. 『소학』의 학습이 『대학』의 수신·제가·치국·평천하 학습의 전제가 된다 함이었다. 이이 편집본 『소학』을 이때 간행할 수 있게 되었던 것은 이 무렵부터 西人이 정계와 학계를 주도하고 南人은 그 힘을 잃어 가는 상황과 맞물려 있었다. 이후 이이 편집본 『소학』은 정부에서 만들어내는 『소학』의 골격을 이루었다.

『소학』은 18세기 중엽, 영조가 『소학훈의』를 편찬하면서 또 다른 면모를 보였다. 영조는 숙종대의 간본을 저본으로 하여 訓義를 달아 『소학』을 보다 쉽게 읽고 이해할 수 있도록 하였다. 이 같이 보다 완비된 형태의 『소학』을 만든 영조는 이 책의 보급과 교육에 열중하여, 이 책을 考講하게 한 뒤 그 성취도에 따라 상벌을 주도록 하는 정책을 펼쳤다. 영조 20~30년대는 한때 '소학강'이 유행처럼 크게 행해졌던 흔적을 확인할 수 있다. 정조대에는 『소학훈의』의 체제를 살리며 보다 쉽고 편하게 익힐 수 있는 신간을 간행하였다. 그 구성과 내용에서 본다면 이 책은 조선정부가 만들어낸 소학서로서는 최고의 수준을 갖추고 있었다.

이와 같이 조선사회에서 유교 학습의 기초서, 나아가 교화서로서 활용된 『소학』은 시기별로, 다양한 형태로 만들어져 보급되었던 것을 볼 수 있다. 전기에 만들어졌던 간본은 후기에 이이가 편집한 『소학집주』본으로 교체되었다. 이후 이이 편집본은 여러 형태로 간행된 소학서의 골격을 이루었다. 숙종의 어제 서문이 붙은 간본이나 영조의 『소학훈의』는 모두 이이 편집본을 저본으로 한 것이었다.

조선후기 『소학』 간본의 변화, 그리고 정부의 지속적인 소학서 보급과 그 교육의 강화는 여러 의미를 지닌 것으로 판단된다. 우선, 조선후기 이이 편집본 『소학』이 정부에서 지속적으로 간행된 것은 이이를 중핵으로 하는 서인-기호학파가 중앙 정계와 학계를 장악하는 상황과 맞물려 일어난 변화였음을 주목할 수 있다. 서인-기호학파는 정치적 발언권이 강화되는 과정에서 이이의 편집본을 간행하였으며, 이 책은 이후 서인-기호학파의 이념이 확산되어 나감에 강력한 토대가 될 수 있었다.

　조선후기, 특히 18세기 영·정조대『소학』보급을 강화하는 한편으로 초학자들이『소학』을 쉽게 익힐 수 있도록 그 접근성을 강화한 것은 기본적으로 유교적 규범을 민들이 익히게 함으로써 제반 사회질서를 손쉽게 유지할 수 있는 효과를 기대한 것이었다. 여러 형태로 일어나는 변화를 다잡아 안정된 체제를 만들어감에, 평이하고도 광범위하게 인륜규범의 의미를 제시하는『소학』은 더없이 중요한 교재가 될 수 있었다. 한편, 정부 측의 이러한 노력은 민들의 意識 成長을 간접적으로 돕는 일이기도 했다. 조선의 일반 민인들에게 이 책은 종래 사대부들이 專有하던 유교적 지식을, 비록 초급의 수준에서나마 직접 접하고 體得할 수 있게 하는 매체였다.『소학』이 가진 방대한 인문지식은, 체제순응적 의식을 길러주는 한편으로, 인간과 세계를 폭넓게 이해하며 사유의 지평을 확대할 수 있게 하는 힘을 가지고 있었다. 民人의 知識의 성장, 意識의 변화가 이러한『소학』교육의 강화를 통하여 일어날 수 있게 되리라는 것을 예측할 수 있다.87) 17세기 이후, 조선의『소학』간행과 보급이 교육 현장에서 어떻게 구체화하는지, 그리고 그러한 과정에서 문화의 변화가 어떻게 일어나는가 하는 문제를 살피는 것은 차후의 과제가 될 것이다.

---

87) 조선후기 民의 성장, 그리고 民의 意識의 변화에 대한 그간의 연구는 정부 혹은 공권력에 대한 民의 저항을 중심으로 이루어져 왔다. 유교적 교양과 연관된 인문 지식의 확대가 평민들의 세계에서 이루어지는 것도 의식 성장의 한 측면일 것이다. 이 점은 지속적으로 검토해야할 과제이다.

조선후기 家禮 談論의 등장 배경과
지역적 특색*
─『朱子家禮』에 대한 註釋書를 중심으로─

장 동 우

1. 머리말

유교를 국가 시책의 기본 이념으로 받아들인 조선초기의 국가 정책
에서 유교 의례의 정비와 보급은 학자들의 사상적 논의보다 시급한 정
책과제였다. 건국 초 정도전의 『朝鮮經國典』「禮典」을 시작으로, 세종
대에는 『五禮儀』의 초본이 완성되었고, 세조대에 『오례의』를 고증·
보완하는 과정을 거쳐, 성종대에는 『國朝五禮儀』가 완성되었다.[1] 아
울러 『經國大典』의 「禮典」도 그 모습을 드러내게 된다.

중종대에는 『주자가례』 중심의 생활규범서인 제례서가 출현하고 동
시에 『주자가례』에 대한 학문적 연구가 이루어지기 시작된다. 16세기
후반에 이르면 '성리학을 공부하는 학자들의 거의 대부분이 예에 관심
을 가졌으며 예에 관한 글을 썼다고 해도 과언이 아닌'[2] 상황이 전개
된다.

---

* 이 논문은 『국학연구』 13(2008. 12)에 실었던 것을 재수록한 것이다.
1) 고영진, 『조선시대 사상사를 어떻게 볼 것인가』 풀빛, 1999, 322쪽.
2) 고영진, 위의 책, 1999, 29쪽.

17세기에는 왕실의 전례 문제라는 구체적인 사안을 기화로 그 경전적·이념적 근거를 검토한 동아시아 경학사상 유례를 찾아보기 어려운 정치한 논쟁이 진행된다. 아울러 조선의 주요한 학자와 대부분의 가문은 가례에 대한 독자적 양식을 가진다. 嶺南學派의 경우 芝山 曺好益(1545~1609)의 『家禮考證』, 五休子 安玩(1569~1661)의 『家禮附贅』가, 畿湖學派의 경우는 沙溪 金長生(1548~1631)과 愼獨齋 金集(1574~1656)의 『家禮輯覽』, 美村 尹宣擧(1610~1669)와 市南 兪棨(1607~1664)가 함께 완성한 『家禮源流』 등이 그것이다.

본 논문은 조선후기 가례에 대한 담론들이 등장하게 되는 배경과 그러한 담론들이 학파와 지역과 관련하여 어떠한 특색을 나타내는지를 살펴보고자 하는 것이다.

전자의 문제의식과 관련하여 "사화를 거치면서 훈구를 물리치고 사림 세력이 집권하여 소위 사대부정치를 실현할 발판을 마련하였으며, 名敎의 담당자로서의 사대부는 자신들의 소명의식을 禮를 통해 실현하고자 하였다"3)고 분석된다. 본 논문에서는 이러한 기존 연구를 바탕으로 『주자가례』의 이념적 토대가 되고 있는 宗法에 대한 이해의 진전과 확산이라는 측면에 초점을 맞추어 분석하고자 한다.

후자의 문제의식과 관련하여 "17세기 이후 조선학계의 예론은 기본적으로 『주자가례』를 고례의 정신에 따라 보완하는 길을 공통적으로 추구하고 있는데, 그 방식에 있어서 신분의 차이에 대한 반영 정도나, 시속과 古禮의 조화에 대하여 상이한 입장을 나타내고 있다"4)고 평가된다. 본 논문은 『주자가례』에 담론들이 학파와 지역과 관련하여 기존의 연구에서 언급한 것 이외에 보다 구체적으로 어떠한 특색을 보이는지를 고찰하고자 한다. 이를 위해 17세기 이후 급증하는 『주자가례』에

---

3) 이원택, 「기해복제 논쟁과 그 이념적 지향」, 『한국정치학회보』 34, 2000.
4) 이봉규, 「실학의 예론」, 『韓國思想史學』 제24집, 한국사상사학회, 2005.

대한 조선 유자들의 주석서를 중심으로 살피되, 학파적으로는 退溪學派라는 큰 범주에 묶일 수 있는 近畿星湖學派를 嶺南學派와 구분하여 다루고, 畿湖學派의 경우를 하나의 장으로 나누어 분석하고자 한다.

2. 家禮 談論의 등장 배경

조선 왕조는 宋代 朱子學을 이념으로 건국되었다. 주자학의 사회 구성과 조직의 원리는 주자학자들에 의해 새롭게 해석된 周의 종법제도였는데, 그것은 『주자가례』를 통해 구체화되고 있었다. 종법제를 전면적으로 시행하기 위해서는 몇 가지 조건이 필요하다. 첫 번째는 혈연을 매개로 구성된 가부장적 종족집단의 존재이고, 두 번째는 그러한 종족집단을 齊一的으로 통합할 수 있는 象徵的 儀禮 체계의 존재이며, 세 번째는 儀禮를 집행할 수 있는 聖所의 존재이며, 네 번째는 종자의 지위를 어떠한 방식으로 계승할 것인가 하는 종통계승의 명시적 원칙이 그것이다.

개국 초기부터 "公卿으로부터 下士에 이르기까지 모두 家廟를 세워서 선대를 제사하게 하고, 庶人은 正寢에서 제사지내게 하도록 조치할 것"5)을 요청하는 한편, "기한을 정하여 사당을 세우게 하고 위반하는 자는 憲司로 하여금 조사하여 치죄할 것을 요청"하는 등, 가묘의 설치를 촉구하는 언급들이 끊이지 않는다. 그 과정에서 "도성 안은 집이 좁아 사당을 설치하기 어려우니 따로 궤 하나를 만들어 신주를 넣어서 깨끗한 방에 두게 하거나", "3품 이하로서 집이 가난하고 터가 좁아서 가묘를 세울 수 없는 자에게는 『六典』에 따라 정결한 방 한간을 골라

---

5) 『太祖實錄』 태조 1년 9월 24일.

때때로 제사지내도록 허용하는"[6] 현실적인 대안이 제시되기도 한다. 주자학과 함께 도입된『주자가례』와 가묘의 건립은 상징적 의례의 체계와 성소의 존재에 관한 문제를 해결하려는 것이다.

『주자가례』에 반영된 종법은 고대의 그것과는 차이가 있다. 따라서 고대의 종법과는 달라진 송대의 그것을 '宗子法'이라 구분하여 부르기도 한다.[7] 송대의 종법은 4대를 종족구성의 한계로 하는 동족집단을 전제로 한다. 이와 함께 종법제를 수용할 경우 宗統의 승계에 있어서 宗子의 지위를 누가 계승할 것인가 하는 것이 문제가 된다. 특히 아들이 없거나 嫡長子가 없을 경우 '후계자를 세우는(立後)' 문제가 초미의 관심사가 된다. 종자의 지위를 계승한다는 것은 신분과 제사권 및 그에 따른 재산의 상속을 의미하기 때문이다.

종통계승의 명시적 원칙 즉 종법 자체에 대한 이해와 실천은 '조선의 습속'이라는 저항에 부딪혀 갈등을 겪고 있는 양상을 보인다.[8] 15세기에는『주자가례』의 종법을 받아들이면서도, 官秩에 따라 봉사대수를 제한하여 최대 삼대까지 봉사하기로 규정함으로써, 同高祖가 아닌 同曾祖의 小宗집단으로 통합하고 있다. 세종은 "曾祖의 長子孫이 종자로서 사당을 짓고 신주를 만들어 제사를 주관하고 나머지 宗人들은 종가의 제사에 참여하도록 하였다."[9] 이는 관질에 따라 봉사대수를 제한하여 최대 삼대까지 봉사하기로 되어 있는 규정과 맞추기 위하여 동고조가 아닌 동증조의 소종집단으로 통합한 것[10]이다. 그 점에서 동

---

6)『太宗實錄』태종 1년 12월 5일, 태종 6년 6월 9일.

7)『朱子大全』卷63,「答郭子從」, "如漢時宗子法已廢, 然其詔令猶云, 民當爲父後者爵一級. 是此禮意猶在也. 豈可謂宗法廢而諸子皆得爲父後乎?"

8) 張東宇,「『續大典』과『大典通編』「禮典」에 반영된 '17세기 전례논쟁[禮訟]'의 논점에 대한 고찰」,『韓國實學硏究』제9호, 2005, 165~170쪽 참조.

9)『世宗實錄』세종 10년 9월 14일.

10) 박연호,「조선전기 士大夫禮의 변화양상」,『청계사학』7, 1990, 185쪽.

고조를 종족구성의 한계로 설정하는 『주자가례』와는 차이를 보인다.

『경국대전』에는 "嫡子에게 後嗣가 없으면 衆子가, 중자에게 후사가 없으면 妾子가 승계한다"[11]고 규정되어 있다. 이는 후사가 없는 경우 同宗의 支子를 입후하는 방식을 통해 家系를 계승하려 하기 보다는 형제에게 승계시키려는 방식으로 전개될 가능성을 열어두는 것이다. 결국 입후란 적첩 모두에 아들이 없는 당사자를 위해 후사를 세워주는 일일 뿐이라는 관념 때문에 '위인후자'가 祖 이상의 제사를 받들 수 있으려면 반드시 아우의 아들이어야 한다는 해석이 『경국대전』 입후조에 부가되는 결과를 낳았다. 그런데 '당사자의 후사를 세워주는 일'이라는 관념은 강력한 부계집단의 존재를 전제로 하는 것이었다. "지금 시속에서는 제사를 받들 아들이 없고 여자 자손이 있더라도 다른 사람의 아들을 빌어다 후사로 삼는 사람이 한 사람도 없다. 이는 정리 상 그럴 수밖에 없는 것"[12]이라는 언급은 부계친족집단에 대한 의식이 당시에는 희박하였음을 보여준다.

16세기와 17세기 종법 이해의 특징은 첫째는 '同宗近屬' 우선의 입후 원칙이 관철된다는 점이다. 둘째 '적장자에게 첩자가 있는 경우는 동복아우의 아들이 아니면 후사로 삼는 것을 허락하지 않는다'는 충돌 가능한 규정이 공존하고 있기는 하지만, '적처와 첩이 모두 아들이 없을 경우'에만 계후를 허락하는 원칙적 입장이 천명되고 있다는 점이다. 아울러 계후자의 권리를 보장한다는 측면에서는 보다 진전된 논의가 제출된다. 명종 8년(1553) '다른 사람의 후사가 된 사람은 그 사람의 아들이 되는 것이며, 大義가 한번 정해지면, 일시적인 사정에 따라 쉽게 파양하지 못하도록 해야 한다'는 결정이 내려지면서, 친생자가 奉祀를 하고 계후자는 중자로서의 권리를 확보하게 되고, 현종 3년(1662) 명종

---

11) 『經國大典』, 「禮典・奉祀」, "若嫡子無後, 則衆子, 衆子無後則妾子奉祀."
12) 『世宗實錄』 세종 24년 8월 辛丑.

8년의 受敎를 개정해야 한다는 헌의를 거쳐, 현종 10년(1669) 제도 개정이 확정된다. 이러한 진전된 두 가지 논의가『수교집록』에는 함께 실려 있다.13)

18세기『속대전』「예전」의 '봉사'와 '입후' 조항은『수교집록』의 명종대 수교를 많은 부분 그대로 반영하고 있다.『大典通編』의 「예전」 '奉祀'와 '立後' 조항은『경국대전』과『속대전』의 내용을 附記하고 있다.『속대전』과『대전통편』은 적통에 대한 인식이라는 측면에서, 중종·명종대의 변화된 인식을 충실히 반영하고 있을 뿐 아니라, 계후자의 권리에 대한 보다 명확한 입장을 천명하고 있다. 계후자에게 봉사를 할 수 있는 장자로서의 권리를 법전에 명시하고 있다는 것이다. 주의를 끄는 것은 계후자의 권리에 대한 확고한 보장조치는 예송이 한창 진행되던 시기와 겹쳐 이루어지고 있다는 점이다. 이는 18세기의 종법이해가 17세기 첨예하게 진행되었던 '전례논쟁'의 과정에서 표출된 상이한 주장들이 정련화되면서 법제화되었음을 의미하는 것이다.14)

종통계승의 명시적 원칙은 보다 근원적으로는 가부장적 종족 집단의 존재에 종속되어 있다. 종통계승의 명시적 원칙은 단순히 종법에 대한 理解의 문제가 아니라 종법이 실현되는 구체적 현실로서의 가부장적 종족 집단, 즉 친족조직의 변화를 전제로 요구하는 것이기 때문이다.

'여말선초에서 조선전기에 이르는 시기의 친족조직이 그 속에서도 변화는 있으나 대체로 일관되는 구조이며, 그것은 同一姓貫을 중심으로 한 조선후기의 친족조직과는 다른 兩側的親屬으로서의 구조'15)를

---

13) 張東宇, 앞의 논문, 2005, 170~175쪽 참조.

14) 張東宇, 위의 논문, 2005, 175~178쪽 참조.

15) 盧明鎬, 「山陰帳籍을 통해 본 17세기초 村落의 血緣樣相」,『韓國史論』5, 1979.

가지고 있었다고 분석된다. 이러한 친족조직의 성격은 중국과는 다른 것이다. 조선전기에는 고려의 유제를 답습하여 무자유녀일 때 입후하지 않고 사위 또는 外孫으로 봉사케 하는 것이 일반적이었다는 지적[16]은 바로 이러한 현실을 적시해주는 것이다. 이러한 상황은 명종대에도 여전하였던 것으로 보인다.

　　헌부가 아뢰기를, "우리나라는 멀리 처해 있고 땅도 달라 氣風이 다르기 때문에, 삼강오상은 비록 중국과 다름이 없지만 그 사이의 제도와 문물은 중국과 다르지 않을 수 없습니다. 이러므로 사족 제도는 중국에는 없는데 우리나라에는 있고, 노비에 관한 법도 중국에는 없지만 우리나라에는 있습니다. 그렇다면 사족을 폐할 수 있고 노비를 없앨 수 있겠습니까? 아내가 남편의 집으로 가는 것이 예에 따르는 것인데 우리나라에서는 남편이 아내의 집으로 갑니다. 무덤을 지키며 시묘살이 하는 것은 옛적부터 하던 것이 아닌데 우리나라에서는 3년 시묘살이를 합니다. 그렇다면 親迎을 복구할 수 있고 여묘를 폐할 수 있겠습니까? 이 같은 일들이 한 가지 뿐만이 아닌데 어떻게 한결같이 중국의 제도를 따를 수 있겠습니까?……중국의 집 짓는 제도는 각각 一照로 하기 때문에 단지 형제간뿐 아니라 8~9대까지도 함께 사는 사람이 있지만 우리나라는 비록 큰 집이라 하더라도 모두 일조로 하기 때문에 비록 형제간이라 하더라도 함께 살 수 없는 형편입니다.……"[17]

이는 同姓不婚과 異姓不養, 부계위주의 친족제도와 적장자 단독봉사와 같은 종법적 가족제도는 비유교적인 고려의 遺制로 인해 쉽게 정착하지 못하고 있었음을 보여준다.

조선초・중기까지는 그 이후와는 달리 이름 없는 가는 물론이고 派

---

16) 최재석, 「고려시대의 친족조직」, 『역사학보』 94・95합집, 1982, 40쪽.
17) 『明宗實錄』 명종 9년(1554) 9월 乙丑.

祖나 大官의 집안에서도 입후를 하지 않아 가계가 중단되었다. 이러한 경향은 「국조방목」을 통해 본 입후자의 비율에서도 확인된다. 조선 건국 초부터 15세기 중기까지는 입후의 사례가 눈에 띄지 않다가 15세기 말부터 기록이 나타난다. 그 후 시간의 경과와 더불어 그 비율이 증가하다가 18세기 중엽에 최고조에 도달했다가 그 상태를 유지하면서 19세기에 이른다는 것이다.[18] 이는 壻留婦家의 전통이 남아 있었고, 친자와 外子를 차별하지 않았으며, 아들 딸 차별 없이 균분상속제와 자녀의 祭祀輪回制를 실시하였다는 사실에 기인하는 것으로 분석된다.[19] 달리 말하면 부계중심의 가부장적 친족조직은 15세기 말 이후 뿌리를 내리기 시작하여 18세기 중엽에 이르러 안정적인 형태로 정착되었음을 의미한다.

3. 가례 담론의 지역적 특색

1) 近畿星湖學派의 경우

17세기에 들어서 조선의 주요한 학자와 대부분의 가문은 가례에 대한 독자적 양식을 가진다. 이 점은 18세기 성호의 경우도 예외는 아니다. 성호는 당시 예설을 주장하는 사람들이 『주자가례』가 완비되지 않았다는 것을 빌미로 『의례』 중의 번쇄한 의절들을 편입시키고자 하는 것에 대하여 '주자의 본지가 아니다'라고 비판한다.[20] 그는 주자의 본지를 "예가 폐기된 뒤라서 고례는 졸지에 거행할 길이 없으며 겸하여

---

18) 최재석, 「고려시대의 친족조직」, 『역사학보』 94·95합집, 1982, 208쪽.
19) 최재석, 「조선시대의 족보와 동족조직」, 『역사학보』 81, 1979 ; 「조선시대의 양자제와 친족조직」(상, 하), 『역사학보』 86, 87, 1981.
20) 『星湖全書』, 「禮說類編」 卷2, 「答秉休問目」.

시대도 달라지고 사세도 바뀌었으니, 구태여 옛날의 예를 다 행하려 들 필요도 없으므로 별도로『주자가례』를 만든 것"[21]이라고 해석한다.

성호는『주자가례』가 관료로 진출한 사대부 계층을 위한 것이어서 일반 士庶에게는 신분적으로 그리고 재정적으로 맞지 않는다는 점에서 재검토한다.[22] 성호는 자신과 같은 匹庶들이 실행할 수 있는 일반 서민을 대상으로 하는 가례규범을 재정립할 필요가 있다고 판단한다. 그는 자신의 집안에서 사용하기 위한 가례규범을 일생동안 재구성하였는데, 그것은 사후『星湖禮式』으로 묶여 이후 성호 집안의 실질적 가례규범으로서 전승된다. 이처럼 성호는 고례에 의거하여『주자가례』의 틀을 벗어날 뿐 아니라, 고례에 없는 서민을 위한 가례 형식을 만들어냈다. 성호의『禮式』이 "기본적으로『주자가례』의 체제에 따르면서 조선의 예학의 성과와 고례를 이용하여 보완한 것이지만, 필서의 신분이 준행하는 가례의 형식을 제시하였다는 점에 큰 특징이 있다"[23]고 평가되는 것도 바로 이 때문이다.

성호의 문제의식은 '신분에 맞는 예제의 준행'과 '불필요한 비용의 절약'에 초점을 두고 전개된다. 예를 들어, 冠禮의 경우 세 번 관을 씌우는 절차를 생략하여 첫 번째 관을 씌우는 절차, 즉 緇布冠을 씌우는 절차에 통합한 것,[24] 婚禮의 경우 親迎 절차에 대하여 시속에 따라 신부 집에서 혼례를 치러도 좋다고 본 것,[25] 喪禮의 경우 楔齒와 飯含을

---

21)『星湖僿說』卷9,「朱子末命」.

22) 성호의 예설에 대해서는 裵相賢,「星湖 李瀷의 禮學思想」,『태동고전연구』 10, 태동고전연구소, 1993 ; 李迎春,「星湖의 禮學과 己亥服制 禮論」,『한국사연구』 105, 한국사연구회, 1999 ; 이봉규,「실학의 예론」,『한국사상사학』 24, 한국사상사학회, 2005 참조.

23) 李俸珪, 위의 논문, 2005, 123쪽.

24)『星湖全書』卷23,「禮式 上」. 그러나『家禮疾書』에는『朱子家禮』를 따라 '三加'의 예를 행하는 것으로 보고 있다.

25)『星湖全書』卷23,「禮式 : 嫁女儀」.

폐지한 것,26) 제례의 경우『주자가례』에 규정된 四代奉祀를 고례에 따라 三代奉祀로 축소한 것27) 등이 그것이다.

성호 사후 성호 문하에서『예식』은 두 방향으로 보완된다. 하나는 지나치게 간소화된 형식을『주자가례』의 체제에 맞추어 보완함으로써『주자가례』와의 차이를 줄이는 방향이고, 또 하나의 방향은 고례의 원칙에 입각하여『주자가례』와『예식』을 넘어선 새로운 가례서를 정립하는 방향이다. 전자는 順菴의 문하에서 주로 나타나고 후자는 茶山에게서 발견할 수 있다.28)

순암은 성호에 의해 한 차례로 통합하였던 관례의 三加禮와 親迎의 예를 회복시키되 冠과 服裝 등 비용의 낭비를 막는 측면에서 간소화한다.29) 아울러 상례의 경우는 기본적으로 성호의「喪威日錄」의 지침을 따르면서 다소 보완한다. 大斂에 사용하는 이불은 종이이불 대신 홑이불(單衾)을 사용하게 하였다.30) 사대봉사와 관련하여 순암은 고례나『경국대전』의 규정이 있다고 해도,『주자가례』에 따라 고조까지 제사 드리는 것은 조선에서 보편화된 현상이므로 바꿀 수 없다고 보고, 대신 祭物을 간소하게 차리는 방안을 제시한다.31)

다산은『주자가례』가 "한 집안의 예이고, 천하의 예가 아니다"라는

---

26)『家禮疾書』에는 오히려 "『주자가례』에는 楔齒와 綴足에 관한 글이 없는데 빠뜨린 것이다. 지금 사람들 가운데 楔齒를 하지 않고 입술과 치아 사이에서 반함을 하는 경우도 있는데 정말 안 되는 일이다. 예에 따라 보완해 넣어야 한다."고 주장하고 있다.

27)『家禮疾書』에서는 사대봉사를 遵行하는 것에 대해 "列國에서 벼슬하는 사람들이 한결같이 이를 따르는 것이 어찌『가례』의 본의겠는가?"라고 하여 불만의 뜻을 표시한다.

28) 李俸珪, 앞의 논문, 2005, 124쪽.

29)『국역순암집』3책,「冠禮酌宜儀節」,「婚禮酌宜」親迎 부분 참조.

30)『국역순암집』3책,「送終錄」,「追錄」참조.

31)『국역순암집』1책,「上星湖先生」(丁丑 : 1757) 참조.

원론적인 입장을 견지하면서도, 당시 대부분의 사람들이『주자가례』를 존숭한다는 사실을 근거로 "천하만국의 예라고 하더라도 안 될 것이 없다"[32]고 본다. 이러한 인식은 성호의 경우와도 크게 다르지 않다. 그러나『주자가례』에 대한 표면적 존숭의 태도와는 달리 다산은 내면적으로는『주자가례』를 대체할 새로운 士禮의 구상을 진전시킨다.[33]

다산은 1803년 「喪儀匡」을 시작으로 1807년 「喪具訂」, 1809년 「喪服商」, 1811년 「喪期別」에 대한 저술을 끝마친다. 그러나『喪禮四箋』은 50권 17책의 방대한 저술로 참고하기에 불편하여 節要本에 대한 요구가 계속 있었다.[34] 이러한 요구에 대하여 그는 "사회적 신분의 차이가 있고, 경제적 능력이 다르고, 과거의 현재의 상황이 다르고, 중국과 조선의 풍속이 다르고, 성격과 기호가 편중되고, 지식과 취향이 각각 달라 이것저것을 참작하여 회통하는 일이 정말 어려운 것"[35]이라는 판단을 근거로 주저하고 있었다. 그러다가 1815년 겨울 맏아들인 學淵이 병시중을 들기 위해 와 있으면서 절요본을 만들도록 거듭 요청하자 "동시대에 공개하는 것은 내가 감히 할 수 없지만, 자손들을 훈계하기 위한 것이라면 어찌 사양하겠는가?"하고는 "한 집안에서 사용하기 위한 의도"[36]에서『喪儀節要』를 편찬한다. 여기에 1808년(47세)에 저술한『祭禮考定』 2권과 1810년(49세)에 완성한『嘉禮酌儀』(「冠禮酌儀」

---

32) 『與猶堂全書』 卷12, 「羅氏家禮輯語序」, "天下有道, 非天子不議禮. 道旣衰, 禮在一家, 此朱子所以名其禮曰家禮. 家禮也者, 明一家之禮, 而非天下萬國之禮也. 然今之言禮者, 率以家禮爲禮家之祖宗."

33) 이하 논의는 張東宇, 「古禮 중심의 禮敎 사상과 그 경학적 토대에 대한 고찰」, 『韓國實學研究』 제13호, 2007 참조.

34) 『喪儀節要』 卷1, 「序」, "博而不約, 覽者病之, 願有節要文字."

35) 『喪儀節要』 卷1, 「序」, "貴賤異位, 富貧殊力, 古今異宜, 華東殊俗, 性好各偏, 識趣隨別, 參酌會通, 其事實難也."

36) 『喪儀節要』 卷1, 「序」, "公諸一世, 非余所敢, 戒子訓孫, 又何辭焉, 遂錄如左, 以備一家之用."

와「婚禮酌儀」각 1권) 2권을 합하여『四禮家式』이라 불렀다.37)「제례고정」은 제례의 방법, 시기, 절차, 제사음식 등을 중심으로 당시 조선의 禮俗과 예론에 대한 다산의 비판적 논의를 담은 저술로서,「祭法考」,「祭期考」,「祭儀考」,「祭饌考」등으로 구성되어 있다.「가례작의」는「관례」와「혼례」의 두 부분으로 되어 있다.

茶山은 기본적으로 성호의 문제의식을 계승하여 불필요한 비용의 절약에 주목한다. 襲에 필요한 瞑目과 幄手는『주자가례』에 의하면 검은 비단을 사용하도록 되어 있지만 가난한 집안에서는 베로 만든 것을 사용하도록 하고, 의복의 경우도 평소 입던 것을 사용하되 남아 있는 것이 전혀 없는 경우가 아니라면 사다 쓰지 말 것을 권한다.38) 또한 시신을 목욕시킬 때 빈천한 집안에서 따로 시어할 사람을 둘 수 없는 경우에는 자제가 몸소 하도록 하는 예외 조항을 마련하기도 한다.39)

다산은 節儉에 초점을 맞춘 성호 예학의 문제의식을 묵수하지만은 않는다. 다산이 '성호의『예식』과 비교하여『상의절요』가 지나치게 사치스러움을 염려하면서도 자손들에게는 모두『상의절요』를 따라야 한다고 강하게 충고한 것'40)은 자신의 문제의식이 성호와는 다른 곳에 있음을 보여준다. 다산은 다른 곳에서 "『예식』은 지나치게 간소하다는 문제를 지니고 있을 뿐 아니라 지금의 시속과 어긋나고 고례에 근거가

---

37) 이보다 앞서 1805년에는 적소로 찾아온 아들 학연과『역』과『예』를 공부하면서 문제가 되는 부분들을 정리한「僧菴禮問」이 있다.

38)『喪儀節要』卷3, "古禮不問早晚, 必令當日襲含, 若必新製, 何從得此咄嗟之辦. 明衣裳, 似若新製, 而「鄕黨」篇曰, '齊必有明衣裳.' 古人平居, 固有此服, 未必是新製也."

39)『喪儀節要』卷3, "平居沐浴, 寧使侍御者爲之, 不欲令親子女觀之, 人之常情. 然貧賤之家, 侍御無人則子弟不得不親執."

40)『喪儀節要』卷3, "凡讀原編者, 有同好者則取之, 有不同好者則舍之, 其取其舍, 一聽於人, 又何得必人之從己, 而思以之易天下哉! 唯爲子孫者, 不可不從. 原編比之星翁禮式, 猶之近奢, 此吾所大懼."

없는 것이 이루 헤아릴 수가 없다. 이 책이 만일 널리 배포되어 식자의 눈에 들어갈 경우 매우 미안한데 이를 어찌할 것인가?"[41]라고 염려하기도 한다. 이는 다산의 문제의식이 '고례에 근거를 마련하고 시속을 참작하여 조율하는 것'에 있음을 의미한다.

다산은 "예란 지위가 있는 사람을 위해 만들어진 것이다. 지위가 없는 사람은 재산 또한 없기 마련이다. 지위도 없고 재산도 없으면서 예를 갖추려고 하는 것은 예가 아니다. 이 두 가지가 없으면, 습할 때 옷을 다 갖출 필요가 없고, 斂할 때 이불이 있어야 할 필요가 없고, 관에 반드시 곽이 있어야 할 필요가 없으며, 매장할 때 반드시 봉분을 높고 크게 할 필요가 없다. 오직 자기의 능력에 따를 뿐이다."[42]라고 강조한다. 이는 검박함에 초점을 맞추어 예제를 마련하는 것은 자신의 문제의식이 아님을 역설적으로 강조한 것이다.

다산은 아들인 학가가 "우리 조선 사람들은 가난하고 곤궁하며 집이 좁아 예를 행하기가 어렵다. 아울러 廟宇도 매우 좁고 계단과 뜰도 좁아 널과 상여를 들이고 돌리기에 모두 불편하다."[43]고 문제를 제기하자, 다산은 "예는 가난하고 천한 사람을 위해 마련된 것이 아니다. 고례가 그러하므로 마음대로 없앨 수 없다. 그러나 만일 지세가 불편하다면 어떻게 예를 진행할 수 있겠는가? 발인을 하는 날 아침에 묘문 밖에 상여를 잠시 머물게 함으로써 (이 절차를) 빠뜨리지 않아야 한다. 이러한 경우 나열된 예절들은 참작하고 헤아려 자르고 줄이되 본 편의

---

41) 『與猶堂全書』 卷3, 「上仲氏」, "但『禮式』不但失之太儉, 其違於今俗, 而無據於古禮者, 不可勝數. 此書若廣布, 入於識者之眼, 大段未安, 此將奈何?"

42) 『與猶堂全書』 卷14, 「題檀弓箋誤」, "禮也者, 爲有位者而作. 其無位者, 亦復無財. 無位無財, 而欲備禮者, 非禮也. 二無者, 襲不必具稱, 斂不必有衾, 棺不必有槨, 葬不必厚封. 唯其力也."

43) 『喪儀節要』 卷4, "綱會問, 朝廟之節, 禮之大經, 然吾東之人, 旣多貧竇, 宮室逼仄, 難以行禮, 若廟宇極窄, 階庭皆狹, 恐旋柩納車, 俱有不便."

규정을 완고하게 지킬 필요는 없다."[44]고 대응한다.

이는 고례에 기초한 표준적인 예제가 갖추어지면 경제적으로 넉넉하지 못한 사람들은 자신의 경제적 상황과 능력에 따라 필요한 기물들의 양과 숫자를 줄여 시행하면 되고, 그와 반대로 경제적 여유가 있는 사람은 표준적인 예제에 따라 시행하면 된다는 것을 의미이다. 즉 '절검'과 '간소화'의 시각은 표준적 예제를 마련하는 것과는 분리되는 운용상의 문제라는 것이다. 이처럼 성호의 예학을 보완하는 다산의 문제의식은 '절검'에 치중하여 시속과 고례로부터 이탈하는 경향을 바로 잡는 것에 있다.

아울러 다산은 『상의절요』를 저술한 목적이 '부유한 집안사람들에게 예를 넘어서지 말도록 하려는 의도에서이지 가난한 사람들에게 애써 규정을 지키도록 하려는 것이 아님'[45]을 단호하게 천명한다. 이는 儀禮의 過剩에 대한 경계의식이 그의 예학적 문제의식의 또 다른 축을 구성하고 있음을 보여준다.

2) 畿湖學派의 경우

『喪禮備要』와 『家禮輯覽』은 本文과 圖說의 체제로 되어 있다. 본문은 『주자가례』를 '經'으로 그에 관련된 經傳과 諸家의 학설을 '緯'로 하는 것[46]이었고, 도설은 『주자가례』에 기록된 내용에 근거하여 이해하기 쉽도록 도식화한 것이다. 도에 포함된 名物에 관한 것들도 그 점

---

44) 『喪儀節要』 卷4, "禮不爲貧賤者設也. 古禮旣然, 不得擅刪. 然若地勢不便, 何以行禮? 但於發引之朝, 暫刻停柩於廟門之外, 亦不至關事. 如是者所列禮節, 酌量裁減, 不必膠守此編也."

45) 『喪儀節要』 卷4, "是編之作, 誠欲使富厚之家, 有毋過禮, 非欲使貧窶之人, 黽勉備文也."

46) 『家禮輯覽』, 「凡例」 참조.

에서는 마찬가지이다. 이는 사계의 문제의식이『주자가례』에 대한 '문헌적 완전성의 확보'라는 단계를 거쳐 '禮敎의 擴散'을 목표로 하는 것임을 분명하게 보여준다.

문헌적 완전성의 확보는『주자가례』의 태생적 한계 때문에 본문비평의 성격을 함께 갖는 것이기도 하다. 尤庵은 이를 "『주자가례』는 草創된 뒤 遺失되었다가 뒤에 나온 것이어서, 그 儀度와 名物을 분별할 때 읽는 이가 애를 먹는다."[47]라고 완곡하게 지적한다. 따라서『가례집람』과『상례비요』는 단순히『주자가례』의 의미를 명료화하는 것 이외에 "章句를 분별하고 빠진 것을 보충하며, 그릇된 것을 바로잡고 의심되는 것을 생략하는"[48] 비판적 작업의 결과물이다.

사계의 비판적 작업은 두 방향에서 진행된다. 첫째는『주자가례』에는 빠져 있지만 禮經에 명문 규정이 있는 것을 보충하는 것이다.『喪禮備要』의 '初終' 부분에『儀禮』「士喪禮」에 근거하여 '楔齒'와 '綴足'의 儀節을 보충한 것, '易服'에 深衣를 사용토록 한 것, '襲'에 冒를 사용하도록 한 것과 얼음을 쓰도록 한 것, 小斂 후에 絰帶를 하도록 한 것 등이 그것이다. 둘째는『주자가례』의 규정을 고례와 주자 자신의 직접적인 언급을 통해 바로 잡는 것이다.『주자가례』'成服'조 '자최삼년' 조항에는 '자식이 어머니를 위해 한다(子爲母)'고 규정되어 있다. 이에 대해『가례집람』에는『주자대전』에 실려 있는 "郭子從이『의례』의 '아버지 생존 중에 어머니에 대한 복'에 대해 질문하자 주자가 '盧履冰의 論議가 옳다. 다만 현행 규정이 이와 같으므로 감히 어기지 못할 뿐이다."[49]라고 한 구절을 인용하고 있다. 이는『주자가례』의 규

---

47) 『家禮輯覽』,「後序」, "以爲家禮之書, 出於草創亡失之餘, 而其儀度名物之際, 讀者猶有病焉者."

48) 『家禮輯覽』,「後序」, "辨別其章句, 塡補其闕略, 訛者正之, 疑者闕之."

49) 『朱子大全』卷63,「答郭子從」, "郭子從問儀禮父在爲母. 朱子答曰, 盧履冰儀是, 但今條制如此, 不敢違耳."

정이 고례인 『의례』 「상복」의 규정과 다를 뿐 아니라 주자 자신의 입장도 『주자가례』와는 차이가 있음을 분명하게 지적한 것이다. 이에 대해 사계는 "宋朝는 당나라 제도를 따랐으므로 『주자가례』도 그렇게 규정한 것이다(按, 宋朝循用唐制, 故『家禮』因之)"라고 해명하는 한편, 바로 이어서 『가례보주』의 "집안에 두 사람의 존귀한 사람이 있다는 혐의가 없을 수 없다(家有二尊矣, 可無嫌乎!)"는 구절을 인용함으로써 『주자가례』의 규정이 문제가 있다는 결론을 내린다.

사계는 栗谷이 일반 사족의 경우 삼대까지만 제사를 지낼 수 있다고 규정하고 있음에도 불구하고 四代까지 지낼 수 있도록 확대한다.[50) 『주자가례』에는 "虞祭 뒤에 아침저녁으로 전을 올리는 것은 그만한다."[51)고 한 것에 대하여 아침저녁으로 上食하는 時俗을 긍정한다. 사계는 "예를 넉넉하게 시행하려는 정신에 문제가 되지 않고, 넉넉한 것이 지나쳐 분수에 어긋난다는 혐의를 받지 않는다면 당연히 실행해야 한다."는 주자의 주장을 근거로 제시한다.[52) 『주자가례』를 보완하는 사계의 문제의식은 '고례의 원칙을 적용하여 가례를 보완하면서, 각각의 절차를 더욱 형식적인 측면에서 완비시키는 것'이면서 동시에 '그것을 실현할 수 있는 한계와 규모를 확대하는 것'이었다. 즉 '厚'의 측면에, 그리고 고례의 원칙을 실현한다는 측면에 주안점을 두는 것이다.

사계의 예학에 대한 문제의식은 첫째 고례는 물론 주자 자신의 직접적인 언급을 통해 『주자가례』의 문헌적 완전성을 확보하는 것, 둘째 예의 운영에 있어서는 '厚'의 측면에서 고례의 원칙을 실현하는 것, 마지막으로 圖說의 강화를 통해 行禮의 편의성을 강화한다는 세 축으로

---

50) 『家禮輯覽』, "要訣亦從國制, 只祭三代. 然『家禮』旣以祭四代定爲中制, 故好禮之家多從『家禮』."

51) 『朱子家禮』, 「喪禮·虞祭」, "虞後罷朝夕奠."

52) 『沙溪全書』 卷39, 「疑禮問解」, "惟當朱子所謂不害其爲厚, 又無嫌於僭, 且當從之之敎爲定論耳."

구성된다. 이러한 문제의식은 陶庵의 『四禮便覽』은 물론 兪棨(1607~1664)의 『家禮源流』, 그리고 李宜朝(1727~1805)[53]의 『家禮增解』에도 그대로 관철된다.

주지의 사실이듯이 『가례원류』는 『주자가례』의 연원(源)과 전개(流)를 밝힌 책이다. 즉 '『의례』, 『주례』, 『戴禮』 이하 여러 경전'을 통해 『주자가례』의 연원을 밝히고 '후세의 여러 儒賢들의 禮說'을 수집하여 『주자가례』의 전개를 해명하고자 한 것이다. 다만 『가례집람』에 비하여 『예기』와 『의례』 그리고 『주례』 등 고례의 내용을 풍부하게 인용하고 있다는 점과 『가례집람』의 '圖式'을 열람하기 쉽도록 해당 부분에 재배치하는 한편 『가례집람』에 없는 도식을 새롭게 마련하고 있다는 점에서 특색을 보인다.

『가례증해』는 사계의 예학적 문제의식을 『주자가례』에 대한 주석을 통해 숙성된 형태로 구현한 저술이다. '增解'는 "變禮를 모으고 증보하여 사람들이 미루어 시행하도록 하였고, 고례를 끌어다 풀이하여 사람들이 널리 상고하도록 한 것"[54]이라는 뜻이다. 즉 『가례증해』는 『주

---

53) 『性潭先生集』 卷29, 「鏡湖李公行狀」에 따르면, 『家禮增解』는 李胤績(?~1756)이 초본을 완성된 뒤 窮鄕에서 참고할 서적을 구하기 어려워 수정하지 못하고 둔 것을 그의 사후 아들인 李宜朝(1727~1805)가 10여 년 각고의 노력 끝에 修正・補完하여 14권 9책에 별책을 포함하여 모두 10책으로 완성한 것이다. 李胤績은 '일찍부터 과거 공부를 포기하고 陶庵 李縡에게 수학하였다'는 것과 '尙書 黃昇源이 그의 묘비에 崇禮處事라고 題하였다'는 것만이 알려져 있을 뿐 자세한 행적을 알 수 없다. 그 점은 아들인 李宜朝의 경우도 별반 다를 것이 없다. 유일한 기록인 「鏡湖李公行狀」에 따르면, 李宜朝의 본관은 延安, 자는 孟宗, 호는 鏡湖이다. 약관의 나이에 '선비된 자는 성현의 글을 읽어야 하고 반드시 각고의 노력을 해야 한다'고 결심하고는 과거 공부의 뜻을 접고 성현의 학문에 매진하였다. 영남어사로 나왔던 黃昇源의 추천으로 恭陵 參奉에 제수된 적이 있으나 나아가지 않았고, 마을에 鏡湖書社를 지어 학생들을 가르치면서 일생을 보냈다. 그는 尤庵 宋時烈(1607~1689)의 玄孫인 雲坪 宋能相(1710~1758)에게서 수학하였다.

자가례』에 실려 있지 않은 '변례'를 채록하여 증보하는 작업과 함께 『주자가례』의 내용을 '고례'에 근거하여 보완하려는 의도를 가지고 저술된 것이다. 후자의 작업과 관련하여 『가례증해』는 학파와 상관없이 東儒들의 문헌 48종을 인용하고 있는데, 이는 『가례증해』가 18세기까지 진행되어온 『주자가례』와 관련된 조선 유학자들의 연구 성과를 검토·종합하고 있음을 의미한다.

『가례증해』의 『주자가례』에 대한 존숭은 표면적으로는 확고해 보인다. 범례에서 鏡湖는 "경전과 고금 제유의 설을 널리 인용하여 『주자가례』 본문의 의미를 풀이하되 『주자가례』의 본문은 한 글자도 변동시키지 않았다."[55]고 언급하고 있기 때문이다. 따라서 『주자가례』의 본문에 미비한 절목이 있을 경우는 '다른 책을 인용하여 해당 조목 밑에 분류'하는 방식으로 처리하고 있다. 이는 『주자가례』의 '靈座·魂帛·銘旌', '朝夕哭·奠·上食', '遣奠', '發引' 등의 표제항을 제거하여 각각이 독립된 의식의 단위로 오해될 소지를 없애고 앞의 의식에 연결된 것임을 보여주고자 한 『상례비요』에 대한 불만으로 보인다. 『상례비요』의 개정 표제항은 『사례편람』에도 두 군데만을 제외하고는 관철된다.

고례에 근거하여 『주자가례』를 비판적으로 검토하는 작업은 『가례증해』의 경우도 예외는 아니다. 『주자가례』 '喪禮'의 '상주를 세운다(立喪主)'는 조항의 本註에는 "주인은 장자를 말한다. 없으면 장손이 승중하여 饋奠을 받든다. 빈객과 예를 행하는 경우에는 함께 사는 친척이면서 항렬이 높은 사람이 주관한다."[56]라고 되어 있다. 이는 궤전

---

54) 『家禮增解』, "採變禮而增之, 欲人推行, 引古禮而解之, 欲人博攷."
55) 『家禮增解』, "廣引經傳及諸儒說, 以解家禮本文之義, 而家禮本文, 則不敢動一字."
56) 『朱子家禮』, 「喪禮」 '立喪主' 조항, "主人謂長子, 無則長孫承重, 以奉饋奠. 其與賓客爲禮, 則同居之親且尊者爲之."

을 받드는 것과 빈객을 예우하는 일에 대하여 각각 상주를 둔다는 것이다. 『가례의절』은 『주자가례』에서 한 걸음 더 나아가 '동거하는 尊親(父・祖)', '族屬 가운데 親賢者', '親戚', '執友' 등의 차례로 빈객을 예우하는 주빈을 세우는 우선순위를 제시하고 있다. 『상례비요』의 경우도 마찬가지 입장이다. 그러나 『가례증해』는 '고례에는 饋奠과 拜賓을 주인이 (혼자서) 한다'고 주장한다. 아울러 『가례의절』이 근거로 제시한 『예기』 「雜記」의 해당구절은 '상주가 없어서 섭행을 하는 경우(無主而攝之者)'에 한정되는 것이므로 '결코 예의 본뜻이 아니다.'[57]라고 비판한다. 이는 丘濬에 대한 비판을 통해 동시에 '각각 두 명의 喪主를 두는 것'으로 규정한 『주자가례』를 비판한 것이다.

기호학파의 '圖式化를 통한 行禮 便宜性의 추구'는 『주자가례』와 『家禮儀節』의 문제의식을 계승한 것으로 도식의 범위와 내용에서 보다 다양화・정밀화하고 있다는 점에서 의미 있는 차이를 보인다. 그러나 『주자가례』에 실린 도식은 『주자가례』 자체의 규정과 어긋난다는 지적이 제기되어, 『주자가례』가 위작이라는 증거의 하나로 거론되어 왔다. 구준의 『가례의절』은 이에 관해 6조목을 오류로 지적하고, 『가례집람』은 이보다 많은 14조목을 구체적으로 적시하고 있다.

『가례증해』는 먼저 '虞卒哭陳器設饌行事圖'를 검토한다. 이 圖는 『주자가례』와 『가례의절』에는 실려 있지 않은 것으로, 『상례비요』에서 보완한 것이다. 문제는 『상례비요』에는 '국이 왼쪽, 밥이 오른쪽(羹左飯右)'의 순서로 되어 있다는 것이다. 이에 대해 『가례증해』는 『의례』 「特牲饋食禮」의 가공언의 소와 『주자가례』의 본문에 근거하여 '羹右飯左'로 수정한다.

『가례증해』는 "圖가 고례를 따르는 경우가 많기 때문이다. 圖가 고

---

57) 『家禮增解』 卷5, 「喪禮一」, "絶非禮意."

례를 따르는 경우가 많은 것은 附註를 따르고 있기 때문이다. 부주의 잘못은 고금의 다른 예를 끌어 모아 억지로 동일하게 만들었다는 점에 있고, 도는 부주에 부합하도록 되어 있기 때문이다.”58)라고 불일치를 설명한다. 그에 따라 “『주자가례』의 本圖는 주자가 지은 것이 아니고 의심 가는 것이 많아 다 따를 수는 없으므로 『가례의절』, 『상례비요』, 『가례집람』, 『三禮儀』 등의 여러 도를 참작하여 損益하는 작업”을 병행한다. 주지의 사실이듯이 거론된 네 가지 저술 가운데 뒤의 세 가지는 기호학 내부의 성과이다.

3) 嶺南學派의 경우

퇴계는 제자들과 『주자가례』에 대한 강론을 통해 『家禮講錄』59)과 『家禮註解』60)를 남긴다. 두 가지는 모두 ‘『주자가례』를 그대로 시행하는 단계를 벗어나 학문적으로 이해·연구하려는 노력’61)의 초기적 형태였다. 따라서 『주자가례』를 보완하거나 개정하려 하기 보다는 ‘용어의 간단한 해석’과 ‘한자로 표현할 수 없는 용어는 한글을 사용하여 풀이’62)하는 등 읽는 사람의 이해를 돕는데 초점을 맞추고 있다. 그 점에서 ‘大夫는 三廟이고 士는 二廟’로 규정한 『예기』 「祭法」의 규정을 근거로 『주자가례』의 사대봉사를 삼대봉사로 개정하고, 『예기』 「祭義」를 근거로 『주자가례』 「제례」의 ‘四時祭’ ‘사흘 전에 재계한다(前期三日齋戒)’고 규정한 부분에 대한 程頤의 “이틀 동안 산재를 하고 하루

---

58) 『家禮增解』, “又以圖之多從古禮故也. 圖之多從古禮者, 以從附註故也. 盖附註之失, 多在於牽合古今不同之禮, 强使同之, 而圖與之合. 以此益信附註之必出於撰圖者之手也.”

59) 金隆, 『勿巖先生文集』 卷3, 『家禮講錄』.

60) 李德弘, 『艮齋先生續集』 卷5, 『家禮註解』.

61) 고영진, 『조선중기예학사』, 한길사, 1996, 196쪽.

62) 고영진, 위의 책, 1996, 202쪽.

동안 치재를 한다(散齋二日, 致齋一日)”는 주장을 보완한다는 점에서 晦齋 李彦迪(1491~1553)의『奉先雜儀』와는 차이를 보인다.

퇴계의 예학에 대한 문제의식은『주자가례』에 대한 명확한 이해를 기반으로 시속을 裁斷하는 한편, 國典 또는 時俗과의 절충을 모색하는 문제에 초점이 맞추어져 있다. 어머니가 살아계시거나 祖母, 曾祖母가 살아계신 상태에서 曾祖, 祖父, 父가 돌아가시면 상례를 마친 뒤 신주를 다른 곳에 보관했다가 母, 祖母, 曾祖母가 돌아가신 뒤에 함께 祧遷하는 시속에 대하여『주자가례』에 근거하여 비판한 것,[63] 祝文과 관련하여 “『주자가례』에는 ‘后土’라고 되어 있고 구준의『가례의절』에는 ‘土地氏’라고 되어 있는데『주자가례』를 따라야 한다.”[64]고 주장한 것 등은 전자의 대표적인 사례이다.

후자의 사례로는 忌日에는 물론 三年喪을 지내는 동안에도 考妣를 함께 제사지내는 시속에 대하여『주자가례』에 근거하여 두 가지 모두 非禮이지만 忌祭의 경우에는 그렇게 해도 좋다고 허용한 것,[65] ‘사대봉사를 제후의 예’로 규정하면서도 “옛날에는 대수마다 묘를 달리했기 때문에 대수의 차등을 엄격히 하지 않을 수 없었다. 후세에는 묘 하나에 龕室을 나누어 제사를 지내니 대수를 통틀어 제사할 수 있다.……

---

63)『退溪先生文集』卷17,「答奇明彦」乙丑(1565), “凡母在者, 父喪畢, 藏其主於別處, 以待他日與妣同入廟, 始行祧遷之禮. 祖母曾祖母皆然云.……謹按, 文公家禮祔章註, 高氏但言父在而祔妣, 則不可遷遷祖妣云云. 不言母在而祔考, 則不可遷遷祖考.”

64)『退溪先生文集』卷34,「答鄭汝仁(鄭崑壽)問目」, “祠后土祝文,『朱子家禮』稱后土氏, 而『瓊山儀節』據大全集, 稱土地氏. 今按大全所稱土地, 皆是所居宅之神, 而於墓山之神, 例稱后土. 不知瓊山所見如何, 而據以爲證也. 當從朱子家禮.”

65)『退溪先生文集』卷6,「答趙起伯問目」, “據『家禮』, 忌祭只設當忌一位, 三年內, 亦無并設兩位之文. 今人不顧禮意, 徒循情而兩祭之耳. 然忌日則無吉凶不同之嫌, 猶爲可也.”

재력이 미친다면 통틀어 지내는 것도 무방하다.”고 한 것, 『주자가례』
에는 ‘虞祭’ 이후 폐하는 것으로 규정된 朝夕奠을 “上食은 결코 폐해
서는 안 된다. 또한 시속을 따라 삼년을 마쳐야 한다.”[66]고 주장한 것
등이 그것이다. 時俗과의 折衷을 조율하는 기준이 ‘厚’의 원칙임은 두
말할 나위도 없다.

『家禮講錄』과 『家禮註解』를 통해 개진된 퇴계 예학의 문제의식은
芝山 曹好益(1545~1609)의 『家禮考證』[67]을 통해 고례를 통한 『주자
가례』의 보완이라는 측면으로 확산된다. 『가례고증』은 글자 그대로
『주자가례』 가운데 해석하기 어려운 제도, 기물, 용어 및 구절과 인명
등에 대하여 그 출처를 상고하여 밝히고, 經史를 인용하여 증거함과
아울러 자기의 의견을 덧붙여서 후학들이 보고 이해하기 쉽게 고증한
책이다. 또한 圖說을 곳곳에 배치하여 『주자가례』의 내용을 이해하기
쉽도록 도모하고 있다. 도설의 대부분은 구준의 『가례의절』을 준용한
것이다.

五休子 安玠(1569~1661)의 『家禮附贅』 저술 의도는 두 가지이다.
하나는 『주자가례』의 문제점을 보완하는 것이고 다른 하나는 퇴계와
寒岡 그리고 芝山 등 퇴계학파의 예론을 계승하려는 것이다.[68] 첫 번
째 문제와 관련하여 안공은 『주자가례』가 주희 초년의 저작이어서 『주
자어류』나 문집에 실려 있는 내용과 차이를 보이고 있음을 분명히 인
식하고 있다. 이와 함께 시대적으로도 주희의 시대와 자신의 시대 사

---

66) 『退溪先生文集』 卷32, 「答禹景善問目」, “上食決不可廢. 且當從俗終三年.”

67) 조호익은 冠禮와 婚禮에 대하여는 고증을 마쳤으나 喪禮의 成服條 이하로부
터 祭禮까지는 미처 편집하지 못하였다. 이에 그의 제자인 潛谷 金堉이 자신
이 소장하고 있던 선생의 수진본에 ‘(선생이) 손수 批點하고, 여러 책에서 考
出하여 모든 책 끝에 쓰기도 하며 別紙에 移記해 두기도 한 것’을 수집·정
리하여 간행한다.

68) 고영진, 앞의 책, 1999, 333쪽.

이에는 큰 차이가 있어 '사태의 변화는 무궁하고 시속에서 숭상하는 바도 다르기 때문에(事變無窮, 俗尙又不同)'[69] 고금의 차이나는 예의 변화된 내용을 수집하고 의리의 취향을 넓히는 것은 반드시 필요한 일이라고 판단한다.

두 번째 문제의식과 관련하여 安玞은 "퇴계의 『喪祭禮問答』과 寒岡의 『五先生禮說分類』, 芝山의 『家禮考證』 등은 분량이 방대하여 쉽게 탐구할 수 없을 뿐 아니라, 兵火로 문적이 불타 없어져 예에 관심을 가진 학자들이 참고할 만한 문헌이 없다는 탄식을 하고 있다."[70]고 지적하고 있다. 이러한 문제의식에 따라 '가례 가운데 切要가 될 만한 것을 뽑아 기록하고, 時王之制와 구준의 『의절』 그리고 東儒의 문집 가운데 예를 언급하고 있는 내용을 채록하여 본문 밑에 附記'하는 체제의 『가례부췌』를 구상하였다.

아울러 당시에 필요한 예로서 잘못 시행되는 사례가 있는 變禮的인 문제를 경전의 본뜻에 어그러지지 않고 時宜에 적합한 禮制를 정립하고자 先儒들의 說을 이끌어다 자신의 견해를 명시한 부췌별록이 첨부되어 있다. 여기에는 『주자가례』에서는 다루어지지 않은 朝廷賜祭儀(出『家禮會通』), 喪服(新增), 本宗五服解, 外族服解, 妻爲夫黨服解, 出後子爲所後服解, 大夫爲士庶降服解, (補)服解, 式假, 改葬儀(出丘濬『家禮儀節』), 返葬儀(出丘濬『家禮儀節』), 合葬儀(新增), 招魂返家儀(新增), 大轝(『五禮儀』를 원용하여 고침), 靈車(新增), 腰輿(新增), 祭器制度, 生日祭考妣儀, 榮墳儀, 墳墓加土儀, 改莎儀, 石物告墓儀, 墳墓火慰安儀 등이 보완되어 있다.

---

69) 『家禮附贅』, 「序」.

70) 『家禮附贅』, 「序」, "退陶李子有『喪祭禮問答』, 寒岡鄭氏有『五先生禮說』, 芝山曹氏有『家禮考證』, 皆祖述家禮, 而推廣餘意者也. 但其編帙浩穰, 未易究竟. 且新經兵焚, 文籍蕩然, 有志好禮之士, 每有文獻不足之歎."

퇴계의 예설과 고례에 근거하여 『주자가례』를 보완하는 '일왕지법'으로서의 새로운 표준을 수립하는 것과 그러한 예론을 통해 사계와 그의 문하에서 주장하는 예론에 대응하려는 문제의식[71]은 영남학파의 경우도 예외는 아니다. 18세기 辛夢參(1648~1711)[72]의 『家禮輯解』(1702)는 이러한 문제의식을 잘 보여준다. 『가례집해』는 '通禮'에 대한 첫 번째 주석을 퇴계의 "이 편은 사당의 제도만을 전문적으로 언급한 것이지만 관혼상제의 예를 모두 사당에서 행하므로 통례라고 하였다."[73]라는 말을 인용하는 것으로 시작한다. 아울러 『가례집해』는 퇴계 예설의 미비한 점을 보완한다.

『주자가례』「虞祭」'축이 혼백을 묻는다'는 조항의 본주에는 '아침 저녁의 奠을 파한다'고 되어 있다. 이에 근거하여 제자인 禹景善이 "옛 사람들은 장례를 마친 뒤에는 조석으로 상식하는 예가 없습니다. 주자가 外喪을 당했을 때 한천정사에 머물렀는데, 삭망에만 궤연에 전을 올렸습니다. 조석상식을 하였다면 선생께서 어찌 멀리 궤연에 갈 수 있으며 홀로 한천에 머물 수 있었겠습니까?"[74]라고 묻자, 퇴계는 "上食은 결코 폐해서는 안 된다. 또한 시속을 따라 삼년을 마쳐야 한다."[75]고 대답한다. 퇴계의 대답에 따르면 이는 시속을 허용하는 입장을 보여주는 것이 된다. 『가례집해』는 주자가 육자수 형제에게 보낸 편지 가운데, "삼년 안에 궤연을 걷는다면 효자가 곡읍하는 예를 행할

---

71) 이봉규, 앞의 논문, 2005, 114쪽.
72) 李象靖, 『大山先生文集』 卷48, 「翊衛司洗馬一菴辛公墓碣銘幷序」 참조.
73) 李德弘, 『艮齋先生續集』 卷5, 「家禮註解」, "此篇專言祠堂之制, 而冠婚喪祭 皆行於祠堂, 故謂通禮."
74) 『退溪先生文集』 卷32, 「答禹景善問目」, "上食決不可廢. 且當從俗終三年. 古 人旣葬之後, 無朝夕上食之禮. 朱先生丁外憂, 居寒泉精舍, 只以朔望來奠几 筵, 若朝夕上食, 則先生豈可遠去几筵, 而獨寓寒泉乎云云."
75) 『退溪先生文集』 卷32, 「答禹景善問目」, "上食決不可廢. 且當從俗終三年."

곳이 없으므로 부제를 지낸 뒤 신주는 정침으로 돌아갑니다. 신주가 정침에 있다면 조석상식은 멈출 수 없습니다."라는 구절을 찾아냄으로써 퇴계의 입장이 단순히 시속을 인정하는 것이 아니라 주자의 입장과도 일치하는 것임을 밝힌다.

퇴계설을 보완하려는 태도는 퇴계의 주장을 무조건적으로 옹호하는 것에 그치지 않는다. 『주자가례』「혼례」 '여자집에서는 밖에 장막을 설치한다. 초저녁에 신랑은 성복한다'는 조항의 原註에 "세속에서는 새 신랑에게 꽃장식을 둘러 얼굴을 가리게 한다(世俗新壻帶花勝, 以壅蔽其面)"라고 되어 있다. 이에 대해 퇴계는 "아마도 머리꾸미개로 싸서 가리는 것이 아니라 달리 하나의 것을 만들어 가리는 것인 듯하다(恐非以花勝擁蔽, 別作一物以蔽之)"라고 하여 의문을 표시한다. 『가례집해』는 "『형초기』에 '정월 8일에 (비단에) 금박을 아로 새겨 사람모습을 만들고 머리위에 인다.'고 하였다. 머리에 인다면 얼굴은 저절로 가려지니 아마도 다른 것은 아닌 듯하다.(按荊楚記'正月人日, 鏤金薄爲人, 戴之頭鬢.' 旣戴於頭鬢, 則面目自蔽, 恐非別一物也.)"고 비판하고 있다.

東巖 柳長源(1724~1796)의 『常變通考』는 『주자가례』 가운데 주자의 만년정론과 같지 않을 때는 『의례경전통해』 및 여러 유학자들의 일치된 견해를 채택하였고, 寒洲 李震相(1818~1886)의 『四禮輯要』는 '『儀禮』를 祖로 삼고 『주자가례』를 宗을 삼아' '『주자가례』의 내용 가운데 주자의 만년정론과 배치되는 것은 삭제'하는 방향으로 진전된다. 이에 이르면 고례를 통한 『주자가례』의 보완은 『주자가례』를 넘어선 새로운 가례서를 정립하는 방향으로 전개된다.

4. 맺음말

　송대의 종법은 4대를 종족구성의 한계로 하는 동족 집단과 宗子, 冠婚喪祭의 의식, 祠堂이라는 성소 그리고 적장자계승이라는 종통계승의 명시적 원칙을 전제로 성립된 것이다.『주자가례』의 도입과 사당의 건립은 상징적 의례의 체계와 성소의 존재에 관한 문제를 해소하는 것이지만, 가부장적 종족 집단의 존재와 종통계승의 명시적 원칙이라는 문제를 근본적으로 해소시킬 수는 없었다.

　주자학의 보급과 사림의 성장에 따라 조선 왕조가 지향하려는 유교적인 예제는『경국대전』의 반포와 함께 15세기보다는 16세기, 16세기보다는 17세기로 넘어오면서 점차 정착되어 갔고, 종법적 가족제도는 18세기에 이르러 정착 단계에 이른다. 아울러 종통계승의 명시적 원칙 즉 종법 자체에 대한 이해 또한 17세기 군주복제 문제를 중심으로 첨예하게 진행되었던 '전례논쟁'의 과정을 거치면서 정련화되고, 18세기에는 법제화되는 단계에까지 도달한다.

　'신분에 맞는 예제의 준행'과 '불필요한 비용의 절약'에 초점을 두고 전개된 성호의 예학적 문제의식은, 순암에 의해 지나치게 간소화된 형식을『주자가례』의 체제에 맞추어 보완함으로써『주자가례』와의 차이를 줄이는 방향으로 진행되는 한편, 다산을 통해 고례의 원칙에 입각하여『주자가례』와『예식』을 넘어선 새로운 가례서를 정립하는 방향으로 진행된다.

　사계의 예학에 대한 문제의식은 첫째, 고례는 물론 주자 자신의 직접적인 언급을 통해『주자가례』의 문헌적 완전성을 확보하는 것, 둘째, 예의 운영에 있어서는 '厚'의 측면에서 고례의 원칙을 실현하는 것, 마지막으로 도설의 강화를 통해 行禮의 편의성을 강화하는 세 축으로 구성된다. 이러한 문제의식은 유계(1607~1664)의 『가례원류』, 도암의

『사례편람』은 물론 이의조(1727~1805)의 『가례증해』에도 그대로 관철된다.

　『주자가례』에 대한 명확한 이해를 기반으로 시속을 裁斷하는 한편 國典 또는 시속과의 절충을 모색하는 문제에 초점을 맞추어 전개된 퇴계의 예학적 문제의식은 『가례고증』을 통해 고례를 통한 『주자가례』의 보완이라는 측면으로 확산되는 한편, 기호학파에 대항하여 퇴계학파의 예론을 정립하려는 『가례부췌』의 노력으로 진전되었다가, 신몽삼의 『가례집해』로 합류된다. 여기서 한 걸음 더 나아가 『상변통고』와 『사례집요』에 이르면, 고례를 통한 『주자가례』의 보완은 『주자가례』를 넘어선 새로운 가례서를 정립하는 방향으로 전개된다.

東西 學問의 統合을 위한 基礎로서의
李瀷의 心說*

이 광 호

1. 들어가는 말

李睟光(자는 潤卿, 호는 芝峰, 1563~1628)의 『芝峰類說』(1616)과 柳夢寅(자는 應文, 호는 於于堂, 1559~1623)의 『於于野談』(1621)은 마테오 리치(Matteo Ricci, 利瑪竇, 1552~1610)의 『天主實義』(1601), 서양의 『坤與萬國全圖』와 새로운 天文圖, 그리고 서양의 신식무기 등을 처음으로 隱者의 나라 조선에 소개하였다.

"서양 서적은 宣祖(재위 1567~1608) 말년에 이미 우리나라에 들어와서 고관이나 학자들 중에 보지 않는 이가 없었는데, 그들은 제자나 도교 또는 불교의 서적과 같이 여기고, 서재에 비치해 두고서 완상하였다."[1]는 安鼎福(자는 百順, 호는 順菴, 1712~1791)의 말에 의하면 17세기 초엽에 서양의 문화와 학문과 종교가 전파되었을 때 조선의 관리와 학자들이 적극적인 관심을 보이기 시작하였다는 것을 알 수 있

---

* 이 논문은 武漢大學에서 중국어로 발표한 다음, 국제판 『儒敎文化硏究』 제9집(성균관대학교 유교문화연구소, 2008. 2)에 「18世紀韓國代表實學者李瀷的心說」이라는 제목으로 중국어로 게재한 논문의 원본이다. 박양자 교수의 퇴임 기념 논문집 덕분에 우리말로 소개할 수 있게 된 것을 기쁘게 생각한다.

1) 李晚采, 『闢衛編』(金時俊 譯), 安鼎復의 「天學考」, 23쪽.

다. 그 결과 1654년에는 金堉(1580~1658)의 적극적인 노력에 의하여 서양의 역법에 기초한 時憲曆을 사용하게 되었다.

서양의 새로운 문화가 도입된 후 100여 년이 지난 뒤부터 서양의 과학사상과 종교사상 전체에 대한 본격적인 관심이 일어나기 시작하였다. 서양의 과학과 학문과 종교에 대하여 객관적인 비판과 수용을 시작한 학자가 바로 李瀷(자는 自新, 호는 星湖, 1681~1763)이다. 李瀷은 동아시아 학문의 주류인 經學을 자신의 학문의 기초로 하면서도 서구의 과학사상을 칭찬하고 동아시아 사상과 서구사상의 통합적 이해를 위하여 노력한 동서사상 통합의 선구적 학자이다. 그는 서양의 자연과학사상을 수용한 것은 물론, 종교에 대해서도 합리적인 부분은 수용하였기 때문에, 그의 영향을 받은 제자 가운데는 기독교 신자가 되어 순교의 길을 택한 학자도 있었다. 성호 이익의 영향을 가장 크게 받은 丁若鏞(자는 美鏞, 호는 茶山, 또는 與猶堂, 俟菴, 1762~1836)은 한때 기독교의 신자가 되어 좌천되기도 하고 가혹한 탄압 분위기 아래서 배교선언을 하였지만, 그의 사상을 의심하는 반대당의 박해를 피할 수 없어 18년간의 유배생활을 하는 동안 각고의 노력을 통하여 동서융합의 새로운 사상체계를 대성시켰다.

필자는 이전에 「성호 이익의 서학수용의 경학적 기초」[2]라는 논문에

---

2) 拙稿, 「星湖 李瀷의 西學受容의 經學的 基礎」, 『韓國實學研究』 제7호, 韓國實學學會, 2004 참조. 이익은 격물은 개별사물의 이치에 대한 변별적 인식을 의미하는 것이라고 하고, 치지는 변별적 인식에 기초하여 그것을 처리하는 방법을 아는 것이라고 하였다(『國譯星湖僿說』 8, 경사문 「格致誠正」, 323쪽, "아버지의 자애와 자식의 효도를 예로 들자면, 아버지는 부지런히 은혜로 양육하는 자이며 아들은 胎 안에서 생장한 자라는 것을 구별하여 아는 것은 격물이며, 이렇게 해서 자애할 방법과 효도할 방법을 찾아 각각 그 지극함을 다하는 것이 치지이다. 만일 자세하게 변별하지 못한다면 나의 앎을 극진하게 할 수 있는 방법도 없다(至如父慈子孝, 辨別得父是養育慇懃底, 子是胞胎生長底, 此是格物也. 格是事, 所以爲慈爲孝之道各盡其極, 此是致知也. 若辨別

서 성호의 격물과 치지에 대한 새로운 해석을 소개한 일이 있다. 성호는 현상세계에 대한 경험적 과학적 인식을 격물로 해석하고 인식된 경험세계에 인간이 어떻게 대응할 것인가 하는 실천적 인식의 문제를 치지로 해석하고 있음을 보았다. 성호는 격물을 통한 현상세계에 대한 경험적 과학적 인식과 치지를 통한 실천적 대응적 인식을 동시에 추구하였다. 그리고 이를 통하여 객관적 인식과 주체적 체험적 인식을 통합하여 활연관통이라는 진리에 대한 통체적 인식에 이르는 과정을 논하고 있다. 객관적 과학적 인식과 주체적 도덕적 인식의 통합을 위한 노력은 그의 심론에서도 이미 이루어지고 있으며, 심론의 이러한 입장이야말로 그의 전체 학문체계의 기초가 되는 것으로 보인다.

성호의 마음에 대한 이해는 荀子(기원전 325~238)의 마음 이해나 마테오 리치(Matteo Ricci, 利瑪竇, 1552~1610)의 마음 이해와 유사하면서도 그와 동일하지는 않다. 성호는 천지로부터 식물과 동물에서 인간에 이르기까지의 차이를 마음에 대한 구별을 통하여 분류하고 있다. 그는 흙이나 돌은 마음이 없는 존재, 초목은 생장하는 마음만을 가진 존재, 동물은 생장하는 마음과 지각하는 마음을 가진 존재, 사람은 생장하는 마음과 지각하는 마음에 의리의 마음을 가진 존재로 규정하고 있다. 그러나 성호에 따르면 생장하는 마음은 마음인 듯 하지만 마음이 아니라 생장의 이치일 뿐이다. 그래서 그는 마음이란 지각하는 마음과 의리의 마음 둘 뿐이라고 한다. 이때 인간의 지각하는 마음은 인심이며 의리의 마음은 도심이라고도 말한다. 주자가『중용장구』서문에서 그토록 중시한 인심과 도심의 개념을 지각하는 마음, 의리의 마음으로 연결시켜 이해하고 있다.

성호는 마음은 심장을 뿌리로 하며, 뿌리인 심장이 있어야 비로소

未審, 吾知亦無由致盡也.)").

마음이 될 수 있다고 한다. 초목에는 생명의 의지가 있는 듯하지만, 심장이 없기 때문에 마음이 없다고 한다. 그는 천지에 대해서도 천지는 심장이 없기 때문에 천지에도 역시 마음이 없다고 한다. 천지에 마음이 있다거나 천지의 마음이라는 말은 천지의 일을 인간의 일에 유추하여 하는 말일 뿐 바른 표현이 아니라고 하였다. 천지에는 심장이 없기 때문에 천지는 인간처럼 감응할 수 없다고 한다. 천지와 인간의 분리는 순자 이론의 중심을 이룬다. 성호의 만물분류는 순자의 분류와 유사해 보인다. 그러나 성호의 인간에 대한 이해, 특히 도심에 대한 이해는 순자와 다르며 오히려 퇴계와 가깝다. 성호는 순자와는 달리 도덕성의 근원을 천리인 본성에 기초하여 설명하고 있다. 이러한 입장은 퇴계와 유사하게 도덕의 문제를 인간 삶의 본질로 보고 있으며, 인간은 도덕적 실천의 능력을 통하여 초월자와 통할 수 있고 진리를 인식할 수 있는 존재라고 생각한다.

이익은 천문과 曆算에 관한 다양한 그림과 책, 지리에 관한 도서, 종교서적과 과학서적, 의학서적에 이르기까지 당시에 수입된 漢譯 西學書를 거의 모두 읽었다.3) 단순히 호기심에서 읽기만 한 것이 아니고, 서양의 새로운 우주관과 세계관을 수용하고, 경학사상과는 매우 다른 과학사상의 새로운 인식론을 이해하고 수용하여 자신이 몸담아온 경학사상과 통합하기 위한 주체적인 노력을 하였다. 『星湖僿說』에는 「天主實義辨」, 「跋職方外紀」, 「跋天問略」 등 서학서에 대한 소개와 서양의 학문과 학자 등에 대한 소개가 다양하다. 그는 격물치지설에 대한 새로운 해석을 통하여 서양의 과학적 인식론과 유학의 도덕적 인식론을 통합하였다.4)

---

3) 韓㳓劤, 『星湖李瀷研究』, 서울대학교 출판부, 1980, 49쪽 참조.
4) 拙稿, 「星湖 李瀷의 西學 受容의 經學的 基礎」, 『韓國實學研究』 제7호, 한국실학회, 2004.

이익이 격물치지설을 통하여 과학적 인식론과 도덕적 인식론을 통합하고자 하였지만, 그러한 통합의 가능성은 인간의 마음에 대한 새로운 해석 가운데 그 기초가 이미 마련되어 있다는 것을 알게 되었다. 이 논문에서는 성호 이익이 인간의 마음에 대하여 어떻게 새로운 해석을 하며, 그러한 새로운 해석이 어떻게 과학적 인식과 도덕적 인식의 통합을 가능하게 하는가를 살펴보고자 한다.5)

마음에 대한 성호의 새로운 해석은 그의 저술 전반에 보이지만 이 논문에서는 그가 마음이라는 제목을 붙여 저술한 아래 몇 편의 글을 분석의 주제로 삼고자 한다. 『星湖全書』1의 「心說」과 「心統性情圖說」, 『星湖全書』 2의 「心統性情解」, 『星湖僿說』 권14 人事門의 『心體』와 『星湖僿說』 권18 經史門의 『心』 등 다섯 종류의 글이 바로 그 것이다.

2. 心臟의 有無로 心의 有無를 결정하다

이익은 李滉(자는 景浩, 호는 退溪, 1501~1570)을 공자의 학문을 계승한 동방의 嫡傳으로 인정하고 조선의 성인으로 존경하여, 『李子粹

---

5) 성호 이익의 심설에 대한 철학적인 분석은 金容傑, 『성호 이익의 철학사상연구』, 성균관대학교 대동문화연구원, 1989에 자세하다. 김용걸은 성호 철학의 독창적인 성격은 잘 부각시키고 있지만, 그 독창적인 성격이 서구의 과학적 세계관 및 인식론과 동아시아의 도학적 세계관과 인식론의 분리와 통합에 있다는 사실을 어렴풋하게 드러내고 있을 뿐 정확하게 간파하지는 못하고 있다. 안영상(「성호 이익의 성리설 연구」, 고려대 박사학위논문, 1998.6 ; 「성호학파의 우주론과 도덕 실천적 심성론의 분리」, 『민족문화연구』 32, 고려대학교 민족문화연구소, 1999)은 우주론과 심성론의 분리의 입장에 대해서는 자세히 밝히고 있지만, 이러한 분리가 어떻게 다시 하나의 체계로 통합되는지의 논리는 간과하고 있다.

語』,『李先生禮說類編』등을 저술하여 퇴계의 학문을 밝히고,『四七新編』을 저술하여 이황의 철학사상을 비판적으로 계승하였다. 서학을 통하여 새로운 세계관을 수용하고 서양의 과학에 기초한 새로운 인식 세계를 접한 그의 사상은 기존의 학문세계의 틀 안에 안주할 수는 없었다.『星湖僿說』은 물론 11종류의『疾書』를 포함한 그의 모든 저술에는 참신하고 독창적인 사유의 세계가 빛을 발하고 있다. 모든 인식과 실천적인 삶의 기초가 마음이므로, 그의 마음에 대한 새로운 이해는 과학적 세계와 도학적 세계를 종합하고자 하는 그의 전체적인 학문구도의 기초가 되는 것으로 보인다.

도덕 사회의 실현을 목표로 삼는 유학은 도덕 실현의 근거를 인간의 본성에서 찾았으며, 인간의 본성이란 바로 인간 마음의 본성을 의미하였기 때문에 인간의 마음에 대한 바른 이해는 유학에서 가장 중요한 문제 가운데 하나였다. 조선조 유학사에서 가장 오랫동안 토론의 대상이었던 四端七情說이나 人物性同異說 등도 마음과 관련된 주제들이었다. 이익이『사칠신편』을 저술하였다는 것 자체만 가지고도 우리는 그가 사단칠정과 관련된 심성의 문제가 유학의 근본 문제와 관련된다는 사실을 인정하고 있다는 점을 확인할 수 있다. 사단칠정설을 비롯한 그의 심성설은 그의 인식이론과 실천이론 전체의 기초를 이루고 있다. 그러나 그의 마음에 관한 설명은 종래의 유학자나 성리학자들과는 방향을 달리하고 있다.

그는 서양의 의학서를 읽었기 때문에 사람의 몸에 대해서도 분석적 인식을 중시하고 있다. 사람에게는 五臟이 있고, 오장 가운데 하나가 心臟이며, 마음은 바로 이 심장과의 관계 아래 이해되어야 한다고 한다.

마음에는 혈육의 마음과 신명의 마음이 있다. 혈육의 마음은 오장의 하나로서 신명의 집이다. 신명의 마음은 혈육의 마음 가운데 있는 精英한 氣로서 이른바 '들어오고 나옴이 일정한 때가 없는' 마음이며 '잡으면 있고 놓으면 없는' 마음이다. 혈육을 말하지 않으면 마음의 동정과 성정의 뿌리와 가지를 밝힐 수 없다. 신명을 말하지 않으면 고요할 때 性을 통제하고 움직일 때 情을 통제하는 것이 모두 마음이 하는 일이라는 것을 밝힐 수 없다.[6]

마음에는 오장의 하나인 심장과, 심장에 머물며 심장에서 활동하는 신명의 마음이 있을 뿐이라는 이익의 주장은 "천지가 만물을 낳는 마음을 인이라고 한다."[7]는 성리학의 마음에 대한 비판과 부정의 의미를 담고 있다. 이익은 초목에게는 생명의 이치가 있지만 태어나 자라나서 죽는 생명의 이치를 마음이라고 부를 수는 없다고 한다. 그는 생명이 없는 흙이나 돌에는 당연히 마음이 없다고 하겠지만, 초목 등의 식물에게는 생명현상은 있지만 이들에게도 심장이 없고 지각이 없기 때문에 마음이 없다고 한다. 그는 초목과 마찬가지로 심장이 없는 천지에게도 마음이 없다고 말한다. 이익은 荀子가 자연과 인간을 구분하는 입장에서 "초목은 생명이 있지만 지각이 없고, 금수는 지각은 있지만 의가 없으며, 사람은 생명도 있고 지각도 있고 의도 있다."고 한 주장을 그대로 받아들인다. 이익에게서 마음의 문제는 금수와 인간에게만 관계되는 문제였다.

---

6) 李瀷, 「심통성정도」, 『星湖全書』 1/ 驪江出版社 영인본, 1984, 443쪽(이하 같은 책 인용임), "心有血肉之心, 有神明之心. 血肉之心, 是五臟之一, 所謂神明之舍也. 神明之心, 是血肉之心中, 氣之精英, 卽所謂出入存亡者也. 不言血肉之心, 則無以明心之動靜, 及性情之根委. 不言神明, 則又無以明夫靜而統性, 動而通情者, 皆心之爲也."

7) 朱熹의 「仁說」(李滉, 『聖學十圖』 제7도에 실려 있음).

심은 본래 오장의 하나인데, 사람과 금수만이 가지고 있고, 초목에게
는 처음부터 없다.……마음이라는 이름은 본래 심장에서 시작되었다.
저 심장이 없는 초목이 어떻게 관계될 수 있겠는가?[8]

심장은 오장의 하나이고 마음은 심장 안에 있는 신령한 기운의 활동
이므로 오장이 없는 식물에게는 심장이 없으며, 심장이 없으므로 심장
안에서 일어나는 신령한 기운의 지각활동도 없다. 따라서 마음의 문제
는 식물과는 아무런 상관이 없다고 한다. 심장이 없기는 천지도 초목
과 마찬가지이므로 천지에게도 마음이 없기는 초목과 마찬가지이다.

천지의 마음이라고 말하는 것은 무엇 때문인가? 천지의 마음도 초목
의 마음과 마찬가지여서 지각이라는 것이 없다. 하늘에 어찌 오장의
마음이 있겠는가? 그것이 자연스럽게 운행하고 밝게 感格하는 것은 理
가 진실로 그러한 것이지 사람이 의도적으로 하는 것처럼 의도적으로
그렇게 하는 것이 아니다.……마음이라는 이름은 사람의 심장에서부터
말하기 시작한 것인데, 초목의 마음이니, 천지의 마음이니 하는 것은
다만 유추해서 한 말일 뿐이지, 곡진하게 다 같다는 의미는 아니다.[9]

초목의 마음이나 천지의 마음이라는 말은 사람들이 사용하고 있지
만, 이는 사람들이 자신의 감정을 유추해서 붙인 이름일 뿐이지 근거
가 있는 정확한 표현은 아니라는 것이다. 천지에도 초목과 마찬가지로
심장이 없어서 심장 안에서 신령한 기운이 하는 지각작용은 없다고 한

---

8) 「心說」, 『星湖全書』 1, 443쪽, "心本五臟之一, 惟人與禽獸有之. 草木未始有
   也.……心之名, 本從有臟者起, 彼無臟之草木何與焉."
9) 위와 같음, "其曰天地之心何也? 此與草木之心一般, 亦無所謂知覺也. 天何嘗
   有五臟之心也? 其自然運行, 昭明感格者, 理之固然, 非有義而爲之, 一如人
   之用心也.……心之名, 初從人之心臟上說去, 而若草木天地之心者, 特以類推
   言, 非委曲皆同者也."

다. 그러나 '자연스럽게 운행하고 밝게 感格하는 것은 理가 진실로 그러한 것이지'라는 표현을 통하여, 이익이 자연을 물질로 이해하고 理를 물질세계의 조리로 이해하는 유물론자가 아니라는 것을 알 수 있다.

이익은 흙과 돌멩이와 같은 무생물, 심장은 없지만 생명은 있는 초목, 심장이 있고 지각이 있는 동물, 생명과 지각과 의리에 대한 지각까지 있는 인간을 서로 구별하고 있다. 그리고 심장이 있는 동물과 동물 가운데서도 의리에 대한 지각이 있는 인간의 마음을 가장 귀하게 여기고 있다. 우주론과 심성론을 분리하고 자연과 인간을 구별하는 성호학파의 기본 입장은 이익의 이와 같은 심론으로부터 가능했던 것이다.

심장을 중심으로 마음을 이해하는 이익이 사람의 마음을 심장인 혈육의 마음과 신명의 마음으로 구분하지만 그의 마음에 대한 논설에서 심장은 신명의 마음이 활동하는 장소일 뿐이다. 그러므로 그의 마음에 대한 논의는 신명의 마음을 중심으로 전개된다. 신명의 마음에 대한 성호의 설명을 다음에서 자세히 살펴보자.

3. 心은 性情의 統制者이다

'心統性情'은 張載(1020~1077, 자는 子厚, 호는 橫渠)의 말이다. 명대의 程復心(1279~1368, 자는 子見, 호는 林隱)은 「心統性情圖」와 「心統性情圖說」을 지었다. 퇴계는 정복심의 도와 도설을 그의 『聖學十圖』 가운데 6번째의 도와 도설로 삼았다. 정복심과 퇴계는 性과 情을 심의 체용으로 설명하기 때문에 '심통성정'에는 마음이 성정을 지배하고 통제한다는 의미보다는 마음은 성과 정을 아우른다는 통합의 의미가 더 크다. 그러나 혈육심과 신명심을 중심으로 마음을 설명하는 이익의 경우에는 마음의 현상은 혈육심에서 일어나며, 신명심이 지각을 통하여 모든 삶을 다스린다고 보기 때문에 '심통성정'을 '마음이 성정을 통회한다'로 이해하지 않고, '마음이 성정을 다스린다'로 이해하고 있다. 이익이 자신이 만든 「심통성정도설」에서 "혈육을 말하지 않으면 마음의 동정과 성정의 뿌리와 가지를 밝힐 수 없다. 신명을 말하지 않으면 고요할 때 性을 통제하고 움직일 때 情을 통제하는 것이 모두 마음이 하는 일이라는 것을 밝힐 수 없다."고 한 설명이 이를 가리킨다. 퇴계는 마음을 "이와 기를 합하고 성정을 통회하며, 한 몸의 주인으로 삶의 모든 변화를 겸해한 것(合理氣, 統性情, 主一身, 該萬化)"[10]이라고 설명한다. 性情과 마음을 분리할 수 없다는 입장에서 性情이란 體用이라는 마음의 두 측면을 설명하는 것이라고 이해한다. 성호는 퇴계와는 달리 심과 성을 나누어 구별하고, 심의 주제와 통제를 강조하지만 그렇다고 심과 성의 관계가 성에 심의 일방적인 지배는 아니다. 심에 대한 리의 우위와 지배는 여전히 강조되고 있다.

> 心은 性을 싣고 있는 것이다. 性은 理이고 心은 氣다. 그러므로 理가 氣를 다스리면 知覺이 理를 따라서 理義의 마음이 되며, 氣가 偏僻되어 理가 어두우면 지각의 마음만 있어서 禽獸와 같이 된다.[11]

이익은 지각과 심장의 유무로 심을 설명하기 때문에 심을 기라고 하고, 심장의 핵심에는 理인 性이 실려 있는 것으로 이해한다. 『四七新編』에서 사단과 칠정이 모두 '理發而氣隨之'라고 하는 이익은 리의 능동적인 측면을 인정하고 있기 때문에 '理가 氣를 다스리면 知覺이 理

---

10) 李滉, 『성학십도』/ 이광호 옮김, 홍익출판사(6쇄판), 2007, 제7도 그림에 나옴.
11) 「心說」, 『星湖全書』 1, 443쪽, "心者載性者也. 性理而心氣, 故理御于氣, 則知覺順乎理, 而爲理義之心, 氣偏理昧, 則只有知覺之心, 而同乎禽獸."

를 따라서 理義의 마음이 되며'라는 그의 표현도 이해할 수 있다. 그러나 이러한 주장은 심과 성을 구별하고, 지각능력을 가진 심의 활동성과 주재성을 강조하여 '心統性情'의 '統'자를 완전히 통제하고 다스린다는 의미로 고정시키고자 하는 의도와는 모순되는 것으로 보인다. 그러나 성호는 심이 성정을 통제한다고 해야만 심의 주재능력이 더욱 분명하게 드러나며, 인간과 금수와의 차이도 분명하게 된다고 보고 있다. 마음에 대한 이러한 이해는 성정을 마음의 체용으로 보고 마음의 체용을 온전히 실현함으로써 자연과의 합일을 이루고자 하는 퇴계의 도학적 사고에 대하여 인간의 마음을 객관적 인식과 도덕적 인식의 주체로 확립하려는 인문주의적 성향의 강화로 보인다.

4. 知覺의 차이로 人心과 道心을 구분하다

이익은 초목의 마음과 천지의 마음이라는 말은 있지만 이는 정당한 이름이 아니라고 하며, 마음에 관한 논의에서 초목과 천지를 제외시켰다. 마음의 논의에 포함될 수 있는 것은 금수와 인간뿐이다. 금수에게는 춥고 더운 것을 알고, 살기를 좋아하고 죽기를 싫어하는 것과 같은 지각의 마음이 있다. 그리고 사람에게는 이러한 지각의 마음이 있을 뿐 아니라 옳고 그름을 구별하는 의리의 마음도 있다고 한다. 지각의 마음은 춥고 더운 것을 알아 살기를 좋아하고 죽기를 싫어하는 지각에 지나지 않으므로 그 쓰임이 이익을 좇고 해를 피하는 것에 지나지 않지만, 사람에게는 그 위에 옳고 그름을 판단하여 올바른 삶을 살 수 있도록 하는 마음이 있다고 한다.

사람은 반드시 천명의 마땅함을 주재로 삼으니, 생명보다도 더 바라는 것이 있고, 죽는 것보다도 더 싫어하는 것이 있다. 이러한 마음이 바로 도심이다. 그러므로 사람은 초목에 비하면 똑같이 생장의 마음을 지니고 있다. 금수에 비교하면 동일하게 지각하는 마음을 지니고 있다. 의리의 마음은 저 초목과 금수는 가지지 못한 것이다.12)

이익은 인간에게도 식물과 같은 생리가 있어 태어나서 성장하여 늙는 과정이 있고, 금수와 같은 지각이 있어 춥고 더운 것과 자신에게 유리하고 불리한 것을 알아 자신에게 이득이 되는 것을 취하고 손해가 되는 것을 버린다고 보았다. 그러나 인간에게는 초목과 금수에게는 없는 특별한 마음이 있다. 천명의 마땅함을 지각할 수 있는 의리의 마음이 있어서 의리를 위해서는 삶보다도 죽음을 택하기도 한다고 한다. 인간은 식물의 삶, 동물의 삶을 그 기초로 하지만 그 위에 식물과 동물에게는 없는 고차적인 단계가 있다는 것이다. 성리학에서는 도덕의 실현을 위하여 '인욕을 막고 천리를 보존한다(遏人欲, 存天理)'는 기치 아래 인심과 도심을 대립과 긴장의 관계 아래서 인간을 이해하였다. 이익의 층차적인 이해에서는 그와 같은 긴장과 대립은 느껴지지 않지만, 인간을 인간이게 하는 것은 역시 의리의 마음이다.

이익에게 식물과 같은 생장의 마음과 금수와 같은 지각의 마음은 의리의 마음을 가지고 도덕적 삶을 살기 위한 인간의 조건에 해당한다고 할 수 있다. 생장의 마음이 없거나 지각의 마음이 없는 인간은 인간일 수 없기 때문이다. 그러나 생장의 마음과 지각의 마음만 가지고는 인간이 인간다운 삶을 살 수 없다. 그러므로 인간이 인간답게 살기 위해서는 인간 조건에 해당하는 이 세 가지, 즉 생장의 마음과 지각의 마음

---

12) 위와 같음, "若人者, 必以天命所當然者, 爲主宰, 而欲或甚於生, 惡或甚於死, 則道心是也. 故人者較之於草木, 而均有生長之心, 較之於禽獸, 而均有知覺之心, 其義理之心, 則彼草木禽獸所未有也."

과 의리의 마음을 조화롭게 실현해야 한다.

　인심과 도심을 대립적으로 설정하는 것이 아니라 두 가지를 다 조화롭게 실현해야 한다는 말이다. 성호의 이와 같은 인심도심론은 형식적으로는 성리학적 인심도심론 보다는 오히려 순자의 인심도심론에 더 가깝다. 그러나 의리를 천명의 소당연으로 이해하는 것은 맹자의 성선설의 입장을 계승한 성리학, 특히 퇴계의 성리학적 입장에 대한 계승의 관점이라고 볼 수 있다.

　여기서 아쉬운 점은 성호의 지각론이 격물치지설과 연결되지 않고 있는 점이다. 사물에 대한 경험적 인식을 격물이라고 하고, 경험적 인식에 기초하여 사물을 처리하는 실천적 인식을 치지라고 한다면, 격물과 치지는 대상을 향한 경험적 과학적 인식의 측면과 도덕성에 기초한 사태의 처리라는 내적 인식의 두 측면을 다 포괄한다. 이때 지각의 내용에 따라 인심과 도심으로 나누는 성호가 과연 격물의 인식은 인심에 속하고 치지의 인식은 도심에 속한다고 말할 수 있을 것인지 궁금하다. 경험지와 덕성지를 구별하는 유학 내의 전통적인 관점이나, 사실에 대한 인식과 도덕적 인식을 구별하는 성호학파에서 이와 유사한 인식의 구분이 어렴풋하게 느껴지기는 하지만 아직 확실한 단서는 찾지 못하였다. 그러나 적어도 성호가 인간의 외적 인식과 내적 인식을 구별하면서도 통합함을 통하여 과학적 인식과 도덕적 인식의 통합의 계기, 서구적 과학세계와 동아시아의 도덕적 인식세계의 통합 가능성을 제공하고 있다는 것은 분명하다. 성호의 저작 전체에 드러난 그의 지각론에 대한 연구를 통하여 경험지와 덕성지, 사실인식과 실천인식이 상호 어떠한 내적 연관을 가지고 있는지도 밝혀질 수 있기를 기대한다. 記憶과 靈應을 중시하는 성호의 心活論에서는 보다 심화된 知覺論의 의미를 읽을 수 있다.

5. 心活論에 기초하여 記憶과 靈應을 중시하다

인간의 이상적인 마음을 '明鏡止水'(밝은 거울과 잔잔한 물)에 비유하는 예를 흔히 볼 수 있다. 그러나 이익은 마음을 거울과 물에 비유하는 것을 만족스럽게 생각하지 않았다. 마음은 활물일 뿐 아니라 신령함을 가진 것이어서, 거울과 물 같은 것은 물론 다른 어떤 것으로도 비유하기 힘들다는 것이다.

마음을 거울에 비유하는데 거울은 비치기는 하지만 활물이 아니다. 마음을 물에 비유하는데 물은 활물이기는 하지만 깨닫지는 못한다. 마음을 원숭이에 비유하는데 원숭이는 깨닫기는 하지만 신령스럽지는 못하다. 그러면 마음은 끝내 어디에 비유할 수 없는가? 텅 빈 것은 거울에 비유하고, 활동적인 것은 물에 비유하고, 깨닫는 것은 원숭이에 비유하고, 여기에다가 신령함을 더하면 된다.13)

거울이 비치는 것과 물이 쉬지 않고 흐르면서도 비추는 것, 원숭이의 지혜로움은 마음의 한 측면을 가리키기는 하지만 그것만으로 마음을 설명하기에는 부족하다는 것이다. 그 모든 비유를 합치고 거기에 신령함을 더해야만 겨우 마음을 설명할 수 있다는 것이다. 그러나 신령함이 어떻게 가능하며 그 능력과 범위가 어디까지인지 규정할 수 없다면 마음은 역시 완전히 규정될 수 없는 것이다.

---

13) 李瀷, 『星湖僿說』卷18, 經史門「心」/『國譯星湖僿說』7,「심」, 143쪽, "心譬於鑑, 鑑空而不活. 心譬於水, 水活而不覺. 心譬於猿, 猿覺而不靈. 然則心終不可喩乎? 空處喩鑑, 活處喩水, 覺處喩猿, 加之以靈, 則得矣. 故以人喩心亦可. 人居室中, 如心在身內也. 動靜云爲, 主張有在, 故曰君, 所謂天君泰然百體從令也."

마음은 활물이어서 비교할 데가 없다. 거울과 물에 지나지 않는다고 하면, 거울과 물은 사물을 받아들일 수는 있지만 靈應할 수 없다. 사물이 오면 비치고 가면 비며, 아름다우면 아름답게 비치고, 추하면 추하게 비치니, 그 변화가 물건에 달린 것이지, 거울과 물의 신령함에 달린 것이 아니다.14)

물건이 오면 비치고 가면 비며, 아름다우면 아름답게 비치고 추악하면 추악하게 비추는 거울과 물이 마음과 비슷한 듯하지만 이는 수동적인 것일 뿐이다. 마음은 수동적으로 비추는 것이 아니라 능동적인 능력을 가지고 신령하게 감응하는 것이다. 마음의 이상적인 상태를 묘사하던 밝은 거울과 고요한 물은 마음과 비슷한 면이 있기는 하지만 수동적인 한계성 때문에 능동적이고 활동적이며 신령함을 지닌 마음을 비유하기에는 부족하다고 한다. 이익은 마음의 능동적인 지각능력을 무엇과도 비교할 수 없는 인간의 고유한 영역으로 인정하고 있음을 알 수 있다. 그렇다면 마음의 신령함은 어떻게 가능한가?

지금 마음의 본체를 논한다면, 사물이 오기 전에는 맞이하지 아니하고, 다가오면 다 비치고, 지나가면 머물게 하지 않으니, 이는 거울이나 물과 비슷한 듯하다. 그러나 한번 만난 사람을 10여 년 뒤에 다시 만나도 또 그 얼굴을 알아보며, 이름을 듣고 누구임을 아니, 이는 머물러 있지 않는 가운데 멈춤이 있는 것이다. 그러므로 이목으로 접촉하면 곧 누구인지 인식할 수 있어야만 靈應이 된다. 그러므로 魄은 지난 일을 간직한다고 하니 만약 거울과 물처럼 물건을 그냥 스쳐 보낸다면 이는 미혹되고 감각이 없는 사람일 것이다.15)

---

14) 『星湖僿說』 卷14, 人事門 「心體」/ 『國譯星湖僿說』 5, 「심체」, 301~302쪽, "心活物, 無可比也. 不過曰鑑曰水, 鑑與水, 可以受物之來, 照而不足以靈應也. 物來則照, 物去則空, 姸則姸, 嬸則嬸, 在物不繫於鑑水之靈應也." 이 부분은 오역된 부분이 있어 다시 번역하였다.

마음에는 기억의 능력이 있다. 기억상실증에 걸린 환자와 같이 사물을 볼 때마다 처음 보는 것처럼 보인다면 어떤 사태에 신령한 반응을 할 수 없다. 사람은 지나간 일을 기억하고 기억이 쌓여 보다 더 고차적인 인식으로 향상될 수 있다. 물과 거울에는 기억의 능력이 없으며, 다른 동물의 경우에는 기억이 있다고 하지만 그 능력이 인간의 능력에 비하면 보잘 것 없다. 인간이 사태에 신령한 반응을 할 수 있는 것은 魄의 기억능력이 있기 때문이다. 기억능력과 신령한 반응은 상호 의존관계에 있다.

지난 일을 간직하는 것은 음에 속하고, 영감으로 응하는 것은 양에 속하니, 지난 일을 간직하는 것은 씨앗이 흙 속에 있는 것과 같고, 영감으로 응하는 것은 싹이 밖으로 트는 것과 같은 것이다. 양에 속하는 혼이 음에 속하는 백에 의탁하지만, 그 간직한 것이 고요히 아무런 자취도 없어 마음이 알지 못한다.16)

이익은 신명의 마음에는 陰의 마음인 魄과 陽의 마음인 魂이 있다고 한다. 魄은 이미 경험한 것을 저장하는 기능을 맡고, 양은 새로운 사태에 신묘하게 반응하는 기능을 한다고 한다. 마음의 신령스러움은 이 저장의 기능과 신묘한 반응이 상호 의지하며 발휘되기 때문에 가능하다. 인간에게 이미 인식한 것을 저장하는 기능이 없다면 인간의 인식은 깊게 심화될 수 없을 것이다. 인간이 경험을 통하여 무한한 자연

---

15) 위와 같음, 302쪽, "今論心之體, 則曰未來而不迎, 方來而畢照, 既去而不留, 此疑若鑑與水相似. 然有人相逢於十數年之後, 便識其面, 聞其名而知其爲何人, 是不留之中有靈者存. 故耳目既接, 便能識認, 方是爲靈應也. 故曰魄能藏往, 若只如鑑水之閲物, 則乃一迷罔無覺之人也."

16) 위와 같음, "藏往屬陰, 靈應屬陽, 藏往如種在土中, 靈應如萌芽外見, 陽魂雖資於陰魄, 其所以藏者, 寂然無迹而心常不覺."

세계를 향하여 인식의 세계를 넓혀갈 수 있는 것은 신명의 마음이 지닌 貯藏에 의한 記憶과, 記憶에 기초한 靈應의 상호 증진에 의해서라고 하겠다. 심활론에 기초한 이익의 지각론은 충신과 독경에 기초한 도덕론의 강조를 통하여 자신의 사상체계가 유학의 전통적 인문정신에 바탕하고 있음을 드러낸다.

6. 忠信과 篤敬으로 上帝를 對面하다

이익이 지각을 중시하고 객관적이고 경험적 인식을 중시하는 측면은 서구 과학사상의 영향이 크다고 하지 않을 수 없다. 그러나 이익을 이해할 때 경험적 인식을 중시한 측면만 이해한다면 그를 제대로 이해한 것이라고 할 수 없다. 이익은 마음을 설명할 때 혈육심과 신명심으로 나누어 설명하지만, 그 마음의 핵심에는 형이상의 眞理인 理가 자리 잡고 있다. 지각을 설명할 때 인간에게는 금수와는 다른 의리에 대한 지각이 있다고 말한 것은, 바로 마음의 뿌리인 리를 지각한다는 의미이니 리를 지각하는 마음을 바로 도심이라고 하였다. 인간의 지각은 밖으로는 대상을 향하여 열려 있고 안으로는 뿌리를 향하여 열려 있어, 대상세계에 대한 무한한 인식과 마음의 뿌리를 통한 무한한 내적 초월을 통하여, 생명의 뿌리인 상제에게 도달하는 길이 열려 있다는 것이다. 이익의 경세치용적인 측면만 강조하는 학자들은 이러한 측면을 간과하였지만, 이익 사상의 진면목은 경학에 기초한 경세의 실현에 있다. 이익뿐만 아니라 다산 정약용에까지 이르는 소위 '경세치용파 학자'라고 불리는 18세기 성호학단의 문제의식의 핵심도 바로 여기에 있었다.

공자가 일찍이 忠信과 篤敬을 논하여 "서 있을 때는 충신과 독경이 눈앞에 있는 것을 보듯이 하고, 수레에 있을 때는 충신과 독경이 멍에에 의지하고 있는 것을 보듯이 하라."고 하였는데, 충신과 독경이 무슨 형상이 있기에 눈앞에 와 있고 걸려 있겠는가?[17]

'말은 충실하고 믿음이 있으며, 행동은 독실하고 공경스러운 것'(『論語』, 「衛靈公」 5장)은 유학의 핵심문제이다. 세상에 행세할 수 있는 방법이 무엇이냐고 묻는 子張(姓은 顓孫, 이름은 師)에게 공자는 이렇게 대답하였다.

"말이 충실하고 믿음이 있으며, 행동이 독실하고 공경스러우면 남쪽의 蠻族이나 북쪽의 貊族이 사는 지역에 가더라도 행세할 수 있을 것이다. 말이 충실하고 믿음직하지 않으며, 행동이 독실하고 공경스럽지 않으면, 자신이 사는 고장(州와 里)에서인들 행세할 수 있겠는가. 서 있을 때는 충신과 독경이 눈앞에 있는 것을 보듯이 하고, 수레에 있을 때는 충신과 독경이 멍에에 의지하고 있는 것을 보듯이 하라. 그렇게 한 뒤에 세상에 행세할 수 있다."[18]

성호학파에 속하는 학자들은 경세치용의 이론적 기초를 경학에서 찾고 있으며 경학의 근본 문제의식은 의리 곧 도덕의 실현에 있었다. 그들은 경전에 대한 연구를 통하여 도덕과 의리의 문제를 심화시키고 여기에 바탕하여 현실문제 해결의 방향을 찾고자 하였다. 이익이 11가지 질서를 저술한 이유가 거기에 있을 뿐 아니라, "육경 사서로서 몸을 수양하고, 『經世遺表』와 『牧民心書』와 『欽欽新書』로서 천하와 국가

---

17) 『星湖僿說』 卷14, 人事門 「心體」/『國譯星湖僿說』 5, 「심체」, 303쪽, "聖人又嘗論忠信篤敬矣, '立則見其參於前, 在輿則見其倚於衡', 彼忠信篤敬, 果何形象, 而乃至於參倚在目耶?"

18) 『論語』, 「衛靈公」 5장, "子張問行. 子曰, '言忠信, 行篤敬, 雖蠻貊之邦行矣. 言不忠信, 行不篤敬, 雖州里行乎哉. 立則見其參於前也, 在輿則見其倚於衡也. 夫然後行'."

를 다스린다."[19]는 다산의 문제의식도 여기에 있었다. 경전 가운데는 시대를 넘어 인간이 따라야 할 진리가 들어있다는 믿음이 확고했던 것이다. 이는 공자와 맹자가 정초지운 유학의 근본 문제의식이었으며, 주자의 성리학과 퇴계의 실천적 삶에 의하여 더욱 분명하게 되었다. 그들은 유학적 진리관에 기초하여 서구의 새로운 세계관과 접하며 이 두 사상을 함께 이해하기 위하여 고민하기 시작하였다. 유학적 진리관에 기초하여 서구의 새로운 사상을 어떻게 종합적으로 이해하느냐 라는 것이 그들의 문제의식이었다.

　　忠信과 篤敬은 本性 안의 일일 뿐이다. 본성은 하늘에서 나오고 하늘의 주재는 상제이다. 사람은 천지의 中(즉 본성)을 받아 태어나니, 마치 나무의 뿌리나 물의 근원과 같이 무릇 사람의 동작과 威儀에서 그 본체가 드러나므로 여기에 조금이라도 소홀하면 한 때의 노력이 마침내 허사가 되고 만다. 그러므로 성인이 그 근본을 미루어 말을 한 것이니, '其'라는 한 글자를 음미한다면, 충신과 독경의 위에 있을 뿐 아니라, 충신과 독경이 나온 출처까지 지적한 것이 바로 이것이 된다. 그 출처란 바로 상제가 아니고 무엇이겠는가![20]

　충실함과 믿음직함, 독실함과 공경스러움은 모두 인간의 본성과 관련된 문제이다. 본성은 하늘에서 나온 것이고 하늘의 주재는 상제이다. 나무는 뿌리로써 대지와 연결되고, 물은 샘을 통하여 근원과 연결되듯

---

19) 丁若鏞, 「自撰墓誌銘」/『與猶堂全書』 1, 경인문화사본, 1982, 337쪽, "六經四書, 以之修己, 一表二書, 以之爲天下國家."
20) 『星湖僿說』 卷14, 人事門 「心體」/『國譯星湖僿說』 5, 「심체」, 303쪽, "忠信篤敬者, 性分內事. 性出於天, 天之主宰曰上帝, 人受天地之中以生, 凡動作威儀, 如枝流之於根源, 本體呈露, 少忽於此, 則一時勉行, 終非實有, 故聖人推其本爲言, 詳味一其字, 非但帖在忠信篤敬上, 卽指忠信篤敬之所從出是也, 其所從出, 非上帝而何?"

이 사람은 본성을 통하여 하늘과 연결되어 있다. 자신의 삶이 자신의
본성과 잠시라도 단절되면 자신의 정체성을 지닌 삶은 무너지고 만다.
사람은 충신과 독경을 통하여 인간다운 삶을 살 수 있으며, 삶의 근원
인 상제도 마주할 수 있게 된다. 이것이 바로 맹자가 말한 '하늘을 아
는 방법'21)이고, '하늘을 섬기는 방법'22)이며, 퇴계가 「천명도」에서 밝
히고자 한 것이다. "하늘이 명령한 것이 인간의 본성이며, 인간의 본성
에 따르는 삶이 사람의 길이며, 사람의 길을 닦는 것이 교육이다."23)라
는 『중용』의 가르침 역시 이것이다. 유학의 근본 문제의식이 바로 여
기에 있다. 이익은 서양의 학문과 종교를 통하여 새로운 세계와 접하
게 되지만, 유학의 근본문제에 대한 믿음과 자신감은 여전히 확고하다.

　　『시경』에도 "하늘이 밝으시어 그대가 나가는 데에도 미치시며, 하늘
　　이 훤하시어 그대가 노니는 데에도 미치신다." 하였으니, 한번 나가고
　　한번 노니는 데에도 상제가 엄연히 임하여 계신다고 여기는 것이 마음
　　을 갖는 법칙이 될 것이다. 그렇지 않으면 충신 독경을 비록 얻더라도
　　반드시 잃을 것이다.24)

　　마음 속에 천명이 항상 훤하게 밝아 상제가 자신의 삶과 함께 함을
느낄 수 있어야 충신과 독경을 실천할 수 있다는 것이다. "도는 잠시도
떠날 수 없으니, 떠날 수 있다면 도가 아니다."25)는 『중용』의 문제의식

---

21) 『孟子』, 「盡心」상, 1장, "盡其心者, 知其性也, 知其性則知天矣. 存其心, 養其
　　性, 所以事天也."
22) 위와 같음.
23) 『中庸』 1장, "天命之謂性, 率性之謂道, 修道之謂敎."
24) 『星湖僿說』 卷14, 人事門 「心體」/『國譯星湖僿說』 5, 「심체」, 303쪽, "詩云,
　　'昊天曰明, 及爾出往, 昊天曰朝, 及爾遊衍.' 昭昭儼臨, 是持心之軌則也. 不
　　然, 彼忠信篤敬, 雖得之, 必失之."
25) 『중용』 1장, "道也者, 不可須臾離也. 可離非道也."

이 여기에 있으며, 『聖學十圖』의 끝에 나오는 「夙興夜寐箴」에 대한 설명에서 "도는 일상생활을 하는 사이에 유행하여 어디를 가더라도 없는 곳이 없습니다. 그러므로 진리가 없는 곳이 없으니, 어느 곳에선들 공부를 그만둘 수 있겠습니까? 또 잠깐 사이에도 정지하지 않으므로 순식간도 진리가 없는 때가 없으니, 어느 때인들 공부하지 않을 수 있겠습니까?"26)라고 한 문제의식의 연장선에 있다. 유학의 공부는 시간과 공간으로 짜여진 인간의 삶에서 어느 때 어느 곳에서나 중단될 수 없다는 것이다.

현상세계에 대한 경험적 과학적 인식을 통하여 배운 객관적 인식의 세계와 경전을 통하여 배운 주체적 도덕적 종교적 삶을 격물과 치지에 대한 새로운 해석을 통하여 종합적으로 이해하고 있는 성호 이익의 학문과 삶의 체계는 이미 그의 마음에 대한 이해 가운데서 정립되고 있음을 확인할 수 있다.

7. 맺는 말

인간 인식의 이상적인 경지는 우주 만물을 포함한 자연세계를 근원에서 이해함과 동시에 그 외연의 세계를 포괄적 종합적으로 이해하는 것이라 하겠다. 서양의 과학과 철학, 그리고 동양의 과학과 도학은 인식의 이상경지에 도달하기 위하여 꾸준히 노력하였다. 그러나 서양과 동양은 자연을 이해하는 기본 관점을 달리하고, 관점의 차이에 따라 자연을 이해하는 방법도 달리하였다. 서양에서는 분석적 자연과학과

---

26) 李滉, 『聖學十圖』, 「夙興夜寐箴」 해설, "夫道之流行於日用之間, 無所適而不在, 故無一席無理之時, 何地而可輟工夫. 無頃刻之或停, 故無一息無理之時, 何時而不用工夫."

초월적 종교를 발전시킨 반면, 동양에서는 수양에 기초한 자연과의 합일과 자연에 대한 직관적 이해를 중시하였다. 17세기 무렵부터 르네상스 이후 급속도로 발전된 서양의 문화와 침체 상태에 있던 동양의 문화는 상호교류를 통한 이해를 위하여 노력하기 시작하였다. 성호 이익은 자연에 대한 현상적 이해의 학문인 과학에 대해서는 서양의 우위를 인정하지만, 인간의 도덕과 종교에서는 도학인 유학사상이 우위라고 보며, 서양의 과학문화와 동양의 도학문화를 함께 이해하고 융화시킴으로써 과학과 도학이 상호보조적으로 융합된 새로운 문화를 창조하기 위하여 노력하였다. 그는 격물치지론을 통해 인간이 과학적 인식과 도학적 인식의 상보적 증진을 통하여 활연관통함으로써 통일된 하나의 진리의 세계에 온전하게 도달할 수 있음을 밝혔다. 그의 심론은 인간의 마음 구조 자체가 이러한 두 가지 인식을 향하여 열려 있음을 보여주고 있다. 인간의 지각은 현상적 사물세계를 향하여 열려 있는 반면, 본성을 향한 내적 지각은 존재의 근원인 진리자체의 세계를 향하여 열려 있기 때문이다.

필자는 「성호 이익의 서학수용의 경학적 기초」와 본 논문을 통하여 이익이 경학에 기초하면서도 서구의 학문을 수용하여 서로 다른 두 학문의 세계를 융화하기 위하여 노력한 학자라는 것을 밝혔다. 그 뿐 아니라 「동서융합의 측면에서 본 정약용의 사상」[27]을 통해서는 다산 정약용이 성호 이익의 학문 정신을 계승하여 두 학문을 융합, 통합적인 학문의 전형을 제시하였음을 논하였다. 동양과 서양이라는 서로 다른 학문과 종교 전통을 가지고 각기 발전한 문화가 몇 사람의 노력으로 통합된다는 것은 쉬운 일이 아닐 것이다. 그러나 적어도 동아시아의 경학에 대한 이해가 지극히 심화된 학자들이 스스로 자기 문화의 장점

---

27) 拙稿, 『退溪學報』 제114호, 退溪學研究院, 2003. 6.

과 한계성을 인식한 바탕 위에서 서구의 문화를 주체적으로 수용하고 융합하기 위한 위대한 노력이 이 땅에서 이렇게 치열하게 이루어진 경험을 가지고 있다는 것은 대단히 자랑스러운 학문전통이라고 생각된다. 이제 세계화의 시대를 맞이하여 우리는 이들의 학문정신을 오늘에 계승하여 보다 깊고 근원적인 동서문화 융합의 노력이 이어져야 한다고 생각한다. 그렇게 함으로써 발달된 과학문화를 진리와 인간과 자연에 대한 사랑으로 가득한 도덕문화 위에 정초시키도록 노력해야 한다. 서구문화와의 융합에 실패한 세계 각 지역에서 전쟁의 아픔이 그치지 않는 것을 보면, 도덕과 진리에 기초한 동아시아 지역의 문화가 인간과 인간 사이의 조화, 국가와 국가 사이의 조화, 인류와 자연의 조화를 위하여 좀 더 적극적이고 영향력 있는 역할을 해야 할 시대에 직면하고 있다고 생각한다.

조선후기 星湖學派의 朱子인식과 學問활동

원 재 린

1. 머리말

조선후기 星湖學派는 實學을 대표하는 최초의 학파로서 학계에 널리 알려졌다. '經世致用'의 학풍을 견지하면서 주자학 일변도의 주류 학계를 비판하고, 새로운 사회에 적합한 사상체계를 확립한 학문집단으로 소개되었다.[1] 하지만 철학체계를 구성하는 내적인 요소들을 살펴볼 때 이익과 문인의 학문과 사상은 기왕의 朱子性理學 체계에서 벗어났다기보다는 新儒學의 末弊를 극복하여 계승·발전시키려고 한 측면이 크다는 평가도 꾸준히 제기되고 있다.[2] 이 같은 異見들을 감안하면서 성호학파의 학문활동을 學術史의 차원에서 統合的으로 인식하기

---

1) 李佑成, 「實學研究序說」, 『實學研究入門』, 일조각, 1973/『韓國의 歷史像』, 창작과비평사, 1982, 13~14쪽 재수록 ; 李佑成, 「李朝後期 近畿學派에 있어서의 正統論의 展開 - 歷史把握에 있어서 體系性과 現實性」, 같은 책, 80쪽 참조.

2) 이남영, 「李星湖의 退溪學的 精神」, 『退溪學報』 17, 1978 ; 柳仁熙, 「實學의 哲學的 方法論(Ⅰ) - 朴西溪, 李星湖를 중심으로」, 『東方學志』 35, 연세대 국학연구원, 1983 ; 池斗煥, 「朝鮮後期 實學研究의 問題點과 方向」, 『泰東古典研究』 3, 1987 ; 宋甲準, 「星湖 李瀷의 經學思想(2)」, 『哲學論集』 14, 1988 ; 柳仁熙, 「洪大容 哲學의 再認識 - 朝鮮 實學 再評價의 한 作業」, 『東方學志』 73, 1991 ; 이봉규, 「유교적 질서의 재생산으로서 실학 - 반계와 성호의 경우」, 『哲學』 17, 2000 참조.

위해서는 학자로서 공유했던 기본자세와 태도 및 방법론에 대한 이해
가 선행되어야 할 것이다. 즉 실학사상의 특성을 형성하는 데 근간이
되었던 학문론에 대한 이해가 필요하다고 본다.[3]

본고에서는 이를 위해 성호학파의 학문과 사상이 형성되는 데 활용
되었을 경전이해 방식과 학습법을 朱子인식과 관련지어 살펴보겠다.
兩亂 이후 중세사회 통치이념으로 주자학의 역할과 위상이 동요되는
상황에서[4] 이익과 문인들은 상대적 관점에서 주자를 인식하고, 敎說
에 대해 회의하며 철저히 고증하려는 태도를 견지하고 있었다. 이 같
은 학풍이 갖는 의미를 사상사의 관점에서 살펴보고, 이를 토대로 하
여 구축된 학풍의 특징을 구체적인 학문 활동을 통해서 정리해 봄으로
써 성호학파의 실학적 면모를 주자학 인식을 통해 재고해 보는 기회를
마련하고자 한다.

---

3) 실학 연구사 정리는 다음의 논문 참조. 김현영, 「'실학'연구의 반성과 전망」,
   『韓國中世社會 解體期의 諸問題(下)』, 한울, 1987 ; 趙珖, 「朝鮮後期 思想界
   의 轉換期的 特性 - 正學·實學·邪學의 對立構圖」, 『韓國史 轉換期의 문
   제들』, 지식산업사, 1993 ; 金駿錫, 「실학의 태동」, 『한국사』 31, 국사편찬위원
   회, 1998 ; 元裕漢, 「實學 및 그 전개에 관한 諸說의 정리」, 『國史館論叢』 81,
   1998 ; 정호훈, 「조선후기 실학 연구의 동향과 정치경제학」, 『韓國實學思想研
   究(2)』, 혜안, 2005 ; 조성을, 「'조선후기실학' 연구의 현황과 과제」, 『한국사상
   사입문』, 서문문화사, 2006 참조.
4) 金駿錫, 『朝鮮後期 政治思想史 研究 - 擡頭와 展開』, 지식산업사, 2003 ; 金
   駿錫, 『韓國 中世 儒敎政治思想史論』 I·II, 지식산업사, 2005 ; 元在麟, 『朝
   鮮後期 星湖學派의 學風 研究』, 혜안, 2003 ; 具萬玉, 『朝鮮後期 科學思想史
   研究 - 宇宙論의 變動』 I, 혜안, 2004 ; 정호훈, 『朝鮮後期 政治思想 研究 -
   17세기 北人系 南人을 중심으로』, 혜안, 2004 ; 金容欽, 『朝鮮後期 政治史 研
   究』 I, 혜안, 2006 참조.

2. 家學의 전통과 朱子學 인식

성호학파의 주자인식을 살펴보기 위해서는 무엇보다도 학파의 宗師였던 이익의 학문경향에 대한 고찰이 먼저 이루어져야 하며, 그 연원을 파악하기 위해서는 星湖學 형성에 영향을 끼쳤던 가학 전통에 대한 이해가 전제되어야 할 것이다.[5]

이익은 학문의 기초가 형성되었던 유년시절 驪州 李氏 一門의 친족들로부터 직접 가르침을 받았다. 특별한 師承관계가 없는 상황에서 李潛(1660~1706)과 李漵(1662~1723) 등 異服兄들은 이익의 학문기초를 수립하는 과정에서 직접적인 영향을 끼친 인물이었다.[6] 이잠은 1690년대 초반만 하더라도 주자의 학문론을 따르지 않고 있었다. 이서는 뒷날 후손들이 그가 여주 이씨 가학의 흐름을 바꾸었다고 평가할 정도로, 性理學에 깊은 관심을 가지고 있었다.[7] 양자가 견지했던 학문의 일단은 그 來歷으로 보아 부친 李夏鎭(1628~1682)의 영향을 적지 않게 받았던 것으로 보인다.[8] 하지만 이씨 가문의 정치적 부침과[9] 그로

---

5) 李成茂, 「星湖 李瀷의 家系와 學統」, 『韓國實學研究』 2, 韓國實學研究會, 2000 참조.

6) 『星湖全集』Ⅲ, 「附錄」‘家狀’/ 韓國文集叢刊 200권 : 이하 총간, 178쪽 ; 『星湖全集』Ⅲ, 「附錄」‘行狀’/ 총간 200권, 187쪽 ; 『星湖全集』Ⅱ 卷57, 「祭文」‘再祭玉洞文’/ 총간 199권, 550쪽 ; 『星湖全集』Ⅲ 卷68, 「傳」‘三兄玉洞先生家傳’/ 총간 200권, 165쪽.

7) 김학수, 「星湖 李瀷의 學問淵源」, 『星湖學報』 1, 星湖學會, 2005 ; 신항수, 「星湖 李瀷 家門의 學問」, 『星湖學報』 4, 星湖學會, 2007.

8) 이하진에 관한 최근연구로 尹載煥, 「梅山 李夏鎭의 生涯와 文學 世界 - 驪州 李氏 家門의 學問 傳統과 關聯하여」, 『韓國實學研究』 9, 2005 참조.

9) 이하진은 庚申換局(1680년, 숙종 6)으로 晋州牧使로 좌천되었다가 평안북도 雲山에 귀양 가서 그 곳에서 세상을 떠났다. 이잠은 1706년(숙종 32) 西人·老論의 정치공세로부터 禧嬪 張氏와 세자(景宗)를 보호하기 위해 상소를 올렸다가 杖殺 당했다. 이 사건은 후대에 이르도록 이익 가문의 出仕를 막거나 견제하는 주요원인이 되었다. 英祖代 초반 李重煥은 특별한 혐의가 없음에

인한 史料의 한계로 구체적인 면모를 파악하기 어려운 형편이다. 대신 이하진의 교유 관계를 통해서 대략적인 경향성을 살펴 볼 수 있다.

숙종대 초반 정국에서 이하진은 許穆(1595~1682)·尹鑴(1617~1680)와 함께 淸南系로 활동하였다.[10] 특히 윤휴와 긴밀한 교유관계를 맺고 있었는데,[11] 양 가문은 光海君대 이래 北人系로서 중앙정계에서 활동하였다. 이하진의 祖父인 李尙毅(1560~1624)는 小北系로서 柳希奮·南以恭(1562~1640)과 함께 大北정권에 적극 가담하였다.[12] 이때 윤휴의 부친 尹孝全(?~1609) 역시 大司憲을 지내는 등 북인계 정치가로서 활약했다.[13] 이처럼 북인은 두 집안을 연결시켜 주는 주요한 매개고리였다. 그것은 단순히 정파적 차원이 아닌 사상적 연원을 같이 했기 때문에 가능했던 것으로 보인다.[14]

윤효전은 徐敬德(1489~1546)의 문인이었던 閔純(1519~1591)에게 수학하면서 자연스럽게 서경덕의 사상을 계승하였다. 이러한 학연으로 인해 윤휴는 花潭門人인 李睟光(1563~1628)의 次子 李敏求(1589~1670)와 사제관계를 맺게 되었다.[15] 한편 이익의 조부 李志安(1601~

도 불구하고 이잠의 族孫이라는 이유로 중앙정계에서 축출되었다. 이익은 직접적인 공세를 받지 않았지만 자발적으로 벼슬길을 포기한 경우에 해당된다. 科擧를 통해 출사했던 아들 李孟休는 관료생활 내내 이잠의 조카라는 혐의로 인해 노론의 공세에 시달려야 했다.

10) 『肅宗實錄』卷4, 원년 6월 辛酉 38책, 288쪽.

11) 『肅宗實錄』卷2, 원년 정월 乙丑 38책, 231쪽.

12) 『光海君日記』卷10, 즉위년 11월 乙巳 31책, 372쪽 ;『光海君日記』卷36, 2년 12월 辛丑 31책, 598쪽 ;『光海君日記』卷40, 3년 4월 丙戌 31책, 625쪽 ;『光海君日記』卷123, 10년 정월 辛亥 32책, 15쪽 ;『光海君日記』卷174, 14년 2월 戊子 33책, 427쪽.

13) 『光海君日記』卷99, 8년 1월 乙酉 32책, 449~450쪽.

14) 북인계 남인의 사상 전모에 대해서는 정호훈, 앞의 책, 혜안, 2004 참조.

15) 鄭豪薰, 「尹鑴의 經學思想과 國家權力强化論」, 『韓國史研究』 89, 韓國史研究會, 1995, 89~90쪽.

1657)과 종조부 李志定(1568~1650) 역시 서경덕의 再傳제자인 鄭彦訥에게서 배운 사실이 확인되었다.[16] 또한 이익의 再從叔인 李元鎭(1594~1665)은 仁祖反正(1623) 이후 화담문인이었던 韓百謙(1552~1615)·이수광 등과 함께 중앙정계에서 활동하기도 하였다.[17] 북인계 학문전통은 이하진 이래 윤휴와의 관계를 매개해 주는 사상 고리였음을 확인할 수 있다.

이렇게 해서 맺어진 윤휴와의 유대관계는 이후 성호문인들에 의해 다음과 같은 道統의식을 확립시키는 계기를 제공하였다. 權哲身(1736~1801)은 윤휴를 이익이 私淑한 스승으로 보고 '夏軒之後 星翁之學 繼往開來'의 학통을 처음으로 언급하였다.[18] 윤휴와 이하진의 친분관계, 윤휴와 이익의 私淑관계를 고려할 때 여주 이씨 가학의 면모와 성호학의 특징은 이하진과 친밀했던 윤휴의 그것을 통해 간접적으로 파악할 수 있을 것이다. 이것을 잘 보여주는 사례로 주자의 『論語』集註를 둘러싸고 벌어졌던 논란이 있다.[19]

숙종대 經筵 자리에서 윤휴는 『논어』집주를 반드시 읽을 필요는 없다고 했으며, 동석했던 이하진은 윤휴의 견해에 찬성을 표시하였다.[20] 그러자 西人출신 金錫胄(1634~1684)는 즉각 반발하고 나섰다. 朱子道統論의 관점에서 볼 때 주자는 후세 사람이 존숭해 마지않는 대학자였기 때문이었다.[21] 두오류의 성현으로서 존숭받아 마땅한 주자와 그의

---

16) 李成茂, 「星湖 李瀷의 家系와 學統」, 『韓國實學硏究』 2, 韓國實學硏究會, 2000, 17쪽.

17) 『星湖全集』III 卷55, 「題跋」 '誕隱稿跋'/ 총간 200권, 521쪽 ; 韓沽劤, 『星湖 李瀷 硏究』, 서울대 출판부, 1980, 47쪽.

18) 『與猶堂全書』 1, 「詩文集」 卷15, '鹿庵權哲身墓誌銘'/ 경인문화사 영인본, 1969, 325쪽.

19) 韓沽劤, 앞의 책, 1980, 6쪽 참조.

20) 『肅宗實錄』 卷2, 원년 정월 乙丑 38책, 237쪽.

21) 『白湖全書』(하), 「附錄 二」 '行狀(상)', 1970쪽 ; 『白湖全書』(하), 「附錄 五」 '年

주석에 대해서 윤휴가 "科擧 보기 위해 참고할 뿐 강독할 필요 없다."
고 한 발언은[22] 斯文亂賊에 해당되는 행위였다.[23] 단편적인 사료이지
만 주자 내지 주자학에 대해서 서인과 다른 관점을 갖고 있었음을 확
인할 수 있다. 이러한 학문성향이 가학의 주요 특징으로 자리 잡고 있
었던 것으로 보인다. 이 점은 이익과 李萬敷(1664~1732)의 관계에서도
잘 나타나고 있다.

이만부는 退溪 문하의 金誠一(1538~1593)계인 李玄逸(1627~1704)
과 퇴계의 사숙 학맥으로서 丁時翰(1625~1707)에게서[24] 학문을 수수
받았던 학자였다.[25] 일찍이 이잠과 이서 등과 학문 교유가 있었으며,[26]
이를 계기로 이익은 이만부를 직접 찾아가 가르침을 받기도 하였다.[27]

譜', 2149쪽.

22) 『白湖全書』(하), 「附錄 二」'行狀(상)', 1970쪽 ; 『白湖全書』(하), 「附錄 五」'年
    譜', 2149쪽.

23) 『宋子大全』IV 卷91, 「書」'答李汝九 甲子 六月 一日 別紙'/ 총간 111권, 205
    쪽 ; 『宋子大全』III 卷59, 「書」'與閔大受 丙辰 正月 別紙'/ 총간 110권, 109
    쪽.

24) 정시한이 남인계에 미친 학문영향에 대해서는 정호훈, 「愚潭 丁時翰의 활동
    과 17세기 후반 南人學界」, 『韓國哲學論集』 22, 韓國哲學史硏究會, 2007 참
    조.

25) 이만부의 학문과 사상에 대해서는 다음의 논저 참조. 權泰乙, 「息山 李萬敷
    의 傳 硏究 - 그 實學思想의 측면에서」, 『韓民族語文學』 11, 韓民族語文學
    會, 1984 ; 劉明鍾, 『朝鮮後期 性理學』, 이문출판사, 1985, 259쪽 ; 權泰乙,
    「息山 李萬敷의 思想과 文學」, 『東方漢文學』, 東方漢文學會, 1997 ; 금장태,
    「조선후기 퇴계학파 철학사상의 전개」, 『퇴계학과 남명학』, 지식산업사, 2001,
    317쪽 ; 신두환, 「息山 李萬敷의 敎育思想 硏究」, 『漢文敎育硏究』 29, 韓國
    漢文敎育學會, 2007 참조.

26) 이만부의 부친인 李沃(1641~1698)은 윤휴·이하진과 함께 숙종대 청남계로
    서 활동하기도 했다. 이옥과 이하진의 관계는 아들들에게로 이어졌다. 이만부
    와 이잠·이서는 상호 교우관계를 맺고 경전의 본지를 강구하여 밝히는 등
    활발한 학문 교류를 가졌다.

27) 『星湖全集』II 卷51, 「序」'送息山李處士序'/ 총간 199권, 436쪽 ; 『星湖全集』

성호학 형성에 적지 않은 영향을 주었던 그의 학문론 특징을 다음의 사례를 통해서 살펴볼 수 있다.

이만부는 주자의 학설을 굳게 지키는 태도를 비판하였다. 당대 학자들이 종신토록 주자의 학설만을 암송하고 그 뜻을 얻지 못할 것을 두려워하는 태도를 잘못된 것이라고 지적하였다.[28] 주자의 학설을 추종하는 해로운 풍습이 조장된 원인으로 주자의 章句를 들었다. 주자의 경전해석이 일반화되면서 학자들 사이에서 주자의 학설만을 좇아 기억하여 외우는 분위기가 조성되었다.[29] 주자의 집주와 장구는 본지에 이르는 路脈에 불과할 뿐이었다. 따라서 그는 주자의 경전해석을 맹목적으로 따르기만 하면 집안에 이르지 못할 것이라고 경고하였다. 그리고 四書집주와 장구라 할지라도 항상 質問之目을 편지에 적어 보내어 해석이 의심스러운 부분에 대해서는 의혹을 분변해야 한다고 했다.[30]

이만부는 자득을 위해서라면 정·주자의 훌륭한 교훈일지라도 항상 의문을 갖고 궁구해야 한다고 생각하였다.[31] 그는 讀聖賢書할 때 반드시 '의심을 두어야' 한다고 했다.[32] 그렇게 해야만 보다 손쉽게 해당 경전의 뜻을 이해할 수 있으며, 더 나아가서 새로운 의견을 제시할 수

Ⅱ 卷51, 「序」 '送洪古阜之任序'/ 총간 199권, 441쪽 ; 『息山集』Ⅰ 卷12, 「雜著」 '鶴城問答'/ 총간 178권, 275쪽 ; 『息山集』Ⅰ 卷8, 「書」 '答李子新 濱號星湖'/ 총간 178권, 194쪽.

28) 『息山集』Ⅰ 卷12, 「雜著」 '中原講義'/ 총간 178권, 270쪽.

29) 『息山集』Ⅰ 卷12, 「雜著」 '露陰山房續錄'/ 총간 178권, 283~284쪽.

30) 『息山集』Ⅰ 卷17, 「序」 '四書講目序'/ 총간 178권, 382쪽. '獨得之見'을 강조하는 이만부의 이 같은 학문태도는 주자의 경설에 반하는 경전해석으로 이어졌다(이영호, 「朝鮮後期 朱子學的 經學의 變貌樣相에 대한 一考察 - 滄溪 林泳과 息山 李萬敷의 『大學』해석과 異端觀을 중심으로」, 『漢文敎育硏究』 17, 2001, 342쪽 참조).

31) 『息山集』Ⅰ 卷10, 「書」 '答李致和國春'/ 총간 178권, 243쪽.

32) 『淸臺全集』(상), 「淸臺先生文集」 卷15 '觀書錄'/ 여강출판사 영인본, 1989, 293~294쪽.

있다는 것이다.[33] 즉 정·주자의 說話에 대해서 서로 證援하여 발휘하게 되면 아무런 맛이 없는 곳에서 그 맛을 알 수 있으며, 의심이 없는 곳에서 의심함을 얻을 수 있게 될 것으로 기대하였다.[34] 실제로 이만부는 이러한 내용을 이익에게 직접 전수해 주었던 것으로 보인다. 이익에게 窮經과정에서 자득을 이룰 수 있는 방법을 구체적으로 제시해 주면서 거듭 "선현의 註解만을 신뢰하여 어지럽게 암송하게 되면 그 뜻이 서로 가리게 될 것이다."라고 경고하였다. 그는 무엇보다 經文에 마음을 모아서 스스로 구별할 것을 당부하였다.[35]

유년시절 이래로 청년기에 이르기까지 이익은 가학의 전통 속에서 학문하는 기본자세를 확립할 수 있었다. 여주 이씨 일문의 가학은 기본적으로 북인계 남인의 사상흐름을 계승한 것으로, 주자학을 이해하고 인식하는데 있어서 서인·노론계와는 차별화된 모습을 가질 수밖에 없었다. 이 같은 가학의 전통은 이하진의 訓育을 받았을 이잠과 이서를 통해서 이익에게 전달되어 주자학의 장단점을 객관적으로 파악할 수 있는 자세와 태도를 견지하도록 만들었다. 여기에 더해서 이만부 등과 같이 주자학을 상대적으로 인식하고 비판했던 학자들과의 교유는 본격적으로 주자 학설을 자신의 관점에서 파악하고, 이해하는 계기를 제공하였다.

3. 懷疑的 관점과 '朱子之心'

이익의 문하에 學人들이 모이기 시작한 시점은 대략 1711년(숙종

---

33) 『息山集』I 卷10, 「書」 '答李致和 國春'/ 총간 178권, 243쪽.
34) 『息山集』I 卷9, 「書」 '答河淵淵'/ 총간 178권, 221쪽.
35) 『星湖全集』I 卷9, 「書」 '上息山'/ 총간 199권, 202쪽.

37)에서 1717년 사이로 추정된다. 1711년은 성호문인 중 가장 연장자였던 尹東奎(1695~1773)가 입문한 때였고, 모친상을 마친 1717년에 들어서 이익의 명성을 듣고 각 지역으로부터 본격적으로 學士들이 모여들기 시작하였다.[36] 이때 입문했던 학인들의 성향은 '문인·시인·方外之類'로 표현되고 있듯이[37] 다양한 학문경향을 지녔던 것으로 보인다. 다채로운 경력과 관심을 갖고 있던 문인들을 지도하면서 이익이 강조한 사안은 글을 읽고 깨우치는 과정에서 거듭 스스로 사색하는 것이었다. 이러한 가르침의 성과는 '비록 각자 자득의 깊이는 달랐지만 성현의 가르침을 배워 크게 성장할 수 있었다'고 한 문인들의 평가를 통해서 확인할 수 있다.[38]

이익은 성현의 가르침을 배우는 과정에서 회의를 강조하였다. 그는 經文과 註說을 읽을 때 의심을 품고 해당 사안에 대해서 깊이 생각하여 스스로 깨달으려 노력해야 한다고 했다. 이때 자득하지 못한 부분에 대해서 반복하여 사색할 것을 당부하였다.[39] 처음에는 회의를 통해 얻은 성과에 대해서 확신하기 어렵겠지만 오랜 시간동안 반복하여 경전을 검토하다 보면 반드시 그 뜻을 통할 수 있게 될 것으로 기대하였다.[40] 이미 定說化된 기성의 경전해석에 대해서 회의하는 것을 꺼려했던 서인·노론계의 그것과 상당한 차이를 보이고 있었다.[41] 노론계의 대표적인 학풍은 李縡(1680~1746)가 이끌었던 寒泉精舍의 강학방식을 통해서 확인할 수 있다.

---

36) 『星湖全集』Ⅲ, 「附錄」卷1 '家狀'/ 총간 200권, 178쪽.

37) 『下廬集』卷4, 「書」 '答鄭希仁 丙戌 別紙'/ 총간 260권, 336쪽.

38) 『星湖全集』Ⅲ, 「附錄」卷1 '家狀'/ 총간 200권, 178·186쪽 ;『昭南先生文集』卷13 「祭文」 '再祭星湖先生文'.

39) 『星湖全集』Ⅲ, 「附錄」卷1 '家狀'/ 총간 200권, 180쪽.

40) 『星湖僿說』(하) 卷26, 「經史門」 '昭穆', 338쪽.

41) 서인·노론의 주자학 인식은 金駿錫, 앞의 책, 2005, 227~310쪽 참조.

이재는 노론 洛論을 대표하는 산림 유학자로서 한천정사를 통해 활발한 강론을 전개하였다. 그는 무엇보다 生徒들에게 철저히 주자의 정론에 근거하여 경전을 해석할 것을 강조하였다. 생도들은 그 가르침을 받아 정·주자가 지은 서문을 경전이해의 강령으로, 정·주자가 해석한 본문 주석을 경전 학습의 표준으로 삼았다. 한천정사의 생도들에게 정·주자의 글은 성현의 글이었으므로 암송의 대상이었다. 이재는 宋時烈(1607~1689)이래 주자의 주설을 절대화하는 경전 이해방식에 의거하여 생도들에게 그 주석서 활용의 원칙을 교육하였다.[42] 따라서 강학을 통해 확정된 文意 이외에 시비를 잡되게 이야기하는 자에 대해서는 엄격히 문책하여 자리에서 쫓아낼 것을 명하였다.[43] 이러한 강학원칙과 분위기 속에서 문도들은 미처 이해하지 못한 주자의 본의에 대해서 질의를 할 수 있을지언정 스스로 강구한 자득의 내용을 피력하는 것은 사실상 불가능했다.

반면 이익은 항상 의문을 갖고 경전을 공부할 때 비로소 일정한 학문성과를 달성할 수 있다고 보았다.[44] 홀로 앉아서 깊이 궁구하여 깨달은 내용이라면 굳이 스승의 언설을 기대하거나 옛 학설에 얽매일 필요가 없다고 했다.[45] 이는 경전을 공부하는 과정에서 의심하는 태도를 금지할 수 없다는, 즉 '스승을 섬기는데 의문을 숨길 수 없다(事師無隱)'는 원칙에 부합되었다. 이 원칙은 단순히 口頭禪에 그친 것이 아니었다. 그는 회의하지 않고 스스로 아는 척하는 태도를 비판하였다.[46]

---

42) 崔誠桓, 「朝鮮後期 李縡의 學問과 寒泉精舍의 門人敎育」, 『歷史敎育』 77, 2001, 88~90쪽.

43) 『陶菴集』 I 卷21, 「書」 '答象賢院儒 戊午'/ 총간 194권, 462쪽.

44) 『星湖全集』 II 卷31, 「書」 '答禹大來 丙子'/ 총간 199권, 43쪽.

45) 『星湖全集』 III 卷64, 「墓誌銘」 '成均進士愼公墓誌銘幷序'/ 총간 200권, 104쪽 ; 『星湖全集』 II 卷30, 「書」 '答權旣明 庚辰'/ 총간 199권, 33쪽.

46) 『星湖全集』 II 卷49, 「序」 '孟子疾書序'/ 총간 199권, 398쪽.

학문이란 회의로부터 출발하여 차츰 의심이 없는 단계에 이르며, 학문의 진전은 회의한 만큼 달성되는 것이라고 보았다.[47)]

학습태도와 관련된 가르침은 성호문인들이 반드시 지켜야할 원칙이 되었다. 윤동규는 李秉休(1710~1776)에게 보낸 편지에서 '경전의 주석을 볼 때 반드시 피차의 득실을 파악하고, 전후를 살펴서 자득을 이룰 것'을 당부하였다.[48)] 이러한 선배의 충고를 받았던 이병휴는 회의하는 것을 後生의 도리로 여겼다. 후생으로서 古經의 뜻을 강구할 때 항상 眞義를 회의하고 분변해야 한다고 했다.[49)] 그는 시시비비를 명변하고, 의문 난 사안에 대해서 자신의 견해를 솔직히 제기하여 그 뜻을 구명하려 했다. 만약 주장을 회피하거나 致疑를 중단한다면 六經 모두가 의문투성이가 되고 말 것이라고 보았다.[50)] 육경이 차지하는 경학사상의 큰 비중에도 불구하고 그 본질을 파악하기 위해 선뜻 회의방식을 적용한 과단성이 돋보이는 대목이다. 이러한 태도는 이미 이익이 앞서 실천에 옮긴 사안이었다.

이익은 『論語』조차도 의심을 갖고 보아야 한다고 했다.[51)] 孔子의 말씀이 담긴 『논어』의 내용 중에도 전후 관계가 미진하여 聖人의 본의를 제대로 이해할 수 없는 부분이 있다는 것이다.[52)] 그것은 先儒들의 경전해석에서 발견되는 미진함과 오류에서 기인하는 문제였다. 이익은 주요한 聖經과 書史의 箋注 등에서 잘못된 부분들이 적지 않다고 보

---

47) 『星湖全集』I 卷9,「書」'答李畏庵'/ 총간 198권, 206쪽.

48) 『昭南先生文集』卷3,「書」'與李景協 戊寅 十二月'.

49) 『貞山雜著』卷2,「左袒不紐說」.

50) 『貞山雜著』卷5,「書」'又答尹丈書'.

51) 이익은 『논어』에 회의적 관점을 적용한 가운데 『論語翼』이라고 하는 주석서를 편찬하려 했다고 밝히고 있다(『星湖僿說』(하) 卷20,「經史門」'聖人之言', 112쪽).

52) 위의 책,「經史門」'聖人之言', 112쪽.

았다.53) 그는 선유의 부족한 점을 보충하기 위해서 육경과 程朱之書, 諸子와 經史 등 거의 모든 종류의 경서를 회의의 대상으로 상정하였다.54) 당연히 주자의 주석도 여기에 포함되었다.

성호문인 가운데 보수적 입장을 견지한 것으로 평가받고 있는 안정복조차 정·주자의 경전해석 가운데 시작만 해 두고 결론을 내리지 못한 미진한 부분이 많다고 보았다.55) 심지어 丁若鏞(1762~1836)은 13經에 대한 해석에서 주자가 처음에는 '갑'이라 하였고 나중에는 '을'이라 하는 등 자신의 학설을 완벽하게 제시하지 못한 부분이 많다고 했다.56) 愼後聃(1702~1762)은 주자의 장구·혹문 등에도 성현의 무궁한 의리를 해석하지 못한 미흡한 점이 있다고 하였다. 주자가 이 같은 상황을 미리 예견하고, 후학들의 질정을 기대했다고 보았다.57) 주자 스스로도 자기 학설의 문제점을 인식하고 후학들의 비판을 용인했다는 것이다.

이와 관련하여 이병휴의 주자인식이 주목된다. 그는 주자를 선현의 학설을 일방적으로 따르지 않고 회의하며 본지를 자득하고자 노력했던 학자로 보았다.58) 특히 程子와 주자 사이에서 발생하였던 의견 차이에 주목하였다.59) 평소 주자는 공·맹자에 못지않게 정자를 존경하였다. 그러나 경전의 文意를 해석하는 데만큼은 주자가 정씨의 견해를 따르지 않은 부분이 적지 않았다. 그 실례로 주자가 卦說을 획정하는

---

53) 『星湖僿說』(하) 卷28, 「詩文門」 '酒德頌', 439쪽 ; 『星湖僿說』(하) 卷29, 「詩文門」 '沈雲黑', 486쪽.

54) 『順菴集』Ⅱ 卷20, 「祝文」 '復祭星湖先生文 甲申'/ 총간 230권, 204쪽 ; 『星湖全集』Ⅲ, 「附錄」 卷1 '墓誌'/ 총간 200권, 192쪽.

55) 『順菴集』Ⅰ 卷2, 「書」 '上星湖先生書 戊寅 別紙'/ 총간 229권, 374쪽.

56) 『與猶堂全書』1, 「詩文集」 卷8 '十三經策', 161쪽.

57) 『河濱集』 卷9, 「中庸後說」 下.

58) 『貞山雜著』 卷10, 「論學術之獘」 ; 『貞山雜著』 卷11, 「書」 '答李希度'.

59) 『貞山雜著』 卷5, 「書」 '再答安百順書'.

데 있어서 정자의 설을 버리고 邵雍(1011~1077)의 견해를 취한 사실을 들었다.[60)]

이병휴는 회의와 자득을 스승의 학문 위업을 평가하는 주요한 기준으로 상정하였다. 이익을 '士林의 宗師'로 추존하는 이유로 성인들의 깊은 뜻을 나누어 분별하고 회의함으로써 선유들이 빠뜨린 부분을 보충하여 학문을 크게 완성시킨 점을 들었다.[61)] 집주를 통해 육경의 본지를 파악하는 데 있어서 선유들이 미처 발명하지 못한 뜻이 있다고 보고,[62)] 항상 회의하고 분석함으로써 그 속에 담긴 본지를 자득해 나아갔다는 것이다.[63)] 이익이 문인들에게 전수해준 회의법은 師說이라 할지라도 무조건 따르지 않고 의문을 갖고 자득을 추구했던 주자의 면모를 통해서 한층 강화될 수 있었다.

이러한 방식은 이익과 다른 문인들에게서도 공통적으로 나타나고 있었다. 성호학파에서 회의를 강조할 때 인용한 어구가 바로 주자가 견지했던 학습태도였다. 이들은 모두 주자의 언설을[64)] 인용하여 회의의 경전학습법을 강조하였다. 그리고 이를 통해 회의가 학문의 진전을 이루기 위해서 반드시 갖추어야 할 필수조건이라고 확신하였다.[65)] 주자의 경전인식 태도에 근거하여 회의를 강조하게 된 데에는 다음과 같은 가르침이 있었다.

이익은 선현의 성리학설을 정리한 주자의 학문노력을 높이 평가하

---

60) 『貞山雜著』 卷3, 「書」 '上龍湖尹丈書' ; 앞의 책, 「論學術之弊」.

61) 『貞山雜著』 卷7, 「季父星湖徵士府君壙記 甲申 二月 二十七日」.

62) 『星湖全集』Ⅲ, 「附錄」 卷1 '家狀', 178쪽.

63) 앞의 책, 「季父星湖徵士府君壙記 甲申 二月 二十七日」.

64) 『朱子語類』 卷11, 「學五」 '讀書法 下'/ 京都 : 中文出版社 영인본, 1979, 220쪽.

65) 『星湖全集』Ⅰ 卷24, 「書」 '答安百順 壬申'/ 총간 198권, 491쪽 ; 『星湖全集』Ⅱ 卷31, 「書」 '與李景祖 辛巳'/ 총간 199권, 37~38쪽 ; 『順菴集』Ⅰ 卷6, 「書」 '答權旣明 別紙 庚辰'/ 총간 229권, 449쪽.

였다. 그는 주자의 집주가 완성된 이후 경전해석을 둘러싼 많은 異見
들이 마침내 하나로 정리될 수 있었다고 보았다.[66] 이때 주목되는 점
은 이익이 주자의 경전주석을 보기에 앞서 '주자의 마음'에 대한 이해
를 촉구하였던 사실이다. 그가 제시한 '주자의 마음'은 주자의 경전인
식 태도와 깊은 관련을 맺고 있었다. 우선 경전주석에 임했던 주자의
학문자세에 유의하였다. 그가 이해한 주자는 옛날 학설 가운데서 따를
만한 것을 수용하고, 구태여 새로운 학설에 얽매이지 않았던 학자였다.
또한 주자는 앞선 학설과 뒤의 학설 간 차이로 이견이 발생한 경우에
는 前說에 구애받지 않았다.[67] 주자는 주석을 편찬하는 과정에서 스스
로 판단하기에 합당하다고 인정되는 선현의 견해를 참고로 하여 自說
을 확충해 나아갔다. 그리고 선현들의 견해와 상충되는 경우 새로운
학설을 제기하는 데 주저하지 않았다. 이익은 주석가로서 주자가 견지
했던 주체적인 경전해석 태도에 주목하였다.

이와 함께 이익은 주자가 주석 작업에서 문인들에게 보여준 학문자
세에 관심을 보였다. 집주완성 과정에서 주자가 제자들의 견해를 적극
적으로 청취하여 자설에 반영한 사실에 주목하였다. 당시 주자는 주석
을 정리하는 과정에서 제자들이 생각나는 대로 개진한 의견 가운데 조
금이라도 뛰어난 견해가 있으면 버리지 않고 모두 채택하였다고 했다.
이에 주자문인들은 비록 식견이 부족한 자일지라도 의문점에 대해 질
문하는 학문태도를 견지할 수 있었다. 여기에서 이익이 특히 주의했던
것은 자신의 학설만을 고집하지 않은 주자의 태도였다. 주자는 이익에
게 문인들과의 공개적인 문답을 통해 자설의 오류를 시정하고자 했던
학자로 비춰졌다.[68] 동시에 주자는 경전주석 과정을 문인들과의 가르

---

66) 『星湖全集』II 卷49, 「序」 '孟子疾書序'/ 총간 199권, 397쪽.
67) 『星湖全集』II 卷49, 「序」 '論語疾書序'/ 총간 199권, 400쪽.
68) 위의 책, '論語疾書序', 400쪽.

치고 배우는 마당으로 활용한 교육자적 면모를 갖춘 학자였다.

결국 이익이 주자주석을 높이 평가한 것은 경전해석 그 자체의 완결성 때문만이 아니었다. 그보다는 주석을 완성시켜 나아가는 과정에서 주자가 견지했던 주석가로서 혹은 교육자로서의 면모 때문이었다. 그리고 이는 평소 이익이 경전 학습과정에서 문인들에게 강조했던 회의와 자득의 정당성을 한층 강조할 수 있었던 근거였다. 실제로 이익은 주자주석을 비판하는 태도야말로 주자가 기대했던 바라고 하여 『孟子』의 주자경해를 회의했던 자신의 학문노력을 정당한 것으로 간주하였다.[69]

이익이 주자의 학문활동을 통해 회의의 중요성을 설명했던 것은 학파를 이끌어 나아가는 스승으로서 門生들을 교육해야할 위치에 있었기 때문이라고 보여진다. 이러한 의도는 문인들에게 잘 전달되었다. 신후담은 주자의 뜻을 근거로 하여 선현을 존신할 뿐 의심나고 해석하기 어려운 점에 대해서 궁구하지 못하는 태도를 비판하였다.[70] 안정복 역시 정·주자의 학문적 권위를 빌어 미혹된 부분에 대해서 의심을 막는 행위는 잘못된 것이라고 보았다.[71] 이병휴는 한발 더 나아가 주자학설에 대해 회의하는 것을 죄주려는 태도를 세속의 천박한 학문이자 폐단으로 규정하였다.[72] 오히려 자신이 추구했던 회의의 방법이 주자가 후학들에게 바라던 바라고 했다.[73] 이 같은 견지에서 그는 주자의 집주가 집대성한 것이지만 모두 경지에 맞는다고 볼 수 없다는 의견을 내놓았다.[74]

---

69) 위의 책, ‘孟子疾書序’, 398쪽.
70) 『河濱集』 卷9, 「中庸後說」 下.
71) 『順菴集』 I 卷2, 「書」 ‘上星湖先生書 戊寅’/ 총간 229권, 373쪽.
72) 『貞山雜著』 卷11, 「書」 ‘答李希度’.
73) 『貞山雜著』 卷10, 「論學術之獎」.
74) 『貞山雜著』 卷5, 「答龍湖尹丈書」.

이익과 문인들이 주자의 경전학습법을 인용하고, 주자의 학문활동 내역을 소개했던 것은 그 과정에서 적용된 '주자의 마음'을 파악하기 위한 것이었다. '주자의 마음'은 회의의 관점에서 기왕의 학설을 객관적으로 검토하고, 자설을 확립하는 태도였다. 성호학파는 이 마음을 그대로 주자주석에 적용하여 잘못된 점은 교정하고, 주자 학설만을 존숭하는 학문태도를 극복하고자 했다.

4. 章句 이해와 自得의 추구

이익은 주자의 사상체계를 구성하는 핵심 경전인 사서, 그 중에서도 『大學』과 『中庸』장구를 비판적인 안목에서 객관적으로 검토할 것을 촉구하였다.[75] 그 이유는 자신의 주석이 제일 잘 갖춰진 것으로 평가했던 두 경전에서조차 자구의 오류가 발견되었기 때문이었다.[76] 그는 오류가 확인된 『대학』과 『중용』을 읽으면서도 의심할 줄 모르는 태도를 비판하였다. 더 나아가 "정·주자 이후에 經書의 문의가 크게 밝혀진 이상 미진한 것이 없으므로 그대로 따르기만 하면 된다."는 말들이 나오는 것을 경계하였다.[77]

오히려 그는 주자의 글에 대해서 致疑하는 것을 망령되이 여기고, 자세히 검토하여 대조하는 것을 죄로 간주하는 태도를 문제라고 보았

---

75) 이익의 章句해석에 반영된 철학적 특징에 대해서는 다음의 논문 참조. 崔鳳永, 「星湖學派의 朱子大學章句 批判論」, 『東洋學』 17, 단국대 동양학연구소, 1987 ; 徐鍾泰, 「星湖學派의 陽明學과 西學」, 서강대 박사학위논문, 1995 ; 안영상, 「星湖學派의 『大學』說」, 『실학의 철학』, 예문서원, 1996 ; 차기진, 『조선후기의 西學과 斥邪論 연구』, 한국교회사연구소, 2002 참조.

76) 『星湖僿說』(하) 卷21, 「經史門」 '儒門禁網', 141쪽.

77) 『順菴集』Ⅱ 卷16, 「函丈錄」/ 총간 230권, 116·119쪽.

다.78) 장구 이외에 한 글자만 더해도 참람되게 여긴다면 이는 주자를 제대로 이해하지 못한 것이라고 했다.79) 예의 '주자의 마음'을 헤아리지 못한 소치로 보았던 것이다. 주자의 주석에 대해 생각하여 헤아리고 의심하는 것을 문제 삼거나, 사소한 부분까지도 聖域으로 설정해 놓는 것은 단지 옛 주석을 그대로 지키는 것일 뿐 마음으로 체득하는 태도가 아니었다.80) 후학으로서 취해야 할 학문자세로서 정·주자의 학설에 대해서 더 이상 미진함이 없다고 섣불리 단정하기 보다는 후인으로서 자신의 견해를 적극 개진해야 한다고 보았다.81) 이익은 주자의 집주를 읽는 자는 해석 내용 가운데 미흡한 부분에 대해서 반드시 의심해야 할 책임이 있다고 했다.82) 이익은 箋註를 경전의 본지에 이르는 路脈으로 간주하고, 해당 내용을 마음속으로 확정하는 것은 독자에게 달려 있다고 보았다.83) 이는 주자 학풍을 추구하는 가운데 선현의 학설에 대해서 이견 없이 誦習 혹은 墨守하는 방식과는 구별되었다.

　동 시기 주자학설에 대한 송습을 강조했던 학자로 韓元震(1682~1751)을 들 수 있다. 그는 주자의 定論을 謹守해야 한다고 했다. 주자가 미처 언급하지 않은 내용이라면 몰라도 이미 말한 것이라면 후학으로서 마땅히 주자의 견해에 따라서 생각해야 한다고 보았다.84) 이러한 태도는 주자의 학설에는 오류가 없다는 확신에서 비롯된 것이다. 한원진은 주자가 강구한 訓釋이 틀린 것이라면 文王·周公·공자의 훈석

---

78) 앞의 책, 「經史門」 '儒門禁網', 141쪽.

79) 『星湖全集』Ⅱ 卷54, 「題跋」 '中庸疾書後說'/ 총간 199권, 502쪽 ; 『星湖全書』 4, 「中庸疾書」 '跋', 646쪽.

80) 『星湖全集』Ⅱ 卷49, 「序」 '論語疾書序'/ 총간 199권, 400쪽.

81) 앞의 책, 「函丈錄」, 119쪽.

82) 『星湖僿說』(하) 卷24, 「經史門」 '奧竈', 293쪽.

83) 『星湖僿說』(하) 卷27, 「經史門」 '窮經', 386~387쪽.

84) 『南塘集』Ⅱ 卷29, 「雜著」 '浩氣辨 示朴心甫 癸巳(1713)'/ 총간 202권, 127쪽.

역시 잘못된 것이라고 하였다.[85] 그만큼 주자 학설은 완벽한 것이었고, 이 때문에 근수해도 무방했던 것이다. 그는 후학으로서 주자학설을 근수하되 講明하지 말며, 주자의 정론에 反하는 별도의 新說을 세울 필요가 없었다고 하였다.[86] 만일 요·순, 공·맹자이래 제 설을 완벽하게 정리한 주자의 견해를 정미하게 분석하려 한다면 이는 道體를 어지럽히는 행위라고 하였다.[87] 더욱이 주자가 말하고 생각한 바를 부정하고 주자의 범위를 벗어나 공부하는 것은 곧 주자에 대한 배반이라고 보았다.[88] 자연히 주자의 정설을 窮究하여 주자의 본지를 이해하는 것이야말로 후학의 도리라고 하였다.[89] 주자학설에 대한 존신을 통해 주자학 자체를 절대화하려는 시도는 '주자의 마음'에 기준하여 주자학설을 회의의 대상으로 상정했던 성호학파의 태도와 좋은 대비를 이루고 있었다.

이익은 주자집주도 회의의 대상으로 설정하고, 풀리지 않는 의문이 있으면 강독할 때마다 공개적으로 논의하며, 사사롭게 필기해 두었다가 계몽해야 한다고 했다.[90] 또한 잘 알지 못해서 이해하기 어려운 주자주석을 자득하기 위해서는 경전의 자구로부터 訓詁에 이르기까지 반복하여 사색하고, 깊이 궁구하는 독서 자세를 견지해야 한다고 보았다.[91] 회의를 통해 주자학설을 검토하는 과정에서 성호문인들 사이에 주자의 『대학장구』를 '그대로 따를 것인가' 아니면 古本 『대학』의 체

---

85) 『南塘集』Ⅱ 卷27, 「雜著」 '王陽明集辨 幷跋'/ 총간 202권, 90쪽.
86) 『南塘集』Ⅰ 卷9, 「書」 '與李公擧柬 別紙 辛卯(1711) 六月'/ 총간 201권, 213쪽 ; 『南塘集』Ⅰ 卷13, 「書」 '再答尹瑞膺 壬戌(1742) 正月'/ 총간 201권, 307쪽.
87) 『南塘集』Ⅰ 卷6, 「經筵說」 下/ 총간 201권, 151쪽.
88) 앞의 책, '浩氣辨 示朴心甫 癸巳(1713)', 127쪽.
89) 『南塘集』Ⅱ 卷30, 「雜著」 '人心道心說'/ 총간 202권, 144쪽.
90) 『星湖全集』Ⅱ 卷49, 「序」 '孟子疾書序'/ 총간 199권, 397~398쪽.
91) 『星湖僿說類選』(하) 卷6上, 「經書門」1/ 景文社 영인본, 1976, 5~6쪽.

제를 '준수할 것인가'의 여부를 둘러싼 논란이 발생하였다.

사서 가운데 하나인 『대학』은 주자학의 기본체계를 구성하는 데 필수적인 텍스트였다. 본래 『禮記』의 한 편에 불과했던 『대학』은 北宋대 司馬光이 분리해 내면서 독립된 체계를 갖출 수 있게 되었다. 이렇게 만들어진 『대학』에는 본래 章節 구분이 없었다. 이것을 주자가 '經 1장'과 '傳 10장'으로 나누어 주석을 붙였으며, 여기에 더해 '補亡'장을 지어 '格物致知'편을 새롭게 첨가하였다. 격물치지는 주자학의 핵심이론으로서, '性卽理'에 근거하여 '모든 사물의 이치를 끝까지 파고 들어가야만 앎에 이른다'고 하는 유학 공부의 기본 원리를 제공하는 핵심학설이었다. 그런데 성호문인들 사이에 『대학장구』와 고본 『대학』의 성격을 둘러싸고 의견이 갈리면서 논쟁이 발생하였다.[92]

해당 경전에 대한 이익의 입장은 안정복과의 문답 속에서 살펴볼 수 있다. 안정복은 이익에게 『대학장구』의 '보망'장에 대해 회의적이었던 선유들의 주장이 타당한지의 여부를 물었다. 이에 대해 이익은 '보망'장을 만든 주자의 의도나 그것이 필요 없다고 한 李彦迪(1491~1553)의 견해 모두 이해할 수 없다고 하였다. 그리고 그는 특별히 신후담을 지적하여 그의 『대학』설에 대해서 강한 의구심을 피력하였다.[93] 당시 신후담은 「大學解」·「大學後說」을 통해 이언적의 학설에 근거하여 고본 『대학』의 체제가 올바르기 때문에 주자가 『대학』의 장을 나누어 새롭게 설정한 '보망'장은 필요 없다고 했다.[94] 이러한 신후담의 견해는 이병휴와 권철신 등 소장학자들로부터 지지를 받았다. 반면 이익은 '보망'장이 있었는지 없었는지는 우선 따지지 말고, 다만 현재의 문장

---

92) 안영상, 「古本 『大學』설을 둘러싼 星湖學派의 갈등 양상과 그 의미」, 『韓國思想과 文化』 29, 2005 참조.
93) 『順菴集』 II 卷16, 「函丈錄」/ 총간 230권, 114~115쪽.
94) 『河濱集』 卷5, 「大學後說」.

을 가지고 읽으면 충분히 『대학』의 뜻을 깨달을 수 있다는 의견을 제시하였다.[95]

『대학장구』 해석을 둘러싼 사제 간의 견해 차이는 회의를 장려하는 성호학파의 학풍에 비춰볼 때 당연한 결과였다. 기성의 학설을 그대로 따르지 않고, 따르더라도 충분한 궁구 과정을 거쳐서 받아들이며, 주자는 물론 스승과 선배, 동료들의 학설조차 객관적으로 검토하는 입장에서 각자 강구한 견해가 반드시 일치될 필요는 없었다. 이는 이익이 『대학』과 관련하여 자신의 학설을 제자들에게 강요하지 않았던 사실을 통해 입증할 수 있다. 대표적으로 안정복을 들 수 있다. 그는 이익으로부터 『대학』에 대한 師說을 직접 들었음에도 불구하고 그대로 따르지 않았다.

안정복은 古本『대학』이 옳다고 주장한 이들의 견해를 수긍하면서 '격물치지'장을 다시 만들지 않더라도 『대학』의 본의를 이해할 수 있다고 했다.[96] 이처럼 그는 첫 입문과정에서 스승으로부터 직접 들은 가르침을 수용하지 않고 소신에 따라 자설을 확정했다. 구체적인 내용은 주자학설과도 다른 것이었다. 안정복은 송대 학자인 董槐·葉夢鼎·王柏 등의 立論에 근거하여 '격치'장이 망실되지 않았으며, 그것은 經文 중에서 知止와 物有 두 절을 '격치'장으로 간주하여 별도의 장을 보망할 필요가 없다고 하였다.[97] 적통제자로 인정받는 안정복조차도 사설을 반드시 준수해야 할 정설로 받아들이지 않음은 물론 주자학설 역시 그대로 존신하지도 않았다.

자득에 따른 경전이해는 주자뿐만 아니라 스승의 학설에까지 확대

---

95) 앞의 책, 「函丈錄」, 114~115쪽 ; 앞의 책, 「經史門」, '格致誠正', 170쪽.

96) 『順菴集』Ⅰ 卷3, 「書」 '與昭南尹丈書 戊子'/ 총간 229권, 397~398쪽.

97) 崔鳳永, 「星湖學派의 朱子大學章句 批判論」, 『東洋學』 17, 단국대 동양학연구소, 1987, 47쪽 ; 차기진, 앞의 책, 2002, 44~58쪽.

적용되었다. 이익은 회의의 관점에서 주요 경전을 검토하였으며, 그 결과 총 11종에 달하는 여러 疾書를 남겼다.98) 이에 대한 문인들의 감상은 윤동규의 「孟子疾書」와 「論語疾書」에 대한 평가에서 잘 나타나고 있다. 그는 이익이 서문에서 밝힌 바 前聖賢의 心法에 주목했다. 심법은 정·주자 이래로 경전의 본의를 자득하기 위해서 갖춰야 할 마음자세였다.99) 그는 스스로 본의를 찾는데 힘쓰고 읽고 음미하여 體得하는 것을 實功을 이루는 것이며, 실학을 추구하는 것으로 간주하였다.100) 앞서 살펴보았듯이 이익은 「논어」집주를 보기에 앞서 '주자의 마음'을 강조하였다. 이때 마음은 주석가로서 주자가 견지했던 경전해석 태도였다. 이익은 이를 근거로 주자주에 대해서 회의하고 자득할 것을 강조하였다.101) 신후담 역시 질서를 통해 선현들의 주석을 객관적으로 검토한 사실에 주목하였다. 그는 제경 질서들에 대한 논평에서 선현의 주석을 존신하기보다는 회의를 통해 그 과실을 보충하고, 남긴 뜻을 발휘한 점을 높이 평가하였다.102) 이러한 태도가 자설을 확립하는 데

---

98) 질서관련 주요 논문은 다음과 같다. 김영호, 「星湖 李瀷의 經學思想 - 論語說 중심으로」, 『韓國哲學論集』 7·8, 1999 ; 李天承, 「星湖 李瀷 『中庸疾書』에 관한 연구」, 『儒敎思想硏究』 13, 2000 ; 權文奉, 「星湖의 『論語』 註釋 一考察」, 『漢文學報』 17, 2002 ; 崔錫起, 「星湖 李瀷의 『大學』 解釋과 그 意味」, 『韓國實學研究』 4, 2002 ; 서근식, 「星湖 李瀷의 『周易』 解釋에 관한 研究」, 『退溪學報』 117, 2005 ; 權文奉, 「『大學』 註釋을 통해 본 星湖의 經學」, 『漢文學報』 17, 2007 ; 김만일, 「李瀷의 尙書 解釋 研究」, 『儒敎思想研究』 28, 2007 ; 함대영, 「星湖 李瀷의 『孟子疾書』에 대한 一考察」, 『韓國古典研究』 27, 2007.

99) 『昭南先生文集』 卷13, 「行狀」 '星湖李先生行狀' ; 『星湖全集』 Ⅲ, 「附錄」 卷1, '行狀'/ 총간 200권, 189~190쪽.

100) 『昭南先生文集』 卷6, 「書」 '答安百順 戊寅'.

101) 『昭南先生文集』 卷13, 「祭文」 '再祭星湖先生文' ; 『星湖全集』 Ⅲ, 「附錄」 卷2 '祭文 二'/ 총간 200권, 200쪽.

102) 『河濱集』 卷13, 「李星湖易經疾書纂要」 '序說'.

큰 도움이 되었다는 사실을 이병휴의 사례에서 확인해 볼 수 있다.

그는 『대학』을 이해하기 위해서 주자 장구는 물론 이익의 「대학질서」까지도 참고하였다. 그럼에도 불구하고 뜻이 풀리지 않으면 대학전서를 반복하여 읽어서 자득하고자 했다.[103] 그 결과 이병휴는 고본『대학』의 체제를 그대로 따르면서도 경과 전은 분리하였다. 경 1장은 따로 구분하고, 전은 首章 '釋誠意', 제2장 '釋修身在正其心', 제3장 '釋齊家在修其身', 제4장 '釋治國在齊其家', 제5장 '釋平天下在治其國'으로 나누었다. 이것은 주자가 고본『대학』의 순서를 뒤바꾸면서 경 1장과 전 10장으로 나눈 것과 다른 것이었다.[104]

이병휴는 스스로 경전의 본지를 이해하기 전까지 해당 경전에 대한 확정된 정설은 없다는 태도를 보여주고 있다. 자득을 이루기 위한 독서법으로 먼저 正文을 숙독하고 난 후에 선현들의 주설을 보아야 한다고 했다. 그 과정에서 회의를 통한 내용 검증은 필수적이며, 이를 반복하여 시행할 때 극처에 도달할 수 있다고 보았다.[105] 경전에 대한 '歸宿之所'가 없이 여러 서적을 널리 통한다는 것은 무의미하였다.[106] 실례로 주자가『대학』에 대해서 양 정씨의 정본에 대해서 존숭하지 않았던 일을 들었다.[107] 스스로 정문을 통해 성현의 본지를 비판적인 안목에서 파악하고, 미흡하거나 부족한 점을 선현들의 주설을 통해 보충할 때 자득을 이룰 수 있다. 이 같은 독서법에 따라서 그는 정문과 주설의 큰 뜻을 파악하였으며, 또한 스승의 제경 질서들을 강독하였다. 그 결과 이병휴는 주설과 질서의 가르침 이외에 별도의 자신의 소견을 가질

---

103)『貞山雜著』卷1,「大學補義序」.

104) 안영상, 앞의 논문, 2005, 205쪽.

105)『性齋先生文集』5 卷29,「行狀」'貞山李公行狀'/ 韓國歷代文集叢書 852권, 196쪽.

106)『貞山雜著』卷11,「答李希度」.

107)『貞山雜著』卷3,「書」'上龍湖尹丈書' ; 앞의 책,「論學術之獘」.

수 있게 되었다고 했다.108) 질서를 활용한 궁경의 결과 선현들의 경해
는 물론 심지어 스승과도 다른 주견을 확립할 수 있었다. 이는 이병휴
가 질서 독법의 취지를 살려서 스승의 경전해석을 그대로 따르지 않았
던 사실을 반증한다.

　학파를 형성하여 가르침을 베푸는 과정에서 이익이 전수하고자 노
력했던 것은 스승의 학설이 아니라 '주자의 마음' 속에 담긴 自見을 수
립하는데 필요한 학문태도와 자세, 학습법을 窮經과정에서 습득하는
것이었다. 그 결과 다양한 부류의 개성이 강한 문인제자들이 한 자리
에 모여 서로의 학문을 논의하면서 본인들의 관심에 부합되는 주제를
상정하여 일가견을 이룰 수 있었다.

5. 맺음말

　이익과 그 문인에게 있어서 주자는 실학의 사상체계를 수립하는 데
있어서 비판적으로 계승해야 할 학자였다. 그것은 기왕의 학설을 집대
성하는 과정에서 적용했던 학문방법론의 수용과 밀접한 관련을 맺고
있다. 주석가로서 주자는 선현들의 교설을 비판적으로 검토하여 신유
학체계를 수립하는 데 적극 활용했다. 그 목적은 南宋대 사회 현실과
연계된 것으로서, 理氣心性論에 기초한 완결된 철학체계를 통해 地主
佃戶制를 근간으로 하는 중세사회를 유지시켜 나아갈 이념을 확립하
는 데 있었다.

　조선후기 중세사회 해체기에 직면한 성호학파에게도 시대변화에 따
라 새로운 학문체계를 수립해야 한다는 과제가 부여되었다. 즉 지주제
의 모순을 극복하고, 농업생산력 발전과 이에 따른 사회변화에 조응해

---

108)『貞山雜著』卷11,「自序」.

나아갈 실학사상을 확립하는 것이었다. 이 같은 과업을 수행함에 있어 주자는 훌륭한 전범이었다. 주자가 활용했던 회의적 관점은 당대 주류 학계의 문제점을 극복하고, 변화하는 현실에 적용되어야 할 사상요소가 무엇인지를 파악하는 데 유용한 학문방법론이었다. 이익은 그것을 '주자의 마음'으로 규정하고 자신의 학문체계를 수립하는 과정에 적극 대입하였으며, 교육자로서 문인제자들의 소질과 관심사를 고려하여 다양한 부면에서 주자학의 문제점을 타개하는데 필요한 학문론으로 전수해 주었다.

이 과정에서 발생한 학파의 분기는 지극히 자연스러운 일이었으며, 다소간의 갈등을 감수하면서도 실학체계를 수립하기 위해서 반드시 거쳐야만 할 통과의례이기도 했다. 그 결과 경학을 필두로 지리학·역사학, 정치·경제학, 문학·예술 등 여러 분야에 걸쳐 인간과 사회, 국가를 구조적으로 이해할 수 있는 기초를 수립하였고, 이를 토대로 활발한 학술활동을 펼쳐 구체적인 성과를 남길 수 있었다.

茶山에게서 易詞의 임의성과 易象의 근본성이 주는 철학적 의미*

황 병 기

1. 易象의 기호론적 약속체계

『周易』「繫辭傳」에서 "『易』者, 象也, 象也者, 像也(『易』은 象이며, 象이라는 것은 본뜬 것이다)"라고 하였듯이 8괘가 상징하는 物象들은 실제의 대상들과 그들의 움직임을 模寫한 기호들이다. 말, 소, 수레, 용, 궁실, 활과 화살 등의 대상을『역』의 체계 속에서 구현하기 위해서는 易象으로서의 말, 소, 수레 등도 실제의 대상처럼『역』속에서 활성화되어 있어야 한다. 영화「MATRIX」의 가상현실계 안에서 움직이는 것들은 모두 컴퓨터 기호체계들이지만, 이 기호들의 움직임은 실제의 것들의 움직임과 같지 않으면 안 된다. 가상계의 발차기나 건물 뛰어넘기 동작은 실제로는 컴퓨터의 기호조작이지만 인간의 인식 안으로 들어오게 하려면 실제의 인간처럼 움직여야 한다. 가상현실계의 총알도 실제의 총알처럼 날아가며, 가상현실계의 자동차도 실제의 자동차처럼 나아간다.

기호는 약속에 의해 형성된다. 교통신호(일종의 기호)를 약속하지 않는다면 도로주행은 거의 불가능할 것이다.『역』도 마찬가지로 약속인

---

* 이 논문은『東方學志』141(2008. 3)에 실었던 것을 재수록한 것이다.

것이다. 다산이 세운 14辟卦는 사계절의 끊임없는 순환과정을 모사한 것임을 약속하고, 그것의 확장인 50衍卦는 자연의 절대순환과정에서 파생되는 만물의 변화, 인간사의 변화를 상징한 것임을 본래의『역』과 다산과 독자 사이에 약속하지 않는다면 다산의 설법은 섬에서 SOS 신호만 보내고 있는 난파자의 외침일 뿐이다. 그런 의미에서 다산은「說卦」의 상징들을 그 누구보다도 강조하며 독자와의 약속을 기대한다.

言, 象, 意 가운데 象이『역』의 제1의적 요소임을 인정한다면 다산의 易象 이론은 독자에게 파노라마와 같은 구체적 이미지를 떠올리게 하며, 고도의 추상적인 형이상학 체계로는 얻을 수 없는 구체적이며 실존적인 사유를 하도록 이끈다.

茶山 丁若鏞(1762~1836)[1]은 이미 기호가 인위적 조작에 의해 임의적으로 부여된 명칭임을 알고 있었다. 8괘의 명칭이나 물상들은 사람이 정한 이름(人立之名)이지 자연적으로 실재하는 것이 아님을「역론2」에서 밝힌 바 있다.[2] 『역』에 대한 모든 신비화적 작업을 '에포케(epoche)'하게 만드는 것이 바로 '人立之名'이라는 전제이다. 괘명과 물상은 최초 약속에 의해 정해진 명칭이기 때문에 그 약속만 독자가 지킬 수 있으면 언제든『역』은 만날 수 있게 된다. 이는 마치 교통신호가 파란 불일 때 언제든 지나갈 수 있음을 우리가 보장받는 것과 같다.

이미 상징성을 띠게 된 기호 메시지는 문자의 발명 만큼이나 인류

---

1) 茶山 丁若鏞은 英祖 38년 6월 16일 경기도 광주군 草阜面 馬峴(마재), 지금의 楊州郡 瓦阜面 陵內里에서 아버지 丁載遠, 어머니 海南 尹氏(孤山 尹善道의 후손)의 四男으로 태어났으며, 헌종 2년 2월 22일 마현에서 서거하였다. 初字는 歸農, 冠名은 若鏞, 字는 美鏞, 頌甫, 號는 三眉, 茶山, 俟菴, 紫霞道人, 苔叟, 門巖逸人 등, 堂號는 與猶堂이다.

2)『與猶堂全書』1/11,「論·易論二」, 2b(범례 :『與猶堂全書』제1집 제11권,「論·易論二」2판 뒷면. 이하『與猶堂全書』는『전서』로 표기하고, 이 논문의 주 인용대상인『周易四箋』과『易學緒言』은 단행본 표시하되 범례에 따른다.). "著之爲法式, 冀天之因其名而用之, 雖人立之名, 非天之所以爲實然."

역사상 커다란 의미를 지니고 있으며, 그것은 또 하나의 문자 역할을 한다. 近取나 遠取를 통해 얻어진 상징기호인 8괘는—기본적으로 음·양이라는 단수의 획도 상징성을 띠지만 다산의 易理四法 체계 속에서 활용되는 상징은 8괘를 기본으로 한다. 왜냐하면 八物(8괘의 本物)의 단계에서 비로소 구체적 물상이 얻어지기 때문이다.—단순기호가 아니라 복잡기호로서 작용하는데, 이는 한 단어적 의미가 아니라 하나의 문장을 표현하는 복잡문자이다.

  "기호의 근본적인 기능은 상관관계가 없는 관계에 상관성을 부여하는 데 있는 것 같다. 기호는 관계를 직접 실행하지 않고 필요할 때마다 이루어지도록 보편적인 규칙과 습관을 구축한다.……우리의 모든 지식과 사고는 기호를 통해 이루어진다. 기호란 한쪽에는 대상이, 다른 한쪽에는 해석내용이 존재하는 것이며, 해석내용과 대상 사이에는 고유한 상응관계가 유지된다."[3] 즉, 대상과 그 의미 사이에 기호라는 매개가 개입되지 않으면 그 둘의 상관성을 인식할 수 없다. 따라서 인식의 전제조건의 하나로서 기호는 반드시 존재해야만 하고 실제로 의식된 기호이든, 아니면 무의식의 기호이든 간에 인간은 기호를 통해 사유하고 있다. 따라서 롤랑 바르트(1985)의 "세상은 기호로 가득 차 있다."[4]는 언명은 의미 있는 것이 된다.

  기호학자들의 논의는 기호와 대상, 그리고 기호와 의미내용이라는 기호의 1 : 1 대응관계를 지적한다. A라는 대상은 A^1이라는 기호의 매개를 통해 A^2라는 의미내용을 확보한다는 것이다. 그러나 이 A가 단순기호가 아니라 복잡기호일 때는 단순한 1 : 1 대응으로는 설명되지 않는 추론의 영역이 존재하게 된다. 이때 A^2는 복잡기호를 해체하여 나

---

  3) J. R. 퍼스, 『기호론』, 1974/ Georges Jean, 김형진 옮김, 『기호의 언어』, 서울 : 시공사, 1997, 135쪽에서 재인용.
  4) 롤랑 바르트, 『기호학의 모험』, 1985/ 위의 책, 139쪽에서 재인용.

열한다고 해서 얻어지는 것이 아니다. 해체된 복잡기호의 재배열을 통해 A^2 또는 그 이상의 A^3, A^4……라는 포괄적 의미를 얻어낼 수 있어야 한다. 『주역』의 해석은 태생적으로 3획괘를 바탕으로 하기 때문에 출발단계에서부터 이미 복잡성을 띠고 있다.―음양의 1획은 양대 극단의 표현으로서 복잡성의 극치이지만, 음양으로는 태극의 파동 이미지밖에 얻을 수가 없어서 구체적 물상들의 상호조합을 연상하기 어렵다.― 게다가 64괘는 3획괘의 중첩임과 동시에 1획의 여섯 차례의 중첩이기 때문에 더더욱 복잡할 수밖에 없다.

다산은 『주역』의 이러한 태생적 복잡성을 이해하기 위해 네 가지 易理를 이용하면서 6획괘 안에서 활성화되는 물상들을 배열하여 그 전체의 의미를 판단한다. 다산의 해석은 아마도 철저한 기호론적 면모를 발휘하고 있다고 해야 할 것이다.

전통역학에서는 우주와 인간이 道나 理라는 거대하고 원만한 통일성 안에서 융해되어 논의될 수 있었다. 왕필역학에서 無라는 통일적 실체에로 우주와 인간이 회귀할 수 있었다면, 주자역학에서는 理라는 보편적 원리에로 포괄될 수 있었다. 그러나 다산역학에서는 원시유학의 上帝가 복권되면서 그 최고존재 아래 우주와 인간이 구분되는 天人分離의 구도가 형성되었다. 따라서 자연학과 인문학의 총체적 진리가 담겨 있다고 여겨졌던 『역』의 면모가 축소될 수밖에 없다. 다산의 구도 속에서 인문학의 모든 기호와 상징은 인간의 영역에 속하는 것이지 자연의 영역이 아니다. 신 아래 자연과 인간이 대적하듯이, 자연은 자연의 원리대로 움직이고 인간은 인간의 윤리에 따라 살 뿐이다. 인간의 발명품은 인간의 소유물이듯이 『주역』도 인류가 발견한 인간만의 기호와 상징의 체계로 이해된다. 따라서 이와 같은 맥락에서 볼 때, 『주역』은 다분히 불완전하며 한정성을 가질 수밖에 없다. 다산이 『주역』을 殷末周初의 한정적 시공간 속 문화 텍스트로 읽으려고 하는 이

유가 바로 여기에 존재한다. 그러나 이것이 『주역』의 폄하를 목적으로 하지 않는다. 왜냐하면 周禮가 다산의 이상이었던 것과 같이 『주역』의 상징세계는 그가 이상시했던 성스런 시대를 적나라하게 반영하고 있기 때문이다.

2. 易詞의 임의성과 易象의 기호로서의 근본적 범주

『춘추』閔公 元年(기원전 661)조의 左傳에 따르면, 畢萬이 晉나라에 벼슬하는 문제를 가지고 점을 친 일이 기록되어 있다. 필만이 얻은 괘는 屯之比였는데, 이는 屯괘 ䷂의 초9가 변한 것이다. 晉의 대부인 辛廖가 점풀이를 다음과 같이 하였다.

> 길합니다. 屯괘는 견고하고 比괘는 들어감을 의미하니, 이보다 더 길한 것이 어디 있겠습니까? 반드시 번창할 것입니다. 震이 땅으로 변하며, 수레는 말을 따르고 발은 거기에 거하고 형은 장자가 되는데, 어미가 그를 감싸고 사람들이 그에게 귀속하니, 이 여섯 가지가 바뀌지 않으면서 합하여 견고할 수 있고 편안하여 사람들을 죽일 수 있는 능력을 갖게 되니, 公侯의 괘입니다.5)

신료의 말 가운데 "屯固, 比入(屯괘는 견고하고 比괘는 들어감을 의미한다)"의 屯과 比는 대성괘를 지칭한다. 그는 屯괘의 내포적 의미를 견고함으로 이해하였고, 比괘의 내포적 의미를 들어감으로 이해하였다. 따라서 필만이 얻은 屯之比는 '견고함'의 상황에서 어딘가로 '들어

---

5) 『春秋左傳』, "閔公 元年. 吉. 屯固比入, 吉孰大焉? 其必蕃昌. 震爲土, 車從馬, 足居之, 兄長之, 母覆之, 衆歸之, 六體不易, 合而能固, 安而能殺, 公侯之卦也."

감'이 진행되는 점이므로 길하지 않을 수 없음을 단정한다. 이러한 상황의 변화과정을 설명하는 신료의 근거는 어디에 있는가? 이는 바로 8괘의 물상들을 활용하는 데에서 시작된다. 그가 언급한 소성괘는 여기에서 모두 3개이며 명칭은 괘명을 쓰기도 하고 또 괘덕을 활용하기도 하였는데, 전체적으로 여섯 가지의 상황이 전개되고 있다. 신료의 점풀이는 3층 구조를 지닌다.

　① 震爲土
　② 車從馬, 足居之, 兄長之
　③ 母覆之, 衆歸之

　괘상의 변화를 가지고 설명해보자. ䷂ → ䷇ (屯卦 → 比卦)
　준괘의 하괘인 震☳이 비괘에서 坤☷으로 변하였다. 신료가 언급한 ① "震爲土(震이 땅으로 변한다)"는 이러한 屯之比의 전체적 상황변화를 보여준다. ② "車從馬, 足居之, 兄長之(수레는 말을 따르고, 발은 거기에 거하고, 형은 장자가 된다)"는 앞서 말한 "屯固(준괘는 견고하다)", 즉 준괘가 내포하고 있는 견고함의 상황을 설명한 것이다. ③ "母覆之, 衆歸之(어미는 그를 감싸고, 사람들이 그에게 귀속한다)"는 비괘가 屯괘의 견고한 상황이 진행되어 오는 국면에 대처하면서 포용과 귀속을 택하는 이른바 "比入(比괘는 들어감을 의미한다)"의 과정을 보여준다.
　여기에 활용된 소성괘는 震☳, 坎☵, 坤☷의 3개이다. 3괘에서 나온 물상들을 정리하면 다음과 같다.

　震☳ : 車, 足, 長男
　坎☵ : 馬, 歸

坤☷ : 土, 母, 衆

이 畢萬의 시초점은 다산의 역상학 체계에 있어서 의미 있는 사례이다. 辛廖가 효사와는 관계없이 별도로 象을 관찰하여 점괘를 풀고 있기 때문이다.[6] 준괘 초9의 효사는 이러하다. "初九, 磐桓, 利居貞, 利建侯(초9는 절뚝거림이니 거처를 옮기는 일이 이로우며, 제후를 세움이 이롭다.)" 여기에는 신료가 언급하고 있는 물상들이 전혀 등장하지 않는다. 도대체 초9 효사는 어떻게 하여 이런 내용으로 구성되었을까? 신료의 점풀이에 의하면 이 초9의 '磐桓'[7]이나 '利居貞'은 의미 없어 보인다. 위에서 열거한 ①→②→③의 3층 구조에 의해 그가 내리는 결론은 公侯에게 맞는 괘이므로 길하다는 것이다. 곧 屯之比는 공후의 괘이므로 효사 중에서 '제후를 세움이 이롭다'는 마지막 구절만이 살아있게 된다. 엄밀하게 말하자면 필만은 진나라에 벼슬하는 일을 물은 것이기 때문에 '利建侯'도 딱 들어맞는 효사라고 할 수는 없다. 어떻게 그는 周公이 지은 효사를 전혀 언급하지 않으면서도[8] 어쨌든 반쯤의

---

6) 『주역사전』 2/43, 「春秋官占補註・畢萬之筮」, 7/17a, "辛廖捨爻詞, 而別自觀象, 此占法也."

7) 磐桓 : 다산은 '磐桓'을 절뚝발이의 걸음걸이를 형용하는 의태어로 해독한다. 『예기』 「投壺」편의 '般旋'과 『사기』의 '槃散' 그리고 陶潛의 사에 나오는 '盤桓'을 모두 같은 의미로 파악하면서 磐桓의 桓과 遺을 협운으로 읽는다. 『주역사전』 屯卦 초9의 茶山箋(2/38, 2/3a)에 상세하다. "'磐桓', 讀作般還(桓還聲相近), 『禮』所云'般旋'也(「投壺」篇), '桓'與'遺'叶(讀作旋) 『史記』云, '躄者, 槃散行汲'(旋散聲相近), 植一足而運一足, 其行盤桓然也(觀上之一有此象). 陶潛詞云, '撫孤松而盤桓', 亦此意也('盤桓'者, 左右兩足, 一植一休, 其形如躄者之行)."

8) 다산은 신료의 점풀이가 주공의 효사와는 전혀 다른 방식으로 유추된 것임을 주장하지만 한편으로 일부는 효사와 어느 정도 관련이 있음을 시사하였다. "『역』효사에서 '거처를 옮기는 일이 이롭다'고 하였으니, 여기에서 '발이 거기에 머문다'고 한 것은 대개 효사에 바탕한 것이다(『易』詞云, '利居貞', 此云

동일한 결론을 끌어낼 수 있었을까? 결론부터 말하자면, 주공의 효사는 屯之比라는 기호가 담고 있는 수많은 물상들 가운데서 주공 자신에 의해 선택된 물상들의 조합이라는 것이다. 물상들의 조합의 가능성은 다양하게 열려 있다. 신료와 같은 방식의 조합이 있을 수 있으며, 주공과 같은 방식뿐 아니라 다산과 같은 방식이 있을 수 있다. 그렇기 때문에 『주역』의 易詞는 하나의 텍스트일 수 있는 것이며, 그 텍스트의 내용과 指示가 무엇인가 하는 점이 그 텍스트를 다른 방식의 텍스트와 구별짓는 기준이 된다.

> 주공이 지은 효사는 특별히 사례를 보여줄 뿐이지, 이 한두 마디로 천하의 실정을 다하여 그 심오함을 다 표현할 수 있다고 말하는 것이 아니다. 그러므로 卜史는 효사 밖에서 사안에 따라 象을 취하여 오직 변화에 적용하는 것이니, 곧 수레・말・형・어미가 비록 효사에 또렷하게 열거되지는 않았지만, 辛廖는 미루어 연역하여 점을 풀이할 수가 있었던 것이다.9)

신료는 준괘 초9를 풀이하면서 제후를 세움이 이롭다는 결론을 이끌어내었다. 물론 효사와 비교할 때 효사의 점사와 동일한 점사는 아니다. 제후를 세우는 일과 남의 나라에 벼슬하는 일은 엄연히 다른 일이다.

그렇다면 다산은 준괘 초9를 어떻게 해석하고 있을까? 茶山箋을 살펴보자.

‘足居之’, 盖以爻詞爲本).”(『주역사전』 2/43, 「春秋官占補註・畢萬之筮」, 茶山細箋, 7/17a.)

9) 『주역사전』 2/43, 「春秋官占補註・畢萬之筮」, 7/17a, “周公之撰爻詞, 特示例耳, 非以是一二句謂可以竭天下情而盡其賾也. 故卜史于爻詞之外, 隨事取象, 唯變是適, 卽車・馬・兄・母, 雖非爻詞之所歷擧, 而辛廖得推演爲占也.”

爻辭 : 初九, 磐桓, 利居貞, 利建侯(초9는 절뚝거림이니 거처를 옮기는 일이 이로우며, 제후를 세움이 이롭다)

茶山箋 : 이는 屯괘가 比괘로 간 것이다. '磐桓'은 절뚝발이의 걸음걸이이다. 괘가 觀괘로부터 오니(상→1) 巽의 두 강획은(觀괘 위가 巽이다.) 그 상이 다리이다(巽이 다리를 상징한다). 그런데 준괘로 옮기면 한쪽 다리가 병이 나서(위가 이제 坎이다) 다른 한쪽 다리만으로 가니(아래가 이제 震이다), 주춤거리며 가는 모양이다. 臨괘의 震 발이(臨괘는 큰 震이다) 한쪽이 병이 나서 다른 한쪽으로만 가는 것도(제2획이 제5위로 가서 坎이 된다) 이 象이다. 초효가 괘의 주인이므로 그 본래의 상을 말하였다.

○ '居貞'은 거처를 옮기는 일이다.(筮居 : 거처를 시초점으로 물음[역자주]는 卜居(거처를 거북점으로 물음[역자주]과 같다.) 괘가 觀괘로부터 오는데(상→1) 강획이 바깥으로부터 옮겨와서 안에서 주인이 되고(와서 震이 된다), 坎 집이 견고해지고 震 농사일은 번성해지니(본디 坤의 밭이었다), '거처를 옮기는 일이 이롭다'고 한다.

○ 괘가 觀괘로부터 오는데(상→1) 강획이 바깥으로부터 와서 드디어 震 주인이 되어서(아래가 이제 震이다) 坤 나라를 주관하니(觀괘 아래가 坤이다), '제후를 세움이 이롭다'고 한다. 그런데 그것이 比괘로 변하니 비괘가 復괘로부터 오면, 震 주인이 올라가서(1→5) 임금의 지위가 드디어 바르게 되므로(제5위가 임금이 된다), 마찬가지로 제후를 세움이 이롭다.10)

---

10) 『주역사전』 2/38, 屯卦 初九, 茶山箋, 2/2b, "此屯之比也. '磐桓'者, 躄者之行也(義見下) 卦自觀來(上之一), 巽之兩剛(觀上巽), 其象股也(巽爲股) 移之爲屯, 則一股受病(上今坎), 一股獨行(下今震), 磐桓之行也. 臨之震足(臨大震), 一病一行(二之五爲坎), 亦此象也. 初爲卦主, 故言其本象. ○ '居貞'者, 遷居之事也(筮居如卜居) 卦自觀來(上之一), 剛自外遷, 爲主於內(來爲震), 坎宮旣固, 震稼蕃鮮(本坤田), '利居貞'也. ○ 卦自觀來(上之一), 剛自外來, 遂爲震主(下今震), 以主坤國(觀下坤), '利建侯'也. 其變爲比(水地比), 比自復來, 震主旣升(一之五), 君位遂正(五爲君), 亦利建也."

이 屯괘 초9가 바로 필만이 얻은 屯之比이다. 신료는 초9의 효사를 전혀 언급하지 않으면서 길흉을 말하였지만, 사실 효사를 언급하지 않더라도 신료가 말한 물상들이 모두 이 괘상에 다 드러나 있다. 그러나 물상의 외연은 너무나 크다. 다산은 신료가 언급한 소성괘를 포함하여, 벽괘와 지괘의 소성괘들을 활용하여 전혀 다른 물상들을 활용하고 있지만 그 결론은 동일하다.

효사의 '磐桓'이 절뚝거리는 모양을 형용할 수 있는 까닭은 무엇인가? 준괘의 벽괘로는 觀괘 ䷓와 臨괘 ䷒가 있다. 觀괘의 경우, 상획이 제1위로 추이하여 준괘가 만들어지는데, 관괘 ䷓의 상괘는 巽☴으로 그것의 물상인 다리(股)는 이미 「설괘」에 전거가 있다. 그런데 屯괘 ䷂로 추이하면 상괘가 坎☵이 되어 巽☴의 두 陽畫 가운데 하나를 잃어 한쪽 다리만 남아있는 이미지이다. 여기에 그 양획이 제1위로 옮겨가서 하괘가 震☳으로 변하고, 그 震의 물상이 걸어감(行)이니, 두 이미지가 합성되면 다리 하나를 잃고 걸어가는 모양이 된다. 臨괘에서 추이할 때도 마찬가지의 상이 형성된다. 臨괘 ䷒의 경우도, 겸체로 볼 때 震☳의 모양으로 震의 물상인 발의 이미지를 지니다가, 제2획이 제5위로 추이하여 屯괘 ䷂가 되면 한쪽 다리를 잃는 꼴이므로 전체적인 상이 절뚝거리는 모양이 된다.

'居貞'이 거처를 옮기는 일이라는 뜻은 어떻게 추출되는가? 준괘가 觀괘로부터 추이해오면 상획의 陽이 외괘에서 내괘의 제1위로 옮겨와 내괘의 주인인 震이 된다. 坎☵은 집(宮)을 상징하는데, 준괘의 상괘가 坎으로 변하여 집이 튼튼해지는 이미지를 얻고, 관괘의 때에 하괘의 밭을 상징하던 坤☷에 震 주인이 와서 농사일을 하는 이미지가 만들어진다. 관괘의 양획 하나가 준괘로 추이한 결과, 집이 튼튼해지는 효과를 얻고 괘의 주인이 돌아와 경작을 하게 되므로, "거처를 옮기는 일이 이롭다."는 효사가 만들어질 수 있다.

또 '利建侯(제후를 세움이 이롭다)'는 어떻게 추출되는가? 觀괘의 하괘는 坤☷으로서 나라와 백성 등을 상징하는데, 추이하여 준괘가 되면 상획인 陽이 제1위로 내려와 震☳으로서 坤의 주인이 되어 坤 나라를 주관하는 이미지가 형성된다. 따라서 '제후를 세움이 이롭다'는 효사가 만들어질 수 있는 것이다. 뿐만 아니라 之卦를 가지고도 '제후를 세움이 이롭다'는 효사를 얻을 수 있다. 之卦인 比괘☵는 復괘☷로부터 추이하는데, 복괘의 제1획이 제5위로 올라가서 임금의 지위에 바로 선 상황이므로, 마찬가지의 결론을 얻게 된다.

다산이 활용한 물상을 정리하면 다음과 같다.

巽☴ : 股
震☳ : 行, 足, 稼, 主
坎☵ : 宮
坤☷ : 國
(巽☴의 두 양획 : 각각 한쪽의 股)

총 7개의 물상이, 괘가 辟卦에서 衍卦로, 또 그것의 之卦로 변할 때마다 자리를 이동하여 이전의 물상을 교체하고, 또 상호 연관되면서 초9 효사를 구성하게 된다. 다산의 이러한 작업에서 반드시 놓쳐서는 안 되는 점이 있다. 주공이 撰述한 효사의 성립근거를 증명하기 위해서 위와 같은 물상과 그것들의 연관을 추출해낸 것이지, 이러한 물상들을 먼저 추출한 뒤에 효사를 증명하는 방식이 아니라는 점이다. 왜냐하면 위의 총 7개의 물상과 그것들의 연관은 전혀 다른 효사를 만들어낼 수 있을 뿐만 아니라, 위의 총 4개의 소성괘에서 추출된 물상도 전혀 다르게 뽑아낼 수 있기 때문이다. 8괘의 물상은 類比의 방식으로 확장되어 무한의 외연을 가지고 있다. 그렇다면 과연 무한의 외연 가운데서 주공의 효사는 어떤 역사적 필연성이 있기에 현재인에게 의미 있는 텍스트인가? 그것은 주공의 텍스트에 다산이 찾고자 하는 인문정신이 담겨있기 때문이며, 그 인문정신은 바로 유가 본연의 修己治人의 정신이다. 다산이 『주역』의 전 체계를 역리4법으로 관통하였다고 하여, 『주역』에 역리라는 구성원리만이 있을 뿐이라고 판단하는 것은 오해이다. 역리라는 作易의 원리들로 작성된 周公 텍스트의 내용과 정신을 읽어내야만 다산이 주례를 이상시했던 정신세계를 이해할 수 있게 된다.

신료의 점풀이와 다산의 주석을 종합적으로 분석해보면, 물상의 외연을 짐작할 수 있다. 신료는 총 3개의 소성괘-즉 震, 坎, 坤-에서 총 8개의 물상-車, 足, 長男, 馬, 歸, 土, 母, 衆-을 추출하여, 屯之比가 길한 괘로서 公侯의 괘임을 증명하였지만, 다산은 4개의 소성괘-巽, 震, 坎, 坤-와 그것들의 7개의 물상-股, 行, 足, 稼, 主, 宮, 國-을 가지고 벽괘, 연괘, 지괘를 활용하여 효사의 "利居貞, 利建侯(거처를 옮기는 일이 이롭고, 제후를 세움이 이롭다)"를 증명하였다. 두 사람이 이용한 소성괘는 다산의 주석에서 巽이 추가된 것 외에는 동일하지만, 각각의 물상은 동일하지 않다.

다산이, "주공이 지은 효사는 특별히 사례를 보여줄 뿐이지, 이 한두마디로 천하의 실정을 다하여 그 심오함을 다 표현할 수 있다고 말하는 것이 아니다."[11]라고 한 말은 곧 象보다 詞가 부차적이며 임의적임을 지적한 것이다. 象은 기호로서의 근본성을 띠고 있으며, 8괘가 비록 8개의 기호이긴 하지만 그 외연은 무한으로 확장될 수 있다. 易詞는 그 무한의 외연 가운데 임의의 선택에 의해 구성된다. 그것이 임의적인 한에 있어서 선택된 易詞의 내용은 창작자의 사상을 그대로 표현하

---

11) 『주역사전』 2/43, 「春秋官占補註・畢萬之筮」, 茶山箋, 7/17a, "周公之撰爻詞, 特示例耳, 非以是一二句謂可以竭天下情而盡其賾也."

지 않을 수 없다.『주역』이 문왕과 주공의 撰述이라고 한다면,『주역』은 그들의 사상을 보여주는 것이며,『주역사전』이 다산의 저술이라고 하면,『주역사전』은 다산의 사상이 된다. 그런데 다산은 지금 문왕과 주공의 原義를 보여준다고 생각하는 것이므로,『주역사전』은 곧 문왕과 주공의 사상과 직접 일맥상통하는 것이 된다.

3. 舍詞玩象의 설법과 철학적 의미

다산이「설괘」를 중히 여기는 것은「설괘」의 물상대로 해석하면 하나도 풀리지 않는 것이 없다고 믿기 때문이다. 그리고 이것은 다산이 象을 가지고『역』을 해석하려는 분명한 의도를 드러내준다. 그런데『역』이 상들의 조합으로 모두 해석이 가능하다면 결국『주역』의 신비로움은 사상되고 상들의 조합만 남지 않겠는가? 이에 대해 다산 당대에 다산 스스로 혹은 실제의 어떤 인물에 의해 반론이 제기된다.『역학서언』「周易答客難」에서 그 일단을 보여준다.「주역답객난」은 갑, 을, 병이라는 손님의 질문에 대해 답변하는 형태의 글인데 다산의 자문자답의 측면도 있다.

乙이라는 사람이 다음과 같이 질문한다.

실로 그대의 말처럼『역』 괘효사의 물상들이 다「설괘」와 들어맞는다고 한다면, 이는『역』 괘효사의 글들이 심오하지 않음이다. 이미 심오하지 않다면 거기에서 말하는 것들은 단지 점서일 뿐으로 커다란 의리가 그 속에 깃들어 있는 것이 아니다. 만약 이러하다면『역』은 그리 존중할 필요가 없을 것이다.[12]

---

12)『易學緒言』2/48,「周易答客難」, 4/25a, “乙者曰, ‘苟如子言,『易』詞諸物, 皆合「說卦」, 是『易』詞文, 都不深奧. 旣不深奧, 卽其所言亶爲占筮, 無大義理寓

을이라는 사람은, 다만 상들의 조합으로 『역』 해석이 가능하다면 거기에 도덕적 의리가 담겨 있다거나 자연의 섭리를 표현하고 있다는 전통적 관념이 무의미해진다고 비평한다. 그는 절대진리가 표현된 『역』이 물상들의 조합방식으로 설명되면서 일반진리가 되어버린다면 인간의 지적 한계 내에서 『역』이 충분히 논의될 수 있다는 것이고, 동시에 유가 제1의 경전이라는 독보적 위상도 흔들리게 될 것이라고 걱정한다. 그의 질문과 같이 단지 점치는 책으로서만 의미가 있을 뿐 존중해야 할 이유가 사라진다. 단지 「설괘」에 등장하는 물상들의 기계적 조합에 의해 오차 없이 딱 맞아떨어지는 수학적 공식과 같이 되어버리고 그림 짜맞추기 놀이에 불과하게 되는 것이다. 당연히 을과 같은 추론이 가능할 테지만 다산의 대답은 다르다. 여전히 『역』은 존중받을 만하고 위대한 책이라는 것이다.

『역』의 道는 크게는 천지를 두루 망라하여 二氣에 따라 四時를 질서지을 수 있으며, 작게는 벼룩이 뛰고 파리가 나는 것까지 살펴 알 수 있게 한다. 높이면 消長屈伸의 이치를 징험하여 進退出處의 까닭을 알 수 있고, 낮추면 말, 소, 개, 닭을 얻거나 잃는 일까지 헤아릴 수 있다. 멀게는 귀신에 이르러 천명을 상고하여 바람과 비, 가뭄과 장마의 일을 알 수 있고, 가깝게는 부자, 군신, 부부의 달라진 상황에 대처할 수 있으며 이목구비와 사지와 온몸의 움직임도 그 징조를 미리 알 수 있다. 그러므로 『역』의 괘효사에서 문장을 만들 때, 더러는 넓고 크게 하고, 더러는 작고 첨예하게 하고, 더러는 典重嚴尊하게 하며, 더러는 卑鄙狹隘하게 하며, 더러는 심오하여 깊은 취지가 있는 듯이 하고, 더러는 淺近하여 고담준론이 없게 하고, 더러는 황홀하여 다양하게 변하게 하고, 더러는 졸렬할 정도로 곧아 일정함을 지키도록 하여, 뒤섞어 하나로 귀결시키지 않았다. 대체로 배우는 자로 하여금 이것을 끌어다

於其中. 苟如是矣, 『易』不必尊'."

가 저것을 추론하게 하고, 왼쪽과 비교하여 오른쪽을 깨닫게 하며, 서로를 참작하여 두루 통하고 글을 요약하여 뭇 상황을 다스리기를 기대하였을 뿐이다. 그 도가 이와 같은데도 후대에 『역』을 말하는 자들은 오직 크고 존엄하고 幽遠하기만을 힘쓰면서, 아울러 그 자잘하고 가까운 뜻을 은하수처럼 끝이 없이 풀이하였다. 이것이 『역』이 어두워져서 성인의 평범하고 내실 있는 가르침이 高妙하고 신기하며 신령스러운 법으로 돌아가도 깨닫지 못하는 이유이다.13)

다산의 대답에서 우리는 다산이 이해하는 『역』의 진면목을 알 수 있다. '大小'의 관점에서 볼 때, 『역』의 道는 천지를 망라하여 四時를 질서지을 수 있으며, 벼룩이 뛰고 파리가 나는 것까지 살펴 알 수 있게 한다. '尙卑'의 관점에서는 消長屈伸의 이치를 징험하여 進退出處의 까닭을 알 수 있고, 말, 소, 개, 닭을 얻거나 잃는 일까지 헤아릴 수 있다. '원근(遠邇)'의 관점에서는 귀신에 이르러 천명을 상고하여 바람과 비, 가뭄과 장마의 일을 알 수 있고, 부자, 군신, 부부의 달라진 상황에 대처할 수 있으며, 이목구비와 사지와 온몸의 움직임도 그 징조를 미리 알 수 있다. 그가 설정하고 있는 크고 작음, 높고 낮음, 멀고 가까움 등의 내용이 각각 정확한 대구를 이루면서 서술되고 있는 것 같지는 않다.

---

13) 『역학서언』 2/48, 「周易答客難」, 4/25a-b, "『易』之爲道, 大可以彌綸天地, 順二氣而序四時, 小可以察蚤蠅之飛躍. 尙之, 可以驗消長屈信之理, 而知所以進退出處, 卑之, 可以稽馬牛犬雞之得喪. 遠之, 可以達鬼神考天命, 而識風雨旱潦之故, 邇之, 可以處父子君臣夫婦之變, 而耳目口鼻四肢百體之動, 亦可能前知其徵. 故『易』詞立文, 或廣大弘敞, 或細小尖碎, 或典重嚴尊, 或卑鄙狹隘, 或深奧而有幽趣, 或淺近而無高論, 或恍忽而多變, 或拙直而守常, 錯綜雜糅, 不一其歸. 盖欲使學者, 引此而推彼. 比左而悟右, 期乎其參互會通以約文, 而馭衆情而已矣. 其爲道如是也. 而後之說『易』者, 唯大之尊之幽遠之爲務, 并其瑣小卑近之旨, 而訓之爲河漢而無極也. 此『易』所以晦而聖人平實之敎, 歸於高妙神奇靈幻之法, 而莫之提悟者也."

‘大’와 ‘尙’과 ‘遠’의 관점에서는 ‘彌綸天地順二氣(천지를 두루 망라하여 二氣에 따름)’와 ‘驗消長屈信之理(소장굴신의 이치를 징험함)’와 ‘達鬼神考天命(귀신에 이르러 천명을 상고함)’이라는 원심적 지향을 거쳐서, ‘而序四時(4시를 질서지음)’, ‘而知所以進退出處(진퇴출처의 까닭을 앎)’, ‘而識風雨旱潦之故(바람과 비, 가뭄과 장마의 일을 앎)’의 구심적 지향으로 넘어온다. 전자는 천지자연의 이치에 해당하며 후자는 결국 인간의 일이다. 2기의 움직임을 살펴서 사계절과 그 절기를 정하는 일은 인간이 천지를 모방하여 할 수 있는 일이며, 사건 사태를 만나서 그에 맞게 대처하는 進退出處도 근원적으로 천지음양의 消長屈伸의 이치를 터득하고 그 이치가 만들어내는 효과들을 검증하는 원심적 작업을 통해야만 가능하다. 바람과 비, 가뭄과 장마 등의 자연현상의 발생원인과 대책을 강구하는 것도 귀신과 천명을 고찰하여 그것에 통하려는 노력을 통하여야 되는 것이다. 이런 의미에서 『역』은 신성하고 위대할 수가 있다.

그러나 다산의 이 말은 문맥의 흐름으로 볼 때, 구심적 지향으로 향하고 있으며 『역』은 인간의 일을 질서짓고(序) 처신의 방법을 알며(知) 자연현상을 아는(識) 도구적 장치임을 알게 된다. 그것은 ‘小’와 ‘卑’와 ‘邇’의 관점에서 더욱 뚜렷해진다. 여기에서는 다 구심적 지향만을 언급하고 있다. 주변에서 쉽게 볼 수 있는 벼룩과 파리의 움직임을 알 수가 있고, 말, 소, 개, 닭을 잃거나 얻는 발생가능한 인간 주변의 일, 그리고 부자, 군신, 부부의 시시각각 변하는 관계설정을 가능하게 해주는 것이 『역』의 도인 것이다. 포괄적으로 ‘大小’로 구별되는 두 관점에서 결국은 원심적 지향에서 구심적 방향으로 논의를 치중하고 있는 것이다. 『역』 괘효사의 글들은 두 측면을 다 포괄하고 있다. 넓기도 하고 좁기도 하며, 심오하여 깊은 취지가 있는 듯하기도 하고, 아주 가까워서 고담준론이 없는 듯하기도 하며, 황홀하여 다양하게 변하는 듯도

하고, 졸렬할 정도로 한 가지만을 고집하기도 하여 하나로 귀결되지 않는다. 그런데 『역』이 이렇게 구성되어 있는 까닭은 "이것을 끌어다가 저것을 추론하게 하고, 왼쪽과 비교하여 오른쪽을 깨닫게 하여, 서로를 참작하여 두루 통하고 글을 요약하여 뭇 상황을 다스리기를 기대하였기" 때문이다. 다산의 답변에서 핵심은 바로 여기에 있다. 즉, 글을 요약하여 대중의 실정을 다스리기를 기대한 것이다. 『역』의 글은 "뒤섞어 하나로 귀결시키지 않았지만(錯綜雜糅, 不一其歸)" 이것을 인간사에 맞추어 잘 요약하면 '衆情' 즉 뭇 상황을 깨달을 수 있고 대처할 수 있는 것이다. 『역』의 작자가 기대한 것은 바로 이것이다. 이러한 원 의도를 알지 못하면 『역』은 영원히 신비적으로만 채색되고 실제에서 멀어질 것이다. 그래서 다산은 "『역』이 어두워져서 성인의 평범하고 내실 있는 가르침이 高妙하고 신기하며 신령스러운 법으로 돌아가도 깨닫지 못한다."고 지적하는 것이다.

다산은 위 답변에 이어서 이른바 '衆情'의 사례들을 몇 가지 적시한다. 기본적으로 괘효사는 점사이기 때문에 주나라 당시의 예법이 내포되지 않을 수 없다. 어떤 사건 사태의 처리방안을 논할 때 그 사건 사태가 서술되고 난 다음에 이에 대한 점사, 즉 처리방안이 논의될 수 있기 때문이다.

『역』의 "지나가는 사람이 소를 얻으니 마을사람에게는 재앙이다"(無妄괘 육3이다)라는 효사는 민간에서 소를 잃었을 때의 점사이다(『역』에서 '소를 잃는다'거나 '끌어서 돌아온다'는 류가 다 그러하다).

『역』의 "龜貝를 잃으니 쫓지 않아도 7일에 얻는다"(震괘 육2이다. ○ 旣濟괘의 글도 유사하다)라는 효사는 민간에서 재물을 잃었을 때의 점사이다(『역』에서 '양을 잃는다'거나 '노자와 도끼를 잃는다'는 류가 다 그러하다).

『역』의 "가서 비를 만나면 길하다"(睽괘 상9이다)라는 효사는 막 먼 길을 떠나려고 할 때의 점사이다(비를 만나지 않는다면 도적을 만나 병을 얻을 것이므로 비를 만난다는 말로 길함을 삼은 것이다).

『역』의 "큰 희생을 씀이 길하다"(萃괘의 괘사이다)와 "돼지와 물고기라면 길하다"(中孚괘의 괘사이다)라는 괘사는 제사에 쓸 희생을 점칠 때의 점사이다(渙괘 구2의 '그 상에서 도망간다'는 효사도 그러하다).

『역』의 "사슴을 쫓는데 안내자가 없다"(屯괘 육3이다)와 "밭에 날짐승이 있거든 말을 받드는 것이 이롭다"(師괘 육5이다)와 "왕이 세 군데로 몰며 앞의 짐승을 놓아준다"(比괘 구5이다)라는 효사는 사냥하는 것에 대한 점사이다["사냥하나 짐승을 잡지 못한다"(恒괘 구4 : 역자주)나 "사냥하여 세 마리의 여우를 잡는다"(解괘 구2 : 역자주)가 다 그러하다].

『역』의 "구름이 빽빽하나 비가 오지 않음은 우리의 서쪽 교외로부터 하기 때문이다"(小畜괘의 괘사와 小過괘의 육5)라는 것은 기우제를 지내면서 비를 기원할 때의 점사이다(小畜괘의 상9도 그러하다).[14]

소를 잃은 자, 재물을 잃은 자, 먼길을 떠나는 자, 제사를 지내려는 자, 사냥하려는 자, 기우제를 지내려는 자들이 맞닥뜨린 현실에 대해

---

14) 『역학서언』 2/48, 「周易答客難」, 4/25b, "『易』曰, '行人得牛, 邑人之災'(無妄之六三), 此民間失牛者之占辭也(『易』凡言'喪牛''牽復'之類, 皆是) 『易』曰, '喪貝, 勿逐, 七日得'(震六二. ○ 旣濟文相類), 此民間失財者之占辭也(『易』凡言'喪羊''喪其資斧', 皆是). 『易』曰, '往遇雨, 則吉'(睽上九), 此遠行起程者之占辭也(謂不遇雨, 則遇盜得病, 故以遇雨爲吉也) 『易』曰, '用大牲, 吉'(萃之象), '豚魚, 吉'(中孚卦), 此祭祀筮牲之占辭也(渙九二'奔其机', 亦是) 『易』曰, '卽鹿無虞'(屯六三), '田有禽, 利執言'(師六五), '王用三驅, 失前禽'(比九五), 此田獵之占辭也('田無禽', '田獲三狐', 皆是). 『易』曰, '密雲不雨, 自我西郊'(小畜之象, 小過之六五), 此雩祀禱雨之占辭也(小畜上九, 亦是).

점을 쳐서 물었을 때 나온 점사가 위 대답 속에 나오는 괘효사들이다. 그러나 이 몇 사례들만 있는 것이 아니라 제사나 혼인, 전쟁 등과 관련된 점은 수를 헤아릴 수 없이 많다. 다산이 과연 64괘사와 386효사, 합하여 450개의 詞를 각각 점사로 귀속시키려는 의도는 무엇일까? 이 「周易答客難」의 질의응답은 다산의 역상학을 이해하는 데 매우 중요한 저작이다. 아마도 다산이 말하고자 하는 핵심은 다음의 구절에 있을 것이다.

> 이와 같은 것은 문왕과 주공이 괘효사를 찬술할 초기에 오직 점치는 사람을 위해 대의를 밝히고 사례를 세우는 데 그쳤을 뿐이기 때문이다. 天人性命의 이치가 이 사이 어디에 깃들어 있겠는가![15]

괘효사를 지은 당사자들의 의도는 바로 筮人들이 사용하도록 대의를 밝히고 사례를 만들어 놓은 것일 뿐이다. 인간사의 내용을 이루고 있는 전쟁, 혼인, 제사, 사냥, 재물을 잃음 등의 행위들은 이미 벌어진 불행한 사태라든지 혹은 앞으로 있을 大事에 해당한다. 이러한 불행한 사태와 대사를 당해 인간들은 하늘에 묻고 그 답을 얻으려고 한다. 그래서 찾는 것이 점이다. 문왕과 주공은 이때에 유용하게 쓰도록 하기 위해 괘효사를 찬술한 것이다. 이런 까닭에 애초에 『역』에는 天人性命의 이치가 놓일 자리가 없었던 것이다. 天人性命의 이치란 결국 인문학을 자연학에 결부시키는 원리이다. 다산의 이어지는 말로 정리한다면, "상하 두 편 64괘 386효의 효사를 하나같이 천인성명의 의리에 귀결시켜서 스스로 그 진퇴존망의 뜻이 깃들게 하고자 한다면 어긋나서 맞추려 하여도 들어맞지 않음이 많을 것이다."[16] 괘효사는 점치는 자

---

15) 『역학서언』 2/48, 「周易答客難」, 4/25b, "若是者, 文周撰詞之初, 唯爲筮人發凡立例而止耳. 天人性命之理, 何所寓於此間哉!"

들을 위해 만들어놓은 사례집일 뿐인데 여기에서 性命의 이치를 찾는 것은 애초 출발부터 잘못된 것이다.

그러나 그렇다고 하여 다산이 『역』을 존중하지 않는 것은 아니다. 성명의 이치를 추구하는 방식이 아닌 다른 방식으로 접근할 때 『역』은 의미가 있게 되며 대의로써 존중받을 수 있게 된다. 그 방식은 바로 "詞를 버리고 그 象을 음미한다(舍其詞, 而玩其象)"는 것이다.

> 만약 점을 쳐서 그것을 만났을 때 詞를 버리고 그 상을 음미한다면, 두 편 64괘 386효가 다 대의일 것이니 어찌 존중하지 않을 수 있겠는가?[17]

다산의 이 말은 대단히 파격적이다. '舍詞玩象', 곧 괘효사를 버리고 상을 음미한다는 말은 한대 상수역학자들에게서도 찾아볼 수 없는 선언이다. 다산 자신이 문왕과 주공을 성인의 반열로 존중하며 유가 제1경전의 저작자들로 인정하고 있으면서도 그들이 찬술한 詞들을 버리라는 말은 마치 모순처럼 보이지만, 다산에게 있어 이른바 大義가 담겨 있는 곳은 詞가 아니라 爻이다. 효는 변화를 상징하고 이 변화는 효들의 상에서 표현된다. 386효가 각각 하나 이상의 상들을 가지고 있고 이 상들의 조합과 변화원리를 음미하게 되면 『역』이 내포하고 있는 대의를 알 수 있게 된다. 다산이 지적하듯이 386효의 효사를 가지고 천인성명의 이치에 귀결시킨 뒤에 저절로 그 이치 속에서 자신의 행동지침을 찾아내려는 의도는 효사 저작의 의도가 본래 천인성명의 이치를 밝

---

16) 『역학서언』 2/48, 「周易答客難」, 4/26a, "今欲以二篇六十四卦三百八十六爻之詞, 一以歸之於天人性命之理, 而欲以自寓其進退存亡之義, 則多見其鉏鋙枘鑿, 而不相投合也."

17) 『역학서언』 2/48, 「周易答客難」, 4/26a, "若夫筮而遇之, 舍其詞而玩其象, 則二篇六十四卦三百八十六爻, 皆大義也, 何不尊之有?"

히는 데 있는 것이 아니기 때문에 실현될 수가 없다.

4. 易詞의 문화 텍스트적 기능과 그 의미

다산의 『주역사전』 저술은 예학 관련 저술과 동시에 진행되었다. 따라서 그의 역학은 태생적으로 禮와 연관되지 않을 수 없다. 그러나 기타의 예 관련 저술들이 禮訟의 문제를 다루거나 禮論에 대한 고증이나 변론을 위주로 하는 것과는 달리, 『주역사전』에 인용되는 禮는 괘효사의 물상―괘덕과 괘상을 포함하는 포괄적 의미―과 故事에 대한 증빙 또는 반증 자료로 제시된다는 점에서 그 성격이 다르다. 따라서 논리적이기보다는 열거적이며, 백과전서적이다.

坤괘 육5의 경우, '黃裳'이라는 물상을 반증하는 자료로써 禮를 인용한다.

> 坤괘 육5는 王后의 자리이다. 『周禮』에 따르면, 왕후의 여섯 가지 복식 가운데 하나가 鞠衣인데(주에 "鞠은 누런색이다"고 하였다), 옛날 여녀자의 복식에서 웃옷과 치마는 서로 붙어 있었으니(『周禮疏』에 보인다), '누런 치마'는 곧 鞠衣이다.[18]

주공의 작품인 爻詞 속에는 殷周 교체기의 문화가 반영되어 있다. '黃裳' 또한 그 시기 주대 문화의 한 단면을 대변하는데, 효사가 주대 문화의 텍스트라는 점을 보여주기 위해 『주례』와 그에 대한 鄭玄의 주, 賈公彦의 소를 모두 동원하여 반증자료로 활용하는 것이다.[19] 주

---

18) 『주역사전』 2/37, 坤卦 六五, 茶山箋, 1/49b-50a, "坤之六五, 王后之位也. 『周禮』王后六服, 一曰鞠衣(注云, '鞠, 黃色'), 而古者, 婦人之服, 衣裳相連(見『禮疏』), '黃裳'者, 鞠衣也."

나라의 예법에 왕후는 여섯 종류의 복식을 할 수 있었는데, 그중 하나가 鞠衣이다. 정현의 주에 따르면 '鞠'은 누런색이므로 '鞠衣'는 곧 '黃衣'와 같다. 그런데 가공언의 소에 따르면 옛날 아녀자의 복식은 위아래가 붙어 있었으므로 '衣'와 '裳'은 결국 하나의 동일한 옷을 지칭한다. 周公의 문장인 '黃裳'은 결국 『주례』에 기재되어 있는 왕후의 복식이며, 곤괘 육5에서 '황상'을 말한 것은 그 자리가 왕후의 자리를 상징하기 때문이다. 여기에서 『주례』는 효사의 물상을 반증하는 데 기여할 뿐, 왕후가 왜 누런색의 옷을 입어야 하는지, 또는 옛날 여인들의 복식이 왜 웃옷과 치마가 붙어 있어야 하는지 등을 증명하는 데 이용되지 않는다.

晉괘 괘사 "康侯, 用錫馬蕃庶, 晝日三接(康侯가 많은 말을 하사하고 낮에 세 번 접견한다)"의 경우에는 실제의 사실사건을 반증하는 자료로써 禮를 인용한다.

> 주자가 康侯를 『주례』 「고공기」의 寧侯(나라를 편안하게 하는 군주 : 역자주)와 같은 경우라고 말하였으나(나라를 안정시킴을 가리킨다), 帝乙이 누이동생을 시집보낸 일과 高宗이 鬼方을 정벌한 일, 그리고 箕子가 明夷한 일 등이 다 실제로 있었던 일이므로 강후가 말을 하사한 일도 반드시 옛날의 사실일 것이다.
>
> ○ 『주례』 「대행인」(현재의 외교관 : 역자주)의 직분을 살펴보건대, "공작은 세 번 대접하며 세 번 위문하고 세 번 위로하며, 후작은 세 번 대접하며 두 번 위문하고 두 번 위로하며, 자작과 남작은 세 번 대접하

---

19) 『周禮注疏』, 「天官冢宰·內司服」/ 十三經注疏本, 北京大學出版社, 1999, 202~207쪽 참조. "『周禮』本文 : 內司服掌王后之六服, 褘衣·揄狄·闕狄·鞠衣·展衣·綠衣·素沙. 鄭玄注 : 褘衣, 畫衣也,……揄狄·闕狄, 畫羽飾. 展衣, 白衣也.……鞠衣, 黃衣也. 素沙, 赤衣也. 賈公彦疏 : 素沙者, 此非服名……婦人之服, 不殊裳, 上下連."

며 한 번 위문하고 한 번 위로한다.”고 하였으니, 경문의 ‘세 번 접견한다’는 말은 이러한 예법을 가리킨다.[20]

주자는 ‘康侯’를 나라를 편안하게 하는 제후라는 일반적 의미로 이해하였다.[21] 주희 本義대로라면, “晉괘는 나라를 편안하게 하는 제후에게 많은 말을 하사하고 낮에 세 번 접견한다.”로 풀이된다. 그러나 다산은 이를 실제 사건의 텍스트로 이해한다. 『주역』泰괘 육5와 歸妹괘 육5의 “帝乙歸妹”를 帝乙이 누이동생을 시집보낸 실제사건으로 이해하고, 旣濟괘 구3 “高宗伐鬼方”을 高宗이 鬼方을 정벌한 실제 전쟁을 묘사하는 텍스트로 이해하는 다산에게 “康侯, 用錫馬蕃庶”라는 詞가 실제의 사건파일로 읽힐 수 있다는 것은 짐작가능하다. 『주례』「大行人」조의 예법도 괘사 ‘三接’의 반증자료로 제시되었다.[22] 그러나 마찬가지로 왜 신분에 따라 접대나 위문의 예법에 차이가 생기는지 등에 관해서는 설명할 필요를 느끼지 않는다. 이것은 별도의 과제이기 때문이다. 『주역』의 詞들은 禮의 근본이나 원리, 목적 등을 알리는 데 목표가 있는 것이 아니라, 각각의 괘효상에 맞는 사례들을 나열하여 筮法의 편리를 추구한 데 그 목적이 있었기 때문이다. 다산은 늘그막에 평생의 목표로 『주례』를 完注하고 싶지만 세월이 무상하다는 말을

---

20) 『주역사전』2/40, 晉卦 卦詞, 茶山箋, 4/40a, “案 : 朱子以康侯謂如「考工記」之寧侯(謂安國), 然帝乙歸妹, 高宗伐鬼方, 箕子明夷之類, 皆實有是事, 則康侯錫馬, 亦必故實也. ○ 又按 : 『周禮』「大行人」職, 曰, ‘諸公三饗三問三勞, 諸侯三饗再問再勞, 子男三饗一問一勞’, 經云, ‘三接’, 蓋指此禮也.”

21) 朱熹, 『周易本義』, 晉卦 卦詞, 朱子註, “康侯, 安國之侯也. 錫馬蕃庶, 晝日三接, 言多受大賜, 而顯被親禮也.”

22) 『周禮注疏』, 「秋官司寇·大行人」/ 十三經注疏本, 北京 : 北京大學出版社, 1999, 996〜1001쪽 참조. “上公之禮,……廟中將幣三享,……三問三勞. 諸侯之禮,……廟中將幣三享,……再問再勞. 諸伯執躬圭, 其他皆如諸侯之禮. 諸子,……廟中將幣三享, 壹問壹勞. 諸男執蒲璧, 其他皆如諸子之禮.”

남긴 적이 있는데, 만약 그의 목표가 달성되었다면, 그 주석에서는 어쩌면 이러한 작업이 진행되었을지 모른다.

다산은 『주역』을 周나라라는 한정적 시공간의 문화 텍스트로 읽고 있다. 마치 인류학자가 한 나라, 또는 한 종족의 민속을 탐구하듯이 易詞 한 글자 한 글자를 해체하기를 마다하지 않는다. 『주역사전』에 등장하는 禮 관련 내용들은 모두 괘효사의 물상에 대한 사전적 역할을 하며, 괘효사의 배경 설명을 하는 데 필요한 故事들이다. 따라서 『주역』의 괘사와 효사는 통시대성을 지닌 영원불변의 진리로 간주되거나, 우주적 원리를 體로 삼고 그것의 用으로서의 인문질서가 통합적으로 일관되어 있는 형이상학적 진리로 간주되지 않는다.

『주역』을 한정적 시공간의 문화현상으로 파악하는 일은 사실 정통 학문에 대한 대단한 도전이며, 게다가 자연의 원리를 배제하고 인문학적 관점에서만 바라보려는 시도는 위태해 보이기도 한다. 그러나 그것이 도발적인 의도를 가진 것으로는 보이지 않는다. 그가 학문 대부분을 經學 탐구에 쏟은 것은 경학이 지닌 인간학을 회복하는 일이었으며, 이른바 원시유학의 도덕정신을 되살리려는 노력이었다.

『주역』의 인문학을 회복하기 위해 다산이 먼저 시도한 작업은 『주역』에 대한 신비적 관점을 깨는 일이었다. 그것은 인간 도덕문화의 원칙들이 자연의 원리, 우주적 원리에 연원한다는 형이상학적 본체론을 비판하는 작업의 일환이다. 그리고 그 비판의 과녁은 언제나 주자학적 세계관이었다. 다산이 『주역』을 象學으로 일관되게 해석하는 것이 단순히 고대의 상징체계를 보여주기 위한 것이라고 생각하는 것은 대단한 오해이다. 고대 원시 역상의 체계를 통해서 전통 성리학적 세계관이 아닌 전혀 다른 세계관으로, 아니 다르다고 하기보다는 儒家 본원의 세계관으로, 역학을 재정립하려 한 것이 다산역의 핵심이라 할 수 있다. 『주역』이 당대 문화의 텍스트라고 할 때, 다산이 『주역사전』에서 보여준 텍스트 분석은 텍스트의 구조를 분석한 것이 아니라 그 내용을 분석한 것이다. 그렇다면 그 분석된 텍스트의 내용이 과연 무엇인가? 그것은 바로 당대 문화가 보여주는 인문학, 인문정신인 것이다.

따라서 괘효사에서 天人性命의 이치를 찾는 것은 무의미하다. 天人性命의 이치란 결국 인문학을 자연학에 결부시키는 원리인데, 다산은 이 양자의 결합을 근본적으로 회의하고 있는 것이다. 다산은 「설괘전」의 箋에서, "옛날 성인이 『역』을 지을 때에 장차 性命의 이치에 따르고자 하였다."23)는 공자의 傳文에 대해 한 마디 주석도 달지 않았다. 공자가 분명 성인의 作易이 천명과 인물성의 원리에 따르고자 하는 의도에서 이루어진 것임을 밝혔지만, 다산은 의도적으로 性命의 원리에 대한 언급을 피하고 있는 것이다. 이는 『역』이 자연학적 원리와 인문학적 원리를 통합하고 있다는 전래의 통념을 부정하는 간접적인 역할을 한다.

이를 위해 다산은 『역』에서 인문학으로 덧칠해진 유사 자연학적 색채를 배제하기 시작한다. 필자가 사용하는 자연학이라는 개념은 자연과학을 지칭하는 것이 아니라, 인문학의 원칙들이 자연의 원리에 연원한다고 보는 형이상학 관점을 지칭하는 것이다. 「역전」에서 사용된 태극, 음양은 자연의 변화원리 또는 우주적 본체로 이해되어 왔지만, 다산은 陰陽을 하나의 자연현상으로 파악하고, 五行은 五常의 근원처로서가 아닌 물질 요소로, 태극은 최초의 元氣로 파악한다. 「역전」의 작자는 태극, 음양 개념을 활용하여 『역』이 본체론적 요소와 현상론적 요소를 모두 포괄하고 있는 것으로 파악한 것이지만, 다산은 『역』에서 본체론적 요소를 제거함으로써 『역』에서 활용되는 원리나 법칙이 순수 현상론적 원리임을 강조한다. 이른바 易理四法은 『역』의 운용원리

---

23) 『주역사전』 2/44, 「說卦傳」, 원문, 8/29a, "昔者, 聖人之作『易』也, 將以順性命之理."

이지 『역』에 내재되어 있는 자연원리가 아니다.

다산은 자연학과 인문학의 결합 시도를 반박하면서 여러 곳에서 양자의 연결고리를 끊었다. 천인성명의 이치를 배제한 것 외에 수학을 『역』에서 배제한 것도 그 하나이다. 坤괘 육2 "直方大不習無不利(곧고 모나지만 큰 것이 거듭하지 않으니, 이롭지 않음이 없다)"에 대해 李光地가 '直方大'로 구두하며 서구 기하학의 원형이 여기에 담겨있다고 주장하는 것에 대해 다음과 같이 반박한다.

> 坤괘 여섯 효가 모두 陽韻이니 '直方大'를 한 구로 써서는 안 된다. 기하학자들이 말하는 선·면·체가 어떻게 『주역』에 관계되겠는가?24)

다산에 의하면, 곤괘의 여섯 효사들은 각각 霜, 方, 章, 囊, 裳, 戰이 운에 따라 지어진 것이기 때문에 육2는 '直方'에서 구두해야 된다. 이광지는 서구 기하학의 원형을 『주역』에서 끌어내기 위한 목적으로 '直方大'로 구두하면서 선·면·체에 각각 배속시켰지만, 다산은 단호하게 그 고리를 끊어낸다. "기하학자들이 말하는 선·면·체가 어떻게 『주역』에 관계되겠는가?"

아울러 曆法도 『역』에서 배제한다.

> 대저 『역』의 도는 象(본뜬 것)일 뿐이다. 그러므로 12벽괘로 사시를 상징하였고, 中孚괘와 小過괘로 재윤을 상징하였다. 이에 乾괘와 坤괘 두 괘는 하늘과 땅을 상징하고 나머지 62괘는 5년마다 오는 재윤의 62개월의 수를 상징하였다. 성인은 여기서 또한 그 아주 비슷한 것을 취했을 뿐이다. 分卦直日의 법이 어찌 경 안에 증거가 있겠는가? 『역』이

---

24) 『역학서언』 2/47, 「李氏折中鈔」, 3/23b, "李光地云, '數學有所謂線·面·體者, 非線之直, 不能成面之方, 因面之方而積之, 則能成體之大.' 議曰, 坤卦六爻 都是陽韻, 不可作直方大句, 幾何家之線·面·體, 何干於『周易』?"

曆法을 본뜨는 것은 가능하지만 한진 이래로 曆法이 『역』을 본떴으니 어찌 통하겠는가? 曆은 일월오성의 강기이다. 조금의 차라도 있으면 사시가 어그러지니 어찌 『역』을 본떠서 만들었겠는가?[25]

　다산은 역리가 상징철학으로 기능할 수는 있지만, 과학적 수치를 계산하는 용도로는 결코 쓰일 수 없다고 보는 것이다. 이처럼 수학이나 역법, 천문학 등의 자연과학을 『역』에서 분리해내면 괘효사가 인문학적 성격을 띤 사례모음이라는 다산의 주장을 이해할 수 있게 된다.

5. 맺는 말

　서구과학의 전래 이후 조선의 역학가들 사이에선 서구과학과 『주역』을 접목하려는 많은 시도들이 있었다. 金錫文, 黃胤錫, 徐命膺 등이 그 대표주자인 셈인데, 이들의 역학은 서구과학의 『주역』적 재해석이었다. 그들 모두 성리학적 象數易에 기반하고 있었기 때문에, 선진 자연과학 지식은 성리학적 상수역의 정당성을 반증하는 부수적 역할에 그칠 뿐, 순수 자연과학으로 수용되지 못했다. 그들의 상수역은 소강절과 주희의 先天後天說과 河圖洛書說에 기초한다. 다산이 이들의 역학을 구체적으로 언급하면서 비판을 가한 곳은 찾을 수 없지만, 사상의 시대반동적 경향을 고려할 때 이들 역학의 부정적 영향은 필연적인 것으로 보인다. 이들의 직접적 영향이 실제로 전무했을 수 있으나

---

25) 『역학서언』 2/46, 「唐書卦氣論」, 2/13b, “大抵『易』之爲道, 象而已. 故十二辟卦以象四時, 中孚小過以象兩閏. 於是, 乾坤二卦以象天地, 餘六十二卦以象五歲再閏六十二月之數. 聖人於此, 亦取其髣髴之似而已. 分卦直日, 豈有經證耶? 以『易』象曆可也, 漢晉以降以曆象『易』, 豈可通乎? 曆也者, 日月五星之紀也. 毫髮有差, 四時乖舛, 奚暇象『易』而爲之哉!”

세계관의 변화는 이들을 부정하지 않을 수 없었다.

이들과 같은 자연학과 인문학의 결합 시도를 반박하면서 다산은 여러 곳에서 양자의 연결고리를 끊었다. 천인성명의 이치를 배제한 것 외에 수학과 曆法을 『역』에서 배제한 것도 그 하나이다. 다산은 역리가 상징철학으로써 기능할 수는 있지만, 과학적 수치를 계산하는 용도로는 결코 쓰일 수 없다고 보는 것이다. 이처럼 수학이나 역법, 천문학 등의 자연학을 『역』에서 분리해내면 괘효사가 인문학적 성격을 띤 사례모음이라는 다산의 주장을 이해할 수 있게 된다.

정통역학에서는 우주와 인간이 道나 理라는 거대하고 원만한 통일성 안에서 융해되어 논의될 수 있었다. 왕필역학에서 無라는 통일적 실체에로 우주와 인간이 회귀할 수 있었다면, 주자역학에서는 理라는 보편적 원리에로 포괄될 수 있었다. 그러나 다산역학에서는 원시유학의 상제가 복권되면서 그 최고존재 아래 우주와 인간이 구분되는 天人分離의 구도가 형성되었다. 따라서 자연학과 인문학의 총체적 진리가 담겨있다고 여겨졌던 『역』의 면모가 축소될 수밖에 없다. 다산의 구도 속에서 인문학의 모든 기호와 상징은 인간의 영역에 속하는 것이지 자연의 영역이 아니다. 신 아래 자연과 인간이 대적하듯이, 자연은 자연의 원리대로 움직이고 인간은 인간의 윤리에 따라 살 뿐이다. 인간의 발명품은 인간의 소유물이듯이 『주역』도 인류가 발견한 인간만의 기호와 상징의 체계로 이해된다. 따라서 이와 같은 맥락에서 볼 때, 『주역』은 다분히 불완전하며 한정성을 가질 수밖에 없다. 다산이 『주역』을 殷末周初의 한정적 시공간 속 문화 텍스트로 읽으려고 하는 이유가 바로 여기에 존재한다.

『주역』을 한정적 시공간의 문화현상으로 파악하는 일은 사실 정통 학문에 대한 대단한 도전이며, 게다가 자연학과 인문학의 형이상학적 결합의 원리를 배제하고 인문학적 관점에서만 바라보려는 시도는 위태해 보이기도 한다. 그러나 그것이 도발적인 의도를 가진 것으로는 보이지 않는다. 그가 학문 대부분을 經學 탐구에 쏟은 것은 경학이 지닌 인간학을 회복하는 일이었으며, 이른바 원시유학의 도덕정신을 되살리려는 노력이었다. 다산이 『주역』에서 읽어낸 사실은 易詞가 문왕과 주공 당대의 문화 텍스트라는 것이다. 그가 天人性命의 형이상학적 결합을 부정하고 易詞를 텍스트로 읽는 것은 자연학과 인문학의 體用一元的 결합의 방식으로 『주역』을 독해하지 않아도 『주역』에서 구체적이며 실존적인 인문 가치를 읽어낼 수 있다고 보았기 때문이다.

朝鮮後期 實學者들의 陽明學觀[*]

한 정 길

1. 머리말

임진왜란과 병자호란, 양란을 거치면서 조선사회는 혼란해진 현실을 바로잡을 수 있는 새로운 질서체제의 확립을 요구하고 있었다. 이에 당시의 지식인들은 현실을 구제할 수 있는 다양한 방안을 모색하게 된다. 그런데 그 모색은 크게 두 가지 측면에서 진행된 것으로 정리할 수 있다.

하나는 조선조 통치이념이었던 주자학적 의리명분을 강화시킴으로써 현실을 바로잡으려는 것이다. 이것은 주로 당시 노론계열의 정통 성리학자들에 의해 추진되었다. 또 하나는 주자학적 이념의 강화라는 방식이 지니는 현실적 한계를 자각하고 보다 실질적인 측면에서 새로운 현실 구제 방안을 모색하고자 한 흐름을 들 수 있다. 이 모색은 보다 다양한 형태로 나타난다. 즉 국가경영을 위한 새로운 제도에 대한 탐구, 민생의 물질적 조건을 개선할 수 있는 방법에 대한 탐구, 실질적인 일에서 올바름을 구하려는 것 등이 그것이다. 이들 학문의 정체성에 대한 회의와 비판이 없는 것은 아니지만, 이들은 공리공담으로 흐를 수 있는 일체의 관념적인 논의를 거부하고, 실제적인 삶에 절실한

---

* 이 논문은 『韓國實學硏究』 10(2005. 12)에 실었던 것을 재수록한 것이다.

것들을 학문의 대상으로 삼고 있다는 점에서 함께 묶일 수 있다. 우리 학계에서는 이들의 학문을 '실학'이라는 하나의 학문 범주에 포함시켜서 다루어 왔다.

조선후기의 실학자들은 현실을 구제하는 다양한 방안을 모색하는 과정에서 기존의 사상들에 대한 반성작업을 시도한다. 그 반성 대상 가운데 대표적인 것이 바로 주자학과 양명학 및 서학이다. 그런데 조선 실학자들의 주자학관이나 서학관에 대해서는 실학연구가라면 누구나 그에 대한 나름대로의 연구 결과물들을 지니고 있을 만큼 많은 연구가 진행된 상태이다. 이에 반해 그들의 양명학관에 관한 연구는 일단 그 양적 측면에서 그렇게 많지 않고, 또 그 연구경향도 실학과 양명학의 연관성을 지나치게 확대해석해 온 면이 있다. 거기에는 실학을 성리학에 대한 극복사조로 간주하고자 하는 관점이 전제되어 있었다. 실학이나 양명학이 모두 성리학에 대한 비판을 통하여 형성되었다는 점에서 양자의 연관성에 주목했던 것이다. 그러나 근래에 실학을 성리학에 대한 비판을 통하여 형성된 것으로 보기보다는 성리학의 내재적인 발전 과정 속에서 이해하려는 관점이 세력을 얻어가고 있다. 이러한 상황에 비추어볼 때 실학과 양명학의 연관성에 대해서도 보다 객관적 관점에서의 고찰이 요구된다고 하겠다.

이 글에서는 먼저 조선후기 실학자들의 양명학관에 대한 기존 연구 분석을 통하여 그동안의 연구 경향과 관점을 정리할 것이다. 그리고 가능한 한 객관적인 관점에서 실학자들이 양명학을 바라보는 기본 태도 및 그 이해의 정도를 구체적으로 살펴봄으로써 실학자들의 양명학관에 나타난 특성을 규명함과 아울러 기존 연구의 문제점을 지적하고 앞으로의 연구방향을 제안해 보고자 한다.

2. 실학과 양명학의 연관성에 관한 기존 연구 분석

실학과 양명학의 연관성을 밝힌 대표적인 연구가로는 정인보·홍이섭·이을호·유명종·유승국·금장태·송석준·서종태 등을 들 수 있다.

실학과 양명학의 연관성을 가장 먼저 언급한 사람은 정인보이다. 그는 조선의 양명학파를 양명학 정신의 표현 방식에 따라 세 가지 부류, 즉 "하나는 뚜렷한 저서가 있다든지 그렇지 않으면 그 언론 간에라도 분명히 증거할 만한 것이 있어 외간에서는 몰랐을지라도 양명학파라 하기에 의심 없는 이들이요, 하나는 양명학을 비난한 말이 있는데 전후를 종합하여 보면 이는 詭辭라, 속으로는 양명학을 주장하던 것을 가릴 수 없는 것이 있는 이들이요, 하나는 양명의 학을 일언반구 提及한 적이 없고 尊奉함은 晦菴에 있어서 양명을 말하지 아니하되 그 생평 주장의 主腦되는 정신을 보면 두말할 것 없이 양명학임을 알 수 있는 이들"[1]로 나눈다. 그리고 그는 「毉山問答」의 虛實論이 왕양명의 拔本塞源論과 표리가 됨이 완연하다고 보고, 또 "학문의 分界는 虛實일 뿐이라. 하곡의 「存言」과 담헌의 「問答」이 모두 한 實字를 表揭함이니, 이 점 後學이 着眼할 곳이다"고 하여 홍대용을 위에서 언급한 세 번째 부류에 속하는 숨은 양명학도로 파악하였다. 정인보의 이러한 연구는 양명학과 조선조 후기의 실학사상의 관계를 처음으로 지적함으로써 조선조 양명학의 역사적 성격에 관한 연구에 돌파구를 열었다[2]는 점에서 의의가 있다고 하겠다.

홍이섭은 실학자들의 사상적 기저의 일부는 양명학이었다고 주장하

---

1) 鄭寅普, 『陽明學演論』, 211쪽.
2) 松田弘, 「朝鮮朝 陽明學 研究의 現狀과 今後의 課題」, 『정신문화』 10, 1981, 50쪽.

고, 성호학파 실학의 급진적인 사상의 성격과 동시대 선행적인 청대 학자들의 급진적 사회비판과의 관련성을 언급한다. 그에 따르면 성호나 여타의 남인학자들이 退栗을 내세우며, 더욱 주자학적인 전통에서 퇴계를 숭앙하지만, 그들이 안으로 새기어 전개시킨 사상은 곧 전통적 주자학의 정신기반에서만 움직인 것이 아니다. 생각한 것을 실천에 옮기는 데 적극적이었던 것은 급박한 '조선현실'이 요청하고 있는 데서 주자학적인 정통만의 고취로서는 감당할 수 없었다.3) 실학에 있어 남인학파의 사상조류는 外朱內王으로 이 왕학의 흐름은 대륙의 그것을 농후하게 수용하며, 금학이었던 이 고장에서는 그 출처를 밝히지 않고 소화시킨 데서 이른바 실학사상의 급진성이 여기에 숨어 있었다고 본다.4)

정인보가 홍대용에 주목하여 실학과 양명학의 연관성을 조명한 것과는 달리, 이을호는 정약용에 주목하여 그 연관성을 밝히는 작업을 이어간다. 그는 정약용이 양명학을 禪學이라고 비판하지는 않고 있다는 사실, 비록 왕양명의 '치양지설'에 대해서는 비판하고 있지만 '지행합일론'에 대해서는 긍정적인 입장을 취하고 있다는 사실을 들어서 다산의 사상에 있어서 양명학적 경향이 있음을 주장하였다.5) 이을호의 이러한 견해는 훗날 김길환에 의해 비판을 받게 된다. 김길환은 다산이 치양지설을 異端이라고 비판한 것에 근거하여 다산과 양명사상의 연관성을 부정한다.6)

실학과 양명학의 연관성을 비교적 폭넓게 연구한 이로는 유명종을 꼽을 수 있다. 그는 흔히 북학파로 꼽히는 홍대용과 박지원 및 박제가

---

3) 洪以燮, 「實學에 있어서 南人學派의 思想的 系譜」, 『人文科學』 10, 연세대학교 문과대학, 1963, 198쪽.

4) 洪以燮, 위의 논문, 204쪽.

5) 李乙浩, 「茶山 經學의 陸王學的 斷面」, 『東方學志』 8, 1967.

6) 金吉煥, 『韓國陽明學研究』, 一志社, 1984, 31쪽.

의 실학사상과 양명학의 영향관계를 검토하였다.[7] 그는 홍대용과 양명학의 연관성에 대한 정인보의 연구를 기본적으로 받아들이면서도 보다 조심스럽게 접근하는 태도를 보인다. 그는 홍대용의 『의산문답』과 왕양명의 「발본색원론」이 모두 만물일체론의 기반 위에 서 있음을 보여줌으로써 양자를 표리 관계로 파악하는 정인보의 관점에 그 철학적 근거를 제공한다. 그러나 그는 정인보가 하곡의 「존언」과 담헌의 「의산문답」이 다 '實'字를 表揭하고 있다는 점에서 담헌의 '실'자의 정신이 바로 양명학의 정신이라고 규정한 것은 독단에 따를 가능성이 짙다고 비판하고, 담헌의 실학정신의 사상사적 연원을 담헌의 스승인 김원행이 實心과 實學을 주장하여 후학을 교도한 데서 찾는다.[8]

　유명종은 또 「조선조 양명학과 그 전개」(1978)라는 글 가운데서 실학과 양명학의 관계를 성리학의 극복사조라는 관점에서 조명하였다. 그는 실학파의 양명학 수용을 '실학계몽파의 양명학 절충', '良知와 實事求是의 통일', '북학파의 양명학 절충', '박지원의 문학사상', '박제가의 신독학'으로 나누어 설명하였다. 우선 '실학계몽파의 양명학 절충'에서는 허균과 이수광에게서 발견되는 양명학의 정신을 다루고 있다. 허균의 경우에는 그의 인도주의적이고, 주자학적 교조주의를 반대하며, 인욕을 긍정하고, 개성을 존중하는 문학정신이 양명좌파인 何心隱·李贄 및 公安派의 袁宗道·袁宏道·袁中道 등의 새로운 문학운동과 닮은 점을 지적하였다.[9] 그리고 이수광의 경우에는 그의 학문 가운데, 첫째 구질서에 대한 비판적 안목은 양명학·천주교·세계에 관한 인식으로 나타났고, 둘째 實事·實用·實得·實心·實證 정신은

---

7) 劉明鍾, 「北學派의 陽明學 - 湛軒의 主氣說을 中心으로 - 」, 『철학연구』 제20집, 1975.

8) 劉明鍾, 위의 논문, 99쪽.

9) 劉明鍾, 「朝鮮朝 陽明學과 그 展開」, 『韓國哲學史』 下, 東明社, 1978, 18쪽 참조.

백과전서파를 형성하였으며, 셋째 務實정신은 생산적 사회 개조로 나아갔고, 넷째 詩文의 주체성, 개성적 정신은 모방·표절을 거부케 하고, 진심의 발로와 실용성을 강조하게 되었다고 정리하고, 이러한 모든 정신의 기초에는 眞僞를 판별하고 엄숙한 眞과 誠을 구하는 양명학의 정신이 있었다고 주장하였다.[10] '良知와 實事求是의 통일'에서는 梁得中(德村, 1665~1742)의 사상과 양명학의 영향 관계를 밝히고 있다. 즉 양득중의 사상은 '실사구시의 강조'와 '양지설의 주장'으로 요약되는데, 이는 양명학의 영향을 받은 것이라고 보았다. '북학파의 양명학 절충'에서는 북학파에 속하는 홍대용·박지원·박제가의 실학사상이 양명학과 절충되어 있음을 지적하고 있다. 즉 홍대용과 박지원의 主氣說이 존재론적 측면에서 왕양명의 氣哲學과 동일노선을 취하고 있으며, 홍대용의 『의산문답』과 왕양명의 「발본색원론」이 만물일체관의 동일한 기반 위에서 봉건적 신분제도를 타파하는 인간평등관을 제시하였다는 점을 예로 들었다. '박지원의 문학사상'에서는 박지원의 한문 소설인 「兩班傳」·「許生傳」·「虎叱」·「廣文者傳」·「馬駔傳」·「金神仙傳」 등에서 양명좌파인 何心隱·李贄·三袁의 公安派와 같은 문예정신을 발견할 수 있다는 점을 박지원과 양명학의 연관성을 주장하는 근거로 제시하였다. '박제가의 신독학'에서는 박제가가 학문의 근본을 愼獨에서 구한 것은 양명우파의 마지막 종사인 劉宗周의 誠意愼獨學에 비할 수 있고, 또 「고본대학」을 취한 것으로 보아 양명학을 절충하였음을 알 수 있다고 주장하였다.

유승국은 「한국근대사에 있어서 양명학의 역할」(1980)에서 "조선조에 있어서의 유교와 천주교, 의리학과 실학, 개화와 보수를 매개할 수 있는 기저로서의 철학사상이 양명학이었던 것을 구명하여, 그것에 의

---

10) 劉明鍾, 위의 논문, 26쪽.

하여 한국 근대사상사에 있어서 양명학이 담당한 역할을 해명"하려고
하였다. 이 발표에서 주목되는 것은 조선조 양명학이 담당한 역할이
매우 광범위하게 파악되고 있다는 점이다. 정인보가 홍대용과 양명학
의 관계에 대하여 지적하였고, 그 후 유명종이 홍대용, 박지원, 박제가
와 양명학의 관계에 대하여 논한 데 이어서 유승국은 우선 홍대용과
이익을 들어 그 실학정신 속에 양명학적 의식이 있음을 지적하고 있
다. 그리고 다시 양명학의 논지를 원용하여 동양사상과 서양의 천주교
를 매개시킨 학자로서 정약용, 권철신을 들고 있다. 특히 천주교의 수
용에 즈음해서의 양명학의 역할에 대해서는 종래에 지적되지 않았던
것으로, 유명종이 허균의 사상구조에서 양명학의 요소를 보려고 했던
것과 같이 조선조 양명학의 새 국면을 찾아내려고 하는 시도라고 할
수 있다.[11]

　한편 양명학을 실학 및 근대사상과의 연관성 속에서 조명하려는 연
구태도를 비판적으로 바라보는 시각도 존재한다. 대표적인 인물로 김
길환이 있다. 그는 양명학자로 규정할 수 있는 기준에 관한 검토가 요
구된다고 말하면서, 양명학과 실학이 모두 주자학의 공리공론, 관념과
추상, 권위와 횡포에 대해 반기를 든 점에서는 같을 수 있지만, 양자가
기본 이념과 체계, 확충 방법 등에서 동일하게 취급될 수 없는 독자성
이 있으며, 다만 실학이 그 이론을 확립하는 과정에서 양명학으로부터
힌트를 얻었을 것이라고 주장하였다.[12]

　금장태는 "양명학에 대한 공감적인 이해는 도학의 일방적 지배 아래
서 벗어나려는 노력을 가능하게 하였고, 특히 양명학이 주자학의 규범
적 형식성을 비판하는 태도를 취하고 있는 것은 실학파에게도 자극을
줄 수 있었던 것으로 생각된다. 따라서 도학파들이 양명학에 대한 기

---

11) 松田弘, 앞의 글, 56쪽.
12) 金吉煥, 『韓國陽明學研究』, 一志社, 1984, 69쪽.

본적인 배척 입장에서 관심조차 갖지 않은 반면, 실학파에서는 긍정적
이든 부정적이든 비교적 풍부한 관심을 양명학에 대해 보여주고 있다.
여기서 조선후기 실학파가 양명학의 영향에서 발전하였다는 가정은
성립될 수 없지만, 양명학을 보다 개방적으로 이해하고 있는 것이 하
나의 특징을 이룬다.……도학의 정통주의로 획일화된 사상계를 다원화
시키는 데 기여할 수 있는 긍정적 역할이 양명학에 주어졌다. 더구나
지식과 행동의 거리에서 오는 주자학파적 모순을 극복하려는 양명학
의 지행합일론은 실학파의 실천정신을 격려할 수 있는 것이기도 하였
다. 그러나 실학파는 양명학에서 철학적 근거를 발견하기보다는 도학
파의 절대적 권위를 상대화시키는 수단적 역할에 접근하였던 것으로
이해할 수 있다."[13]라고 하였다.

 송석준은 기존의 양명학 연구가 양명학을 연구한 학자들을 발굴하
는 데 치중했던 것과는 달리 양명학이 역사적 상황의 동질성에서 오는
공통 인식을 통해 실학과 상호 사상적으로 연계되고 있는 점을 중시하
여 한국 양명학의 특성을 실학과의 관련성 속에서 찾는다. 그는 실학
자들의 사상 속에 나타난 양명학적 사유구조를 탐색함으로써 한국사
상사에 있어서 실학과 양명학이 사상적 교류를 하고 있다는 사실을 비
교적 구체적으로 입증해 나간다. 그리고 한국 양명학은 조선조 후반기
의 사회적 상황과 관련하여 실학과 상호 사상적 교류를 통해 주자학을
실천적으로 극복하고 현실의 문제를 해결하는 데 사상적으로 기여하
고 있다고 주장한다.[14]

 송석준에 의해 분석된 양명학적 사유를 지닌 실학자들로는 양득

---

13) 琴章泰, 「朝鮮 後期의 實學思想」, 『韓國哲學史』 下卷, 東明社, 1987, 87~88
    쪽.
14) 宋錫準, 「實學派의 思想에 나타난 陽明學的 思惟構造」, 『儒敎思想研究』,
    1994, 415쪽.

중·이익·홍대용·권철신·정약용·정하상 등이다. 그에 따르면 양
득중·이익·홍대용 등은 객관적 가치관의 기준을 인간 주체에 둔 점
에서 양명학적 사유체계를 수용하였으며, 권철신·정약용·정하상 등
성호일파는 양명학을 통해 천주교와 유교의 조화를 꾀하였다는 것이
다.[15]

성호학파의 양명학과 실학의 관계에 대하여 오랫동안 폭넓은 연구
를 해온 바 있는 서종태는 성호학파의 인물들은 이익의 제자 대부터
이미 양명학을 수용하기 시작하였으며, 또한 후대로 갈수록 더욱 많은
성호학파 학자들이 정주학을 배격하고 양명학을 받아들이게 됨에 따
라서 양명학은 마침내 성호학파 소장학자들의 지배적인 학문으로까지
발전하기에 이르렀다고 주장한다.[16] 그리고 그 이유를 성호학파 실학
의 철학적 기반이 주자학과 모순되고 양명학과 합치된다는 점에서 찾
는다. 말하자면 덕을 이루는 학문과 아울러 事功에 관한 학문도 적극
추구한 이익의 실학체계는 근본적으로 정주학과 배치되고 양명학과
합치되는 것이었지만 이익 자신이 양명학을 비판하고 정주학을 지지
함으로써 심각한 이론적 모순을 범하였으며, 따라서 그 이론적 모순을
극복하는 길은 서로 배치되는 주자학을 배척하고 합치되는 양명학을
수용하는 방향으로 전개될 수밖에 없었다는 것이다.[17] 그의 분석에 따
르면 성호학파의 실학은 양명학을 수용함에 따라 그 철학적 토대를 확
립하게 되며, 양명학을 철학적 토대로 한 성호학파의 실학자들은 도덕
실천에 있어서 보다 적극적이었으며, 서양과학기술을 적극 탐구하는
등 사공에 관한 학문을 널리 추구하였다. 성호학파의 양명학은 강화학

---

15) 宋錫準, 「韓國陽明學과 實學 및 天主敎와의 思想的 關聯性에 關한 硏究」,
　　성균관대 박사학위논문, 1992.
16) 서종태, 「星湖學派의 陽明學과 西學」, 서강대 박사학위논문, 1996, 7~73쪽.
17) 서종태, 「星湖學派의 陽明學과 實學」, 『조선시대사학보』 7, 조선시대사학회,
　　1998, 146쪽.

파의 양명학이 양명우파 계통을 수용한 것과는 달리 양명좌파 계통을 수용하였다는 점에서 그것을 좌파적 성격을 지닌 실학적 양명학이라고 규정한다.[18]

3. 실학자들의 양명학관

실학과 양명학의 연관성에 대한 기존 연구 분석에서 보듯이 양명학에 관심을 갖고 있었던 실학자들로는 李睟光(1563~1628), 梁得中(1665~1742), 李瀷(1681~1763), 權日身, 洪大容(1731~1783), 朴趾源(1737~1805), 朴齊家(1750~1805), 丁若鏞(1762~1836) 등이 언급된다. 그런데 실학자들 가운데는 양명학에 별 관심을 가지지 않거나 비판적인 태도를 취하는 이들도 적지 않게 발견된다. 따라서 실학자들의 양명학관의 전체적인 윤곽을 잡아내기 위해서는 양명학에 대해 비판적이거나 무관심한 태도를 보이고 있는 학자들까지 망라하여 다루어야 한다. 그렇다고 해서 모든 실학자들의 양명학관을 다 다루기도 어렵다. 이러한 이유로 여기에서는 일단 양명학과의 연관성이 검토된 바 있는 이들로서 이수광·이익·홍대용·정약용을, 양명학에 대한 대표적인 비판가로서 안정복을, 그리고 양명학에 무관심한 태도를 보이고 있는 이로서는 조선후기 실학의 대표적인 기론자인 최한기를 그 연구대상으로 선정하였다.

1) 李睟光(1563~1628)의 양명학관

실학의 선구자로 알려지고 있는 李睟光은 도학에 기반을 두면서도

---

18) 서종태, 위의 논문, 146~147쪽.

성리학의 이론적 천착으로 나아가는 방향을 벗어나, 현실의 구체적 실천을 추구하는 실학정신을 발휘하는 데로 관심의 초점을 돌렸다.[19] 그런데 그의 실학 정신, 즉 구질서에 대한 비판적 안목, 實事·實用·實得·實心·實證 정신, 務實정신, 주체적이고 개성적인 시문정신 등의 기초에는 眞僞를 판별하고, 엄숙한 眞과 誠을 구하는 양명학의 정신이 있었다[20]는 연구 보고가 있다. 이수광의 실학정신과 양명학의 내재적 연관성이 주장되고 있는 것이다. 그러나 그가 양명학을 자기 실학사상의 기초로 파악하고 있는가는 보다 세심하게 살펴볼 필요가 있다. 그 까닭은 양명학에 대한 그의 평가가 긍정적이지만은 않기 때문이다.

李睟光은 양명학을 직접 異端으로 규정하지는 않는다. 그러나 왕양명의 학문종지인 '致良知說'을 불교의 '卽心見性'으로 간주하고 있는 데에서 알 수 있듯이 양명학을 禪學에 물들어 있는 것으로 이해한다.[21] 이 때문에 그는 양명학을 유학의 正道가 아닌 邪道로서,[22] 성인의 학문에 죄를 지은 것[23]으로 파악하는 관점을 지닌다. 그러나 그는 양명학이 선학에 물들어 있음을 경계하면서도 양명의 많은 가르침들을 수용하는 태도를 보인다.

대개 聖學이 의거하는 기본 경전은 '六經'이다. 그런데 양명학에서는 '육경'은 성인이 자신의 마음을 기록한 것이며, 성인의 마음은 내 마음과 동일하므로 "육경이란 내 마음의 기록이고, 육경은 실제로 내

---

19) 琴章泰, 「朝鮮後期의 實學思想」, 『韓國哲學史』 下, 98쪽.

20) 劉明鍾, 「朝鮮朝 陽明學과 그 展開」, 『韓國哲學史』 下, 26쪽.

21) 『芝峯類說』 卷5, 「儒道部」, <學問>, "其致良知之說乃佛家卽心見性, 以其簡易, 故一時學者多趣之, 然得罪於聖學."

22) 『芝峯類說』 卷7, 「經書部」3, '著述', "噫文皇此擧. 扶正抑邪之意至矣. 不然則陸氏之學, 不待陽明而盛行於世矣."

23) 『芝峯類說』 卷5, 「儒道部」, '學問', "其致良知之說乃佛家卽心見性, 以其簡易, 故一時學者多趣之, 然得罪於聖學."

마음에 갖추어져 있다.”[24]고 주장한다. 이것은 經學을 心學으로 파악한 것이다. 이러한 경학관에서는 문자의 의미 해석보다는 마음으로 문자의 뜻을 풀이하기를 요구한다. 육구연이 말하듯이 “육경이 모두 나의 주석인 것”[25]이다. 그런데 우리는 이수광에게서 이와 비슷한 경학관을 발견할 수 있다. 그는 “육경은 성인의 마음이다. 학자가 마음으로써 경문의 뜻을 찾는다면 이것을 얻을 것이나, 문자로서 경문을 살핀다면 이것을 상실할 것이다.”[26]라고 말한다. 육경을 성인의 마음을 기록한 것으로 이해한다는 점에서 이수광은 양명학적 사유에 많이 접근해 있음을 볼 수 있다. 그러나 그는 성인의 마음과 내 마음이 본질적으로 동일하다고 보는 양명학의 기본적인 견해를 받아들이고 있는 것으로 보이지는 않는다.

이수광은 지행관에 있어서는 비록 지행의 합일을 매우 강조하지만, 여전히 주자학에서 말하는 지행관을 벗어나지는 않고 있다. 그는 “聖賢이 사람을 가르치는 데 비록 천 가지 만 가지의 말을 하지만, 그 요점은 이 ‘안다’, ‘행한다’는 것에 지나지 않는다. 陳眞晟이 말하기를, ‘사람들이 이 학문에 있어서 만약 참으로 안다면, 행하는 것은 그 가운데에 있는 것이다’라 하였다. 나는 말한다. 배우는 자는 아는 것이 어렵지 않고 참으로 아는 것이 어려우며, 행하는 것이 어렵지 않고 실천하는 것이 어렵다. 그 어떤 이는 알면서도 실행하지 못하는데, 그것은 참으로 알지 못한 데에서 연유한 것이다.”[27]라고 하여 실천으로 옮겨

---

24) 『王陽明全集』 卷7, 「稽山書院尊經閣記」, 254쪽, “六經者, 吾心之記籍也, 而六經之實則具於吾心.”

25) 『象山語錄』 卷1, “學苟知本, 六經皆我註脚.”

26) 『芝峯集』 卷29, 「警語雜編」, “六經聖人之心也. 學者以心求經則得之, 以文字看經則失之.”

27) 『芝峯類說』 卷5, 「儒道部」, ‘學問’, “聖賢敎人. 雖千言萬語, 其要不過出此. 陳眞晟曰, 人於此學, 若眞知之則行在其中矣. 余謂學者非知之難, 眞知爲難.”

지는 참된 앎을 중시한다. 그러나 그가 말하는 지와 행은 양명학에서 말하는 지행과는 거리가 있다. 양명학에서 앎과 실천은 본원상에서 합일의 관계를 이룬다. 지와 행이 본래적으로 분리되어 있지 않은 것으로 파악하는 양명학에서는『대학』의 이른바 '치지'와 '성의'를 지와 행으로 구분하지도 않으며,『중용』의 이른바 박학·심문·신사·명변과 독행을 지와 행의 서로 다른 단계로 구분하지도 않는다. 그러나 이수광은 이와는 달리 격물치지와 성의를 지와 행으로 구분하고, 박학·심문·신사·명변과 독행을 지와 행의 서로 다른 단계로 구분한다.[28]

　치양지에 대해서도 그는 왕수인의 견해를 충분히 이해하고 있다고 보기는 어렵다. 그는 '치양지설'을 양명학의 종지로 파악한다. 이것은 왕수인이 '치양지를 일관지도'[29]로 간주하는 것에 근거할 때 양명학의 핵심소재를 제대로 본 것이라고 할 수 있다. 그런데 그는 致良知說을 불교의 '卽心見性'으로 이해함으로써 양명학을 불교와 마찬가지로 성인의 학문에 죄를 짓게 되었으므로 그것을 상세히 변론하지 않을 수 없다고 말한다.[30] 치양지설을 기본 종지로 하는 양명학을 선학으로 비판함으로써 성인의 학문으로부터 그것을 배제하고자 한 것이다. 그러나 그는 왕수인의 치양지설이 어떻게 불교의 '卽心見性'과 동일한 의미로 이해될 수 있는지에 대한 구체적인 설명을 하지 않고 있다. 다만 왕수인이 본심만을 직지하고 학문사변의 공부를 빠뜨렸다[31]는 언급을

非行之難, 實踐爲難. 其或知之而不能行者, 由不能眞知故也."

28)『芝峯類說』卷5,「儒道部」, '學問', "余在童丱, 及聞先生長者之餘論, 以謂爲學之方, 惟在知行二字. 大學之格物致知, 求所以知之也. 誠意以上, 卽所以行之之目也. 至於中庸所謂博學審問愼思明辨四者, 所以知之也. 篤行者, 所以行之也."

29)『傳習錄』, 140조목, "一以貫之, 非致其良知而何?"

30)『芝峯類說』卷5,「儒道部」, '學問', "余按守仁推尊象山, 而力詆朱子, 其致良知之說乃佛家卽心見性, 以其簡易, 故一時學者多趨之, 然得罪於聖學. 以此學者不可不詳辨焉."

예시하고 있는 것으로 볼 때, 왕수인의 치양지설이 심성공부에만 매몰되어 학문사변의 궁리공부를 빠뜨린 것으로 이해하였음을 짐작할 수 있다. 양명학에 대한 이수광의 이러한 비판은 성리학자들도 공통적으로 제기하고 있는 것이다. 이 점에서 보자면 이수광의 양명학관은 성리학자들의 일반적인 견해로부터 크게 벗어나 있지 않음을 보여준다. 따라서 진위를 구별하고, 眞과 誠의 실질을 중시한다고 해서 그것의 근원을 양명학에서 찾고자 한 것은 지나치게 작위적이라는 비판을 면하기 어렵다.

이수광은 비록 치양지설과 사구교 등 양명학의 핵심적인 이론을 비판하고는 있지만, 그 가르침 가운데 많은 것들을 의미 있는 것으로 받아들인다. 즉, 양명학의 가르침이 간이하여 사람들을 쉽게 끌어들일 수 있다는 점, 사욕을 제거하는 공부법이 엄중하고 절실하다는 점,[32] 오만함에 대한 경계와 겸손의 미덕의 존중,[33] 마음이 태허처럼 확연하여 부귀와 빈천, 得喪과 愛憎이 서로 만나도 걸림이 없는 무집착의 정신경계[34]에 대한 언급 등을 들고 있다. 이로써 보면 이수광은 양명학의

---

31) 『芝峯類說』卷5, 「儒道部」, ‘學問’, “王世貞謂, ‘王守仁爲致良知說, 直指本心最簡易痛切, 乃至欲盡廢學問思辨之功.’”

32) 『芝峯類說』卷5, 「儒道部」, ‘學問’, “王陽明曰, ‘君子正目而視之, 無他見也傾耳而聽之, 無他聞也. 如猫捕鼠, 如雞覆卵, 精神心思, 凝聚融結, 不復知有其他. 然後此志常立. 神氣淸明, 一有私欲, 卽便知覺, 自然容住不得.’ 余謂陽明此言, 極爲嚴切.”

33) 『芝峯類說』卷5, 「儒道部」, ‘學問’, “王守仁曰, 今人病痛大段只是傲. 傲則自高自是, 不肯屈下. 故爲子而傲, 必不能孝, 爲弟而傲, 必不能弟, 爲臣而傲, 必不能忠. 又曰爲學先要除此病根, 方寸有地步可進. 傲之反爲謙, 謙字便是對症之藥. 余謂世之爲文詞者自高自是, 則畢竟不能進一步, 而反究於退. 坐是病也. 傲之爲病, 豈惟學者然哉. 所謂千罪萬惡, 皆從傲上來是矣.”

34) 『芝峯類說』卷5, 「儒道部」, ‘心學’, “王陽明曰, ‘此心廓然, 與太虛同體. 太虛之中, 何物不有. 而無一物能爲太虛之障礙. 凡富貴貧賤得喪愛憎之相値, 卽飄風浮靄之往來變化於太虛. 而太虛之體, 固常廓然無礙也.’ 余謂此言固善.”

장단점을 비교적 객관적인 관점에서 평가하려는 태도를 취하였다고
할 수 있다.

2) 李瀷(1681~1763)의 양명학관

양명학을 전적으로 이단사설로 배척하는 당시의 주자학자들과는 달
리 이익은 양명학에 대해 비판적인 태도를 취하면서도 그것이 지닌 장
점을 아무런 선입견 없이 긍정하는 모습을 보인다. 그는 양명학을 禪
家의 풍미를 띠고 있으며,[35] 또 偏僻된 학설[36]이라고 비판한다. 그리
고 양명의 학술을 비판한 퇴계를 문묘에 從祀한 이상 양명을 함께 종
사할 수 없다는 주장을 펼친다.[37] 퇴계의 학문을 聖學의 정통계열로
파악하고 있는 이익은 양명학을 퇴계의 학문계열로부터 벗어난 것으
로 이해하고 있는 것이다. 그러나 그는 양명학의 이론을 부분적이기는
하지만 객관적으로 이해하고 평가하려는 태도를 보인다.

지행합일설은 양명학의 기초이론 가운데 하나이다. 그것은 앎(知)에
는 행위(行)가 본래적으로 포함되어 있고, 행위는 앎을 현실화하는 공
부의 과정이기 때문에 지와 행을 둘로 나눌 수 없다는 주장으로서 주
자의 先知後行說에 대한 비판의 성격을 지니고 있다. 지행관에 대한
주자학과 양명학의 차이를 『중용』의 이른바 博學・審問・愼思・明
辨・篤行을 가지고 말하자면, 주자학에서는 學問思辨과 篤行을 각각
知와 行으로 구분하고, 양자의 관계를 선지후행으로 풀이하는 반면에,
양명학에서는 學問思辨과 篤行을 모두 行에 포함시키고 이 행을 분명

---

35) 『星湖僿說』 卷20, 「經史門・丘文莊」, "如白沙陽明之類, 皆未免禪味."
36) 『星湖僿說』 卷18, 「經史門・王陽明」, "陽明學術, 雖甚頗僻, 其自好則亦不淺
　　矣. 虐民瀆貨, 其有是耶. 余觀陽明十家牌法, 奸僞無所容, 即必可施者也."
37) 『星湖僿說』 卷9, 「人事門・王陽明」, "東人旣不能不祀退溪, 陽明之不可並享,
　　亦明矣."

하게 자각하고 정밀하게 살피는 주체를 知로 간주하고, 양자의 관계를 본래적으로 합일되어 있는 것으로 이해한다. 이러한 차이는 '지'의 의미를 주자학에서는 어떤 대상에 대한 '지식'으로 이해하는 반면에 양명학에서는 그 무엇을 알 수 있고 행할 수 있는 '인식과 실천의 주체'로 이해하는 데서 기인한다. 그리고 주자학에서는 지와 행은 학문의 두 가지로서 혼동할 수 없는 것이며, 다만 궁극적으로 지행합일의 경지에 이르도록 해야 한다고 주장한다. 따라서 주자학자들은 당위로서 또한 완성된 학문의 결과로서 지행합일에는 찬성한다. 그러나 양명에 의하면 지행합일은 학문의 당위성으로서 말할 뿐만 아니라, 매 학문을 수행하는 단계마다 지행이 합일하도록 해야 한다는 것을 의미하며, 나아가서는 지행이 그 본체상에서부터 합일적 관계에 있다고 본다.[38]

이익은 양명의 지행합일설은 옳은 점도 있고 그렇지 못한 점도 있다고 평가한다. 그는 먼저 '學'의 의미가 지와 행을 겸하고 있다는 차원에서 양명의 지행합일의 논리를 수용한다. 예컨대 학은 몸으로 배우는 것이 있고 마음으로 배우는 것이 있으나 학 자체는 행이라고 할 수 있듯이, 학의 목표는 지이지만 학의 행위 자체는 행이므로 학은 지행이 겸한 것이라고 말할 수 있다는 것이다. 그러나 그는 실천에 있어서는 앎이 전제가 되지 않을 수 없다고 보아서 선지후행의 입장을 견지하고, 지와 행을 두 가지로 분리시킨다.[39]

그런데 양명의 지행합일설에 대한 이익의 이해가 어느 정도 적실한가는 의문의 여지가 있다. 그는 단지 '학'은 지와 행을 겸하고 있다는 차원에서 양명의 지행합일설을 이해할 뿐, 양명의 지행합일설이 지행의 본체상에서부터 합일관계를 이루고 있음에 대해서는 알지 못하고

---

38) 박연수, 『양명학의 이해』, 집문당, 1999, 227쪽 참조.

39) 『星湖僿說』 卷18, 「經史門·知行合一」, "然自躬行孝弟而言, 則先知而後行也, 固無可疑.……若曰知與行非二物, 則思與學之間, 豈復有殆罔之失."

있다. 말하자면 양명이 말하는 '知'가 단순한 '지식'이 아니라, 인식과 실천의 주체인 '양지'임을 깨닫지 못한 것이다. 이 때문에 이익은 양명의 지행합일설도 나름대로 이유가 있다고 말하면서도, 결국엔 주자학에서와 같이 지와 행을 둘로 구분하고 선지후행의 견해를 취하게 된다. 이익의 지행관은 주자학의 범위를 넘어서지 않고 있는 것이다. 지행관에서 이익과 양명학의 연관성을 주장하는 견해는 양자의 본질적 차이를 살피지 못한 것이라고 평할 수 있다.

이익은 『대학』의 '혈구지도'의 해석에서 양명학적 사유체계를 간직하고 있으며, 이를 통하여 당시 주자학자들의 말폐 현상을 비판하고 있다. 따라서 '혈구지도'에 대한 해석은 비록 부분적이긴 하지만, 실학자로서의 성호가 지니고 있는 양명학적 사유체계를 보여주는 것으로, 이것은 곧 실학과 양명학의 사상적 연계성을 시사하는 중요한 자료로 생각된다.[40]

이익은 양명의 학문은 비록 편벽되지만, 양명의 인물됨과 그가 제시한 '십가패법'에 대해서는 긍정적으로 평가한다. 이익이 양명학을 편벽되다고 한 것은 양명이 주자학의 격물궁리설을 비판하고 리의 외재성을 부정한 점을 일컫는 것으로 생각된다.[41] 이것은 이익이 여전히 주자학을 자신의 학문적 바탕으로 삼고 있는 데서 기인한 것이다. 이처럼 양명학에 대해 비판적인 태도를 취하면서도 이익은 양명의 인물됨은 청렴결백하여 백성에게 사납게 굴거나 재물을 탐한 일이 없었으며, 왕양명이 제안한 '십가패법'은 간악함과 거짓됨을 용납함이 없기 때문에 곧바로 시행할 만하다고 말한다.[42] '십가패법'은 十家가 같은 牌가

---

40) 宋錫準, 「實學派의 思想에 나타난 陽明學的 思惟構造」, 『儒敎思想研究』, 1994, 408쪽.
41) 宋錫準, 위의 논문, 402쪽.
42) 『星湖僿說』 卷18, 「經史門・王陽明」, "陽明學術, 雖甚頗僻, 其自好則亦不淺矣. 虐民瀆貨, 其有是耶. 余觀陽明十家牌法, 奸僞無所容, 即必可施者也."

되는데, 아무는 머리가 되고 아무는 꼬리가 되어 날마다 輪番으로 그 일을 맡아본다. 매일 酉時에 牌를 가지고 집집마다 다니며 紛牌를 대조하여 심사하는데 아무의 집에는 오늘 밤에 아무가 없으니, 그는 어느 곳에 가서 무슨 일을 보고 어느 날 돌아오며, 아무의 집에서는 오늘 밤에 아무가 더 있으니, 그의 성명은 누구며 어느 곳에서 무슨 일로 온 것을 여러 집에 통보하여 알린다. 만약 의심스러운 일이 있으면 곧 관가에 보고하고 혹 숨겼다가 일이 발각되면 옆집이 같이 죄를 입으니, 비록 잠시 쉬어가는 손님도 또한 모두 기록하는 것이다.[43] 말하자면 십가패법은 향촌 공동체의 질서를 유지하기 위한 한 방법으로서 十家가 하나의 단위로 묶여서 자율적으로 상호 감시하고 공동으로 책임을 지는 제도이다. 이 제도 하에서는 어떤 간악함과 거짓됨이 숨겨지거나 용납되지 않기 때문에 깨끗한 사회가 이루어지고, 사회 구성원들도 국법을 어길 가능성이 그만큼 줄어들며, 국가에서도 가혹한 정사를 베풀 이유가 없어진다. 이익이 양명의 십가패법을 시행할 만하다고 평한 데에는 가혹한 정사로 많은 백성들이 범죄자로 내몰린 당시의 정치와 사회 현실에 대한 비판적 인식이 바탕에 놓여 있었다고 말할 수 있다.

이상의 논의를 통해서 보면 이익은 퇴계를 통해서 내려오는 주자학적 사유체계의 바탕 위에서 양명학을 그나마 객관적으로 이해하려고 한 인물로 규정할 수 있다. 그러나 그의 관점이 이미 주자학에 뿌리를 내리고 있었기 때문에 양명학에 대한 이해도 자연히 한계를 갖지 않을 수 없었다. 그 대표적인 사례를 우리는 양명학의 지행합일설에 대한 이익의 이해가 그리 깊지 않다는 점을 통하여 확인한 바 있다. 그럼에

---

43) 『星湖僿說』 卷15, 「人事門・十家牌」, "蓋其法十家同牌, 某爲頭, 某爲尾. 輪日收掌. 每日酉時, 持牌到其家, 照粉牌査審. 某家今夜少某人, 往某處, 幹某事, 某日當回. 某家今夜多某人. 是某姓名, 從某處來, 幹某事, 仍通報各家知會. 若事有可疑, 卽行報官. 如或隱蔽事發, 十家同罪, 雖寄歇客人, 亦皆錄識."

도 이익은 양명의 인물됨과 '십가패법'에 대해서는 매우 긍정적으로 평가하고 있다. 이것은 당시의 정통주자학자들이 양명학의 이론 자체만이 아니라, 왕양명의 인물됨까지도 비판하고 있는 점과 비교할 때 특징적인 것이라고 할 수 있다. 진리를 탐구하고, 현실을 구제할 수 있는 방법을 모색하는데 있어서 이익은 보다 융통성 있는 태도를 취하고 있는 것이다. 주자학에 입각해 있으면서도 異學에 대해서 융통성을 보이는 이러한 태도는 이익의 제자 문인들에게 계승 발전된다.

3) 安鼎福(1712~1791)의 양명학관

안정복은 왕양명이 비록 유학을 크게 倡道했지만 그 내면은 실제로 이단이었다고 보고, 양명학에 대해서 전반적으로 비판적인 태도를 취한다.

양명학의 주요 이론들에 대한 안정복의 비판은 당시 양명학에 깊은 관심을 가지고 있었던 녹암 권철신(1736~1801)에게 보낸 서신에 주로 나타나 있다. 그는 권철신이 양명의 치지설을 매우 옳다고 보는 견해를 논박하는 과정에서 양명의 '心卽理說'과 '致良知說', '知行合一說' 등을 비판한다.

그는 '심과 리의 합일'은 사유기능을 지닌 마음으로 사물의 이치를 궁구하는 과정을 통해서 이루어진다고 보는 주자학의 입장에서 양명의 '심즉리설'을 비판한다.[44] 그런데 왕양명이 '심즉리설'을 제출하게 된 그 사상사적 배경에는 주자학에 대한 반성이 놓여 있다. 주자학에서는 리를 객관사물에 실재하는 것으로 파악하는 형이상학적 관점에

---

44) 『順菴先生文集』卷6, 「答權旣明書」丙戌, "心之官則思, 思主知. 朱子釋致知格物, 以心之知, 格物之理. 蓋心有知之理, 故能窮物理, 則吾心所知之理, 與散在物上之理, 合而爲一, 何必直訓心爲理."

기초하여 구체적인 사물에서 리를 궁구하여 알아내고 그것을 자신의 삶을 이끌어나가는 도덕실천의 원리로 간주한다. 그런데 양명에 따르면 리는 내 마음과 무관하게 객관사물에 실재하는 것이 아니라, 내 마음에 의해서 창출된다. 내 마음이 바로 일체의 도덕원리를 창출해내는 근원으로 생각하는 것이다. 이것을 표현한 것이 바로 '心卽理'이다. 주자학에 대한 반성을 거쳐서 제기되는 양명의 '심즉리설'의 본래적인 의미에서 보면 안정복의 그에 대한 비판은 주자학의 입장을 반복하는 것에 불과하다. 그는 양명의 고민을 전혀 읽어내지 못하고 있는 것이다. 치양지설에 대한 비판도 크게 다르지 않다.

안정복은 또 양명학에서 마음의 지각인 양지를 천리로 파악하는 것을 비판한다. 그에 따르면 마음의 지각이 바로 양지이다. 그리고 마음의 지각은 기질의 영향을 받는다. 따라서 기질의 영향을 받는 마음의 지각은 기질에 따라 그 편차가 있게 된다. 기질이 맑은 성인의 경우는 그 마음의 지각이 바로 양지의 본연에서 나오는 것이지만, 기질이 탁한 일반인들의 경우에는 그 마음의 지각이 인욕에서 나온 것이 많다. 그런데도 양명학에서 마음의 지각인 양지를 천리로 이해하는 것은 인욕을 천리로 간주한 것과 다름없다는 것이다.[45] 안정복의 이러한 비판은 주자학에서 말하는 양지의 개념에 대한 이해의 토대 위에서 진행된 것이다. 그러나 양명학에서 말하는 양지는 기질의 영향을 받는 마음을 가리키는 것이 아니다. 양명학에서 말하는 마음은 사욕에 물들지 않은 순수한 천리의 마음으로서 선악을 판별하고 선을 실천할 수 있는 능력을 지니고 있다. 그것이 바로 모든 사람들이 똑같이 지니고 있는 도덕본심으로서의 양지이다. 이와 같이 주자학과 양명학에서는 '양지'라는

---

45) 『順菴先生文集』 卷6, 「答權旣明書」 丙戌, "以心之所知爲良知. 夫人之氣質不同. 聖人之心, 則固皆出於良知之本然, 而衆人之心, 則爲氣所乘, 流於偏塞, 其心之知多出於人欲. 陽明此說, 認人欲爲天理. 其流之弊, 豈可勝言哉."

동일한 용어를 그 의미가 전혀 다른 개념으로 사용하고 있는 것이다. 그럼에도 안정복은 '양지'라는 개념에 대한 주자학적 이해에 근거하여 양명학의 이해를 비판하고 있는 것이다. 이것은 안정복이 양명학을 제대로 이해하고 있지 못함을 의미한다.

양명학의 지행합일설에 대해서도 안정복은 "『대학』의 경문을 제대로 풀이하면 지와 행의 합일을 말할 수 없는데, 주자의 치지설을 깨부수기 위하여 지행합일설을 제출하였다."46)고 비판한다. 그런데 이것도 양명의 지행합일설을 피상적으로만 파악하고 한 발언이다. 지행합일설을 제출하게 된 양명의 고민과 깨우침을 전혀 이해하고 있지 못한 것이다. 양명의 지행합일설은 단순히 경문에 대한 풀이나, 주자학에 대한 사적인 반감에 의해서 제출된 것이 아니다. 그것은 주자학의 치지설이 지닌 문제점, 즉 사물의 이치에 대한 앎이 곧바로 내 마음의 자각과 실천적인 행위로 옮겨지지는 않는다는 문제점에 대한 깊은 고민에서 제출된 것이다. '사물의 이치에 대한 외적 탐구와 내 마음의 내적 자각을 어떻게 합일시키고, 그 앎을 또 어떻게 구체적인 행위로 드러나게 할 수 있을까'의 문제를 두고 고민했던 것이다. 그러나 안정복은 양명의 이러한 고민을 전혀 고려하고 있지 않다.

주자학의 개념체계를 고수할 경우에는 양명학을 제대로 이해하기 어렵다. 이상의 논의에서 알 수 있듯이 양명학의 기초이론들에 대한 안정복의 이해와 비판은 철저히 주자학적 입장에서 이루어진다. 따라서 안정복의 양명학관 역시 대부분의 주자학자들이 지니고 있는 양명학에 대한 이해의 한계를 그대로 드러낼 수밖에 없었다고 할 수 있다.

---

46) 『順菴先生文集』 卷6, 「答權旣明書」 丙戌, "又倡知行合一之說, 以經訓言之, 知行何嘗合一, 而陽明之騁辯爲此者, 欲破朱子致知之說."

4) 洪大容(1731~1783)의 양명학관

홍대용도 기본적으로 양명학을 이단으로 간주한다.[47] 그러나 이단이라고 해서 무조건 배척하지는 않는다. 오히려 그는 양명학을 이단사설로 배척하는 당시의 학문풍토를 비판하고, 왕양명이라는 인물과 그의 학문을 객관적으로 평가하려는 태도를 지닌다.

우선 홍대용은 왕양명을 시대를 근심하고 世道를 걱정하는 뜻이 높았던 '호걸지사'로 평가한다. 그리고 왕양명의 글을 읽고 그의 인물됨에 감복하여 저 세상에 가면 그를 위하여 채찍을 잡겠노라고 술회하기도 한다.[48] 여기에서 홍대용이 읽었다고 하는 양명의 글은 아마도『전습록』에 실려 있는「答顧東橋書」가운데 흔히 '拔本塞源論'이라고 불리는 글일 것이다. '발본색원론'이야말로 양명의 세상에 대한 우환의식과 구세정신, 그리고 호걸선비를 계몽시키는 정신을 잘 나타난 글이기 때문이다. 홍대용이 양명을 위하여 채찍을 잡겠다고 한 것은 바로 왕양명의 그러한 정신을 따르겠다는 의지의 표현이라고 할 수 있다. 실제로 홍대용의 학문은 虛學을 비판하고 세상을 구제할 수 있는 실질적인 방안들을 마련하고자 하는 실학정신이 바탕을 이루고 있다. 이 실학정신을 잘 드러내고 있는 것이 그의「의산문답」이다. 정인보가 홍대용의「의산문답」의 虛實論이 왕양명의 '발본색원론'과 서로 표리가 된다고 평한 것도 두 사람의 정신이 서로 소통하고 있음을 보고 한 말임이 분명한 것이다.

홍대용은 또 왕양명의 문장과 사업을 明代의 巨擘으로 평가한다.[49]

---

47)『湛軒書』外集 卷1,「杭傳尺牘」, '與篠飮書', "竊以爲陽明之高, 可比莊周, 而學術之差, 同歸於異端矣."

48)『湛軒書』外集 卷3,「杭傳尺牘」, '乾淨衚筆談', "陽明間世豪傑之士也. 愚嘗讀其書, 心服其人, 以爲九原可作必爲之執鞭矣."

49)『湛軒書』外集 卷3,「杭傳尺牘」, '乾淨衚筆談', "陽明間世豪傑之士也. 文章事業, 實爲前朝巨擘."

그는 "양명의 빛나는 사공의 업적은 실지로 얻은 공효로서, 空言이나 하고 훈고나 일삼는 학자들과는 판이하게 다르다"[50]고 말한다. 여기에서도 우리는 허학을 비판하고 실학을 지향하는 홍대용의 정신이 왕양명의 사공의 업적에 대한 긍정적인 평가로 드러났음을 알 수 있다. 실학을 추구하는 정신이 서로 이어지고 있음을 볼 수 있는 것이다. 그러나 홍대용은 왕양명의 학술에 대한 평가에서 관대하지만은 않다. 그는 양명학의 장점과 단점을 객관적으로 평가하고자 한다.

당시 조선의 유학자들은 주자학을 절대적인 진리체계로 간주하고, 주자학에 비판의 성격을 지닌 양명학을 이단으로 배척하였다. 그런데 홍대용은 고루하게 주자학만을 묵수하는 태도를 향원의 마음으로 주자를 바라보는 것이라고 비판할 뿐만 아니라,[51] 묵수주자학의 입장에서 양명학을 배척하는 당시의 학문풍토를 신랄하게 비판한다. 그에 따르면 왕양명의 학문 종지인 치양지학은 더없이 높고 깊으며 실제로 세상을 구제하려는 뜻에서 나온 것으로서 결코 후세의 말로만 떠드는 선비 따위가 흉내를 낼 수 있는 것이 아니다.[52] 그러나 그는 양명이 주자 말학의 폐단을 바로잡으려는 것이 너무 지나쳐 방자한 의논의 폐해가 迂儒나 曲士와 다를 것이 없었고, 도를 바로 잡으려는 해독이 자못 記誦이나 訓詁보다도 더 심하게 되었다[53]고 지적한다. 이와 같이 홍대용은 양명학의 장단점을 객관적으로 파악하려는 태도를 지니고 있었다.

---

50) 『湛軒書』 外集　卷3,「杭傳尺牘」,‘乾淨衕筆談'.

51) 『湛軒書』 外集　卷3,「杭傳尺牘」,‘乾淨錄後語', "東儒之崇奉朱子, 實非中國之所及. 雖然惟知崇奉之爲貴, 而其於經義之可疑可議, 望風雷同, 一味掩護, 思以箝一世之口焉. 是以鄕原之心, 望朱子也."

52) 『湛軒書』 外集　卷3,「杭傳尺牘」,‘乾淨衕筆談'.

53) 『湛軒書』 外集　卷1,「杭傳尺牘」,‘與篠飮書', "陽明娛俗, 乃致良知, 此其憫時憂道之意, 不免於矯枉過直, 而橫議之弊, 無以異於迂儒曲士, 正道之害, 殆有甚於記誦訓詁."

홍대용은 양명학의 기초이론들도 비교적 정확하게 이해하고 있었다. 홍대용은 양명이 주자학을 등지게 된 점이 바로 격물치지에 대한 해석에서부터 비롯되었음을 알고 있었다.[54] 그리고 주자학과 양명학의 격물치지에 대한 해석의 차이에는 심과 리의 의미 및 그 관계에 대한 인식의 차이가 전제되어 있음도 이해하고 있었다. 주자학에서는 마음을 지각기능을 지닌 인식주체로, 리를 사물 속에 내재하는 인식대상으로 설정하고 있으며, 마음과 리의 합일을 위해서는 궁리의 과정을 필수적으로 요구하게 된다. 반면에 양명학에서는 이치를 마음 밖에 설정하지 않고 있기 때문에 외부 사물에서 이치를 궁구할 필요가 없고, 내면의 양지를 실현하기만 하면 된다는 것을 그 핵심 주장으로 하고 있음을 잘 알고 있었던 것이다.

주자학과 양명학의 기본적인 입장 차이에 대한 인식 하에 홍대용은 주자의 격물론을 지지한다. 양지를 실현(致)해야 한다는 양명의 주장이 옳지 않은 것은 아니다. 그러나 그러기 위해서는 궁리공부가 선행되어야 한다고 본다. 궁리공부가 선행되지 않으면 객관적 사실에 대한 정확한 인식을 빠뜨리게 되어 본심양지가 혼란에 빠지게 된다는 것이다.[55] 이는 이치를 마음 가운데 끌어들이고, 내 마음의 양지만 밝히기만 하면 천하의 온갖 일들을 다 비추어낼 수 있다고 보는 왕양명의 주관적 관념론을 비판한 것이다.[56]

이상의 논의를 통해서 보면 홍대용은 왕양명이라는 인물과 그의 학문을 객관적으로 바라보고 이해하고자 하였다. 이 때문에 당시 대다수

---

54) 『湛軒書』 外集 卷1, 「杭傳尺牘」, ‘與篠飮書’, “陽明之背朱子, 要在於格物致知.”

55) 『湛軒書』 外集 卷1, 「杭傳尺牘」, ‘與篠飮書’, “陽明之背朱子, 要在於格物致知……夫良知者, 孟子之說也. 苟其致之, 大人之心, 乃赤子之心也. 夫誰曰不可. 然其所以致之者, 不先之以窮理之功, 其不至於指東爲西, 認賊爲子乎?”

56) 정성철, 『조선철학사』II, 과학백과사전출판사/ 이성과 현실, 1987, 375쪽.

의 주자학자들과는 달리 왕양명이라는 인물과 그의 철학에 대해서 긍정적으로 평가한다. 특히 왕양명의 구세정신과 그 지향점에 대해서는 깊이 감복할 정도이다. 말하자면 왕양명의 철학적 고민과 주자학에 대한 비판도 세상을 구제하고자 하는 숭고한 뜻에서 비롯되고 있음을 간파하고 있는 것이다. 뿐만 아니라 홍대용은 왕양명이 거둔 실질적인 사공의 업적도 높이 평가한다. 그리고 그 사공의 업적이 왕양명의 가식 없는 實心에 기초하여 이루어진 것임을 잘 이해하고 있다. 왕양명에 대한 그의 이러한 이해는 매우 정확하다고 하겠다. 이것이 가능할 수 있었던 것은 홍대용이 어떤 주관적인 편견이나 선입견이 없는 객관적이고 공정한 태도로 왕양명을 대했기 때문이다. 양명학이 이단으로 배척되는 당시 상황에서 그런 태도를 취한다는 것은 쉬운 일은 아니다. 그런데 이것 이외에 왕양명을 긍정적으로 이해하고 평가하려고 한 데에는 홍대용이 당시 지니고 있었던 문제의식이나 사상경향과 밀접한 연관이 있다.

홍대용이 왕양명을 긍정적으로 평가한 대목을 보면, 현실에 대한 깊은 우환의식에서 허위와 가식을 비판하고 실심에 기초하여 실질적인 사공의 업적을 거두고자 한 부분이다. 이것은 당시 홍대용이 지니고 있었던 문제의식이자 의지지향이기도 하다. 홍대용은 자신이 지니고 있었던 문제의식으로 왕양명을 만나고 있었던 것이다. 그는 壬丙 양란 이후 주자학자들의 현실성 없는 공리공담적 논리를 지양하고 실사에서 실공을 이룰 수 있는 실심을 확보하고자 하였다. 현실성이 없는 공허한 논리나 헛된 명분만을 내세우는 당시 학자들의 허위의식을 비판하고, 인간 주체의 심금에서 울려나오는 참된 양심의 소리에 귀를 기울여 백성들의 아픔을 내 아픔으로 여기며 시대적 모순을 해결하려 하였던 것이다.57) 그것은 바로 왕양명의 정신과 상통하는 것이었다. 이 때문에 홍대용은 죽어서라도 왕양명을 위하여 채찍을 잡겠다고 말할 수 있었던 것이다. 이런 점에서 "담헌의 양명학적 조예는 이미 양명학의 장점과 단점을 파악하는 경지에 이르렀으며, 그는 양명학의 내심공부를 바탕으로 주자학의 말폐적 현상인 허위와 가식의 논리를 척결하고 실심에 입각한 실공을 강조함으로써 양명학과 실학의 사상적 연계를 시도하고 있다."[58]는 평가는 의미 있는 것이라고 하겠다. 그러나 우리는 홍대용을 양명학자로 규정하는 데에는 보다 조심스러워야 한다.

실심으로 실사에서 실공을 거두고자 하는 홍대용의 정신은 양명학의 정신과 서로 상통하는 것이라고 말할 수 있다. 그렇다고 해서 홍대용을 양명학자로 귀결시킬 수는 없다. 양명학자로 규정할 수 있기 위해서는 그가 양명학의 종지를 수용하고 있어야 하기 때문이다. 잘 알려져 있듯이 양명학의 종지는 '致良知'이다. 그런데 홍대용은 치지에 대한 양명의 해석을 비판하고 주자의 해석을 따르고 있다. 양명학의 근본종지를 부정할 뿐만 아니라, 그것을 기본적으로 이단으로 간주하는 홍대용을 양명학자로 규정하는 것은 지나치게 자의적인 것이라고 하지 않을 수 없다.

5) 丁若鏞(1762~1836)의 양명학관

다산은 왕양명이 높은 문장과 통달한 식견을 지니고 있을 뿐만 아니라 매우 훌륭한 인품을 지닌 것으로 평가한다. 양명은 본래 선하고 맑은 자질을 타고나서 선을 좋아하고 용기를 좋아하여 선한 마음이 속에서 싹트면 즉시 뜻을 날카롭게 가지고 과단성 있게 행할 수 있는 성품의 소유자라는 것이다.[59]

---

57) 宋錫準, 「實學派의 思想에 나타난 陽明學的 思惟構造」, 『儒敎思想硏究』,
    1994, 413쪽.
58) 宋錫準, 위의 논문, 415쪽.
59) 『與猶堂全書』 第1集 卷12, 「詩文集·辨·致良知辨」, "陽明之性, 樂善好勇,

왕양명의 인품에 대한 긍정적 평가와는 달리 다산은 그의 학문을 이단으로 간주한다. 그 이유는 왕양명의 학문종지인 ‘치양지’가 사람들을 잘못된 길로 이끌 수 있기 때문이다. 다산은 한 구절의 말을 宗旨로 삼는 학문은 모두 異端이 되었다고 본다. 비록 그 한 구절의 말이 성인에게서 나왔다고 하더라도 그것을 종지로 삼게 되면 반드시 그로 인한 폐단이 생기기 때문이다. 그리고 그 실제적인 논거를 왕양명을 따르는 무리들이 악하게 된 경우가 많았다는 점에서 찾는다. 종지를 깨우쳤다고 하는 自得과 自樂에서 大患이 생기는 것을 우려하고 있는 것이다.60)

다산은 양명학의 기초이론 가운데 그 학문종지인 ‘치양지설’을 비판한다. 양명의 치양지설은 논리적으로 모순을 범하고 있다는 것이다. 즉 ‘致’와 ‘良知’는 그 의미상 서로 연속될 수 없는데 서로 이어놓았다는 것이다. 그의 주장에 따르면 ‘良知’는 自然의 뜻으로서, ‘良’이라는 것은 본래 선한 것을 의미한다. 양지란 본래적으로 선한 앎으로서 그 자체 충족적이라는 것이다. 그것은 다른 것의 도움을 필요로 하지 않는다. 그런데 ‘致’라는 것은 저 사람이 스스로 오지 않자, 내가 그를 위하여 說法을 해서 오게 하는 것이며, 내가 自得하지 못하고 저에게 相助를 요구하여 상대방으로 하여금 오게 하는 것이다. 致란 자신으로는 불충분하기에 다른 것의 도움을 요청하는 것을 의미한다. 그렇다면 치양지란 양지를 오게 하는 것이다. 이것은 본래적이고 자체 충족적인 양지를 비본래적이고 불충분한 것으로 여기는 것으로서, 논리적으로 모순을 범하고 있는 것이다. 양지는 본래부터 선하여 인위적으로 ‘致’할 필요가 없는 것인데, ‘致良知’라고 하니 어불성설이라는 것이다.61)

　　凡有善心, 萌於中, 卽銳意果行.”
　60)『與猶堂全書』第1集, 권12,「詩文集·辨·致良知辨」, “人於其自得而自樂也,
　　　正所以生大患也.”

　그런데 다산의 이러한 비판은 '致'에 대한 편면적인 해석에 그 문제점이 있다. 양지는 사람이면 누구나 선천적으로 지니고 있는 것으로서 선을 알고 선을 실천할 수 있는 능력이다. 그것은 자연적으로 본래부터 선한 것이라고 말할 수 있다. 적어도 양지에 대한 다산의 이해는 문제가 없다고 하겠다. 문제는 '치'자에 대한 다산의 이해에 있다. 양명은 '致良知'의 '致'를 '양지'를 불러서 오게 한다는 의미로 사용하지 않고 있다. 양명이 말하는 치양지의 '치'자에는 크게 두 가지 함의가 있다. 하나는 극점에까지 이른다는 '至極'의 의미이고, 다른 하나는 실천한다는 '實行'의 의미이다.62) 양명은 '치'를 치양지에 대한 다산의 비판 근거가 되는 '불러 온다'는 의미로 사용하고 있지 않은 것이다. 그렇다면 다산의 비판은 양명의 치양지설에 대한 오해에서 비롯된 것이라고 할 수 있다. 양명의 학설이 아닌 것을 양명의 학설로 간주하여 비판한 셈이 되어 버린 것이다.

　왕양명의 철학이나 다산의 철학이 모두 형이상학적 천리에 의거하여 천인을 관통하고자 하는 주자학적 사유체계에 대한 반성적인 작업을 시도하고 있다는 점에서 기인하는 유사성이 있을 수 있다. 구체적으로 예를 들면 천리가 만물에 내재한다는 형이상학적 관점에 근거하여 천인을 관통하는 이론체계, 사물에 내재되어 있는 이치를 궁구한다는 궁리의 방법론, 실천보다 지적 탐구를 앞세우는 이성주의의 성격에 대한 비판이 그것이다. 말하자면 양명학과 다산학은 천리의 만물내재성을 비판하며, 사물에 내재되어 있는 이치탐구를 통하여 활연관통에 이를 수 있는 학문방법론을 비판하고, 선지후행이 아니라 실천을 앞세우는 학문성격을 공유하고 있다. 그럼에도 불구하고 양명과 다산철학

---

61) 『與猶堂全書』 第1集, 권12, 「詩文集·辨·致良知辨」.

62) 韓正吉, 「王陽明의 마음의 철학에 관한 研究」, 연세대 박사학위논문, 1999, 161쪽.

에는 커다란 차이점이 있다. 먼저 양명학은 여전히 천인을 관통하는 이론체계를 지닌다. 반면에 다산학은 천과 인의 내재적 연관성을 부정한다. 양명학에서는 선천적으로 내재하는 밝은 덕성인 양지를 일상생활 가운데서 실현하는 지행의 본래적 합일을 언급하는 반면에, 다산학에서는 孝弟慈의 실천적 도덕규범을 명덕으로 간주하고 그것은 구체적인 실천을 통해서만이 그 의미를 지니는 것으로 이해한다. 다산은 명덕을 선천적으로 내재하는 어떤 능력으로 파악하지는 않는 것이다. 이로써 보면 양명학은 주자학 보다는 다산학과의 거리가 훨씬 더 멀다고 할 수 있다. 주자학적 사유체계에 대한 반성을 시도하고 있다는 점에서 양명학과 다산학이 공유하는 점을 찾을 수는 있겠지만, 그 양자의 반성 내용은 매우 큰 차이가 있다고 하겠다.

6) 崔漢綺(1803~1877)의 양명학관

최한기와 양명학의 연관성에 대한 기존의 연구는 보고된 바 없다. 이것은 최한기가 양명학으로부터 받은 영향이 거의 없는 데서 비롯되었을 개연성이 크다. 그러나 우리는 최한기가 양명학을 어떻게 대하고 있는지, 양명학의 기초이론들에 대한 이해는 어떤지를 검토할 수는 있다.

양명학에 대한 최한기의 직접적인 평가는 찾아보기 어렵다. 다만 심학에 대한 언급은 여러 곳에 나타난다. 우리는 심학에 대한 최한기의 생각을 통하여 심학의 대표적인 학문으로 간주되는 양명학에 대한 기본 태도를 간접적으로나마 확인할 수 있다.

최한기는 심학의 문제점을 心과 物의 소통을 방해한다는 점에서 찾는다. 그는 두 가지 측면에서 그 문제점을 지적한다. 하나는 심학이 '마음만을 지키고 외부의 사물과 경험을 소홀히 여긴다는 것'[63]이다.

그에 의하면 天과 人, 心과 物이 서로 소통하기 위해서는 神氣의 체득이 있어야 한다. 신기가 천인, 내외를 관통하는 근본이기 때문이다. 마음만을 지켜서 외부 사물에 대한 탐구를 배제하는 심학으로는 천인, 내외를 소통시킬 수 없다. 또 하나는 심학은 감각기관을 지엽적인 것으로 간주한다는 점이다. 최한기에 따르면 마음이 외부사물과 소통하기 위해서는 외물을 감각적으로 지각할 수 있는 감각기관들의 소통이 전제되어야 한다. 그런데 심학은 외부사물과 통할 수 있는 일체의 감각기관들을 비루하고 지엽적인 것으로 여기고, 내면의 성명의 이치만을 탐구한다.[64] 이것으로는 내외의 소통을 확보할 수 없다.

양명학에 대한 최한기의 직접적인 언급을 찾아보기 어렵기 때문에 양명학의 기초이론에 대한 그의 이해가 어떤지도 알 수는 없다. 다만 최한기의 철학을 통해서 미루어보면 마음에 대한 이해가 서로 다르다. 양명학에서는 마음이 일체 도덕규범이 창출되어 나올 수 있는 도덕원리로 간주된다. 마음이 하나의 도덕본심인 것이다. 그러나 최한기에게서 마음은 사물의 이치를 추측하고 인식할 수 있는 인식주체이다. 이러한 체계에서는 마음 자체를 도덕원리로 간주할 수는 없다. 말하자면 최한기는 양명학에서 말하는 '심즉리'를 부정하는 것이다. 또 심물관계에 대해서도 양명학과 최한기의 철학은 그 이해를 달리한다. 양명학에서는 마음 밖에 사물이 없다. 그러나 최한기에게서는 마음 밖에 사물이 있으며, 그들은 허령한 인식주체와 이치(물리)를 지니고 있는 인식대상으로 구분되어 있다. 또 지행관에 있어서도 양자는 차이가 있다. 양명학에서는 지행합일을 주장한다. 최한기에 의하면 그 의미는 '대개 行에는 知가 있고 지에는 행이 있어서 선후의 차서를 분별하지 않는

---

63) 『明南樓全集』, 『神氣通』 卷1, '體通', "心學之人, 守內而遺外."
64) 『明南樓全集』, 『神氣通序』, "專攻心學之人, 以諸竅諸觸爲卑屑, 而貪究性命之理."

것'이다. 그러나 최한기의 지행관은 '행하여 아는 것도 있고, 알아서 행하는 것도 있는 것'이다.[65] 그의 지행관은 지행합일의 체계가 아니라, '知先行後'와 '行先知後'를 모두 인정하는 것이다.

이상의 논의를 통해서 보면 최한기와 양명학의 연관성은 매우 적다. 최한기의 철학은 양지의 본심을 종지로 하는 왕양명의 심학체계와는 전혀 다른 체계라고 할 수 있다. 그런데도 양명학에 대한 비판적인 발언내용을 찾기 어렵다. 그것은 그가 고금, 동서의 학문을 氣學이라는 새로운 지평 위에서 회통시키고자 하는 원대한 철학적 문제의식에서 기인한 것으로 보인다. 적어도 그에게는 양명학이 연구와 비판대상이 되지는 않았던 것이다.

4. 맺음말

우리는 실학과 양명학의 연관성에 대한 기존 연구 경향을 분석하고, 조선후기의 대표적인 실학자 6명의 양명학관을 구체적으로 살펴보았다.

먼저 실학과 양명학의 연관성에 대한 기존 연구 경향은 각 개별 연구가들마다 차이가 있기는 하지만 대체적으로 실학이나 양명학이 모두 성리학에 대한 극복 사조라는 점에서 양자의 연관성에 주목하고 있음이 밝혀졌다. 그 연구들은 조선조 양명학의 사상사적 역할과 기능을 적극적으로 해석할 수 있는 토대를 탐색하고자 하였다는 점에서 의의가 있다. 그러나 그러한 관점이 객관적 사실에 부합하는가의 여부에

---

65) 『明南樓全集』, 「推測錄」 卷一, 「推測提綱·推測互用」, "王陽明知行合一之論, 蓋以行有所知, 知有所行, 雖不分先後之序. 然今所言推測, 與知行之義稍殊. 推而測者, 卽行而有知. 測而推者, 卽知而有行也."

대한 검증이 다소 부족하다. 이 때문에 본고에서는 가능한 한 객관적 관점에서 조선후기 실학자들의 양명학관을 살펴보고자 하였다. 그 결과를 정리하면 다음과 같다.

첫째, 조선후기 실학자들이 양명학을 대하는 기본 태도는 다양한 모습으로 나타난다는 점이다. 양명학의 장단점을 비교적 객관적으로 평가하여 그 장점을 긍정적으로 수용하는 이들이 있는가 하면, 양명학을 완전히 이단으로 간주하여 배척하는 이들이 있으며, 또 전혀 무관심한 태도를 보이는 이들이 있다. 이 때문에 양명학에 대해 실학자들이 공통적으로 지니고 있는 견해를 도출해내기 어려웠다. 이것은 실학의 정체성이 적어도 양명학과의 관계에서는 그렇게 분명하게 드러나지 않음을 의미하는 것이기도 하다.

둘째, 양명학의 기초이론에 대한 실학자들의 이해가 그다지 깊지 못하다는 점이다. 이로부터 우리는 양명학을 제대로 연구할 수 있는 학술 풍토가 아직 조성되지 못했으며, 또 실학자들이 양명학을 자신들의 의식과 행위를 이끌어나가는 이념체계로 수용하고 있지는 않다는 것을 간접적으로 확인할 수 있다.

셋째, 양명학에 대해 비판적이고, 또 양명학의 기초이론에 대한 이해가 부족하다고 하더라도, 실학자들에게서 주체성, 능동성, 자율성, 개인의 자주성을 강조하는 양명학적 사유의 특성이 비교적 많이 나타난다는 점이다. 그러나 실학자들에게서 보이는 이러한 양명학적 사유 특성도 참으로 양명학으로부터 받은 영향인지의 여부에 대해서는 더 상세한 고찰이 요구된다고 하겠다. 성리학 중심의 조선사상사에서 비록 그것을 반성하는 이들이 있었다고 하더라도 그 반성 작업이 어떤 학맥이나 학파를 형성하고 지속적으로 전개될 수 없었던 것이 사실이다. 성리학 자체에 대한 직접적인 비판도 어려웠으며, 성리학이 이단시하는 학문을 전적으로 연구하기도 어려운 상황이었다. 이 때문에 많은 실학자들의 경우에도 학술 내용상에서는 성리학의 이론체계를 벗어나기는 어려웠지만, 그 사유방식에 있어서는 보다 자유로울 수 있었을 것이다. 따라서 실학과 양명학의 관계에 관한 앞으로의 연구과제는 각 학자들이 지니고 있는 사유양식의 특성을 밝히는 데 초점이 맞추어져야 하리라고 본다.

찾아보기